novum pro

Gerhard Wolter

Meine biblischen 7 Jahre

novum pro

Bibliografische Information
der Deutschen Nationalbibliothek:

Die Deutsche Nationalbibliothek
verzeichnet diese Publikation in
der Deutschen Nationalbibliografie.
Detaillierte bibliografische Daten
sind im Internet über
http://www.d-nb.de abrufbar.

ISBN 978-3-95840-127-3
Lektorat: Dr. phil. Ursula Schneider
Umschlagfotos: Gerhard Wolter –
Plettenberg in Südafrika/Bucht am
Indischen Ozeans,
Teodora8 | Dreamstime.com
Umschlaggestaltung, Layout & Satz:
novum Verlag
Innenabbildung: Gerhard Wolter

Gedruckt in der Europäischen Union
auf umweltfreundlichem, chlor- und
säurefrei gebleichtem Papier.

www.novumverlag.com

Inhaltsverzeichnis

Meine biblischen sieben Jahre

In der Bibel, im Buch Mose, sind Pharaos Träume in den Versen 1 bis 36 des Kapitels 41 beschrieben, die ich verkürzt und sinngemäß wie folgt wiedergebe:

„Pharao träumte von sieben fetten und sieben mageren Kühen, die er am Nil stehend beobachtet hatte. Die sieben fetten Kühe wurden von sieben mageren Kühen aufgefressen.

Danach träumte Pharao auch von sieben dicken und langen Ähren, die an einem Halm gewachsen waren. Auch sie wurden von sieben dünnen, vom Ostwind versengten Ähren verschlungen.

Da sandte Pharao seine Knechte aus, um seine Träume von Gelehrten deuten zu lassen. Aber keiner von ihnen konnte seine Träume deuten.

Dann ließ Pharao Joseph aus dem Gefängnis holen, damit er ihm seine Träume deute. Joseph antwortete Pharao: „Mit beiden Träumen will Gott Pharao sagen, dass er in den sieben reichen Jahren den fünften Teil für die künftigen sieben schlechten und mageren Jahre sammeln solle, damit sein Ägyptenland sie überstehe."

Mit dem Beginn meiner Selbstständigkeit hatten auch meine „biblischen sieben fetten Jahre" ihren Anfang genommen und als Vater von vier Kindern unterlag ich noch einem erträglichen Steuersatz. Nach meiner Scheidung und dem Auszug aus der häuslichen Gemeinschaft hatten sich meine Ausgaben fast verdoppelt, denn neben den recht hohen Unterhaltszahlungen an meine Kinder und meine geschiedene Frau hatte ich mir auch eine Eigentumswohnung gekauft. Damit hatte ich mich ziemlich verschuldet und auch keine Rücklage für Notzeiten mehr.

Zu allem Übel galt ich als Geschiedener beim geltenden Steuerrecht als ledig und unterlag damit der Steuerklasse I. Als ich meinen ersten Steuerbescheid für mich allein erhielt, hat es mich regelrecht umgehauen. Meine Steuernach- und -vorauszahlung betrug 128.000 DM, die in recht kurzer Zeitspanne zu leisten waren.

Da hatten die Weisheiten der Bibel an Geltung nichts verloren und es war offensichtlich, meine „sieben biblischen fetten Jahre" waren vorbei. Ich unterlag dem damals höchsten Steuersatz von 53 % vom Netto-Einkommen.

Auch mein Bankkonto stand bereits im Minus. Es war offensichtlich, meine sieben mageren Jahre hatten begonnen und die sofort fällige Steuerzahlung erhöhte meinen Schuldenberg beträchtlich.

Dann fuhr ich zum Finanzamt und suchte den Beamten auf, der für mich zuständig war. Ich schilderte ihm meine finanzielle Lage und er hörte mir wortlos zu. Anscheinend gehörte er zu den Leuten, die wenig sprachen. Als ich dann um Stundung und monatliche Ratenzahlung bat, bestand seine Antwort nur aus dem Wort „Nein".

Ich bat weiter: „Ich kann die recht hohe Steuerzahlung in einer Summe aber nicht leisten und darum bitte ich um monatliche Ratenzahlung!" Seine Antwort lautete wiederum nur „Nein".

Dann erklärte ich: „Wenn ich meine Steuerschuld nicht in Raten abzahlen darf, dann müsste ich meine Zahlungsunfähigkeit anmelden und dann würde das Finanzamt ganz leer ausgehen." Daraufhin sagte er erstmals mehr als nur ein Wort. „Dann gehen wir leer aus."

Ich unternahm einen letzten Versuch. „Wenn ich vor Ihnen nun auf die Knie falle, gewähren Sie mir dann die Abzahlung meiner Steuerschuld in Raten?" Da antwortete der Finanzbeamte mit den drei Worten: „Auch dann nicht."

Mit hängenden Ohren verließ ich das Finanzamt. Während meiner Rückfahrt fiel mir aber der Steuerberater des schwedischen Unternehmens ein, für das ich bis zu meiner Selbstständigkeit tätig war. Er war ehemaliger Steuerbeamter und hatte noch gute

Kontakte zu seinen ehemaligen Finanzamt-Kollegen. Ich fuhr auch gleich zu ihm. Ich schilderte ihm mein Problem, wurde Mandant bei ihm und er erreichte, dass ich meine Steuerschuld in Raten ausgleichen konnte.

Er machte mir aber auch bewusst, dass ich zu einer tragbaren Regelung für meinen zu zahlenden Unterhalt an meine Exfrau kommen müsse. Auch meine Bank hatte mich bereits wegen meines stark überzogenen Bankkontos angesprochen. Ich wusste allerdings, dass ein Gespräch mit meiner Exfrau kein Ergebnis bringen würde. Dann stellte ich die Unterhaltszahlung an sie ein und zahlte nur noch Unterhalt für meine Kinder.

An einem der folgenden Abende klingelte es an meiner Wohnungstür, und als ich dem vermeintlichen Besucher öffnete, stand meine Exfrau vor mir und sagte: „Wir kommen zum Abendbrot zu dir, nachdem du mir keinen Unterhalt mehr zahlst." Als ich meine Exfrau „wir" sagen hörte, war ich mir sicher, sie hatte unseren jüngsten Sohn wieder als Druckmittel benutzt. Ich fragte: „Wo ist Mark?"

„Ich weiß nicht, wo er jetzt ist. Eben war er noch hier", antwortete meine Exfrau in dem ihr eigenen Tonfall des „sanften Herzens", wie eine ehemalige Nachbarin ihre Aussprache zu bezeichnen pflegte. Dann lief ich hinunter auf den Hof der Wohnanlage und suchte meinen sechs Jahre alten Sohn, der sich zwischen den abgestellten Autos versteckt hatte. Mark weigerte sich aber, mit seiner Mutter in meine Wohnung zu kommen, und beide gingen wieder fort.

Meine Exfrau beauftragte ihren aggressiven Rechtsanwalt, mich wegen der Unterhaltszahlung zu verklagen. Beim anberaumten Gerichtstermin sprach der Richter das Problem an und sagte: „Diese zu hoch angesetzten Unterhaltszahlungen haben den Grundstein für Ihre jetzige Situation geschaffen. Ich werde dafür sorgen, dass Ihre Unterhalte einer normalen und üblichen Höhe angepasst werden." Ich wollte aber die Unterhalte für meine Kinder nicht schmälern und so wurde in der Gerichtsverhandlung folgendes Vergleichsurteil gefällt:

Meinen Anteil am Wohnhaus musste ich auf meine geschiedene Frau übertragen. Für die folgenden fünf Jahre hatte ich noch monatlich 250 DM Unterhalt an meine Geschiedene zu zahlen. Am Schluss des Vergleichsurteils legte das Gericht wörtlich fest: „Damit sind alle Ansprüche, selbst für den Fall der Not, abgegolten."

Als meine jüngste Tochter Isgard ihre Schulzeit mit der mittleren Reife abgeschlossen hatte, wollte sie für ein Jahr eine Schule für Krankengymnastik besuchen. Dafür wurde ein Schulgeld von monatlich 300 DM gefordert. Weil ihre Mutter dieses Schulgeld aber nicht übernehmen wollte, kam Isgard mit ihrer Bitte zu mir.

Als stille Reserve hatte ich zwei kleine Lebensversicherungen in der Hinterhand, die ich beim Ausscheiden aus dem schwedischen Unternehmen mitnehmen durfte. Ich verpfändete diese und erfüllte meiner jüngsten Tochter ihren Wunsch.

Als meine geschiedene Frau davon erfuhr, beauftragte sie wieder ihren aggressiven Scheidungs-Anwalt mit einer Klage beim Gericht. Ich musste ihr den halben Anteil meiner beiden Lebensversicherungswerte auszahlen, obwohl es im Vergleichsurteil des Gerichts für die Unterhaltszahlung hieß: „Mit diesem Vergleichsurteil sind alle Ansprüche, selbst für den Fall der Not, abgegolten."

Meine geschiedene Frau hatte mich auch dafür bestraft, dass ich für unsere jüngste Tochter den Besuch der von ihr gewünschten Privatschule ermöglicht hatte, was eigentlich ihre Pflicht gewesen wäre. Sie nahm jede sich ihr bietende Gelegenheit wahr, um mich wie eine Zitrone auszuquetschen. Ich hatte aber keinen Nerv mehr, Berufung gegen dieses ungerechte Urteil einzulegen, sondern machte nur einen besonders dicken Haken unter meine Exfrau. Künftig achtete ich sehr darauf, dass ich bei Familien-Feierlichkeiten nicht mehr mit ihr zusammentraf.

Der Vorstandsvorsitzende

Meine Tätigkeit als selbstständiger Immobilien-Makler hatte bis dahin völlig normale Vermittlungsaufträge für Ein- und Mehrfamilienhäuser, Eigentumswohnungen und Baugrundstücke umfasst. Aus Wohnungs-Vermietungen hielt ich mich heraus und Großaufträge hatte ich noch nicht in Auftrag nehmen können. Die Aufbauphase hatte mein Immobilien-Unternehmen zwar verlassen, aber ich verfügte noch nicht über langjährig gewachsene Beziehungen als Makler. Sie deuteten sich aber an, wie ich nachfolgend berichten werde.

Dem Direktor eines namhaften AG-Unternehmens im Norden Hannovers hatte ich einen Bauplatz im Vorort von Hannover vermittelt. Weil er mit meiner Tätigkeit zufrieden war, empfahl er mich seinem Vorstandsvorsitzenden, der sich nach einem Immobilien-Unternehmen umsah. Teile des großen Betriebsgrundstücks der AG sollten diskret vermarktet werden, weil sie für die eigene Entwicklung nicht benötigt wurden. Auch eine feudale Villa in Herrenhausen stand zur Disposition.

Da wollte der Vorstandsvorsitzende mich kennenlernen und der mir gewogene Direktor arrangierte einen Termin in der Vorstands-Etage. Nach meiner Vorstellung wies der Vorstandsvorsitzende darauf hin, dass diese Besprechung diskret zu behandeln sei und die Vermarktung von Teilen des Betriebsgrundstücks nicht in die Öffentlichkeit gelangen solle. Wie allgemein üblich, wollte auch er nach der Methode verfahren: „Wasche mir den Pelz, aber mache ihn nicht nass".

Am Ende des Kontaktgesprächs sagte er zu mir: „Nun wollen wir in Ihrem Auto zum Betriebsgrundstück und dann auch gleich zur Villa fahren, damit Sie sich einen Eindruck von den Immobilien machen und uns gut beraten können. Meinen Chauffeur möchte ich aus dem zuvor genannten Grund nicht bemühen."

Statt eine Ausrede zu erfinden, z. B., „ich bin leider mit dem Taxi gekommen, weil mein Auto zum Kundendienst ist" oder ähnlich, bekam ich kein Wort heraus, aber einen roten Kopf und wir gingen zu meinem Auto auf den Firmen-Parkplatz. Meinem Begleiter war mein verändertes Aussehen nicht verborgen geblieben, und als ich ihm mit hochrotem Kopf die Tür zum Einstieg offen hielt, sagte er: „Es scheint, dass es ihnen nicht gerade gut geht."

Da war ich wieder nicht imstande zu antworten, denn das Blut war mir so kräftig in den Kopf gestiegen, dass ich meinen eignen Pulsschlag hören konnte. Ich schämte mich und hatte auch das Empfinden, dass es dem Vorstandsvorsitzenden Freude bereitete, mir diese negative Feststellung an den Kopf werfen zu können.

Mein Auto war zwar erst fünf Jahre alt und es war auch eine Nobelmarke. Aber es war steuerlich abgeschrieben und hätte eigentlich gewechselt werden sollen. Weil ich meine Autos aber immer bar bezahlte, fehlte mir das Geld dafür. Es hatte auch viel zu früh an seinen Nahtstellen zu rosten begonnen. Anscheinend gab es auch bei dieser Nobelmarke sogenannte „Montagsautos", an denen bei der Herstellung gepfuscht worden war.

Die Besichtigungstour verlief dann in verkürzter Form. Es kam nicht zur erhofften Zusammenarbeit mit dem Unternehmen, denn mein wenig ansprechendes Auto hatte über eine vielversprechende Zusammenarbeit entschieden. Die Vermarktung der besichtigten Immobilien übernahm ein Kollege. Damit war ich bei meinen „biblischen sieben mageren Jahren" angekommen und dem Verlust dieses Großauftrages schlossen sich weitere an.

Die Fahrschule im Stadtzentrum

Von den weiblichen Inhabern einer damals führenden Fahrschule im Zentrum von Hannover sollte ich im westlichen Stadtrandgebiet ein größeres Baugrundstück mit genehmigtem Bebauungsplan in Auftrag nehmen.

Es bestanden die besten Voraussetzungen für eine schnelle Vermarktung der Baugrundstücke, denn aufgrund des damals bestehenden Baubooms war der Bedarf dafür recht groß. Alle Verhandlungen mit der Seniorin des Unternehmens waren erfolgreich verlaufen und ich sollte den Alleinauftrag in Empfang nehmen, der bei der Seniorin zur Unterschrift bereitlag.

Da stellte sich völlig unerwartet die jüngste Tochter der Unternehmerin quer und schaffte es, dass dieser Auftrag anderweitig vergeben wurde. Den Grund dafür konnte ich nur erahnen, denn bei Beginn meiner Selbstständigkeit hatte ich mir geschworen, mein Unternehmen korrekt und sauber zu führen.

Das Baugelände einer Bäuerin

Eine Bäuerin am nördlichen Stadtrand von Hannover war Eigentümerin eines größeren Baugeländes mit genehmigtem Bebauungsplan. Damals beschränkten die Kommunen sich auf die Erstellung von Bebauungsplänen und die Ausweisung von Bauland. Aus der Vermarktung der Grundstücke hielten sie sich damals noch ganz heraus, was heute nicht mehr der Fall ist. Die Grundstückspreise waren noch recht transparent und setzten sich aus dem Kaufpreis für das Grundstück und den Erschließungskosten zusammen, die an die Kommune zu zahlen waren.

Das Baugelände lag in einem Dreieck zwischen dem Mittellandkanal und der Eisenbahnstrecke. Ein Vetter der Bäuerin hatte mich für die Vermarktung des Baugeländes empfohlen. Ich war für ihn zwei Jahre zuvor im Nachbarort tätig gewesen, wo auch ein neues und großes Baugebiet entstanden war. Nachdem Deutschland nach dem Zweiten Weltkrieg seine Ostgebiete verloren hatte, waren die Einwohner in den Westen geflüchtet. Sie waren es dann, die wieder Besitz, und vor allem ein eigenes Haus haben wollten. Sie waren es auch an erster Stelle, die Deutschland das Wirtschaftswunder brachten.

Auch dieser Alleinauftrag lag bei der Bäuerin zur Unterschrift bereit und ich hatte dafür auch schon zwei namhafte Bauträger als Interessenten, die heute noch aktiv im Baugeschäft tätig sind. Auf Wunsch der Bäuerin sollte bei der Unterschrift des Alleinauftrages aber der damalige Vorsitzende des Landvolks anwesend sein, zu dem sie großes Vertrauen hatte.

Weisungsgemäß setzte ich mich mit dem Vorsitzenden des Landvolks in Verbindung, um mit ihm einen Termin bei der Bäuerin abzustimmen. Da entwickelte sich zwischen uns folgendes Telefonat: Der Vorsitzende des Landvolkes fragte: „Wer sind denn Ihre Interessenten und welchen Kaufpreis wollen die zahlen?“

Ich nannte die beiden und auch den von ihnen gebotenen Kaufpreis von 40,00 DM je qm Bauland. Darauf antwortete er: „Das sind ja 10 DM je qm mehr als ein mir vorliegendes Gebot von einem anderen Bauträger.“ Meine Antwort war: „Diesen Preis habe ich nicht gefordert, er wurde mir von den Bauträger-Gesellschaften als Gebot genannt.“

Der Landvolkvorsitzende meinte darauf: „Wenn das so ist, dann werde ich dafür sorgen, dass Ihnen zusätzlich auch eine Vermittlungs-Provision von der Verkäuferin gezahlt wird.“

„Das ist aber nicht üblich“, gab ich zurück und ergänzte: „Ich möchte meinen Alleinauftrag auch nicht nachträglich ändern, der bei der Bäuerin bereits vorliegt.“ Er erwiderte in recht barschem Ton: „Eigentlich vermittle ich dieses Grundstück und der von Ihnen benannte Preis liegt auch viel zu hoch.“

Es war in unserer Branche kein Geheimnis, dass dieser Landvolkvorsitzende gern diskret bestimmte Umschläge entgegennahm. Ich wollte aber meinem gewählten Prinzip treu bleiben. Ich machte ihn darauf aufmerksam, dass der mir genannte Preis für dieses Baugebiet schon einige Jahre üblich ist und es auch meine Standespflicht sei, den höchstmöglichen Preis für meine

Auftraggeber zu erzielen. Daraufhin nannte er mir einen Termin bei der Bäuerin und beendete das Gespräch.

Ich fieberte diesem Termin regelrecht entgegen, denn ich benötigte den Auftrag dringend. Doch kurz davor rief mich die Sekretärin des Landvolkvorsitzenden an und teilte mir mit, dass der vereinbarte Termin leider ausfalle, da das Grundstück bereits verkauft sei.

Die Argumente seines ihm wohlgesonnenen Bauträgers waren wohl ertragreicher als meine mir auferlegte Korrektheit. Obwohl die Bäuerin großes Vertrauen zu diesem Mann hatte, hat er ihr einen erheblichen Verlust zugefügt.

Hagen, mein Freund!?

Nach dem verlorenen Zweiten Weltkrieg hatte die Reichsmark ihren Wert verloren. Da gab es im Juni des Jahres 1948 eine Währungsreform und jeder Bürger erhielt 60 Deutsche Mark. Damit begann auch ihr Siegeszug in West-Deutschland und das Wirtschaftswunder.

Hagen war älter als ich. Er stammte aus Ostpreußen und ihm war es gelungen, einer Gefangennahme zu entkommen. Nach Kriegsende ersetzte wegen des Wertverlusts der Reichsmark Tauschware die Währung. Besonders Baumaterial aus den Trümmern der Städte war damals gefragt. So hatte Hagen mit seiner ostpreußischen Bauernschläue sofort die richtige Branche zur Selbstständigkeit gewählt.

Bauziegel waren in den völlig zerbombten Städten Deutschlands ein sehr begehrter Baustoff und Hagen lernte als Abbruchunternehmer die bittere Not nach der Währungsreform nicht kennen. Er hatte im total zerbombten Hannover keine Probleme, an Aufträge zu kommen.

Hagen kaufte Kies-, Sand- oder Tongruben privat auf, die er von seinem Unternehmen mit Schutt aus den Abbrüchen auffüllte. Danach waren seine ehemaligen Gruben Gewerbeland geworden, das er dann wieder privat verkaufen konnte und sein Wohlstand wuchs und wuchs.

In den folgenden Jahren hatte sich Hagens Betrieb zu einem der größten Abbruchunternehmen entwickelt. In der Vahrenwalder Straße in Hannover besaß er ein Gewerbe-Grundstück. Eine schwedische Niederlassung für Deutschland war bereits einige Jahre Mieterin dieses Grundstücks, auf dem Hagen eine Halle und auch ein Gebäude errichtet hatte.

Als ich Anfang der 1960er-Jahre kaufmännischer Leiter in diesem schwedischen Unternehmen wurde, begann meine Freundschaft mit Hagen.

In den 1970er-Jahren musste er sich einer Augenoperation unterziehen und bat mich, ihn nach Lugano in die Schweiz zu kutschieren, wo er eine Ferienwohnung besaß. Ich bin einige Tage bei ihm in Lugano am Monte Bre geblieben, damit ich ihn auch wieder nach Hannover kutschen konnte. Unterwegs erzählte Hagen mir viel vom Beginn seiner Selbstständigkeit und auch der Zeit danach.

So verging diese lange Hin- und Rückfahrt recht angenehm, denn beide hatten wir viel erlebt und somit auch viel zu erzählen. Während des Zweiten Weltkrieges war Hagen Hauptmann im Heer gewesen. Aus seiner Militärzeit berichtete er mir nur, dass er und einige Offiziere im Russlandeinsatz aufgebaumte Birkhähne geschossen hätten. Daraus schloss ich, dass er in der zweiten Frontlinie im Ost-Einsatz war.

Zwei Koffer voller Kalbfleisch

Aus seiner Militärzeit hatte Hagen einen Freund, der aus der ländlichen Gegend von Ostfriesland stammte. Gleich nach Kriegsende und noch vor der Währungsreform bekam Hagen von diesem Freund ein Kalb geschenkt. Er fuhr zu seinem Freund, das Kalb wurde heimlich geschlachtet und mit zwei vollen Koffern Kalbfleisch fuhr Hagen nach Hannover zurück.

Damals waren die Züge immer überfüllt. Die Schäden des Zweiten Weltkriegs an den Bahnstrecken waren noch nicht alle beseitigt und viele Städter fuhren in die umliegenden Dörfer, um Wertgegenstände gegen Lebensmittel zu tauschen. Der Hunger überall war groß und Lebensmittel gab es nur auf Bezugsscheine. Da stand der Tauschhandel in voller Blüte und ersetzte die wertlos gewordene Reichsmark.

So fand Hagen mit seinen beiden Koffern auf einer längeren Wegstrecke nur auf dem Waggondach liegend noch Platz, was damals wegen der überfüllten Züge durchaus üblich war. Mit jeder Hand musste er einen Koffer festhalten, damit die wertvolle Fracht nicht vom Zugdach rutschte. Als er in Hannover ankam, wurde er von einem Polizisten erwartet und verhaftet.

Der Polizist war allerdings ein Verwandter von ihm und seine Verhaftung war nur arrangiert, damit die damals sehr wertvollen Koffer auch sicher in Hagens Wohnung ankämen. Dort wurde das Kalbfleisch in Dosen eingekocht und auf einem gezimmerten Regal über der Flurgarderobe der kleinen Nachkriegs-Wohnung gelagert.

Nur wenige Wochen nach dem Einkochen gab es im Flur einen lauten Knall, eine Fleischdose im Regal war geplatzt und der Inhalt verbreitete einen fürchterlichen Gestank. Anschließend stellte sich heraus, dass alle dort abgestellten Fleischdosen rund und dick geworden waren und kurz vor dem Explodieren standen.

Der Grund dafür war: Nach dem Schlachten hatte das Kalbfleisch keine Zeit zum Auskühlen gehabt. Auch während der warmen Tageszeit war es in den Koffern recht dicht verpackt transportiert worden und so war das gesamte Kalbfleisch verhitzt, wie Fachleute diesen Zustand nennen. Alle rund aufgebeulten Dosen drohten zu explodieren. Sie mussten nun recht behutsam aus dem Hause geschafft, in Hagens Abbruchgrube an der B6 entsorgt und mit Bauschutt dick abgedeckt werden.

Ein haushoher Stapel voller Ölfässer

Hagen bekam als Abbruchunternehmer Kontakt zu einem Offizier der amerikanischen Besatzungstruppe in Süddeutschland, der Jude war. Dieser Offizier berichtete ihm, dass die amerikanische Besatzungsmacht ein Manöver bei Frankfurt a. M. durchführen wolle. Er zeigte Hagen auch einen haushohen und mit Planen abgedeckten Stapel voller Ölfässer und sagte: „Diese Ölfässer sind als Reserve für das Manöver gedacht. Sie werden dafür aber nicht benötigt werden."

Damit hatte der amerikanische Offizier bei Hagen großes Interesse geweckt, denn Öl war damals ein sehr begehrtes Tauschmittel. Er machte mit dem jüdischen Offizier einen Handel und erwarb diesen haushohen Stapel Ölfässer, die aber erst nach dem Manöver abgeholt werden durften.

Als das Manöver beendet war und Hagen sein Öl abholen wollte, waren alle Fässer leer und im ganzen Manövergebiet verteilt. Den amerikanischen Offizier gab es nicht mehr und Hagen musste alle leeren Fässer einsammeln und auch entsorgen, wie es vertraglich vereinbart war. Seit dieser Zeit machte Hagen keine Geschäfte mehr mit amerikanischen Offizieren, die Juden waren.

Der Jude, der den Holocaust überlebt hatte

Auch ich hatte eine ähnliche Geschichte während meiner beruflichen Tätigkeit als kaufmännischer Leiter einer schwedischen Niederlassung in Deutschland erlebt und gab sie bei der langen Fahrt nach Lugano auch zum Besten.

Eines Tages wurde mir ein ausländischer Besucher gemeldet, der nur persönlich mit der Geschäftsführung sprechen wollte. Er weigerte sich auch, der Dame in der Anmeldung den Grund für seinen Wunsch zu benennen. Als diese mir davon berichtete, bat ich sie, den Besucher in mein Büro zu führen.

Dort erzählte er mir sehr glaubwürdig Folgendes: „Ich bin Jude und der einzige Überlebende einer jüdischen Großfamilie, der den Konzentrationslagern in Deutschland entronnen ist, und lebe in Amerika." Er sei nach Deutschland gekommen, um seinen Entschädigungsanspruch gerichtlich durchzusetzen. Er müsse seinen Lebensunterhalt aber selbst bestreiten und bitte deshalb darum, ihm die Kleinigkeit von 1000 Rollen Toilettenpapier abzukaufen.

Als schuldbewusster Deutscher unterschrieb ich das vorbereitete Bestellformular über 1000 Rollen Toilettenpapier, denn ein Bedarf dafür war immer vorhanden. Der Besucher bedankte sich höflich, er wurde von mir zum Ausgang geleitet und ich wünschte dem einzigen Überlebenden der jüdischen Großfamilie auch Erfolg beim Erstreiten seiner Entschädigung.

Einige Wochen danach kam ein ganzer Lastwagen mit Toilettenpapier und ich hatte neben dem Spott auch das Problem, die große Menge Toilettenpapier unterzubringen. Jeder Betriebsangehörige durfte sich einige Säcke mit nach Hause nehmen, damit der Rest überhaupt irgendwo gelagert werden konnte.

Mein Besucher hatte die Anzahl der Toilettenpapierrollen im sehr einfachen Bestellformular nur in Zahlen aufgeführt und es war für diesen angeblich vom Holocaust verschonten Juden sehr leicht gewesen, im Bestellformular noch einige Nullen hinzuzufügen.

Hagens Tongrube am Rande Hannovers

Eines Tages sagte Hagen zu mir: „Du musst mein Tongrubengelände an der B6 und am nördlichen Stadtrand von Hannover verkaufen." Es hatte eine Größe von 87.000 qm und wurde von einem nahe gelegenen Industrieunternehmen auch vertraglich für die Entsorgung seiner groben Reifenabfälle genutzt. Dafür zahlte es eine jährliche Pacht von 120.000 DM. Die von Hagen geforderte Kaufsumme sollte 1,2 Millionen DM betragen.

Da fragte ich meinen Freund Hagen: „Warum willst du dieses lukrative Grubengelände verkaufen, das dir bereits jetzt eine Rendite von zehn Prozent einbringt, obwohl es bei Weitem noch nicht gefüllt ist und dir noch lange für die Entsorgung deines Abbruchabfalls dienen kann? Der Wert dieses Grubengeländes kann sich nur noch steigern und dir Gewinn bringen!"

Hagen machte ein recht betrübtes Gesicht und antwortete: „Ich brauche das Geld aber jetzt dringend und darum muss ich es verkaufen." Da übernahm ich diesen Alleinauftrag gern, denn aufgrund seiner guten Rendite war er leicht zu vermarkten. Er passte auch gut in meine nicht gerade rosige Lage der „biblischen sieben mageren Jahre".

Auf meine erste Anzeige für dieses Gewerbegrundstück meldete sich ein mir gut bekannter Unternehmer, den ich aus meiner früheren Tätigkeit in der Heizungsbranche auch persönlich gut kannte. Zum vereinbarten Besichtigungstermin kam sein Schwiegersohn mit, der Unternehmer für Markisen und Rollläden war. Nach der Besichtigung des Grubengeländes, das auch größere Grundstücksteile mit gewachsenem Boden enthielt, waren beide Unternehmer sofort bereit, dieses Gelände zum geforderten Preis von 1,2 Mio. zu erwerben. Beide Betriebe lagen im nördlichen Wohngebiet Hannovers und dort gab es für sie keine Möglichkeit, ihre gut eingeführten Unternehmen zu erweitern.

Hocherfreut über meinen schnellen Erfolg berichtete ich meinem Freund Hagen davon. Da machte Hagen wieder ein sehr trauriges Gesicht und sagte: „Ich darf das Grundstück leider doch noch nicht verkaufen. Mein Freund, der beim Finanzamt in leitender Position tätig ist, hat mir vor einer Stunde gesagt: „Wenn du noch ein Grundstück innerhalb der dir bekannten Jahresfrist verkaufst, dann müssen alle deine Grundstücksverkäufe steuerlich als gewerblicher Grundstückshandel bewertet und deinem Gewinn zugeschlagen werden. Du müsstest dann eine recht große Steuerschuld nachzahlen." Zum Schluss machte Hagen ein noch traurigeres Gesicht und meinte: „Du siehst doch ein, dass ich jetzt noch nicht verkaufen kann. Ich verspreche dir aber hoch und heilig, ich werde dich sofort verständigen, wenn das Grubengrundstück verkauft werden darf."

Als Freund hatte ich das zu akzeptieren und legte diesen Alleinauftrag erst mal auf Eis. Auch diese Nachricht passte zu meinen „mageren sieben Jahren". Es wäre auch zu schön gewesen, wenn dieser Auftrag zur Ausführung gekommen wäre.

Hannovers Dreckberg

Als ich wieder einmal im Hause meines Freundes Hagen weilte, sagte er zu mir: „In der Constantinstraße von Hannover liegt aus der Kriegszeit noch ein großer Dreckberg. Du hast doch recht gute Beziehungen zum Liegenschaftsamt. Könntest du es erreichen, dass ich mit meinem Abbruchunternehmen diesen Dreckberg im Stadtgebiet abtragen kann und dafür das geräumte Grundstück erhalte?"

Da fuhr ich zum Leiter des Liegenschaftsamtes von Hannover und trug ihm den Wunsch meines Freundes vor. Das Liegenschaftsamt zeigte großes Interesse, denn der Dreckberg war aus der Müllentsorgung im Stadtgebiet von Hannover während des

Zweiten Weltkrieges gewachsen und er war der Stadtverwaltung schon lange im Wege. Sein Abtragen hätte aber recht hohe Kosten verursacht. So brachte mein Vorschlag für den leitenden Beamten des Liegenschaftsamtes eine gut machbare Lösung dieses Problems. Er konnte damit auch beim Bürgermeister der Stadt punkten.

Es kam zur schnellen Vertragsabwicklung und Hagen ließ von seinem Unternehmen das Grundstück in der Constantinstraße recht schnell räumen. Man konnte fast zusehen, wie Hagen Meter für Meter Eigentümer des etwa 30.000 qm großen Gewerbegrundstücks in Stadtlage wurde.

Aus Freundschaft hatte ich auf die in meiner Branche übliche Vermittlungsprovision von 4 % des Grundstückswertes verzichtet, denn Freund Hagen hatte mir den Alleinauftrag für die Vermarktung dieses millionenschweren Gewerbegrundstücks erteilt.

Das Treffen der Freunde in Lugano

Das Wetter zu Ostern war in Deutschland schlecht und Hagen lud seine Freunde über die Feiertage zu einem Treffen in Lugano ein. Einige Tage davor fragte er mich: „Könntest du mir einen Gefallen tun und mir einen Brief nach Lugano mitbringen?“ Den Gefallen tat ich meinem Freund gern. Ich übernahm den Brief und steckte ihn arglos in meine Jackeninnentasche, denn Hagen war mit seinem Abbruchunternehmen auch in der Schweiz tätig.

Das Wetter in Deutschland blieb zu Ostern kalt und nass. Als wir, mein Scheidungsgrund und ich, uns auf die Fahrt nach Lugano begaben, machten wir in Süddeutschland einen Stopp und so kamen wir in Lugano einige Stunden später als erwartet an.

Nachdem wir bei der Wohnungsanlage am Monte Bre angekommen waren, trafen wir auf Jochen, der auch eine Wohnung in diesem Komplex hatte. Recht vorwurfsvoll sagte er: „Wo wart ihr denn so lange? Hagen läuft schon seit Stunden wie Falschgeld herum.“ Da fragte ich ahnungslos: „Warum läuft Hagen denn wie Falschgeld herum?“ „Mensch, du hast doch einen Brief von ihm bei dir und darauf wartet er schon!“ Da erst fiel mir der recht dicke Umschlag in meiner Innentasche wieder ein und dann erst ahnte ich auch, was in diesem Umschlag war.

Da war ich sehr enttäuscht von Hagen und es ärgerte mich, dass er mich als ahnungslosen Kurier für einen größeren Geldbetrag benutzt hatte. Wenn ich an der Grenze kontrolliert worden wäre, dann hätte es mir schlecht ergehen können.

Doch weil ich total ahnungslos war, hatte ich mich am Grenzübergang völlig natürlich verhalten und das war mein Glück. Hätte ich geahnt, dass Hagen mir einen größeren Geldbetrag übergeben wollte, hätte ich seine Bitte abgelehnt und den Brief nicht angenommen.

Hagen kannte mich gut und wusste auch, wie er es anstellen musste, um mich als ahnungslosen Kurier zu benutzen. Das war eine ziemlich linke Tour gewesen, so etwas tut man mit Freunden nicht. Unsere Freundschaft bekam ihren ersten Riss.

Mein Versuch, in der Schweiz tätig zu werden

Als Hagen dann auch am Hüftgelenk operiert wurde, kutschierte ich ihn wieder für ein verlängertes Wochenende nach Lugano. Da bot es sich für mich an, geschäftliche Kontakte in der Schweiz anzuknüpfen, um dort auch beruflich tätig zu werden. Ich bekam recht interessante Objekte in Lugano, Locarno und Bellinzona in Auftrag, um sie an deutsche Käufer zu vermitteln. Darunter war auch ein sehr großzügig gebautes Haus, das auf einer Halbinsel der gegenüberliegenden Seite des Luganer Sees lag und eine

Wohnfläche von 300 qm auf einer Ebene hatte. Es war sehr stilvoll mit antiken Möbeln ausgestattet, allein ein persischer Teppich im geräumigen Wohnzimmer hatte eine Größe von etwa 80 qm. Das Haus gehörte einem Schneidermeister, der anscheinend nur seinem Geschlecht zugetan war, und sollte samt Inventar verkauft werden.

Ich traf in Lugano auch mit dem ehemaligen Eigentümer eines großen Verpackungsunternehmens zusammen, der eine komfortable Villa bewohnte und mehrmals jährlich zu Sitzungen nach Deutschland fuhr, „um sich einen Scheck abzuholen", wie er dies nannte. Ebenso sollte ich für eine damals sehr bekannte Schweizer Wohnungs-AG tätig werden, die in St. Moritz ihren Firmensitz hatte. In einem ihrer Apartments verbrachten mein Scheidungsgrund und ich einen schönen Winterurlaub.

Es lief gut an, ich hatte auch schon Interessenten für die Schweizer Objekte. Da wurde die Rechtsgrundlage in der Schweiz geändert. Ausländer durften dort keine Immobilien mehr erwerben. Es gab zwar Möglichkeiten, dieses Gesetz zu umgehen, etwa mit Strohmännern in der Schweiz zu arbeiten. Das alles widerstrebte mir aber sehr. Ich entschloss mich, beruflich nur in Deutschland tätig zu bleiben, und zog mich aus der Schweiz wieder zurück, ohne ein einziges Geschäft vermittelt zu haben.

Der Marienberg-Freundeskreis

Zum Freundeskreis von Hagen und mir gehörten auch drei Marienberg-Freunde. Alle von ihnen waren Eigentümer größerer Höfe und auch Jäger und Pächter der Dorfgemeinschaftsjagden. Zu ihren Stokeljagden im kleinen Jägerkreis wurde ich oft eingeladen. Wir stokelten mit einem Jagdhund in seitlichen Abständen von etwa 100 m durch ein vorher festgelegtes Jagdgebiet. Vor uns stöberte der Jagdhund. Wenn er vor sich drückende Fasanen oder auch Rebhühner mit einer erhobenen Vorderpfote anzeigte, dass er vor dem Wild vorstand, dann bekam er von seinem Herren den Befehlt „voran". Der Jagdhund sprang vor und das Wild flog hoch und dann wurde es vom nächsten Jäger beschossen.

Mit Jochen machte ich auch oft allein Jagd auf Enten und Kaninchen.

Hagen hatte das Grüne-Jäger-Abitur, die Jägerprüfung noch nicht gemacht. Die Marienberg-Freunde und ich ließen aber nicht eher locker, bis auch er sich zum Jägerkurs anmeldete. Der Lehrgangsleiter war ein langjähriger Freund von mir, mit dem ich Jahrzehnte davor im Kriegsbeschädigten-Abteil der Eisenbahn nach Hannover zur Arbeit gefahren war.

Hagen meldete sich und seine leitenden Mitarbeiter dann zum Jäger-Kurs an und alle erhielten von meinem Freund zusätzlichen Jäger-Unterricht. So bestanden auch alle das Grüne-Jäger-Abitur und nahmen danach an den Stokeljagden der Marienberg-Freunde teil.

In Abständen von etwa vier Wochen trafen wir Freunde uns abwechselnd zum gemütlichem Beisammensein und Doppelkopfspiel. Als wir wieder einmal von den Marienberg-Freunden eingeladen waren, kam Hagen als Letzter dort an und fragte mich bei der Begrüßung in seiner recht lauten Weise: „Wie geht es dir denn? Was hast du eigentlich für mein Tongrubengelände getan?" Und ohne meine Antwort abzuwarten, ergänzte er: „Nachdem ich von dir nichts mehr gehört habe, habe ich es verkauft!"

Da wurde ich sehr böse und antwortete ihm: „Was sollte ich denn getan haben? Nachdem du das Tongrubengelände an meinen Kunden nicht verkaufen konntest, weil die Steuer den größten Teil vom Kaufpreiserlös geschluckt hätte, da warst du es doch, der mir hoch und heilig versprochen hatte, sich bei mir zu melden, wenn das Gelände wieder verkauft werden kann!"

Dann ergänzte ich: „Jetzt reicht es mir mit dir! Du umgibst dich mit sogenannten Freunden, die sich von dir freihalten lassen, aber wahre Freunde, zu denen ich mich zählte, behandelst du sehr schlecht. Ich könnte dich vielleicht noch beim Doppelkopf ertragen, aber niemals mehr will ich geschäftlich etwas mit dir zu tun haben! Den Alleinauftrag für das Grundstück in der Constantinstraße gebe ich hiermit sofort an dich zurück. Ich werde dir aber meine Anzeigenkosten in Rechnung stellen!

Wenn du so weitermachst, dann wirst du einmal sehr einsam sterben." Ich entschuldigte mich bei den Marienberg-Freunden, verabschiedete mich und fuhr recht verärgert heim.

Da hatte ich bereits rund 15.000 DM an Anzeigen-Kosten für das Grundstück an der Constantinstraße investiert. Ich kopierte die Insertions-Rechnungen und legte sie meiner Abrechnung an Hagen bei. Aber Hagen zahlte immer nur nach erfolgter Mahnung einen Teilbetrag und ich musste ihn mehrmals mahnen.

Hagen zog aus seinem Unternehmen immer zu viel Barmittel ab und schaffte sie in die Schweiz auf Nummern-Konten. Er hatte eine panische Angst, wieder arm zu werden.

Auch mich hat er ermuntert, seinem Beispiel zu folgen. „Du musst Zahngold kaufen, das ist zurzeit recht günstig, und wenn du mal in Not kommst, dann kannst du dafür auch Brot eintauschen." Aber niemals fragte er seinen Freund, wie es ihm geschäftlich ging.

Wenn ich mich mit Hagen unterhielt, dann führte er mit seinem rechten Zeigefinger auf der Tischplatte immer Schreibewegungen von Zahlen aus. Da war es offensichtlich, Hagens Gedanken waren nicht bei unserem Gesprächsstoff, sondern bei lukrativen Geschäften. Dann beendete ich jeweils unsere Unterhaltung.

Das alles kam mir damals ins Bewusstsein und es ärgerte mich sehr, dass Hagen sein „hoch und heilig" gegebenes Versprechen nicht gehalten hatte. Dann erfuhr ich auch, dass Hagen sein Tongruben-Gelände über einen Makler-Kollegen abgewickelt hatte, der zufällig einen Kunden hatte. Korrekterweise hätte er mich sofort verständigen müssen, wie es im Alleinauftrag auch vereinbart war. In solchen Fällen gab es unter uns festgelegte Verbandsabsprachen. Doch Hagen hielt sich an keine Verträge und

Absprachen. Er hatte auch keinerlei Skrupel, wenn sich ihm eine Möglichkeit für ein Geschäft bot.

Ich hätte aufgrund des mir erteilten Alleinauftrages eine gerichtliche Klage einreichen und mein Recht erkämpfen können. Es widerstrebte mir jedoch, gegen einen ehemaligen Freund zu klagen.

Ich bedauerte aber sehr, mich gegenüber Hagen immer zu nachsichtig verhalten und auch auf die Provision für den Dreckberg-Vertrag mit der Stadt Hannover verzichtet zu haben, denn er hatte sein „hoch und heilig" gegebenes Versprechen nicht eingehalten. Wenn er sich mir gegenüber korrekt verhalten hätte, dann wäre es mir leichtgefallen, meine „biblischen sieben mageren Jahre" zu überstehen.

Hagen warf immer mit der Wurst nach dem Schinken und gute Geschäfte waren ihm wichtiger als echte Freundschaft. Da machte ich auch unter meinen langjährigen Freund Hagen einen dicken Haken. Diese negative Erfahrung passte durchaus zu meinen „biblischen mageren sieben Jahren".

Mein Scheidungsgrund

Nach meinem Ausscheiden aus dem schwedischen Unternehmen hatte mein Scheidungsgrund auch gekündigt. Sie wollte gern Stewardess bei der Lufthansa werden, aber dafür benötigte sie die französische Sprache und Mona-Lisa ging als Au-pair-Mädchen nach Genf. Bei einem kinderlosen jüdischen Ehepaar fand sie eine Anstellung und fast täglich telefonierten wir miteinander.

An den Wochenenden weilte das jüdische Ehepaar nicht in Genf. Da buchte meine Mona-Lisa für mich ein Quartier in ihrer Nähe. Ich begab ich mich auf die etwa zehn Stunden dauernde Autofahrt zu ihr und wir verlebten zwei schöne Tage miteinander.

Als wir uns ein zweites Mal für ein Wochenende verabredet hatten und ich bei ihr angekommen war, druckste sie nach der Begrüßung herum und sagte: „Ich war in dieser Woche wieder beim Zahnarzt und nach der Behandlung fragte er mich, ob wir uns heute Abend treffen könnten. Da habe ich dummerweise zugesagt. Zwischen uns ist aber nichts, es wird ganz sicher auch nicht lange dauern."

Da war ich doch sehr enttäuscht und antwortete: „Wenn du gern zum Zahnarzt gehen möchtest, dann gehe hin und ich fahre gleich wieder zurück nach Hause." Mona-Lisa wollte aber nicht, dass ich nach Hause fahre, und sie ging dann auch nicht zur Verabredung. Der Einklang zwischen uns war wieder hergestellt und verdrängte den kurzen Missklang. Es wurde wieder ein sehr harmonisches Wochenende.

Danach telefonierten wir wieder viel miteinander, wir schrieben uns auch lange Liebesbriefe. Mona-Lisa konnte schöne Liebesbriefe schreiben und am Schluss war auch immer ein Kuss-Abdruck darauf. Ich hob diese schönen Briefe alle auf und sammelte sie in einem großen Briefumschlag, den ich in einem Schreibtischfach aufbewahrte. Auch ein schönes Aktfoto von Mona-Lisa war dabei, das ich von ihr gemacht hatte. Mona-Lisa stand in der Nähe einer Stehlampe, die ein gedämpftes Licht ausstrahlte. Mit einer Hand fasste sie nach dem Lampenschirm und mit der anderen bedeckte sie ihre Scham, die ohnehin von ihrem eingeknickten Oberschenkel abgedeckt war. Dabei lächelte sie mich an. Es war ein schönes und auch dezentes Aktfoto. Über den Zahnarzt sprachen wir nicht wieder.

Dann planten wir einen gemeinsamen Winterurlaub und Mona-Lisa nahm Ski-Unterricht in der Schweiz. Im Berner Oberland, in Engelberg, mieteten wir ein kleines Holzhäuschen und verbrachten unseren ersten gemeinsamen Winterurlaub. Es war Ende Februar, die Nächte waren bitterkalt und das noch recht neue Holzhaus knackte und krachte.

Da vermuteten wir Einbrecher. Ich bewaffnete mich mit dem Beil, das ich im Hause fand, und durchsuchte das Holzhäuschen und auch den Keller. Es war aber kein Einbrecher, der unsere

Nachtruhe gestört hatte. Es waren die Spannungen im Holzhaus, die durch die Wärme im Haus und die klirrende Kälte draußen das Knacken und Krachen verursacht hatten.

Wir gewöhnten uns daran, zumal es in den Nächten danach auch wärmer wurde und das Knacken schließlich ganz aufhörte. Unser erster gemeinsamer Winterurlaub war wunderschön. Als Mona-Lisa ihre Zeit in Genf beendet hatte, rief sie mich an und am Wochenende holte ich sie ab.

Mona-Lisa wohnte dann wieder bei mir und wollte auch nicht mehr Stewardess werden. Sie bewarb sich nach einigen Wochen erfolgreich beim Auswärtigen Amt in Bonn, erhielt eine Anstellung und zog nach Bonn. Im monatlichen Abstand besuchte sie mich am Wochenende. Ich holte sie am Freitagnachmittag vom Bahnhof ab und wir fuhren in meine kleine und urgemütliche Jagdhütte in die Lüneburger Heide, wo wir schöne Wochenenden verbrachten. In der Zwischenzeit schrieben wir uns Liebesbriefe und telefonierten viel miteinander.

Die Erfahrungen aus meiner ersten Ehe hatten sich in mir festgesetzt und verhinderten jeden Gedanken an eine neue Ehe. Auch Mona-Lisa sprach niemals davon. Wir liebten uns, wir konnten auch nicht voneinander lassen. Wenn Mona-Lisa fort war, dann fehlte sie mir sehr und ich besuchte sie auch einmal in Bonn.

Wir machten auch zusammen Winterurlaub in Ferienwohnungen in der Schweiz, die hervorragend ausgestattet waren. Wir verpflegten uns selbst und genossen die wenigen Wochen der Gemeinsamkeit.

Nach einigen Jahren beendete Mona-Lisa ihre Tätigkeit im Auswärtigen Amt. Sie übernahm eine Aufgabe als Sekretärin bei der CDU in Hannover und wohnte dann auch wieder bei mir. Ich glaube, dass wir glücklich miteinander waren.

Als ich eines Tages von einem längeren geschäftlichen Termin nach Hause kam, da sagte mir in der Wohnung alles: „Deine Mona-Lisa ist wieder ausgezogen. Jetzt hast du sie verloren.“ Da erst wurde mir bewusst, dass wir schon viele Jahre zusammen waren und Mona-Lisa inzwischen ihren 28. Geburtstag gefeiert hatte.

Sie kam dann noch einmal zu mir und erklärte, dass sie sich von mir trennen wolle. Zum Schluss sagte sie: „Wir wollen aber gute Freunde bleiben." Nach diesen Worten nahm ich sie in meine Arme, drückte und liebkoste sie. Mona-Lisa verabschiedete sich und ging fort. Es war offensichtlich, dass von ihr eine große Last abgefallen war.

Ich ließ unsere gemeinsamen Jahre vor meinem geistigen Auge Revue passieren und erst dann wurde mir bewusst, dass auch die Jahre in der Schweiz und im Auswärtigen Amt in Bonn immer schon Fluchten aus der Verbindung mit mir waren.

Ich musste mich fragen: „Mit welchem Recht betrachtest du Mona-Lisa als dein Eigentum? Hast du sie jemals gefragt, ob sie deine Frau werden möchte?" Wir hatten all die Jahre in schöner Eintracht zusammengehalten und immer hatte ich alles als Selbstverständlichkeit betrachtet und nie an eine neue Ehe gedacht. Da musste ich mir eingestehen, dass ich mich meiner Mona-Lisa gegenüber recht egoistisch verhalten hatte.

Nun war es zu spät, meine wirtschaftliche Lage verbot es mir auch, Mona-Lisa zu bitten, meine Frau zu werden. Ich grübelte viel, hatte schlaflose Nächte und fragte mich auch, ob ich aus meiner schlechten wirtschaftlichen Lage jemals wieder herauskommen und eine neue Ehe eingehen könne. Ich konnte aber nicht allein leben und Mona-Lisa fehlte mir sehr. Meine wirtschaftliche Lage erlaubte es jedoch nicht, eine neue Liebe zu beginnen. All das schlug sich auch auf meine geschäftlichen Aktivitäten nieder. Ich hatte Probleme, neue Aufträge zu beschaffen. Mona-Lisa war in dieser Zeit viel mit ihrer Schwester und ihrem Schwager zusammen und auch oft unterwegs.

Ich verschenke meine Immobilien

Wirtschaftlich ging es mir schlecht, ich war bei meinen biblischen sieben schlechten Jahren angekommen und musste befürchten, insolvent zu werden. Ich vermietete mein Büro im ersten Obergeschoss und betrieb mein Maklergewerbe in meiner Wohnung im zweiten Obergeschoss. Das Büro schenkte ich meinem erstgeborenen Sohn Eckhard, das vermietete Einzimmerapartment im vierten Obergeschoss meiner ältesten Tochter Gudrun und den ebenfalls vermieteten kleinen Laden im Erdgeschoss meiner jüngsten Tochter Isgard. Nur meine Wohnung im zweiten Obergeschoss behielt ich als Eigentum.

Alle Immobilien, die ich meinen Kindern überschrieben hatte, hatten einen Eigenkapitalanteil von rund 30.000 DM und die Mieten deckten den Zins- und Tilgungsdienst der Hypotheken. Es blieb auch noch eine Rendite übrig. Meinen Anteil am Wohnhaus hatte ich bereits auf meine Exfrau überschrieben. Mein jüngster Sohn Mark war noch nicht mündig und ich ging davon aus, dass er das Haus einmal erben würde.

Aus meinen besseren Tagen war ich mit dem Filialleiter der Bank befreundet, bei der mein Konto geführt wurde. Wenn ich aber meinen Überziehungskredit erhöhen musste, ließ sich mein Freund lange bitten. Er bewilligte auch immer nur einen viel zu geringen Betrag. Ich machte ihn darauf aufmerksam und sagte: „Unter diesen Umständen kann ich nicht arbeiten. Mit diesem viel zu geringen Kredit kann ich auch keine Anzeigen schalten. Ich kann aus meinem finanziellen Tief damit nicht herauskommen und steuere auf das Ende meines Unternehmens zu."

Dann grinste mein Freund, der Filialleiter, mich immer nur an. Er zeigte mir offen, dass er eine sadistische Freude dabei empfand, seinen Freund aus besseren Tagen quälen zu können. Meine seelische Verfassung war auf dem Tiefpunkt angelangt.

Mein Heiratsantrag

Nach ihrem Auszug wohnte Mona-Lisa wieder bei ihren Eltern. Ihre Schwester und der Schwager wollten ihr den Absprung aus der Verbindung mit mir erleichtern und gingen dann auch öfter mit ihr aus, damit sie Kontakt zu anderen Männern bekam. Auf der Heimfahrt von einem dieser fröhlichen Abende hatte Mona-Lisas Schwager einen Autounfall. Dabei erlitt Mona-Lisa einen Schlüsselbeinbruch und kam in ein Krankenhaus.

Als sie ihr Krankenbett verlassen und aufstehen durfte, rief sie mich an und ich fuhr sofort zu meiner Mona-Lisa ins Krankenhaus. Unsere Beziehung zueinander hatte in den vergangenen Wochen nicht gelitten und es wurde uns bewusst: Wir gehörten zusammen. Mona-Lisa kannte meine finanzielle Lage, ich hatte ihr auch von den Überschreibungen meiner Immobilien auf meine Kinder berichtet. Meine wirtschaftliche Lage war nicht rosig, aber zusammen mit ihr konnte ich wieder einen Neubeginn wagen.

Da fasste ich mir ein Herz und machte meiner Mona-Lisa einen Heiratsantrag und sie sagte: „Ja." Ich nahm sie in die Arme und man konnte den Stein plumpsen hören, der mir vom Herzen fiel. Als Mona-Lisa aus dem Krankenhaus entlassen wurde, zog sie wieder zu mir.

Wir wollten uns im Stillen standesamtlich trauen lassen. Als wir beim Standesamt das Aufgebot bestellten und für die Trauung den 9. Juli des Jahres 1977 gewählt hatten, wandte sich der Standesbeamte an mich und fragte: „Warum wählen Sie denn nicht den 07. 07. 1977? Diesen Hochzeitstag vergessen Sie später bestimmt nicht so schnell."

Da hatte er absolut recht und wir nahmen seinen Vorschlag an. Als Trauzeugen stellten sich mein erster männlicher Sekretär Kurt und seine Ehefrau Anneliese zur Verfügung und wir heirateten in aller Stille an diesem seltenen Tag, dem 07. 07. 1977. Dabei wären wir auch beinahe im Fernsehen erschienen. Unsere Heirat sollte vorerst aber noch geheim bleiben und so genossen andere an diesem Tag vermählte Paare den Vorzug, bei ihrer Trauung im Fernsehen gezeigt zu werden.

Nach unserer Trauung fuhren wir mit unseren Trauzeugen in ein bekanntes Speiselokal und aßen zu Mittag. Danach gingen wir auch gleich zum Notar und unterschrieben die vorbereitete Gütertrennung. Damit wollte ich auch meine zweite Ehefrau davor schützen, im Falle meiner Insolvenz haften zu müssen.

Meine Umschuldung

Der Filialleiter meiner Hausbank, mit dem ich auch per „Du“ war, bewilligte mir immer nur einen viel zu geringen Überziehungskredit.

Obwohl ich selbst keine Finanzierungen vermittelte, gab ich meinen Kunden doch Ratschläge und überließ es ihnen dann selbst, Konditionen für ihre Hypotheken mit den Banken auszuhandeln.

So habe ich während meiner gesamten Selbstständigkeit niemals eine Provision für Finanzierungen gefordert. Jetzt nutzte ich diesen Bankkontakt für einen Wechsel meines Überziehungskredits. Mit meinen Bilanzunterlagen fuhr ich zur Hauptstelle der Bank und beriet mit der Geschäftsführung einen möglichen Wechsel. Wir vereinbarten einen ausreichenden Betrag, über den ich frei verfügen konnte, um auch wieder Anzeigen schalten zu können, und legten einen Tilgungsplan fest.

Für die Umschuldung meines recht hohen Überziehungskredits wurde aber eine zusätzliche Bürgschaft benötigt und ich sprach mit meiner Mona-Lisa darüber. Es fiel ihr nicht gerade leicht, aber ich erhielt die erforderliche Bürgschaft, die allein auf den Schuldenbetrag begrenzt war und parallel mit dem Abbau meiner Schulden auch endete.

Der Weg für meine Umschuldung war frei und am festgelegten Stichtag tilgte die Bank den gesamten Schuldenbetrag bei meiner Hausbank. Da wurde der Filialleiter meiner Bank hellwach und machte Kniefälle vor mir, um mich als Kreditkunden zu behalten. Es war für mich dann eine Genugtuung, diesem sog. Freund die kalte Schulter zu zeigen. Mit der zuvor von ihm gebrauchten Tonart sagte ich: „Du hast es nicht anders gewollt."

Der Filialleiter hatte einen guten Kreditkunden verloren. Das wirkte sich auch negativ auf seine Stellung aus und er wurde zu einer anderen Aufgabe versetzt. Aus optischen Gründen beließ ich mein Geschäftskonto bei meiner bisherigen Bank und führte es künftig nur noch als Guthabenkonto.

Meine neue Ehe hatte finanziell einen schweren Start, wir mussten ganz neu beginnen. Wir waren aber glücklich miteinander. Mona-Lisa war sparsam und konnte gut wirtschaften. Nachdem ich mit der Umschuldung wieder Bewegungsfreiheit erlangt hatte, konnte ich auch wieder unbeschwert arbeiten. Ich hatte wieder Mut und das wirkte sich positiv auf meine berufliche Tätigkeit aus. Die vereinbarten Tilgungen der Umschuldung konnten eingehalten werden und ich wurde wieder schuldenfrei.

Gudrun verliebt sich und heiratet

An einem Abend gingen Mona-Lisa und ich mit meiner ältesten Tochter Gudrun in die Altstadt von Hannover, um gemeinsam zu Abend zu essen. Da kam ein schon etwas weinseliger junger Mann recht provozierend an unseren Tisch. Es war offensichtlich, dass er es mir nicht gönnte, mit zwei jungen und hübschen Damen zu Abend zu essen. Um mich notfalls zur Wehr setzen zu können, stellte ich eine große Pfeffermühle in meine Reichweite.

Es zeigte sich aber bald, das Interesse des weinseligen Mannes galt allein meiner Tochter, denn er ahnte ja nicht, dass ich ihr Vater war. Zwischen Gudrun und dem jungen Mann hatte es gefunkt, sie verliebten sich ineinander.

Beim ersten Antrittsbesuch brachte Dieter Mona-Lisa und mir einen Präsentkorb, in dem auch eine Pfeffermühle enthalten war, die eine Anspielung auf die Situation im Speiselokal sein sollte. Gudrun und Dieter wollten heiraten, aber Gudrun fand bei ihrer Schwiegermutter nicht den erhofften Zuspruch.

Es passte der Schwiegermutter auch nicht, dass die Eltern ihrer künftigen Schwiegertochter geschieden waren.

Da sagte Gudrun eines Tages zu mir: „Papi, ich hätte da eine Frau für dich", und damit meinte sie, ich solle meine Exfrau wieder heiraten. Sie war es aber auch, die einige Jahre zuvor zu uns Eltern gesagt hatte: „Ihr passt einfach nicht zueinander, ihr solltet euch scheiden lassen."

Gudrun bemühte sich sehr, von ihrer Schweigermutter akzeptiert zu werden, aber all ihre Mühe war vergebens. Dieters Mutter mochte sie nicht und lehnte sie ab. Gudrun und mein künftiger Schwiegersohn wünschten sich eine schöne Hochzeit, an der auch all ihre Freunde teilnehmen sollten, und ich, sein Schwiegervater, sollte die Hochzeit finanzieren. Da hatte ich wieder ein Problem, denn diese Hochzeit war in meiner Umschuldungs-Planung nicht enthalten.

Meine Wohnung in Hannover, in der ich nach der Scheidung wohnte und auch meine berufliche Tätigkeit ausübte, war eine Eigentümer-Gemeinschaft und zum Jahresbeginn 1972 war ich zu ihrem Verwalter bestellt worden. Es war meine erste Verwaltertätigkeit und ich machte damit auch meine ersten Erfahrungen in der Immobilien-Verwaltung. Damals wusste ich es noch nicht besser, ich hatte meine Verwaltergebühr nicht monatlich an mich überwiesen. Die Jahresmitte war bereits überschritten und so war es auch gerechtfertigt, mir meine Verwaltertätigkeit als Jahresgebühr zu überweisen. Mit dem Beirat der Eigentümer-Gemeinschaft stimmte ich die Überweisung ab und sie war es, die mir die Möglichkeit gab, den Wunsch meiner ältesten Tochter zu erfüllen.

Am 08. Juli 1977, heiratete auch meine Tochter Gudrun ihren Dieter. Die kirchliche Trauung fand in Kirchlinteln bei Verden a. d. Aller statt, wo mein ältester Bruder Pfarrer war. Die Hochzeitsfeier war im Heidelokal im Nachbarort und als Jäger hatte ich auch einen ordentlichen Wildbraten dafür erlegt. Es wurde eine schöne Hochzeitsfeier und das junge Ehepaar zog danach in eine Dreizimmerwohnung einer Wohnanlage in Braunschweig, die Dieter und sein Freundeskreis als Bauträger erstellt hatten.

Dieters Freundeskreis lebte auf großem Fuß und es fiel Dieter nicht leicht, finanziell mitzuhalten. Als die Freunde eine Urlaubsreise nach Südafrika planten, wollte auch Dieter mit seiner jungen Frau nicht abseitsstehen. Es fehlte ihm aber das Geld dafür und ich sollte es ihm leihen.

Ich war aber erst dabei, mich aus meinen „biblischen sieben mageren Jahren“ zu verabschieden, und konnte meinem ersten Schwiegersohn seine Bitte nicht erfüllen. Dieter übergab mir einen auf sich bezogenen Wechsel. Den verkaufte ich meiner Bank und übergab meinem Schwiegersohn dann den Betrag für die Afrikareise.

Danach besuchte das junge Ehepaar uns oft. Wenn es vor der Mittagszeit war, kam Gudrun mit fröhlichem „Hallo“ herein und ihre erste Frage war: „Was gibt es bei euch heute zu Mittag?“ Gudrun ging dann auch gleich in die Küche und sah in die Kochtöpfe, beide durften bei uns zum Mittagessen bleiben. Danach gingen beide wieder fort. Beim Bäcker im Nachbarhaus kaufte Dieter Kuchen, unterwegs auch einen Blumenstrauß und so ausgestattet fuhren sie zu meiner Exfrau zum Kaffeetrinken. Aber niemals brachten sie für uns ein Blümchen oder sonst eine Kleinigkeit mit.

Als meine älteste Tochter einmal allein zu mir kam, machte ich sie auf die sehr unterschiedliche Behandlung ihrer Eltern aufmerksam. Gudrun antwortete darauf: „Bei euch ist ja immer alles vorhanden.“ Danach lief sie weinend hinaus und setzte sich in ihren VW-Käfer.

Sie gingen immer davon aus, dass ich im Überfluss lebte. Ich hatte meine Kinder über meine finanzielle Lage aber nicht informiert und so war es allein meine Schuld, was sie wussten oder auch nicht.

Gudrun Abitur und ihr Architekturstudium

Dieter hatte promoviert und war Dr. rer. pol. Dann holte auch Gudrun ihr Abitur nach und begann ein Architekturstudium. Für beides hatte sie BAföG beansprucht und ich bekam von der Behörde Fragebögen zugeschickt. Die füllte ich aus und sandte sie nebst den geforderten Kopien meiner Steuerbescheide zurück, denn ich befand mich noch in meinen „biblischen mageren sieben Jahren“. Meine erwirtschafteten Erträge zeigten sich immer erst, wenn ich meine Steuererklärung einreichte.

Aber in recht kurzen Zeitabständen kamen immer wieder neue Fragebögen und das war recht ungewöhnlich. Da fragte ich bei der BAföG-Behörde nach dem Grund dafür, bekam aber keine eindeutige Antwort. Ich drohte dem Sachbearbeiter, dass ich mich bei seiner vorgesetzten Dienststelle beschweren würde, wenn man mich über Gebühr mit Anfragen bepflastere. Danach hatte ich Ruhe und die BAföG-Behörde akzeptierte meine korrekten Angaben. Mir war aber der Verdacht gekommen, dass jemand daran mitgewirkt habe. Bilanz-Manipulierung ist strafbar und für meine Kinder hätte ich jede Weiterbildung finanziell übernommen, wenn ich dazu in der Lage gewesen wäre.

Es gab für mich aber keine Möglichkeit, Vermittlungs-Provision auch „schwarz“ einzunehmen, denn schon damals gab es für unseren Berufsstand ein gerichtliches Urteil, dass auf Provisionen für Immobilien-Vermittlungen nur dann ein rechtlicher Anspruch bestehe, wenn sie auch im notariell beurkundeten Kaufvertrag zugunsten des Maklers enthalten waren. Zudem hatte ich mir zu Beginn meiner Selbstständigkeit geschworen, mein Makler-Gewerbe korrekt zu führen, und das hielt ich bis zum Ende meiner beruflichen Tätigkeit auch ein.

Mein Schwiegersohn hatte sich aber darüber beschwert, dass ich meinem Sohn ein Dreizimmer-Büro, meiner jüngsten Tochter einen Laden und der ältesten Tochter nur ein Einzimmerapartment geschenkt hätte. Obwohl ich diesen Einwand als Anmaßung empfand, erklärte ich meine Beweggründe für diese Aufteilung meiner Schenkungen, denn alle hatten nach Abzug der Hypotheken gleich hohe Restwerte von rd. 30.000 DM.

Ich war auch davon ausgegangen, dass Gurdun ihr Einzimmerapartment recht bald verkaufen würde, denn sie wohnte in Braunschweig. So kam es dann auch, und als meine Tochter die Wohnung verkaufte, war sie recht überrascht, dass nach Abzug der Hypothekenbelastung nur 15.000 DM verblieben. Da musste ich sie daran erinnern, dass ich für ihre Beleihung mit einer zusätzlichen Grundschuld von 20.000 DM als Noch-Eigentümer zustimmen musste.

Mein ältester Sohn hatte das Büro erhalten, damit er darin auch eine Arztpraxis betreiben konnte, die damals noch ohne die vielen und teuren Geräte auskam. Die jüngste Tochter bekam den Laden, damit sie darin ihren Berufswunsch Krankengymnastik verwirklichen konnte.

Im zweiten Jahr nach ihrer Hochzeit gebar meine Tochter Gudrun ihr erstes Kind, das im August 1979 zur Welt kam und den Namen Grit erhielt. Da hatte mich Gudrun erstmals zum Großvater gemacht. Meine Kontakte zu meinen Töchtern und auch zum Schwiegersohn hielten sich damals aber noch in Grenzen, denn insbesondere bei meiner jüngsten Tochter galt ich als der einzig Schuldige an der Scheidung ihrer Eltern. Sie gab es mir auch schriftlich. „Du hast dich von Mutti scheiden lassen." Der wahre Sachverhalt wurde ignoriert und ich hatte mich mit ihrer Einstellung abzufinden. Wenn sich aber eine Möglichkeit bot, dann wurde meine Mona-Lisa auch gern gemobbt und das taten auch einige meiner Geschwister gern.

Mein Schwiegersohn verunglückt tödlich

Im Januar des Jahres 1981 verunglückte mein Schwiegersohn Dieter tödlich. Erst wenige Monate zuvor war er zum Geschäftsführer einer Auto-Leasinggesellschaft berufen worden. Damit hatte er für seine junge Familie eine gute Voraussetzung geschaffen, die auch seiner Vorbildung entsprach.

Mit seinem Porsche, einem Firmen-Auto, war Dieter geschäftlich unterwegs, als er auf der Heimfahrt ein vor ihm fahrendes Auto überholte und dabei den mit Schnee und Eis bedeckten Mittelstreifen überfuhr. Sein Wagen drehte sich und blieb quer auf der Gegenfahrbahn stehen. Dieter schaffte es nicht mehr, den Porsche aus dieser fatalen Lage herauszufahren. Ein entgegenkommender Autofahrer konnte seinen VW-Passat nicht rechtzeitig abbremsen und prallte in die Fahrerseite des Porsche. Dabei erlitt Dieter so schwere Verletzungen, dass er noch an der Unfallstelle verstarb.

Für Gudrun war es ein schwerer Schock, sie litt sehr darunter. Trotz ihrer Schwangerschaft hatte sie ihr Architekturstudium zügig durchgezogen und kein Semester wiederholen müssen. Nur wenige Tage zuvor hatte sie ihr Diplom erhalten und es dann demonstrativ ins Gäste-WC gehängt. Als ihr Vater beerdigt wurde, war meine erste Enkeltochter Grit erst wenig mehr als ein Jahr alt.

Für Gudrun brach eine Welt zusammen, von einer zur anderen Minute war ihr der Ehemann genommen worden, mit dem sie sehr glücklich war. Mit seiner gut dotierten Geschäftsführeraufgabe wollte Dieter auch seine Schulden aus seiner Selbstständigkeit als Bauträger abbauen. Nur wenige Tage vor seinem Unfall hatte er eine Lebensversicherung abgeschlossen, sie war von der Versicherung noch nicht rechtskräftig unterschrieben.

Gudruns Schwiegermutter war mit dem ersten Personalchef des VW-Werkes in Wolfsburg verheiratet. Als ihr Ehemann starb, war sie die alleinige Erbin einer feudalen Villa in bevorzugter Lage von Braunschweig und auch eines 18-Familienhauses geworden. Das Mehrfamilienhaus hatte sie ihrem jüngsten Sohn bereits vererbt, der in Österreich lebte.

Im Testament der Schwiegermutter war Dieter als Erbe für die Villa aufgeführt, die einen geschätzten Verkehrswert von 1,2 Millionen DM hatte. Im Vertrauen darauf, dass Dieters Schulden nicht zu hoch wären, nahm Gudrun das Erbe ihres tödlich verunglückten Ehemannes an. Damit war sie jedoch in eine sehr schwierige finanzielle Situation geraten, denn Dieters Schuldenberg war wesentlich größer, als Gudrun jemals geahnt hatte.

Es war ihr aber ohnehin keine andere Wahl verblieben, denn sie hatte ihrem Dieter blindlings vertraut und bei allen Finanzierungsurkunden ihres Ehemannes immer vertrauensvoll mit unterschrieben. Erst nach seinem plötzlichen Tod erfuhr Gudrun, dass sich die Schulden ihres Mannes auf über drei Mio. summierten, und überall war sie mit haftbar geworden.

Als ich davon erfuhr, empfand ich es von meinem Schwiegersohn als wenig rücksichtsvoll seiner Familie gegenüber, dass er seine Ehefrau bei all seinen Schuldurkunden mit unterschreiben ließ.

Gudrun fiel in ein tiefes, schwarzes Loch. Sie war durch Dieters plötzlichen Tod total überschuldet und mittellos geworden. Es blieb ihr keine andere Wahl, als den Offenbarungseid zu leisten.

Obwohl Gudrun sich sehr darum bemüht hatte, von ihrer Schwiegermutter angenommen zu werden, war alle ihre Mühe vergebens geblieben. Ihre Schwiegermutter war zudem der irrigen Auffassung, dass ihre Schwiegertochter nach dem plötzlichen Tod ihres Sohnes eine recht hohe Lebensversicherung ausbezahlt bekomme.

Dass die Lebensversicherung ihres Sohnes aber noch keine Rechtskraft erlangt hatte, war ihr nicht bekannt. Ohne Rücksprache mit ihrer Schwiegertochter zu nehmen, änderte sie das Testament in Bezug auf ihre Villa zugunsten ihres Lieblingssohnes, Dieters jüngerem Bruder.

Im geänderten Testament hatte sie aber verfügt, dass ihre Enkeltochter Grit 500.000 DM aus dem Verkaufserlös der Villa erhalten solle, die an Gudrun zu übergeben wären. Gudruns Schwiegermutter hätte das Testament auch ganz zugunsten ihres Enkelkindes Grit ändern können, statt es ihrem Lieblingssohn zu überschreiben.

Sie mochte ihre Schwiegertochter aber nicht und darum wurde Gudrun im geänderten Testament überhaupt nicht bedacht. Ihr Sohn Dieter erinnerte sie zu sehr an ihren verstorbenen Ehemann und das bekam dann auch Gudrun zu spüren. Vom übernommenen Betrag kaufte Gudrun für ihre Tochter ein Wohnhaus und legte den verbliebenen Rest für Grit an.

Mein Schwiegersohn war ein Optimist und ganz sicher hat er sich dem Druck der finanzierenden Banken gebeugt, die immer auch gern die Unterschriften der Ehefrauen forderten. Dieter war jedoch auf gutem Wege, seine Zukunft zu meistern, und wenn der plötzliche Tod ihn nicht daran gehindert hätte, wäre es ihm auch gelungen.

Am Ende war es aber gut, dass Gudruns Schwiegermutter ihr Enkelkind Grit mit einem Barbetrag bedacht hatte, denn wenn sie ihr Testament nicht geändert hätte, wäre Dieters Erbschaft von seinen Schulden voll geschluckt worden.

Meine Schwiegereltern

Als ich meiner Mona-Lisa einen Heiratsantrag gemacht hatte, musste ich mich auch bei ihren Eltern vorstellen. Sie wohnten in der Ubbenstraße in Hannover. Als ich dorthin kam, traf ich nur meine Schwiegermutter an, die gerade beim Abwaschen des Geschirrs war. Dafür hatte sie eine Schüssel mit Spülmittelwasser in das Spülbecken gestellt. Nach dem Abwaschen eines Geschirrteils ließ sie warmes Wasser aus dem Zapfhahn leicht darüber und in die Schüssel fließen, obwohl das Wasser darin bereits überfloss und das Spülmittel darin verdünnte.

Mir übergab meine Schwiegermutter ein Handtuch, und während sie weiter abwusch, befragte sie mich wie einen Pennäler.

Obwohl ich wusste, dass meine Schwiegermutter nur wenige Jahre älter als ich war, antwortete ich wie ein Prüfling. Ich trocknete das mir übergebene Geschirr ab und kam mir wie ein Beschuldigter bei seiner ersten Befragung vor.

Dieses erste Zusammentreffen mit meiner Schwiegermutter hat sich tief in mir eingeprägt und immer noch sehe ich uns beide in der Küche beim Abwaschen des Geschirrs.

Mein Schwiegervater war Polizeibeamter und vorwiegend im Außendienst tätig. Mit ihm kam ich vom ersten Tage an gut aus. In der Nähe seines Heimatdorfes gab es den Jäger Wulf, der ledig geblieben und Pächter von zwei nebeneinanderliegenden Dorf-Gemeinschaftsjagden war. Mit einer Erfindung war er reich geworden und musste darum auch nicht berufstätig sein. Er lebte nur noch für die Jagd.

Jäger Wulf hatte sich ein komfortables Wohnhaus gebaut, das auf einem großen und parkähnlichen Grundstück stand. Er beschäftigte Hauspersonal und auch einen Jagdaufseher. Bei vielen Staatsgrößen war Wulf schon Jagdgast, so beim jugoslawischen Staatsführer Marschall Tito, beim Schah von Persien und auch anderen Zeitgrößen. Einige von ihnen waren auch seine Jagdgäste.

Wulf hatte für seine vielen und vorwiegend prämierten Jagd-Trophäen auch ein großes, zweigeschossiges Trophäenhaus erbaut, in dem sie ausgestellt wurden. Zwischen beiden Gebäuden war unterirdisch eine Schießanlage eingebaut worden, in der er mit seinen Gästen die Jagdgewehre einschoss.

Nachdem auch ich Jäger geworden war, vereinbarte mein Schwiegervater mit Jäger Wulf einen Termin, an dem er mir sein Trophäenhaus zeigen sollte. Mit Schwiegervater fuhr ich zu Wulf, der uns im Lodenmantel und Jäger-Schlapphut begrüßte. Er führte uns zu seinem Trophäen-Haus, überließ es uns zur Besichtigung und verabschiedete sich von uns.

Als Schwiegervater und ich das Trophäenhaus betraten, empfing uns eine kirchliche Atmosphäre. Eine breite, schmiedeeiserne Treppe ist der Mittelpunkt, die Seitengeländer haben kunstvoll geschmiedete und mit Blattgold verzierte Jagdmotive. Beide Etagen sind hoch und haben auch hohe, bleiverglaste Fenster, wie sie in Kirchen üblich sind.

An allen Wänden hängen reihenweise goldprämierte Hirsch-Trophäen aller Hirscharten und auch von anderem Großwild. Auch auf den Fußböden der Geschosse stehen präparierte Wildtiere, darunter auch das kleinste Reh der Welt. Während wir die Trophäen besichtigten, dämpften kostbare Teppiche und Läufer unsere Schritte, und wenn wir daneben traten, dann hallte der Schritt wie in einer Kirche. Alles im Trophäenhaus macht einen geweihten Eindruck, es wirkte wie ein großes Trophäen-Mausoleum.

Ich war zwar schon im 53. Lebensjahr, aber noch Jungjäger und die Vielzahl der mit Goldmedaillen prämierten Trophäen irritierte mich. Es war für mich auch nicht fassbar, dass ein Jäger allein so viel erlesenes Wild erlegen konnte. Wenn ein Jäger in seinem Leben auch einen 1A-Hirsch erlegen kann, dann gilt das schon als besonderes Jagdglück! Ich fragte mich, ob Jäger Wulf überhaupt noch ermessen könne, wie viel erlesenes Wild er erlegt hatte.

In seinem Testament hat er das Trophäenhaus dem Deutschen Jagdverband vermacht. Die unterirdische Schießanlage und sein Wohnhaus vererbte er seinem langjährig bewährten Jagd-Aufseher.

Meine Schwiegereltern spielten auch gern Skat. Sie waren aber keine Skat-Profis. Wenn die beiden zusammen spielten und das Spiel für sie verloren ging, dann war nach Schwiegervaters Auffassung meistens seine Emma schuld daran. Das ließ sich diese höchstens zweimal gefallen, und wenn Schwiegervater es auch ein drittes Mal wagte, dann pflasterte Emma die Karten auf den Tisch und das Skatspiel war damit beendet.

Schwiegervater hatte auch einen unehelichen Sohn, der ihm im Aussehen sehr ähnlich sein sollte. Er hatte aber keinen Kontakt zu ihm und ich gehe davon aus, dass seine Emma darauf bestanden hatte, die Verbindung abzubrechen. Das muss für Schwiegervater sehr schwer zu ertragen gewesen sein.

Er war schon einige Jahre pensioniert, als er sich in einer Sauna mit einem Nagelpilz infizierte, den er nicht wieder loswurde. Zwei Mal wurden ihm alle Nägel an den Händen und Füßen entfernt. Zusätzlich musste er Medikamente einnehmen, die große Nebenwirkungen hatten. Doch nichts half. Zudem wurden seine Nieren durch die Nebenwirkungen der Medikamente sehr geschädigt. Schwiegervater wurde Dialysepatient.

Für ihn als einfacher Polizeibeamter bestand keinerlei Aussicht, eine Spenderniere zu erhalten. Schon damals gab es mit Organ-Spenden Unregelmäßigkeiten. Der ehemalige österreichische Kanzler Kreisky bekam in Deutschland eine Spenderniere.

Die Dialysen schwächten Schwiegervater zunehmend und er war dann auch nicht mehr in der Lage, sich selbst zu waschen und allein zur Toilette zu gehen. Er war ganz auf seine Emma angewiesen, aber niemals hörte ich Schwiegervater klagen.

Wenn seine Emma aber zum Einkaufen ging, dann dauerte es meinem Schwiegervater immer viel zu lange, bis sie wiederkam. Emma durchforschte die Einkaufsmärkte nach Sonder-Angeboten und das nahm immer viel Zeit in Anspruch. Schwiegervater ertrug aber alles ohne Widerspruch.

Schwiegermutter pflegte ihren Erich zwar, es kam aber auch immer wieder vor, dass sie in seinem Beisein zu Verwandten oder Bekannten von Missgeschicken berichtete, die ihrem Erich zunehmend passierten. Ihre Schilderungen endeten dann immer mit der hervorgehobenen Frage: „Warum muss mir das alles passieren?"

Meiner Mona-Lisa und mir waren diese Schilderungen immer sehr peinlich, denn Schwiegervater hörte alles mit, er reagierte sehr betreten und sah beschämt nach unten. Dann litt auch Mona-Lisa mit ihrem geliebten Vater. Aber ihre Mutter ließ nicht davon ab, sich im Beisein ihres Ehegatten selbst zu bemitleiden.

Jede Dialyse dauerte mit der An- und Abfahrt immer mehrere Stunden und sie wurden Schwiegervater immer mehr zur Last. Weil es für ihn aber keine andere Möglichkeit gab, sein Leiden zu lindern, beschloss er, keine Dialyse mehr vornehmen zu lassen.

Er musste lange mit sich gerungen haben, bevor er diesen Entschluss fasste, denn er wusste, dass in diesem Falle seine Lebenstage gezählt waren und er auch recht schwere Tage vor sich hatte.

Ich habe mit einem Kunden darüber gesprochen, einem Arzt für Bluthochdruck, und der sagte: „Das ist ein sehr schwerer Entschluss, denn das Blut wird nicht mehr gereinigt. Das Wasser steigt im Körper und dann entstehen zunehmend Erstickungs- und Todesängste. Ich bewundere Ihren Schwiegervater wegen dieses schwerwiegenden Entschlusses sehr."

Ganz sicher hat Schwiegervater dabei auch an seine Emma gedacht, die am Schluss ihrer Erzählungen und der Aufzählung ihrer Pflegeleistungen immer die Frage stellte: „Warum muss mir das alles passieren? Darum war ich davon überzeugt, dass Schwiegervater an seinem Entschluss festhalten würde, damit seine Emma entlastet wurde.

Schwiegervater hat in der ihm verbliebenen Lebenszeit aber keine erkennbaren Beschwerden gemäß den schlimmen Vorhersagen erlitten. Auch während der letzten Tage blieb er zu allen freundlich. Es war ihm auch nicht anzumerken, dass er Beschwerden unterdrückte.

Auch Schwiegermutter machte einen recht gefassten Eindruck und ich fragte mich oft, wie beide das alles schafften?

Am letzten Wochenende erwartete Schwiegervater auch seine älteste Tochter. Sie hatte im August des Jahres 1993 ihren einzigen Sohn durch einen tödlichen Motorradunfall verloren. Auf seiner Heimfahrt von der Arbeit kam er aus unerklärbarer Ursache von der Fahrbahn ab und prallte gegen einen Baum. Er stand kurz vor seinem 26. Geburtstag und nach seinem plötzlichen Tod zerbrach auch die Ehe der Schwägerin. Sie ließ sich scheiden und zog nach Hamburg.

Meine Schwägerin wollte das Wochenende mit Freundinnen im Harz verbringen. Auf ihrem Wege dorthin besuchte sie auch ihren Vater. Sie konnte aber nur eine kurze Zeitspanne bei ihm bleiben, denn ihre Freundinnen warteten im Auto. Auf ihrem Rückweg am Sonntag wollte sie ihren Vater wieder besuchen.

Dann wartete Schwiegervater sehnsüchtig auf seine älteste Tochter, sie kam aber nicht mehr vorbei. Er sprach nicht über seine Enttäuschung, aber alle sahen, wie sehr er darunter litt, seine älteste Tochter nicht ein letztes Mal zu sehen.

Schwiegervaters Zeit auf dieser Welt war zu Ende. Alle vorhergesagten Probleme waren bei ihm nicht aufgetreten. Er starb am 12. Oktober 1994 im 79. Lebensjahr ruhig und gefasst in den Armen seiner Frau.

Es war Schwiegervaters Wunsch, anonym beerdigt zu werden. Erst am Ende der Totenfeier kam auch seine älteste Tochter und stand am Eingang der Friedhofskapelle. Nach der Totenfeier ging sie beleidigt und enttäuscht fort und nie wieder nahm sie Kontakt zu ihrer Mutter und auch zu ihrer jüngeren Schwester auf.

Ihr Verhalten ist mir unerklärbar, denn ich ging immer davon aus, dass meine Schwägerin vom Entschluss ihres Vaters, die Dialyse abzubrechen, nicht ausreichend unterrichtet worden war. Anders ist das Verhalten meiner Schwägerin nicht zu begreifen, denn Tatsache war, dass die Schwester immer ein besseres Verhältnis zu ihrem Vater als zu ihrer Mutter hatte.

Ein großer Immobilienverwaltungsbestand

Nachdem ich mich Ende der 1960er-Jahre als Immobilien-Kaufmann selbstständig gemacht hatte, arbeitete ich mit einem Notariatsbüro in Hannover zusammen, in dem auch meine erste Einzel-Prokura beurkundet worden war. So hatte sich in den vergangenen Jahrzehnten zwischen uns ein gegenseitiges Vertrauen aufgebaut. Da bot mir dieser Notar die Übernahme eines Verwaltungsbestandes mit mehreren Hundert Eigentumswohnungen an, für den er eine neue Immobilienverwaltung suchen sollte. Damals habe ich die Übernahme abgelehnt, denn in der Immobilienbranche waren Verwaltungen als sehr arbeitsintensiv bekannt und erbrachten nur einen recht geringen Ertrag. Vor allem aber hatte ich als Immobilienverwalter noch keine Erfahrung und traute es mir darum auch nicht zu, Fachkräfte dafür einzustellen und zu beaufsichtigen.

Viel zu spät erkannte ich den Fehler, dieses Angebot meines mir gewogenen Notars nicht angenommen zu haben, denn ganz sicher hätte ich tüchtige Mitarbeiter übernehmen können. Diese Chance war vertan, sie wiederholte sich auch nicht. Alteingesessene Immobilien-Unternehmen haben immer auch eine Immoblien-Verwaltungs-Abteilung.

Erst später begriff ich, dass Immobilienverwaltungen einen gesunden Größen-Durchschnitt von Objekten haben müssen, um sich zu rentieren. Dennoch, mit meiner zweien Heirat endeten auch meine biblischen sieben mageren Jahre, denn meine Mona-Lisa war fleißig und konnte auch recht sparsam wirtschaften.

Die Winterurlaube mit meiner Mona-Lisa

Es war allgemein bekannt, dass die Schweiz ein recht teures Urlaubsland ist. Das stimmte ganz sicher auch, wenn man ein Hotel oder eine Pension für den Urlaub wählte. Mona-Lisa und ich nutzten für unsere Winterurlaube aber immer nur Ferienwohnungen und dann war auch ein Urlaub dort nicht teurer als in Österreich. Viele Schweizer besitzen Zweitwohnungen in Feriengebieten, die sie auch gern an Urlauber vermieten, wenn sie diese nicht selbst nutzen.

Die Wohnungen in der Schweiz waren aber bestens ausgestattet und hatten für den Ankunftstag immer ausreichend haltbare Lebensmittel vorrätig. So machten Mona-Lisa und ich in folgenden Orten der Schweiz Winterurlaube: Engelberg, Gstaad, St. Moritz, Arosa, Pontresina und ich selbst auch in Verbier in der französischen Schweiz. Wir genossen es auch, zusammen und unabhängig zu sein.

Die Skipisten in der Schweiz sind recht gut mit Liften bestückt, man kann den ganzen Tag über auf Karussell-Skipisten laufen. Am Abend waren wir wieder dort, wo wir am Morgen begonnen hatten. In allen genannten Urlaubsorten der Schweiz verbrachten wir schöne und erholsame Winterurlaube.

Auch später, als unsere Söhne größer waren, fuhren wir mehrmals in den Osterferien in die Schweiz nach Savonin zum Skilaufen. Der langsam gewachsene Wohlstand in der Schweiz strahlte eine recht angenehme Gediegenheit aus. Das sagte uns mehr zu als das wirtschaftlich aufwärtsstrebende Österreich. Die jungen und wilden neureichen Österreicher machten sich auch gern einen Spaß daraus, mit ihren Autos deutsche Urlauber mit Schneematsch zu bespritzen.

Meiner durch die Gefangenschaft angeschlagenen Gesundheit taten die Winterurlaube sehr gut und sie stärkten auch meine Lunge. Für unseren Aufenthalt wählten wir Höhenlagen zwischen 800 m und maximal 1200 m, so konnten wir auch immer gut schlafen.

Während der Übergangsphase belasteten wir unsere Körper möglichst wenig und liefen nach dem Eintreffen im Urlaubsort auch nicht sofort Ski. Wir sahen uns erst den Urlaubsort an, machten Spaziergänge und erkundeten das Skigelände.

Beim Skilaufen war ich gezwungen, tief durchzuatmen, und so belastete ich meine Lungenflügel immer bis an die Grenze, auch wenn mein Puls oft bis zum Halse spürbar schlug. Das nahm ich bewusst in Kauf und das Luftvolumen meiner Lungen erweiterte sich von Tag zu Tag. Am Ende des Urlaubs merkte ich deutlich, dass meine Lunge mehr Volumen aufnahm als zu Beginn. Meine Erkrankung an Lungen-Tbc als junger Mann in der Kriegsgefangenschaft habe ich immer als körperlichen Makel empfunden.

Nachdem mein Lungenfacharzt, der mich nach meiner Rückkehr aus der Gefangenschaft betreut hatte, verstorben war, suchte ich bis zum Ende meiner beruflichen Tätigkeit keinen neuen Lungenfacharzt mehr auf. Ich verdrängte gern jeden Gedanken an meine Lungen-Tbc. Da ich schon viele Jahre nicht mehr ansteckend war, verheimlichte ich sie gern. Diese Krankheit wurde damals noch als recht gefährlich eingestuft und verlief oft auch tödlich.

Erst in meinem selbst gewählten Rentenalter mit 80 Jahren suchte ich wieder einen Lungenfacharzt auf. Nach der Untersuchung sagte er zu mir: „Es ist doch sehr erstaunlich, dass Sie trotz einer heftigen Lungen-Tbc mit vielen Verkalkungen und Verschwartungen der Lunge mit dem Rippenfell immer noch über 70 % Luftvolumen haben."

Da war ich dem Versorgungsamt immer noch dankbar dafür, dass es mich mitten im Berufsleben Anfang der 1960er-Jahre zu einer Heilkur nach Davos in die Schweiz geschickt hatte. Während der täglichen Liegekuren auf einer offenen Terrasse des Kurhauses Valbella konnte ich das Skigebiet am Jacobsberg mit den vielen Skiläufern sehen. Wenn ich Freizeit hatte, ging ich auch gern zu der kleinen Skipiste, die hinter dem Kurhaus lag, und sah den Ski-Anfängern zu. Damals ist in mir der

Wunsch gereift, das Skilaufen zu erlernen. Als ich es erlernt hatte, wünschte ich mir immer, einmal in Davos Ski zu laufen, mit der Parsennbahn nach Klosters zu fahren und die lange Skiabfahrt von etwa 17 km zu genießen. Aber nicht jeder Wunsch geht auch in Erfüllung.

Der Winterurlaub in Zermatt

Im Winter des Jahres 1978/79 machten Mona-Lisa und ich mit Freunden einen Winterurlaub in Zermatt. Wir hatten zwei nebeneinanderliegende Ferienwohnungen gebucht und fuhren in meinem Auto bis kurz vor Zermatt. Dort stellten wir das Auto auf dem Parkplatz ab und fuhren mit unserem Gepäck und den Skiern mit dem Zug in den Skiort, denn Zermatt ist autofrei.

Auch unsere Jagd-Teckel hatten wir mitgenommen. Morgens und abends gingen mein Jagdfreund und ich mit unseren Hunden hinaus, damit sie sich ausliefen und auch lösten. Während wir Freunde Ski liefen, blieben die Teckel in den Wohnungen zurück. Mein Teckel Felix kannte das aus den Winterurlauben zuvor schon und sobald wir aus der Wohnung gegangen waren, legte er sich immer mitten auf mein Bett. Wenn wir vom Skilaufen heimkamen, dann verriet uns eine noch warme Kuhle im Deckbett sein weiches Plätzchen. Felix hatte unser Kommen gehört und sein warmes Ruheplätzchen rechtzeitig verlassen.

Mein Freund Friedhelm war schon ein erfahrener Skiläufer, denn er war beruflich in Österreich tätig gewesen und hatte dort auch das Skilaufen erlernt. Er hatte auch guten Kontakt zu der einheimischen Jugend und zeigte ihnen, dass auch ein Flachland-Niedersachse einen Versuch im Skispringen wagte. Nach seinem ersten Versuch hat er das Skispringen allerdings nicht wiederholt.

Während unsere Damen gern auf gemütlichen Skiabfahrten liefen, ließen wir Männer unsere Ski auch schnell laufen. Als wir einmal eine neue und recht schnelle Abfahrt hinunterfuhren, musste ein

Abgrund auf einer recht schmalen Fahrspur umlaufen werden. In diesem Falle war ich vorangelaufen und hatte auch das Glück, an der engen Stelle keinen Skiläufer vor mir zu haben. So konnte ich, ohne abbremsen zu müssen, frei durchlaufen, denn ein Abbremsen auf schmaler Spur war nicht meine Stärke.

Auf der anderen Seite des Abgrunds wartete ich auf Friedhelm. Es kamen ständig Skifahrer hinter dem Engpass an, aber Friedhelm war nicht dabei. Ich wartete schon recht lange, trat von einem auf den anderen Fuß und befürchtete, Friedhelm sei mir abhanden gekommen.

Da sah ich plötzlich eine Wollmütze aus dem Tiefschnee des Abgrunds hochkommen und darunter erkannte ich Friedhelm. Als er die schmale Fahrspur erreicht hatte, waren noch andere Skiläufer vor ihm gewesen. Friedhelm hatte aber eine recht flotte Fahrt, und weil er nicht abbremsen und auch nicht ausweichen konnte, war er im Tiefschnee des Abgrunds gelandet.

Er musste seine Ski abschnallen und sich zum Rand des Abgrunds hochkämpfen, es war eine recht schweißtreibende Angelegenheit.

Wir hatten wieder Skierfahrung gesammelt und ganze Schweißrinnsale in den Bergregionen gelassen. Abends spielten Mona-Lisa, Friedhelm und ich gern Skat. Friedhelm war ein recht guter Skatspieler, aber beim Null-Spiel hatte er nur wenig Routine und verlor dauernd. Doch er gab nicht auf und wir spielten so lange das „Null-Spiel", bis auch er es beherrschte.

Friedhelm konnte auch gut Trompete blasen. Er hatte sein kleines Jagdhorn dabei und blies abends vom Balkon aus darauf. Dabei versteckte er sich hinter der Balkonbrüstung und die Nachbarschaft wunderte sich, woher die schöne Blasmusik kam.

Auf der Rückfahrt, kurz vor Hannover, fiel Friedhelm ein, dass der Jagdklub am Abend Jägerball feierte. Vom Autobahnrasthaus aus meldete er uns alle zur Teilnahme an und es wurde ein gemütlicher Abschluss dieses gemeinsamen Winterurlaubs.

Mona-Lisa kauft ein Wohnhaus

Mona-Lisas Wunsch war ein eigenes Häuschen am Stadtrand von Hannover. Da bot uns ein Architektenteam drei hintereinander- und aneinanderstehende Häuser an, die sich noch im Bau befanden. Wir fuhren zur Baustelle und sahen uns auch ihre Lage an. Das südlichste Endhaus fand unseren Zuspruch, zumal es auch noch die Möglichkeit gab, Änderungen an der Raumaufteilung vorzunehmen.

Mona-Lisa war die erste Käuferin. Beim Notar erfuhren wir, dass es neben den drei Garagen auch einen Pkw-Einstellplatz gab, der noch keinem der Häuser zugeordnet war. Da machte ich meiner Mona-Lisa den Vorschlag, diesen Pkw-Einstellplatz zusätzlich zu erwerben. Der Architekt und Bauträger erkannte seine Chance und der einzelne Einstellplatz wurde zusätzlich zur Garage gekauft. Das war eine gute Entscheidung, wie sich später herausstellte.

Das erworbene Haus war noch ein Rohbau und am Innenausbau wollte ich so viel als möglich selbst machen. Zuerst nahmen wir auf die Raumaufteilung Einfluss. Die Wände für ein kleines Zimmer im Erdgeschoss und für den Treppenbereich wurden weggelassen. Das vergrößerte das Wohnzimmer und wirkte sich optisch großzügiger aus. Die Toilette am Hauseingang bekam noch Platz für eine Dusche. So bestand das Erdgeschoss neben dem Hauseingang mit Toilette und Dusche nur aus dem Wohnzimmer und der Küche.

Auch der Einbau der Heizung und die sanitären Einrichtungen wurden aus dem Kaufpreis heraus gerechnet, was zusammen den Hauspreis erheblich reduzierte.

Nachdem ich von Mona-Lisa zwei Kellerräume als Büro und auch den Pkw-Einstellplatz gemietet hatte, meldete ich mein Unternehmen in Hannover ab und in Garbsen an. Ich verlagerte auch meine berufliche Tätigkeit nach Garbsen, zumal ich dort auch schon seit der Gründung meines Unternehmens tätig war.

Dann verkaufte ich meine Wohnung und das Büro in Hannover. Aus dem verbliebenen Erlös konnte ich wieder einen Teil meiner Schulden tilgen und auch die Verbesserungen an Mona-Lisas Haus finanzieren. Ich übernahm den Einbau der Heizung und der sanitären Einrichtungen, ebenso die Fertigstellung der noch nicht ausgebauten Räume im Dachgeschoss und des kleinen Raumes neben dem Schlafzimmer. Mit einem Parkett-Verleger, der sich selbstständig gemacht hatte, verhandelte ich das Verlegen von Parkettfußböden in allen Räumen im Erd- und Dachgeschoss zum Vorzugspreis. Das stellte sich auch als recht vorteilhaft für die Hausreinigung heraus.

Ich hatte wieder volle Schaffensfreude. Vom künftigen Garten fertigte ich eine Skizze mit den Gehwegen und der Terrasse an, die ich mit Mona-Lisa abstimmte. Dann übernahm ich auch die Gartengestaltung für unser neues Heim, was all meine Freizeit in Anspruch nahm.

Der Mutterboden im Gartenbereich war sehr hart, steinig und schlecht. Der Bauunternehmer hatte eine schlechte Mutterboden-Qualität geliefert. Er bot uns die Anlieferung von 30 Ballen Torfmull an, denn das war preiswerter und einfacher für ihn als ein Auswechseln des Mutterbodens. Jeder Spatenstich des Gartenbodens musste erst mit der Pickhacke gelöst und zerkleinert werden, bevor er durchgesiebt werden konnte. Die Tonklumpen wurden tief tief vergraben und die ausgesiebten Steine hob ich für die Fensterschächte auf.

Von einem jungen Betonteile-Unternehmer in Großburgwedel, der sich selbstständig gemacht hatte, ließ ich Waschbetonwinkel für die Terrasse nach Maß anfertigen, ebenso sechs Terrassenstufen sowie die erforderlichen Kellerfenster-Schächte in U-Form.

Dann baute ich mit einem Dreibock und einem Flaschenzug die recht schweren Formstücke und die Treppestufen für die Terrasse allein auf. Zum Schluss wurden die U-Form-Schächte an die Kellerfenster angebaut, ihr unterer Bereich würde mit den ausgesiebten Steinen befüllt.

Es folgte noch ein winterfester Schuppen in der südwestlichen Gartenecke, zu dem ich eine Stromleitung legte. Vor dem Schuppen in der Gartenecke verlegte ich Platten für einen Sitzbereich und die Gartenwege. Ich hatte wieder Schaffensfreude, es ging bergauf und wir waren glücklich miteinander.

Unsere Söhne

Mona-Lisa stand im 32. Lebensjahr und nach dem Motto „Neues Haus, neues Kind“ gebar sie im Sternzeichen Widder im Jahre 1980 unseren ersten Sohn. Wir gaben ihm die Namen Christian, zumal mein Urahn den Vornamen Christian trug. Christian war gesund, 51 cm lang und wog 3200 g, und war ein recht ruhiges Kind. Er wuchs und gedieh prächtig. Schon bevor er ein Jahr alt war, konnte er laufen und begann auch, mit eigenen Wortschöpfungen zu sprechen. Den Staubsauger benannte er als „Staubbock“, einen Hubschrauber als „Schrauber-Hub“, die Markthalle als „Tarktmale“ und mein Fotoapparat war ein „Apofot“.

Am 28. Juni 1980 wurden wir auch kirchlich von meinem ältester Bruder, Pfarrer in einer der größeren Kirchengemeinden bei Verden a. d. Aller, getraut. Danach wurde auch unser Sohn Christian getauft. Mein Bruder hatte als zuständiger Pfarrer die Dorfkirche restaurieren lassen. In der linken, oberen Bleiverglasung des Kirchenfensters sowie unterhalb der Taufschale war unser Familienwappen angebracht worden.

Im Sternzeichen Waage des Jahres 1981 gebar Mona-Lisa unseren zweiten Sohn Henrik. Er wog 3600 g, war 53 cm lang und somit zwei cm größer als Christian. Diesen Größenunterschied hat Henrik bis in sein Erwachsenenalter beibehalten. Somit ist er nun an Körperlänge der Größte meiner Söhne, die alle auf mich herabsehen können.

Als ich mit Christian zu Mona-Lisa ins Krankenhaus fuhr, um unseren kleinen Henrik erstmals zu sehen, sah Christian seine Mutter im Bett liegen und war sehr überrascht. Er sagte: „Mama, aufstehen, Sachen packen, nach Hause kommen.“ Als dann der kleine Henrik zur Mutter gebracht und an die Brust gelegt wurde, sah Christian sich seinen kleinen Bruder genauer an und forderte seine Mama nicht wieder zum Nach-Hause-Kommen auf.

Auch Sohn Henrik machte sich prächtig, er begann erst im Alter von 1 ½ Jahren zu laufen und nahm sich auch mit dem Sprechen Zeit. Alles, was Beine hatte und laufen konnte, benannte er mit „Hopp-Hopp“ und alles, was fuhr, ob Auto oder Traktor, wurde „Brumm-Brumm“ genannt. Während meine jüngste Schwester Maria Henrik eine sehr liebevolle Patentante ist, hat er seinen Patenonkel Klaus kaum kennengelernt.

Jahre später unternahmen Henrik und ich den Versuch, seinen Patenonkel zu besuchen. Wir hatten aber kein Glück, Klaus war nicht zu Hause. Danach haben wir es dabei belassen und keinen neuen Versuch unternommen.

Der Anteil am Schafsteich

Als ich Anfang der 1970er-Jahre Jäger wurde und auch gleich Pächter einer Jagd in der Lünburger Heide, war ich einem Bauern und Jäger dabei behilflich, seine finanziellen Probleme zu regeln. Danach sagte ich zu ihm: „Ganz leer möchte ich aus diesem Freundschaftsdienst aber nicht herausgehen.“ Der Bauer bot mir an, Grundstücke von ihm zu erwerben. Da kaufte ich zwei recht abseits gelegene Heide- und Moorgrundstücke mit selbst aufgelaufenen Birken- und Nadelholzbäumen, die im Landschaftsschutzgebiet lagen.

Eines dieser Heidegrundstücke war etwa 15 Morgen groß und lag in nordöstlicher Richtung hinter den Wald- und Ackerflächen des Heidedorfes. Das zweite war ein Moorgrundstück von etwa 18 Morgen Größe und lag recht weit weg in nordwestlicher Richtung hinter den Bächen Flöte und Meiße. Es grenzte an das Gelände des Truppenübungsplatzes und auf ihm befanden sich noch viele Stubben von abgesägten Bäumen. Es wurde als Ochsenweide genutzt. Im Herbst nach dem Erwerb sammelte ich einen vollen Korb Wiesenchampignons darauf.

Nachdem der Landkreis Celle das ehemalige Gut Sundern in Meißendorf mit den angelegten Fischteichen erworben hatte, das südlich auch Wälder des Heidedorfes erfasste, wurde das erworbene Schutzgebiet für Wasservögel- und Naturschutz vermessen.

Zur Teilnahme am Abmarkungstermin wurden mein Jagdverpächter Wilhelm und ich als Angrenzer eingeladen. Als wir Geladenen am Damm meines Moorgrundstückes erschienen, trafen wir auf die Vermessungsbeamten. Nach der Begrüßung sagte einer von ihnen zu mir: „Wir haben hier ein Problem! Die Grenze zwischen den Fischteichen und Ihrem Grundstück verläuft nicht hier am Damm, sondern etwa 87 m nördlich im Fischteich. Sie knickt dann um 90 Grad nach Osten ab und trifft nach etwa 97 m wieder auf diesen Damm. Dieses Dreieck vom Fischteich gehört noch zu Ihrem Grundstück."

Fred, mein Jagdfreund, hatte uns zum Abmarkungstermin begleitet und nach dem Gehörten machte es bei uns beiden ein fast hörbares „Klick". Mein Puls begann schneller zu schlagen und ich fragte, mich recht gleichgültig stellend: „Und das wissen Sie genau?" Der Vermessungsbeamte erwiderte: „Es ist ja unsere Aufgabe, die Grenzen zu ermitteln." Da fragte ich nach und wieder gab ich mir Mühe, meine Worte recht gleichgültig klingen zu lassen: „Wo ist denn das Problem dabei?" Da antwortete der Vermessungsbeamte: „Wenn Sie kein Problem damit haben, dann unterschreiben Sie bitte, hier!" Er reichte mir das Abmarkungsformular und ich unterschrieb schnell, bevor er noch etwas anderes sagen konnte.

Dann gingen wir alle auf dem Damm an den Teichen in östlicher Richtung weiter und die Beamten zeigten mir die Stelle im Damm, wo die Grenze vom Schafsteich wieder auf den Damm stieß.

Als wir an Wilhelms Wald ankamen, fragte er den Vermessungsbeamten: „Und wie weit in den Teich hinein geht mein Grundstück nun?" Da meinte der Beamte lachend: „Das endet leider hier am Damm." Nachdem auch mein Jagdverpächter das Abmarkungsformular unterschrieben hatte, war der Vermessungstermin beendet und wir gingen alle wieder zu meinem Grundstück zurück. Die Vermessungsbeamten verabschiedeten sich von uns.

Dann sahen mein Jagdverpächter, Jagdfreund Fred und ich uns meinen Anteil am Schafsteich an. Der Teich selbst war etwa 60 Morgen groß und mein Anteil daran waren etwa 4500 qm. Da konnte ich es kaum fassen, dass ich von einer zur anderen Minute durch eine Unterschrift zum Eigentümer einer Wasserfläche an den Meißendorfer Fischteichen geworden war. In meiner Teichecke lag zudem der Ablauf des Schafsteiches und sie war somit auch die tiefste Stelle der Wasserfläche.

Fred war noch Student, er hatte aber schon Angler-Erfahrungen an den Ricklinger Fischteichen in Hannover gemacht. Er beglückwünschte mich herzlich zu meinem Teichanteil. Diese für die Landwirtschaft wenig attraktiven Wald- und Moorflächen hatte ich zum ortsüblichen Preis erworben, damit ich im Notfall auch Brennholz für mich darauf schlagen konnte. Der Segen für meinen Freundschaftsdienst kam nun völlig unverhofft und unerwartet.

Wir Jagdfreunde fuhren dann auch gleich in das nahe gelegene Heidestädtchen und kauften Angelruten. Beide hatten wir dann auch „Petri Heil" und brachten frisch gefangene Hechte in die Jagdhütte zu Mona-Lisa. Einige Wochen danach bat mich der Oberkreisdirektor des Landkreises Celle zu einer Klärung von Teichangelegenheiten in sein Büro. Als ich dort war, eröffnete er mir, dass der Landkreis Celle einen Damm für meinen Teichanteil im Schafsteich bauen werde. Als ich fragte, ob mein Teichanteil auch einen Zulauf erhalten werde, antwortete der Oberkreisdirektor zunächst mit „Nein". Darauf erwiderte ich: „Mein Teichanteil hat jetzt aber einen Zulauf und auf die Wiederherstellung dieses Zustandes sollte beim Bau des neuen Dammes geachtet werden."

Da antwortete der Oberkreisdirektor lächelnd: „Natürlich erhalten Sie auch einen Zulauf für Ihren Teichanteil. Dafür müssen Sie aber auch unsere kleine Wasserfläche von etwa 500 qm an der Westseite Ihres Teiches mit bewirtschaften, denn dafür werden wir keinen Damm bauen." Wir verabschiedeten uns in gutem Einvernehmen.

Der Damm wurde auch bald gebaut und ich besaß einen eigenen Fischteich, der mit der darin verbliebenen Fläche des Landkreises Celle eine Wasserfläche von rd. 5000 qm hat. Es dauerte etwas, bis ich mein Glück auch begriff.

Die Wochenenden verbrachte meine neue Familie im Heidedorf. Auch Jagdfreund Fred hatte dann einen Schlafplatz im Dachgiebel der Jagdhütte, und wenn wir Jagdfreunde beim Morgenansitz kein Weidmannsheil hatten, dann gingen wir gleich zum Angeln an den Fischteich. Meistens hatten wir dann „Petri Heil" und brachten frisch gefangene Fische in die Jagdhütte. Fred badete auch gern im Fischteich, der sauberes und naturbelassenes Wasser hatte.

Die Jagdhütte wird verkauft und ein Haus gekauft

Der Schwiegervater eines Jagdfreundes hatte lange Jahre in Afrika gearbeitet. Dann wollte er sich zur Ruhe setzen und sich auch seinen Herzenswunsch erfüllen. Er kaufte sich eine hervorragende Hochwild-Eigenjagd in der Lüneburger Heide, die aus den Wald und Moorflächen zweier Heidedörfer bestand.

Dann plante er, neben dem Grundstück meiner Jagdhütte ein großzügiges Jagdhaus mit Nebengebäuden, Scheune und

Räumen für die Wildversorgung zu bauen. Dafür hatte er im neuen Baugebiet „Meyers Berg" des Heidedorfes einige Baugrundstücke erworben.

Aber diese reichten für die Erfüllung seiner Bauwünsche nicht aus und mein Jagdhüttengrundstück war genau die Fläche, die ihm für seine Planung noch fehlte. Dann machte er mir Kaufangebote für mein Grundstück und erhöhte seine Angebote so lange, bis ich es nicht mehr ausschlagen konnte und ihm mein geliebtes Jagdhüttengrundstück verkaufte.

Als ich es seinerzeit gekauft hatte, war mir auch am westlichen Dorfrand des Heidedorfes ein Waldgrundstück angeboten worden. Weil ich aber versorgt war, bot ich dieses schön gelegene Waldgrundstück mit Zustimmung des Eigentümers einem Architekten an, mit dem ich beruflich zu tun hatte und der gerade ein Grundstück in der Heide suchte. Der Architekt erwarb es und bebaute es mit einem Haus und einem separat stehenden Carport.

Von der Ehefrau des Architekten war der Garten, besonders um das Haus herum, recht ansprechend gestaltet worden und das wirkte sich sehr positiv auf das gesamte Anwesen aus. Der Architekt hatte sich anscheinend zu viel zugemutet und es stand just in der Zeit zum Verkauf, als ich mein Jagdhüttengrundstück verkauft hatte. Dann wurde ich mit dem Architekten schnell handelseinig und kaufte ihm sein Hausgrundstück ab.

Am vereinbarten Übernahmetermin konnte der Architekt aus angeblich terminlichen Gründen nicht teilnehmen. Er entschuldigte sich dafür und übergab mir die Schlüssel für das gekaufte Anwesen. Beim Betreten des Grundstücks waren Mona-Lisa und ich dann doch sehr enttäuscht. Obwohl im notariellen Kaufvertrag ausdrücklich vereinbart war, „das gekaufte Haus-Grundstück ist wie besehen gekauft und wird in diesem Zustand auch an den Käufer übergeben", war insbesondere der Grundstücksbereich um das Haus herum regelrecht ausgeplündert worden.

Büsche und Blumen waren ausgegraben und nur noch Löcher zeigten an, wo sie gestanden hatten. Der diebische Architekt hatte sich auch nicht die Mühe gemacht, die Löcher wieder mit Erde aufzufüllen. Auch die im notariellen Kaufvertrag als Bestandteil des Hauses aufgeführte Sauna war ausgebaut und mitgenommen worden.

Der Architekt hatte aus dem Verkaufserlös für seine Familie ein Haus in Hannover gekauft und das allein war schon eine abwertende Angelegenheit für einen Architekten. Mit der gestohlenen Bepflanzung hat er dann den Garten seines neuen Hauses ausgestattet. Das war sehr dreist und ich trug mich mit der Absicht, Anzeige gegen ihn zu erstatten. Ich konnte jedoch nicht beweisen, dass er den Diebstahl begangen hatte.

Erst Monate später wurde uns von den Nachbarn berichtet, dass der Architekt in den Wochen vor der Hausübergabe bis in die Abendstunden hinein die Gartenbepflanzung ausgegraben und abtransportiert hatte. Wir waren uns nicht sicher, ob unsere neuen Nachbarn auch als Zeugen zu ihrer Aussage stehen würden. Unsere Freude am gekauften Haus war dadurch ziemlich gedämpft. Nachdem wir einige Wochenenden darin verbracht hatten, stellten wir auch noch viele Baumängel fest. Auch das war wieder eine negative Bewertung des Architekten.

Ich war es an erster Stelle gewesen, der sich in dieses fehlerhafte Haus vergafft und alle Mängel übersehen hatte. Als Immobilien-Fachmann hätte mir das nicht passieren dürfen. Ein altes Sprichwort bringt es auf den Punkt: „Auch kluge Hühner scheißen in die Brennnesseln." Darum durfte ich öffentlich auch nicht zu laut mit meiner Kritik am diebischen Architekten werden.

Ich hatte aber die menschliche Schwäche und wünschte ihm, dass alle Büsche und Pflanzen, die er widerrechtlich entnommen hatte, erst lange kümmern und dann eingehen mögen, damit sie ihm täglich zeigten, dass auf Gestohlenem kein Segen liegt.

Die Wochenenden im Jagdhaus

Anfang des Jahres 1981 zogen wir vom Ost- an den Westrand des Heidedorfes und verbrachten unsere Wochenenden im Jagdhaus. Auch meinen 57. Geburtstag feierten wir dort. Mit einem Hinweisschild am Zaun der geliebten und dennoch verkauften Jagdhütte leiteten wir meine vielen Geschwister zum Jagdhaus.

Den alten, schönen Bauernschrank aus der Jagdhütte stellten wir ins Wohnzimmer und ergänzten ihn mit einer neuen Sitzecke. Auch für einen alten und zum Schrank passenden ausziehbaren Tisch für 12 Personen hatte ich passende Stühle gekauft. Alle andern Räume wurden nach Bedarf möbliert. Unsere Söhne Christian und Henrik wurden noch im Schlafzimmer untergebracht, das im West-Giebel des Hauses lag und auch ausreichend Platz für uns alle hatte. Als Christian und Henrik größer wurden, bekamen sie eigene Schlafzimmer.

Während meiner Um- und Anbauten stellte sich heraus, dass der Superarchitekt beim Bau seines Hauses nicht nur gespart, sondern regelrecht gegeizt hatte. Der Hauseingang hatte nur eine recht kleine Überdachung, die beim Regen keinen Schutz bot. Darum ließ ich eine neue und ausreichend große Überdachung anbringen und sie gab dem Haus auch ein gefälligeres Aussehen.

Beim Begehen des Fußbodens im Dachgeschoss schwankte der Boden und man hatte das Empfinden, über Moorboden zu gehen. Der Superarchitekt hatte auf die Balkenkonstruktion der Wohnzimmerdecke Profilbretter mit Nut und Feder genagelt und eine Sicht-Holzdecke für das Wohnzimmer geschaffen.

Auf die Profilbretter der Dachseite waren 100 mm dicke Mineralwollmatten ausgerollt und darauf Spanplatten mit Nut und Feder in 22 mm Stärke lose verlegt worden. Der ehemalige Eigentümer hatte aber die 100 mm hohen, Abstand haltenden Vierkantleisten eingespart, sodass beim Begehen des Fußbodens die Mineralwolle nachgab und der Fußboden ins Schwanken geriet. Ein nachträglicher Einbau der Abstand gebenden Vierkantleisten wäre kostspielig und auch langwierig geworden.

Ich stemmte senkrecht Stützen zwischen die Dachsparren und den Spanplattenfußboden, belastete den Fußboden mit gewichtigen Gegenständen und drückte die Mineralwollmatten so weit als möglich zusammen. Dann verschraubte ich in kurzen Abständen die Spanplatten mit langen Holzschrauben an die darunter verlaufenden Deckenbalken des Wohnzimmers. Der Fußboden konnte dann beim Begehen nicht mehr schwanken und knarren.

Nach dem Umzug von der Jagdhütte in das Jagdhaus war ich an den Wochenenden wieder vollauf damit beschäftigt, dem neuen Hausgrundstück meinen Stempel aufzudrücken. Zuerst musste die große Rasenfläche gemäht werden und das dauerte mindestens zwei volle Stunden. Dann begann ich, das Grundstück nach unseren Vorstellungen umzugestalten. An der Nordseite und außerhalb des einfachen Riegelzaunes lag ein ehemaliger Waldweg, der zum Grundstück gehörte. Den einfachen Zaun baute ich ab und umzäunte die Nord- und Westseiten des Grundstücks mit einem 120 cm hohen, grün beschichteten Maschendrahtzaun, der sich farblich in die Waldlandschaft einfügte.

Vom örtlichen Maurer ließ ich für die östliche Grenze des Grundstücks Klinkerpfosten bauen. Der Eingang zum Grundstück lag rechts am Carport und er hatte zwei davon. Auch die sich rechts anschließende Ostgrenze markierten solche Klinkerpfosten, dazwischen standen niedrige Klinkermauern für einen Lattenzaun. Für die Zaunlatten wurde eine Schwarzerle vom Grundstück mit dem Teiganteil gefällt und vom örtlichen Sägegatter dann zurechtgeschnitten.

Wenn Zaunlatten aus Erlenholz naturbelassen bleiben, bekommen sie im Laufe eines Jahres ein grünliches Aussehen und halten dann etwa 30 Jahre lang. Am Ende wurde auch die etwas westlich abknickende Einfahrt mit zwei Torflügeln versehen, damit das 3000 qm große Grundstück mit einem Kraftfahrzeug befahren werden konnte.

Zwischen dem Carport und dem Nachbargrundstück war ein baurechtlicher Abstand von 3 m unbebaut geblieben. Als ich im Heidedorf als Jäger tätig wurde, stand dort ein recht altes Haus, das auch noch eine offene Feuerstelle und keinen Schornstein hatte. Der Rauch von der Feuerstelle zog durch ein Loch an der obersten Stelle des mit Dachpfannen bedeckten Daches hinaus. Es war das älteste Haus im Heidedorf und für mich war es unverständlich, warum es nicht unter Denkmalschutz gestellt worden war.

Zu Beginn meiner Jägerzeit lebte noch die alte Frau Hipke darin, die immer löcherige Kleider trug, die von Mäusen angenagt waren. Oft traf ich sie im Wald beim Pilze- oder Kräutersammeln und wir sprachen dann auch miteinander. Nach ihrem Tod hat die Gemeindeverwaltung dieses älteste Haus im Dorf, zu dem auch ein recht großes Waldgrundstück gehörte, das bis an den Friedhof heranreichte, recht preisgünstig an einen Professor und Chefarzt einer Frauenklinik, verkauft. Der Professor ließ das alte Haus abreißen und baute ein komfortables Jagdhaus darauf. Da bedauerte ich diesen Abriss sehr. Das Haus hätte notfalls auch umgesetzt werden können, um es der Nachwelt zu erhalten.

Mit dem Professor vereinbarte ich eine gegenseitige Grenzbebauung über die behördlich mögliche Länge von 7 m. Als ich mit dem Bau der Garage begann, stellte sich heraus, dass dieser Platz dem alten Haus als Asche-Abfallplatz gedient hatte. Den Asche-Boden musste ich abtragen und auf den ehemaligen Waldweg der Grundstücks-Nordseite karren. Dort siebte ich ihn durch und verteilte den Ascheboden auf dem Grundstück. Damit hatte ich wieder einige Wochenenden voll zu tun.

Als die Baugenehmigung für die Garage vorlag, ließ ich sie durch den örtlichen Maurer zwischen die Nachbargrenze und dem Raum am Carport bauen. Zur Gartenseite hatte die Garage ein Fenster und auch einen Ausgang. Die Garage diente mir dann zur Versorgung meines gestreckten Wildes, denn mein Auto stand recht gut unter dem Carport, der auch Platz für zwei Wagen hatte.

Von der Garage aus gab es auch eine Verbindungstür zu den Carport-Räumen, die aus einem schmalen und einem größeren Raum bestanden. Diese beiden Räume baute ich zur gemütlichen Bleibe für meine Jagdgäste aus. Im schmalen Raum wurde eine Toilette mit Dusche eingebaut, die Westseite bekam zur Gartenseite ein Fenster und eine Küchenzeile. Für das Abwasser wurde zwischen der Garageneinfahrt und dem Carport eine Grube ausgebaut, die auch geleert wurde, wie es damals üblich war.

Der Jagdgästeraum hatte zur Garten- und Westseite ein größeres Fenster und die Eingangstür. Der größere Jagdhüttenraum wurde mit den Möbeln aus der verkauften Jagdhütte ausgestattet. Er bot meinen Jagdgästen einen ungestörten Aufenthalt und auch Schlafmöglichkeiten. Die von mir mit viel Liebe ausgesägten Holzregale für Bücher und andere Gegenstände aus der verkauften Jagdhütte passten gut in diesen Raum und gaben ihm eine recht gemütliche Atmosphäre. Meine Jagdgäste fühlten sich wohl darin, sie konnten sich frei und ungezwungen darin bewegen und selbst auch Kaffee oder Tee zubereiten.

Im Herbst des ersten Jahres bestätigte sich mein Verdacht: Das Carport-Dach war ein Auffangtrichter für das Laub und die Eicheln der schräg darüber stehende Eichenkrone. So hatte ich an meinen Wochenenden stundenlang damit zu tun, das Eichenlaub und die Eicheln aus dem Dachtrichter herauszuschaufeln. Dabei musste ich auch darauf achten, dass ich immer auf den Balkenlagen stand und nicht durch das Dach brach. Dieser Superarchitekt hatte seinen Kopf wahrlich nur zum Hineinstopfen von Essen genutzt und diese sichtbare Logik nicht erkannt. Aber ich war es auch gewesen, der sich in das recht schön angelegte Hausgrundstück vergafft hatte. Am Ende hatte ich damit keinen guten Kauf gemacht, zumal wir, wie bereits geschildert, vom Verkäufer bestohlen wurden.

Später konnte ich es nicht begreifen, warum ich nicht eines der östlich gelegenen Baugrundstücke gekauft und darauf ein neues Blockhäuschen als Ersatz für meine geliebte Jagdhütte gebaut hatte.

Diese Grundstücke am „Meyers Berg“ waren etwas hügelig und hätten sich bestens zum Bau einer etwas größeren Jagdhütte geeignet, zumal ich damit bereits meine Erfahrungen gemacht hatte.

Aber diese „Wenn“ und „Aber“ brachten nichts. Ich hatte mich einfach von der schönen und geschmackvollen Bepflanzung blenden lassen.

Auch das Hausgrundstück musste im westlichen Waldbereich noch mehr bepflanzt werden. Mein Bruder, der Pfarrer, zeigte mir auf dem großen Pfarrgrundstück aufgelaufene Rotbuchen, die ich ausgraben und mitnehmen durfte. Auch von den großen Rhododendren-Büschen durfte ich Ableger nehmen, denn lange Rhododendrenäste lagen auf dem Boden und hatten an diesen Stellen Wurzeln gebildet. Wenn man so einen Wurzelzweig abschnitt und einpflanzte, entstand daraus ein neuer Rhododendren-Busch. Das tat ich auch und auf der Freifläche zwischen dem Haus und dem Waldbereich des Grundstücks ruhten an einem Morgen sogar Rehe in der Morgensonne.

Mit den Kindern im Heidedorf

Unsere Wochenenden verbrachten wir dann im Heide-Jagdhaus. Wenn wir am Carport angekommen waren und ausstiegen, fingen beide Söhne sofort an, mit dem Schottersplitt am Carport zu spielen. Diese Schottersteinchen wirkten auf unsere Söhne wie ein Magnet und sie wurden auf dem ganzen Grundstück verteilt. Dann ließ ich die Carport-Schottersteinfläche durch eine Pflasterung ersetzen und unsere Söhne fanden auf dem großen Heide- und Waldgrundstück dann auch andere Beschäftigungen.

Als Henrik beim Spielen einmal eine Schlange auf einem Baumstumpf liegen sah, rannte er ins Haus. Er schloss alle Türen und warnte uns aus dem Gartenfenster vor der Schlange auf dem

Baumstumpf. Ich fand auf dem Baumstumpf aber keine Schlange. Im Komposthaufen in der Nähe des Baumstumpfes hielten sich gern Ringelnattern auf, die es dort schön warm hatten. Wahrscheinlich war es eine Ringelnatter, die ein Sonnenbad in etwas erhöhter Lage genoss. Es gab aber auch Kreuzottern in der Heide, die sich gern sonnten. Die große Angst vor Schlangen war Henrik von seiner Mutter in die Wiege gelegt worden.

Das Heidehaus hatte eine Fußbodenheizung. In der Übergangszeit beheizte der Kamin das Wohnzimmer. Im Herbst und in der Winterzeit spielten die Söhne am liebsten mit Pappkartons auf dem Fußboden des Wohnzimmers und bauten sich Butzen daraus. Sie konnten sich damit stundenlang beschäftigen.

Als sie dann größer geworden waren und Kontakt zu den Nachbarkindern hatten, waren sie auch viel mit diesen unterwegs. Christian bewachte seinen Bruder Henrik immer wie eine Glucke ihre Küken. Wenn Christian aber am Sportplatz stehen blieb und den Fußballspielern zusah, lief Henrik auch allein nach Haus, denn Fußball interessierte ihn einfach nicht. Daran hat sich bis heute auch nichts geändert.

Später bauten sich die Söhne mit den Kindern der Nachbarschaft auf einem Eichenbaum im Walde eine Butze. Als ich sie mir ansah, fand ich mein Kanzelholz darin verbaut. Nur selten war auch ein Nagel durch ein Brett und in die Eiche eingeschlagen worden, denn im harten Eichenholz wurden die Nägel schnell krumm.

Dann haben die Kinder gleich mehrere Nägel an der gleichen Stelle eingeschlagen. Alle waren krumm und konnten der Butze nur wenig Halt geben. Dann hatte ich auch wieder eine Stunde damit zu tun, alle krummen Nägel herauszuziehen und die Baumbutze zu befestigen, denn alle Nägel waren rostig und eine Gefahr für die Kinder geworden. Neben der dafür aufgewendeten Zeit hatte ich dann auch eine volle Dose krummer Nägel.

Da dachte ich an meine Kindheit, als ich Vaters Bretter und auch die von ihm aus Gründen der Sparsamkeit gerade geklopften

Nägel für meine Bastelei verbraucht hatte. Vater ging mit den Nägeln sehr sparsam um. Er zog krumm geklopfte Nägel heraus und klopfte sie wieder gerade. Dasselbe tat ich im Gedenken an meinen Vater mit der vollen Dose krummer Nägel dann auch.

Mit meiner neuen Familie wohnte ich schon einige Jahre im Haus in Garbsen. Aber die Wochenenden und Feiertage verbrachten wir immer in der Heide. So waren wir sowohl in Garbsen als auch in der Lüneburger Heide vollauf beschäftigt und Langeweile konnte bei uns nicht aufkommen.

Mit jedem neuen Ehejahr, das ich mit meiner Mona-Lisa verlebte, wurde ich meiner Exfrau dankbarer für die von ihr betriebene Scheidung. Meine neue Ehe war vom ersten Tag an schön und harmonisch und mit unserer Liebe zueinander überdeckten wir auch unsere gegenseitigen Fehlerchen und akzeptierten sie als zu uns gehörend.

Meine Eltern und die vielen Geschwister

Meine Eltern Heinrich und Rosamunde bewirtschafteten in Lonschka im Kirchenkreis Wengrow in Kongresspolen einen Siedlerhof. Dort wurden ihre Kinder Augustine, Hulda, Lydia, Rosamunde und Adolf geboren. Rosamunde starb nach ihrer Geburt und ruht auf dem Friedhof von Lonschka, wenn es ihn noch gibt.

Als der Erste Weltkrieg begann, verbannte der russische Zar seine deutschstämmigen Männer nach Nowaja Semlja am Nordmeer. Etwa sechs Wochen danach wurden auch deren Frauen und Kinder in die Wolga-Republik nach Russland verbannt und Mutter war mit sechs Kindern dabei. Lieschen und Fritz waren Vaters, Augustine, Hulda, Lydia und Adolf ihre gemeinsamen Kinder.

Auf der langen Fahrt in zugigen Viehwaggons starb der kleine Adolf, der erst anderthalb Jahre alt war. Bei einem Halt des Transportzuges musste er am Bahndamm verscharrt werden und es blieb Mutter nur die Zeit, sich mit einem Gebet von ihrem erstgeborenen Sohn zu verabschieden. Mutter weinte immer, wenn sie von Adolf sprach oder an ihn dachte.

Als die verbannten Männer am Nordmeer erfuhren, dass auch ihre Frauen und Kinder in die Wolga-Republik deportiert waren, beantragten sie beim russischen Zaren eine Familienzusammenführung, die der Zar auch genehmigte. Die Verbannten organisierten auf ihre Kosten Transportzüge und Vater kam im Jahre 1915 bei Mutter und den Kindern in der Wolga-Republik an. Die Wiedersehensfreude unserer Eltern war groß und als sichtbarer Beweis wurde im Jahr 1916 Bruder Heinrich in Saratow geboren.

Im Jahre 1917 brach in Russland die Revolution aus, die Bolschewiken ermordeten den Zaren und übernahmen die Staatsmacht in Russland. Dann wurde den Verbannten die Rückkehr in ihre Heimat erlaubt. Sie organisierten wieder auf ihre Kosten Transportzüge und kehrten in ihre Heimat nach Kongresspolen zurück.

Die Heimat war aber noch von kaiserlich-deutschen Truppen besetzt und viele Siedlerhöfe von den Polen verwüstet und abgebrannt worden. Auch vom Siedlerhof unserer Eltern stand nur noch der aus Ziegeln gemauerte Schornstein. Dann verkauften die Eltern die Hofstelle samt den dazugehörenden Ländern und wanderten im Jahre 1917 nach Westpreußen aus, das damals noch zu Preußen gehörte.

Durch die Vermittlung des ledig gebliebenen Lehrers Ratz, der ein Freund unserer Eltern war, pachteten die Eltern in Tomken im Krs. Straßburg eine 20 ha große Hofstelle mit 4 ha Wald und einer Ölmühle. Sie wurden dort aber nicht heimisch.

An den Lehrer Ratz erinnere ich mich noch gut. Er war es, der meinen älteren Schwestern das Gitarre- und Mandoline-Spielen beigebracht hatte. In etwa halbjährigen Abständen besuchte er uns. Dann spielte er auch auf seiner Geige, die er wegen seines langen, weißen Bartes nicht unter sein Kinn klemmen konnte. Er legte sie an seine breite Brust und sang mit tiefer, melodischer Stimme zu seinem Geigenspiel. Meistens spielte er seine Geige auch zweistimmig und dann lauschten wir Kinder gebannt der Musik und seinem Gesang. Ganz unerwartet verstarb Lehrer Ratz und wenn danach von ihm gesprochen wurde, dann rollten bei Mutter auch immer Tränen über ihre Wangen.

Es lag Vater nicht, für die Hofstelle mit der Ölmühle Arbeiter einzustellen und sie auch zu überwachen. Unsere frommen Eltern vermissten auch ihre Glaubensfreunde der evangelischen Gemeinschaft, die alle im Kreis Briesen wohnten.

Dann suchten sie und fanden im Dorf Siegfriedsdorf im Kreis Briesen eine Hofstelle mit 8 ½ ha Land und einem recht großen Garten, die von der polnischen Familie Jagielski zum Verkauf angeboten wurde. Diese Hofstelle war für Vater ein Paradies, denn er konnte sie mit seiner Familie allein bewirtschaften. Sie lag zudem auch in der Nähe des Hauptbahnhofs Schönsee. Das war für unsere Eltern wichtig, denn ihre Kinder konnten mit der Eisenbahn weiterführende Schulen besuchen. Sie kauften diese Hofstelle und zogen mit dem beweglichen Inventar, dem Vieh und den Pferden im Jahre 1918 nach Siegfriedsdorf.

Auch an unser Pferd, den Tomker-Wallach, erinnere ich mich noch recht gut. Er war in einer Nacht auf den Holzdielen im Pferdestall ausgerutscht und hatte sich einen Oberschenkel gebrochen. Danach konnte er nicht wieder aufstehen und musste erschossen werden. Als der Abdecker dabei war, den toten Tomker-Wallach aus dem Stall zu ziehen, kam ich gerade aus der Schule und sah in seine weit offenen, toten Augen, die viel Weißes zeigten. Auch sein vor Schmerzen zusammengebissenes Pferdegebiss war von seinen Lippen nicht bedeckt. Das alles sehe ich auch heute noch bildlich vor mir.

Nach dem Ersten Weltkrieg gründeten die Siegermächte 1920 den Staat Polen wieder. Als Zugang zur Ostsee wurde dem Polenstaat Westpreußen und auch die Provinz Posen zugeschlagen. Der erste Staatsführer Polens wurde Marschall Pilsudski, der sich durch seine Tapferkeit im Ersten Weltkrieg verdient gemacht hatte. Im ersten Jahr nach der Gründung Polens gab es viele Übergriffe auf die mehrheitlich deutschstämmigen Untertanen und einige davon endeten auch tödlich.

In Siegfriedsdorf, das dann Sierakowo hieß, sind unsere drei Schwestern geboren worden, aber nach wenigen Tagen wieder verstorben. Es waren Erika (1920), Ruth-Gertrud (1921) und Elisabeth-Johanna (1932). Sie ruhen auf dem evangelischen Friedhof unseres Dorfes, den es heute noch gibt. Er ist aber der Natur überlassen worden und sie hat eine natürliche Oase daraus geschaffen. Der Weg zum Friedhof wird nicht mehr genutzt und ist dem angrenzenden Acker zugeschlagen worden. Ich bin mir aber sicher, dass er wieder reaktiviert würde, falls wir jemals wieder in unsere alte Heimat zurückkämen. Ich glaube aber nicht, dass wir ehemaligen Westpreußen dorthin zurückkehren würden, zumal wir hier inzwischen gut integriert sind.

Marschall Pilsudski erkannte bald, dass vom kommunistischen Russland die größte Gefahr für Polen ausging, und näherte sich zunehmend Deutschland an, um gemeinsam ein Bollwerk gegen das kommunistische Russland zu bilden. Das wirkte sich dann auch recht positiv auf uns deutschstämmige Untertanen Polens aus.

Das neue Polen gab ungerechterweise Deutschland die alleinige Schuld an ihren Teilungen. Tatsache ist aber, dass Polen durch seine Misswirtschaft die alleinige Schuld daran trug. Auch nicht Deutschland, sondern Russland und Österreich-Ungarn waren es, die große Teile Polens unter ihre Staatsmacht nahmen, während Deutschland sich sehr zurückhaltend verhielt.

Die Aggressivität des neu entstandenen Polens gegen die mehrheitlich evangelische und deutschstämmige Bevölkerung Westpreußens ging in erster Linie von der katholischen Kirche Polens aus. Selbst von der Kanzel herab wurde gegen die deutschstämmigen Protestanten gehetzt. Der Hauptbahnhof Schönsee nebst seinen Mehrfamilienhäusern für die Bahnbeamten und -arbeiter war zur Preußenzeit gebaut worden. Nach der Wiedergründung Polens dienten diese Mehrfamilienhäuser auch den Polen. Die polnischen Familien dort hatten viele Kinder, die nach ihrer Volksschulzeit keine Chance hatten, Lehrstellen zu erhalten, denn es gab nur wenige polnische Handwerksbetriebe, die auch Lehrlinge ausbildeten. Erst ab dem 16. Lebensjahr konnten sie als ungelernte Arbeiter in Kolonnen Steine an den Bahngleisen festklopfen.

Nach der Beendigung ihrer Volksschulzeit rotteten sich die Jugendlichen in Horden zusammen und machten Jagd auf Deutsche. Kurz vor dem Beginn des Zweiten Weltkrieges kam so eine polnische Jugend-Horde vom Hauptbahnhof zu unserem Runkelacker. Dort bildeten sie eine breite Reihe, sie hakten sich unter und traten in breiter Front reihenweise unsere Runkeln um. Danach warfen sie mit Steinen auch die Fensterscheiben unseres Hauses ein. Wir mussten darauf achten, nicht selbst getroffen zu werden. Eine Anzeige bei der polnischen Polizei war zwecklos, denn wir konnten ihnen die Namen der Jugendlichen nicht nennen.

1935 starb völlig unerwartet und plötzlich Marschall Pilsudski und es gab Gerüchte, dass er keinem natürlichen Tod erlegen wäre. Rydz-Smigly wurde sein Nachfolger, der ein Hasser aller Deutschen war. Für uns deutschstämmige Staatsangehörige Polens begann eine schlimme Zeit.

Viele verkauften ihren Grundbesitz und wanderten nach Deutschland zurück. Andere gingen über die grüne Grenze nach Deutschland, wie es unsere Nachbarn Roux taten, die Hugenotten waren. So veränderte sich dann auch die Zusammensetzung der Bevölkerung zugunsten der Polen in Westpreußen.

In unserem Dorf Sierakowo (davor Siegfriedsdorf) war das Zusammenleben zwischen Deutschen und Polen aber recht gut. So kam unsere Familie mit allen polnischen Nachbarn gut aus, obwohl Mutter die polnische Sprache nicht beherrschte, denn die älteren Polen sprachen alle Deutsch.

Die polnischen Hofbesitzer, Handwerker und Gewerbetreibende in Westpreußen hatten über 100 Jahre unter preußischer Staatshoheit recht gut gelebt. Nach der Wiedergründung Polens kamen ausgewanderte Polen auch wieder in ihr Heimatland zurück.

Hinter vorgehaltener Hand sagten viele von den besitzenden und in Westpreußen heimischen Polen jedoch, dass es ihnen in der Preußenzeit besser ergangen sei als nun im neuen Polen. Sie bezeichneten sich auch als „polnische Preußen", denn sie hatten inzwischen auch die den Preußen nachgesagte Korrektheit übernommen. Viele von ihnen hatten im preußischen Heer gedient und waren auch Offiziere geworden wie Jankowski, der bei seinem Namen auch den Zusatz „der Leutnant" trug.

Als der Zweite Weltkrieg am 1. September 1939 begann, war ich 15 Jahre alt. Die ersten drei Tage des begonnenen Krieges waren eine schlimme Zeit für uns Deutschen. Allein in unserem evangelischen Kirchenkreis Schönsee wurden 19 Deutsche ermordet, die namentlich im Buch des Autors Hugo Rasmus „Pommerellen – Westpreußen" aufgeführt sind.

Auch unser Vater sollte von der polnischen Miliz abgeholt werden. Als sich die Miliz beim polnischen Nachbarn Genrza nach dem Weg zu uns erkundigte, verwickelte er sie in ein längeres Gespräch und bewirtete sie auch gut. In der Zwischenzeit schickte er seine Tochter Eva mit einer Warnung zu Vater. Als die Miliz danach zu uns kam, fand sie keinen von uns vor und so hat unser polnischer Nachbar unseren Vater vor dem sicheren Tod gerettet.

Vater hätte die Strapazen des Gewaltmarsches nach Brest Litovsk nicht überstanden und wäre mit einem Genickschuss getötet worden. So, wie es dem schon betagten Sägewerks-Besitzer Reinhold Wirth aus Kowalewo = Schönsee ergangen war, der im Nachthemd zum Gewaltmarsch gezwungen wurde und einer von den 19 Ermordeten war. So hatte es Rydz-Smigly, der Nachfolger von Marschall Josef Pilsudski in einem Geheimbefehl angeordnet.

Nach dem schnellen Sieg über Polen im Zweiten Weltkrieg entfiel eine große Gefahr für uns Deutsche und wir Jugendlichen konnten erstmals gefahrlos zum Hauptbahnhof und auch nach Schönsee gehen.

Nach dem Sieg über Polen wurden im Jahre 1940 unsere polnischen Nachbarn in einer Nacht- und Nebelaktion von ihrer Hofstelle vertrieben und mussten bei Bauern in Deutschland Zwangsarbeit leisten.

Als im Winter des Jahres 1944/45 der Zweite Weltkrieg auf sein Ende zuging und Russland die Grenzen Ost-Deutschlands erreicht und auch überschritten hatte, da war die Zeit gekommen, gen Westen zu flüchten.

Die politischen Führer von Ost- und Westpreußen verlangten vom Volk aber viel zu lange, auszuharren und zu kämpfen. Als die Bevölkerung dann schließlich gezwungen war, sich auf die Flucht zu begeben, waren es wieder die politischen Führer, die sich zuerst gen Westen abgesetzt hatten.

Aufgrund ihrer vielen Kinder war Mutter Trägerin des „Goldenen Mutterkreuzes". Darum durfte sie mit der jüngsten Tochter Maria am 20. 01. 1945 per Bahn in einem Militärzug abfahren. Einen Tag danach am 14. Geburtstag des jüngsten Bruders, war Vater mit seinen Kindern Lydia, Traute und Harry mit vollgepacktem Wagen auf die Flucht gefahren.

Es war ein sehr kalter Winter und die vom jahrelangen Krieg geschwächten deutschen Truppen konnten dem massiven Vordringen der Russen nur noch wenig entgegensetzen. Dann sprengten die zurückweichenden deutschen Truppen die Brücken über die Flüsse, um dem russischen Heer das Vordringen zu erschweren.

Dem millionenfachen Flüchtlings-Treck fehlten dann die Brücken für ihre Flucht gen Westen und sie waren gefangen. Da zeigte der strenge Winter auch seine gute Seite. Vor Culm hatten sich Eisschollen der Weichsel gestaut und sie überspannten den breiten Weichselfluss. Sie waren so dicht gestaut, dass sie eine Eisbrücke gebildet hatten, die auch die tausendfachen schweren Fluchtfahrzeuge trug.

Da kam es allein darauf an, dass die Fahrer mit ihren Pferdegespannen harmonierten. Denn während des hektischen Gedränges geschah es auch, dass Fluchtfahrzeuge von der Eisbrücke abrutschten und samt ihren Gespannen in der Weichsel versanken. Erst wenn die Fluchtfahrzeuge die recht steile Ufer-Westseite überwunden hatten, waren sie gerettet.

Dann hat unser frommer Vater seinem Herrgott mit einem Gebet dafür gedankt, dass er mit seinen Kindern die Westseite der Weichsel erreicht hatte. Nachdem dann auch die beiden älteren Schwestern Gustel und Hulda den Fluchtwagen des Vaters gefunden hatten, dauerte die Flucht noch viele Wochen lang.

Als Vater mit seinen Kindern am 5. März 1945 auf der Insel Wollin (jetzt Polen) an der Ostsee einen Stopp einlegte, um das Gespann zu versorgen und auch selbst einen Happen zu essen, begann wieder ein gezielter Artilleriebeschuss des großen Flucht-trecks durch russische Artillerie. Dabei wurden Vater und auch Lydia durch Geschosssplitter getötet. Ein Splitter hatte Vater die Schlagader am Hals durchtrennt und ein anderer Lydia die Schädeldecke samt einiger Finger einer Hand abgetrennt, die sie am Kopf gehalten hatte.

Die Flucht-Trecks mussten diesen Ort des Schreckens schnellstens verlassen und es blieb den überlebenden Geschwistern nur eine recht kurze Zeitspanne, um Vater und Lydia mit ihren Ausweisen in jeweils eine Decke zu wickeln und sie an den Straßenrand zu den anderen Toten zu legen. Mit einem kurzen Gebet verabschieden sie sich von Vater, der im 78. Lebensjahr, und von Schwester Lydia, die im 35. Lebensjahr stand.

Nach dem Zweiten Weltkrieg besuchte unsere polnische Nachbarin und Bäuerin den Bauern in Nordrhein-Westfalen, bei dem sie Zwangsarbeit geleistet hatte. Es war ihr dort recht gut ergangen. Dann besuchte diese polnische Bäuerin auch uns in Immensen in Niedersachsen, wo unsere Familie nach der Flucht eine zweite Heimat gefunden hatte. Sie zeigte uns ein Postkartenbild ihres

Vaters, auf dem er im Ersten Weltkrieg als preußischer Soldat abgebildet war. Ihr Vater hatte diese Karte in gestochener deutscher Sütterlinschrift geschrieben und an seine Eltern in Siegfriedsdorf geschickt.

Jahrzehnte danach sind die Geschwister Heinrich, Harry und Maria in das polnisch gewordene Wollin gefahren, um nachzuforschen, wo und in welchem der vielen Massengräber Vater und Lydia ruhen. Bruder Heinrich beherrschte die polnische Sprache recht gut, denn um evangelische Theologie studieren zu können, belegte er in Poznan = Posen auch das Studienfach Slawische Geschichte. Von den polnischen Grenzbeamten wurden die Geschwister aber recht rüde abgewiesen und sie erhielten keinerlei Auskunft. Ich hege die Hoffnung, dass der polnische Staat, nun zum vereinten Europa gehörend, sich inzwischen geändert hat und Auskünfte dieser Art erteilt.

Mutter und Maria waren mit der Eisenbahn bis Pommern gekommen und dort hatte sie die russische Front überrannt. Da hat Mutter ihre jüngste Tochter Maria vor Übergriffen durch russische Soldaten beschützt. Als ein russischer Soldat Mutter aufforderte, mit ihm zu kommen, fragte sie ihn in russisch-polnischen Worten, ob er sich denn nicht schäme, sie könne doch seine Mutter sein. Da ließ er von seinem Vorhaben ab und verließ den Raum. Mutter verstand die beiden Sprachen nur vom Hören ein wenig, sie konnte sich aber in beiden verständlich machen.

Das Deutsche Rote Kreuz hat großartige Arbeit bei der Familienzusammenführung der etwa 16 Millionen Geflüchteten geleistet. Nicht nur ich habe im Jahre 1946 in Gefangenschaft eine erste Nachricht von Schwester Gustel über das Deutsche Rote Kreuz erhalten, als ich an Lungen-Tbc erkrankte und allein im großen Krankenhaus in Nord-Wales in England lag. Die hintere, rechte Ecke des Saals war mit Bettlaken für mich abgetrennt und ich war dabei, mich aufzugeben.

Auch Mutter und Maria hat das DRK mit ihren Kindern zusammengeführt. Als Mutter die Adresse ihrer Kinder erfahren hatte, hielt sie und Maria nichts mehr zurück. Sie packten die geringe, ihnen verbliebene Habe wieder auf ihr Wägelchen und gingen zu Fuß, wenn es sich ergab, auch mit dem Zug, so lange, bis sie bei uns in Immensen angekommen waren.

Es war im Jahre 1946, als ich vom Brennholz-Beschaffen aus dem großen Wald westlich vom Dorf Immensen zurückkam. Da saß Mutter recht abgeschlafft, aber sehr glücklich und zufrieden mitten im Zimmer auf dem Fußboden.

Eine Bleibe fanden Mutter und Maria bei Frau Giere in Immensen, wo auch Schwester Traute untergekommen und tätig war. Als Traute im Jahre 1949 ihren Gustav heiratete, nahmen sie Mutter zu sich und dort verlebte sie noch schöne Jahre.

Mutter bezog aus dem Lasten-Ausgleichsgesetz eine recht kleine Rente. Da sparte sie zuerst für den ersten Talar ihres Sohnes Heinrich, denn ihr Herzenswunsch hatte sich erfüllt und er war Pfarrer geworden. Danach sparte Mutter wieder so lange, bis sie jedem ihrer Kinder 500 DM schenken konnte. Als ich sie fragte: „Wie schaffst du das alles?“, antwortete Mutter in ihrer plattdeutschen Umgangssprache: „By mi jungt dat Geld!“

Da dachte ich an Mutters Erzählung aus der Zeit, als der russische Zar beim Beginn des Ersten Weltkrieges alle deutschstämmigen Männer nach Novaja Semlja ans Nordmeer verbannt hatte. Katholische Mönche kauften bei Mutter landwirtschaftliche Produkte und gaben ihr den Ratschlag: „Auch Sie und Ihre Kinder werden verbannt werden. Verzichten Sie auf alles sonst Übliche, aber nehmen Sie ihre Nähmaschine mit.“

Das war ein guter Ratschlag, denn die Nähmaschine war es, die Mutter in ihrer Verbannung auch einen Verdienst eingebracht hatte. Deshalb kaufte ich meiner Frau vom geschenkten Geld auch eine Nähmaschine, die damals nicht jede Hausfrau hatte.

Als Mutter im Jahre 1963 ihren Bruder Rudolf und Ehefrau Mine in Lehrte besuchte, erlitt sie einen Hirnschlag. Da rief Onkel Rudolf mich an und sagte: „Hole deine Mutter schnell ab, sie ist sehr krank geworden." Als ich dort eintraf, saß Mutter recht steif auf einem Stuhl und sah nur geradeaus. Da führten Onkel Rudolf und ich Mutter zum Auto, wir setzten sie hinein und ich fuhr mit Mutter zu Traute und Gustav. Mutter sprach kein einziges Wort, sie sah immer nur geradeaus. Traute und ich führten Mutter in das kleine Zimmer im Erdgeschoss.

Der gerufene Arzt stellte fest, dass Mutter einen Hirnschlag erlitten hatte. Heute noch frage ich mich, wie es Mutter trotz des erlittenen Hirnschlages möglich war, sich zum Auto, ins Haus zu Traute und auch in das kleine Zimmer führen zu lassen. Sie hatte einen sehr starken Willen.

Danach hat Mutter noch mehrere Hirnschläge erlitten, sie wurde zu Hulda gebracht und in das kleine Zimmer hinter der Küche gelegt. Dort konnte sie abwechselnd von ihren ältesten Töchtern Gustel und Hulda gepflegt werden.

Für uns Kinder war es schwer zu ertragen, Mutter leiden zu sehen, und immer wieder fragten wir den Arzt, der Mutter täglich besuchte, ob es denn keine ärztliche Hilfe gäbe, damit Mutter wieder mit uns sprechen könne.

Seine Antwort war immer gleich, Mutter sei klinisch gestorben, ihr starkes Herz schlage aber immer noch weiter. Da blieb uns Kindern nur die Möglichkeit, ihre fiebrigen und trockenen Lippen ein wenig zu befeuchten. Erst einige Tage nach ihrem ersten Hirnschlag, am 05. 07. 1963, hörte Mutters starkes Herz auf zu schlagen. Danach erzählte Schwester Hulda mir, dass Mutter sich vor ihrem Tod nochmals aufgerichtet und auch etwas gesagt habe. Sie habe ihre Worte aber nicht verstehen können.

Mutter war in Immensen sehr bekannt und auch geschätzt. Sie hatte eine sehr große Beerdigung, und obwohl es ihr Wunsch gewesen war, dass zu ihrer Beerdigung statt Kränzen eine Spende für die „Herrenhuter Gemeinschaft" gegeben werden solle, war der Weg vom Friedhofseingang bis zur Kapelle auf beiden Seiten mit Kränzen belegt.

Die nachfolgend aufgeführten zehn Kinder von Heinrich und Rosamunde Wolter haben alle ihre Geburt überstanden und das sind:

Augustine

wurde Gustel genannt und war am 20. 07. 1907 in Lonschka im Kirchenkreis Wengrow in Kongresspolen geboren. Als die Eltern im Ersten Weltkrieg nach Russland verbannt wurden, war Gustel sieben Jahre alt. Während Mutter für die Wolgadeutschen Näharbeiten ausführte, hat Gustel auf einem Bänkchen stehend das Kochen der Mittagsmahlzeit beaufsichtigt. Gustel trat in Mutters Fußtapfen und wurde eine Näherin. Sie war auch recht musikalisch und spielte Gitarre und Mandoline.

Für uns jüngere Brüder war sie auch der geliebte Feldwebel, denn sie musste bei uns Jungens oft Mutters Stelle vertreten.

Gustel war auch das erste Mädchen in unserem Heimatdorf, das ein Fahrrad der Marke Brennabor hatte. Zweimal wöchentlich, am Mittwoch und Sonnabend, fuhr sie zum Wochenmarkt nach Schönsee und verkaufte unsere landwirtschaftlichen Erzeugnisse: Butter, Quark und Eier. Für ihre Waren hatte sie feste Kundschaft und sie verkaufte alles immer recht schnell.

Als ich noch nicht zur Schule ging, lauerte ich hinter der Scheune auf Gustel, denn sie brachte vom Markt auch immer Schnecken vom Bäcker mit. Aber wichtiger für mich war, dass ich ihr Fahrrad übernehmen und dann auch das Radfahren erlernen durfte. Wenn ich sie kommen sah, dann lief ich ihr entgegen, übernahm ihr Fahrrad und versuchte dann immer, auf einem Pedal stehend das Gleichgewicht zu halten. So erlernte ich das Radfahren, bevor ich eingeschult wurde.

Auguste Schulz aus Marienhof, die wir Kinder Tante nannten, war die Schwester meiner Patentante, die weit weg wohnte. Dafür lud mich vor meiner Einschulung Tante Schulz zu einem Ausflug nach Thorn ein und Gustel sollte mich nach Marienhof bringen. Gustel hatte dafür aber wieder mal die Zeit zu knapp bemessen und wir wären zu spät in Marienhof angekommen.

Da hatte sie einen genialen Einfall. Sie wusste ja, dass ich schon Rad fahren konnte. Sie übergab mir ihr Fahrrad und nannte mir einen Punkt am Wege, zu dem ich vorausfahren und wo ich das Fahrrad an einem Baum abstellen solle. Dann sollte ich zu Fuß weiterlaufen. So machten wir es dann streckenweise und kamen noch rechtzeitig bei Schulzes in Marienhof an. Mein Ausflug nach Thorn an der Weichsel war gerettet.

Ich kann mich auch noch daran erinnern, dass Gustel in einem Hotel in Goslershausen tätig war und wir Brüder, Erdmann und ich, durften sie dort besuchen. Das muss etwa im Jahre 1931 gewesen sein, denn wir Brüder kannten damals nur das polnische ABC. Wenn Erdmann die Badtürbeschriftung laut vorlas, dann klang es Bade-s-immer, denn in der polnischen Sprache wird das „z“ als scharfes „s“ ausgesprochen.

Als der Zweite Weltkrieg ausbrach und Polen besiegt war, wurden auch viele Deutsche aus Lettland „heim ins Reich“ nach Westpreußen umgesiedelt. Darunter befand sich auch der Lehrer Gerhard, der Witwer war und Gustels große Liebe wurde. Dass er zwei Söhne hatte, war ihr sehr recht, denn sie mochte Jungens gern. Diese Verbindung endete aber recht plötzlich. In Lydias Feldpostbriefen an Bruder Heinrich ist zu lesen, dass sie ihn einen Heiratsschwindler nannte.

Dann meldete sich Gustel freiwillig zum Deutschen Roten Kreuz, sie wurde einberufen und war in Lazaretten des Zweiten Weltkrieges tätig. Als die Russen im 6. und auch letzten Kriegsjahr Deutschland erreicht hatten und auf dem Vormarsch waren, flüchteten auch die Eltern. Gustel suchte ihre Schwester Hulda, die ebenfalls Schwester beim Deutschen Roten Kreuz war, und sie schlossen sich Vaters Fluchtwagen an.

Nach dem Tod von Vater und Lydia durch russischen Artilleriebeschuss übernahm Gustel auch Vaters Stelle und die am Leben gebliebenen Geschwister fanden im Dorf Immensen, Krs. Burgdorf, in Niedersachsen ein Unterkommen.

Als ich im Jahre 1946 aus der Gefangenschaft als zu hundert Prozent Kriegsbeschädigter entlassen wurde und mit der Dorfjugend das Ende des Zweiten Weltkrieges zu oft und auch zu lange feierte, war es Gustel, die mich immer mit den Worten ermahnte: „Du bist schon sehr krank und ruinierst dich mit dem zu vielen Feiern noch ganz!“ Dabei schlug sie in einer Tasse ein Ei und übergab es mir mit den Worten: „Da, trink!“

Damals waren Lebensmittel sehr knapp und nur auf Lebensmittelkarten zu erhalten. Eier waren damals eine Rarität und besonders schwer zu ergattern. So habe ich die in der Gefangenschaft erlittene Lungen-Tbc nur mit Gustels Hilfe einkapseln und auch überstehen können.

Gustel war dann auch die einzige Schwester, die mir etwas über die monatelange Flucht aus unserer westpreußischen Heimat berichtete.

Damals war unser Pferd Lore noch in unserem Besitz. Sie war unser Fohlen, das in der alten Heimat geboren war. Mit ihrer Mutter, dem Pferd Liese, war es ein recht zugfestes und auch gutmütiges Pferdegespann, das im strengen Winter 1944/45 den schwer beladenen Fluchtwagen ziehen musste. Als Liese die großen Strapazen der Flucht nicht überstand, wurde sie durch einen Wallach ersetzt und Gustel sagte zu mir: „Dieser Wallach kannte die Gefahren des Krieges bereits.“ Wenn die Russen den Fluchttreck beschossen, dann suchte er immer Schutz unter einer Überdachung. Wo der Wallach nach dem Ende der Flucht geblieben ist, habe ich nicht erfragt.

Unser Pferd Lore war aber auch in Immensen noch ein Stück Heimat für uns. Sie war für Kost und Unterkunft an einen größeren Bauern verliehen. Dann sahen wir sie lahmend den Melkwagen ziehen und über das Kopfsteinpflaster des Dorfes traben.

Das tat uns sehr leid und Gustel konnte Lore für wenige Hundert Reichsmark an einen Kleinbauern in Össelse verkaufen, wo sie nicht lahmend traben musste und als einziges Pferd auch gut gepflegt wurde.

Gustels zweite große Liebe war Robert ein Mitarbeiter im Unternehmen, in dem ich vor der Währungsreform im Jahre 1947 eine kaufmännische Lehre begonnen hatte. Auch sie endete für Gustel sehr enttäuschend, denn Robert war verheiratet und hatte es verschwiegen.

Erst in ihrem 59. Lebensjahr heiratete Gustel den Witwer Paul, mit dem sie noch glückliche und schöne Ehejahre verlebte. Paul war auch Flüchtling, er hatte in Immensen ein Lebensmittel-Geschäft eröffnet, das er laufend erweiterte. Als er im Rentenalter war, übertrug er es seinem Sohn und ging in den Ruhestand. Anschließend beschäftigte sich Paul mit Gemüseanbau. Von seinem Schwager Artur, Huldas Ehemann, pachtete Paul einen Teil des Gartens vom Mehrfamilienhaus und pflanzte Gemüse an, und was er und Gustel nicht verbrauchten, übergab er seinem Sohn zum Verkauf im Laden.

Als wir, meine erste Ehefrau und ich, unseren ersten Urlaub ohne unsere Kinder in Schönau bei Ramsau in den Alpen machten, da war es meine Schwester Gustel, die während dieser Zeit die Elternstelle bei unseren Kindern im Haus in Vinnhorst bei Hannover vertrat. Damals war es mein erstgeborener Sohn Eckhard, den seine jüngeren Schwestern beneideten, denn er war während dieser Zeit Gustels Liebling, bei der er schon immer viele Chancen hatte.

Als ich meine älteste Schwester Gustel wieder einmal besuchte, sagte sie zu mir: „Ich habe für Martin ein Sparbuch über 7.000 DM angespart. Das solltest du von Erdmann abholen und für Martin aufheben.“ Da hatte meine Schwester Gustel mich wieder mal überrascht. Sie bezog nur eine recht kleine Rente und hatte davon einen für sie recht hohen Betrag für Martin angespart. Nach diesem Besuch habe ich ihr Sparbuch von Erdmann nicht abholen können, und als ich Gustel danach wieder besuchte, erinnerte sie mich nochmals daran.

Vor meinem nächsten Besuch bei ihr fuhr ich erst zu Erdmann, um das Sparbuch für Martin abzuholen. Erdmann zeigte sich überrascht darüber. Er fing sich aber schnell und sagte: „Ich kann dir das Sparbuch nicht geben, es ist bei der Bank. In den nächsten Tagen werde ich es abholen und es dir beim Besuch Gustels übergeben."

Als ich danach meine älteste Schwester wieder besuchte, fuhr ich erst zu Erdmamn und er reichte mir ein Päckchen mit Geldscheinen und sagte: „Da ist das Geld für Martin." Als ich die Geldscheine nachzählte, waren es aber nur 6.000 DM. Ich sagte zu Erdmann: „Gustel hat aber von einem Sparbuch über 7.000 DM gesprochen! Das sind hier nur 6.000 DM?" Da antwortete Erdmann in ärgerlichem Ton: „Mehr war auf dem Sparbuch aber nicht drauf."

Darauf antwortete ich nicht, ich fragte mich aber: „Was wäre gewesen, wenn ich die Geldscheine von meinem Bruder nicht nachgezählt hätte, was in solchen Fällen unter Geschwistern auch üblich ist?" Erdmann hatte es sicher auch so erwartet. Ich kannte meinen Bruder aber schon seit Kindesbeinen und darum habe ich die Scheine nachgezählt.

Ich fuhr dann zu Gustel und berichtete ihr, dass Erdmann mir nur 6.000 DM übergeben hätte. Da sah sie mich mit großen, fragenden Augen an, sagte aber nichts. Sie machte aber einen „Flunsch" und schob ihre Unterlippe über ihre Oberlippe. Daran erkannte ich, dass ihr das Gehörte gar nicht gefiel. Ich fragte sie aber doch nochmals: „Hattest du auf dem Sparbuch für Martin 6.000 oder 7.000 DM angespart?" Darauf sagte Gustel in ärgerlichem Ton: „Erdmann erledigt alle meine finanziellen Angelegenheiten und nun weiß ich es auch nicht mehr, ob 7.000 oder nur 6.000 DM auf dem Sparbuch waren."

Da sagte ich nichts mehr, denn Gustels Reaktion war recht deutlich! Ich kannte meinen Bruder Erdmann recht gut, er war immer darauf aus gewesen, seinen Besitz zu vermehren, und hatte sich auch einen Anteil von Gustel Sparbuch für Martin abgezweigt. Es war ihm auch egal, ob ich ihm glaubte oder nicht, denn wir Brüder kannten uns seit Kindesbeinen.

Nach Pauls und dann auch nach dem Tod von Schwester Hulda lebte Gustel in ihren letzten Lebensjahren im Alters- und Pflegeheim. Als wir, meine Monia-Lisa und ich, unsere erste gemeinsame Kur antraten, besuchte ich Gustel im Pflegeheim. Da überwältigte mich Gustel mit ihrer Freude. Sie hielt meine Hand mit beiden Händen fest und liebkoste sie mit tränenden Augen. Das machte mich doch sehr verlegen, denn nicht ich, sondern sie hatte sich sehr liebevoll um mich gekümmert, als ich kriegsbeschädigt aus der Gefangenschaft entlassen wurde. Gustel ahnte damals sicher, dass wir uns lebend nicht mehr sehen würden. Sie verstarb am 06. 12. 2005 im 98. Lebensjahr. Gustel hat immer hinter einer rauen Schale ihre Herzensgüte versteckt.

Hulda

wurde am 05. 12. 1908 in Lonschka geboren und war die zweite Tochter meiner Eltern, die ihre ersten und schwierigen Tage überstanden hatte. Sie wurde eine natürliche Schönheit, aber auch eine begabte Näherin. Im Kindesalter habe ich für meine Schwestern Gustel und Hulda mit einem kleinen Zackenrädchen Schnittmuster auf Papier markiert und sie danach ausgeschnitten. Sie wurden für Kleider benötigt, die sich Kunden meiner Schwestern aus einem Katalog ausgesucht hatten.

Auch Hulda war musikalisch und spielte Gitarre. Ihre erste große Liebe war Walter, der einzige Sohn seiner Eltern, die auf einer kleinen Anhöhe im südwestlichen Teil unseres Dorfes ein Häuschen mit kleinen Äckern darum hatten. Auch Walter war sehr musikalisch. Zu Ostern und noch vor dem Sonnenaufgang blies er auf seiner Trompete Osterlieder, die im ganzen Dorf zu hören waren.

Walter war auch ein großer Bastler, er hatte ein Detektor-Radio mit Kopfhörern gebastelt und das war damals eine Sensation im Dorf. Wenn sonntags evangelischer Gottesdienst weltweit vom Deutschlandfunk übertragen wurde, dann kamen ältere Leute zum Haus seiner Eltern und lauschten über Kopfhörer dieser Andacht. Meistens waren mehr Leute gekommen, als Kopfhörer vorhanden waren. Dann nahm Walter die Kopfhörer aus den Bügeln, jeder Zuhörer erhielt eine Hörmuschel und dann konnten sechs ältere Leute den Gottesdienst aus dem Deutschlandfunk mithören.

Ich sehe die beiden Verliebten Hulda und Walter immer noch vor meinem geistigen Auge eng umschlungen miteinander flüstern. Aber recht plötzlich kam Walter nicht mehr zu Hulda. Er hatte sich dem Willen seiner Eltern gefügt und Dahmers Trude geheiratet, die auch eine Schönheit war. Trude übernahm auch die kleine elterliche Hofstelle, die an die Hofstelle von Walters Eltern grenzte. Hulda weinte damals viel zu lange um ihre verlorene erste Liebe.

Im Alter von etwa 20 Jahren war Hulda bei einer älteren und begüterten Dame in Thorn in Stellung, die ein Mehrfamilienhaus am Altmarkt besaß und ein polnisches Mädchen mit Namen Ira angenommen hatte. So durfte ich vor meiner Einschulung für eine Woche bei Hulda in Thorn sein. Aus dem Fenster ihres Zimmers im Obergeschoss konnte ich auf den Altmarkt der Stadt Thorn mit dem Kopernikus-Denkmal sehen, zu dem Hulda und ich auch zum Wochenmarkt einkaufen gingen, der zweimal wöchentlich stattfand.

Danach war Hulda bei der recht begüterten Gutsbesitzer-Familie von Kries für ein halbes Jahr tätig, die 25 Bedienstete hatten. Anschließend wurde Hulda Wirtschafterin auf dem Gut in Zapluskowenz, das nur etwa 2 km von uns entfernt war und vom Sohn der Familie von Kries geleitet wurde. Mit Bruder Erdmann besuchten wir Hulda dort und durften auch auf Pferden des Gutes reiten.

Als der Zweite Weltkrieg begann und der Gutsverwalter zum Wehrdienst einberufen wurde, beendete auch Hulda ihre Tätigkeit dort und kam nach Hause. Sie brachte die Schäferhündin Daisy mit, die der Verwalter nach seiner Einberufung an Hulda übergeben hatte.

Dann meldete sich auch Hulda freiwillig zum Deutschen Roten Kreuz und wurde bald einberufen. Im Feldpostbrief an Heinrich vom 26. 01. 1943 schrieb Lydia, Hulda gefalle es in Graudenz gut, und kann damit nur das DRK dort gemeint haben.

Als der Zweite Weltkrieg zu Ende ging und die Deutschen flüchten mussten, waren auch die Schwestern Hulda und Gustel zusammen auf der Flucht und suchten Vaters Fluchtwagen mit ihren Geschwistern. Die Flüchtenden waren nicht nur den tödlichen Gefahren des strengen Winters ausgesetzt, sie wurden auch von russischen Flugzeugen und Artillerie gezielt beschossen.

Nach monatelanger, gefahrvoller Flucht und dem Tod von Lydia und Vater landeten die Geschwister im Frühjahr des Jahres 1945 wie bereits beschrieben im Dorf Immensen. Hulda fand zunächst bei Familie Nolle ein Unterkommen. Da hatte der Zweite Weltkrieg fast sechs Jahre gedauert. Am 08. Mai 1945 war er endgültig vorbei.

Am Heiligabend des Jahres 1950 heiratete Hulda den zwanzig Jahre jüngeren Artur, der im Jahre 1928 geboren war. Der recht große Altersunterschied war äußerlich nicht sichtbar, denn Hulda sah immer jünger aus, als sie war, und bei Artur war es umgekehrt.

Artur war fleißig und auch recht geschickt. Die schwere Zeit nach dem verlorenen Krieg hat er mit Reparaturen von Uhren aller Größen gut überstanden. Selbst kleinste Wellen für Armbanduhren drechselte Artur auf einer kleinen Fräse selbst, die er sich nach seinen Vorgaben bauen ließ. Entlohnt wurde er von den Bauern im Dorfe mit Lebensmitteln und so überstand er die schwere Nachkriegszeit recht gut.

Auf einem recht großen Erbpacht-Grundstück bauten Hulda und Artur sich ein Wohnhaus. Sie wünschten sich ein Kind und Hulda wurde auch schwanger. Sie schonte sich beim Hausbau aber nicht und erlitt eine Fehlgeburt. Danach wurde Hulda nicht wieder schwanger. Sie kümmerte sich um die Kinder von ihrem Bruder Erdmann, der mit seiner Frau in der Nähe wohnte. Beide waren in Vollzeit beruflich tätig.

Artur erwarb dann auch ein größeres Grundstück und baute ein Mehrfamilienhaus mit sieben Wohnungen darauf. Die meisten Bauarbeiten übernahm er selbst und kaufte nur das dafür benötigte Material. Auch den Stallanbau am Wohnhaus baute er zur Wohnung aus.

Als das Mehrfamilienhaus und die ausgebaute Wohnung ihm Miete einbrachten, erwarb Artur noch zwei vermietete Eigentumswohnungen in Hannover. Danach kaufte er ein größeres

Grundstück und ließ es für 18 Schrebergärten planen und aufteilen. Als alles behördlich genehmigt war und die einzelnen Schrebergärten verpachtet werden sollten, erlitt Artur einen Herzinfarkt und verstarb im Jahre 1987 ganz plötzlich im 59. Lebensjahr.

Hulda litt schwer unter Arturs Tod, denn es war völlig anders gekommen als von beiden gedacht. Nicht ihr zwanzig Jahre jüngerer Artur, sondern sie erbte aufgrund des geschlossenen Testaments auf Gegenseitigkeit alle schuldenfreien Immobilien. Zu keiner Zeit hatte Hulda damit gerechnet, zumal sie sich mit den Immobilien auch nicht befasst hatte.

Da rief mich Schwester Gustel an und sagte in ihrer Feldwebelart: „Ihr lasst Erdmann nach Arturs Tod mit allen Problemen allein!“ Daran hatte ich nicht gedacht, denn zwischen den Familien von Erdmann und Hulda bestand ein enger Kontakt; nach dem Schulunterricht kamen seine Kinder immer zu Hulda zum Mittagessen. Ich rief Heinrich, unseren ältesten Bruder, und auch Maria, die jüngste Schwester, an und vereinbarte mit ihnen und auch mit Erdmann ein Treffen bei Hulda. Auch Gustel rief ich an und nannte ihr den Zeitpunkt unseres Treffens.

Als wir uns bei Hulda trafen, legte Erdmann einen Ordner auf den Tisch, der ordentlich unterteilt angelegt war. Ich öffnete die erste Rubrik und sagte, was zu veranlassen sei. Darauf antwortete Erdmann recht kurz: „Ist schon geschehen.“

So war es dann bei allen Rubriken des Ordners und ich fragte Schwester Gustel: „Was sollen wir hier? Erdmann hat doch alles bestens geregelt.“ Da machte Gustel wieder einen „Flunsch“; sie war beleidigt, denn Erdmann hatte sich bei ihr beklagt, um sich wieder als „Gutmensch“ bei ihr darzustellen, und das ärgerte Gustel dann doch.

Zum Schluss des Treffens sagte Heinrich: „Hulda solle ihren geerbten Besitz behalten.“ Maria stimmte Heinrich zu und ich ergänzte: „Hulda solle ihre Immobilien aber in eine fachliche Verwaltung in Burgdorf und Lehrte geben.“ Erdmann schwieg zu Heinrichs Vorschlag, denn er und Horst hatten die geerbten Immobilien ihrer Schwester bereits unter ihre Fittiche genommen.

Etwa eine Woche danach traf ich mit Bruder Horst zusammen und er berichtete mir, er habe das Mehrfamilienhaus von Hulda auf Leibrente gekauft und zahle ihr monatlich 2.500 DM. Das Mehrfamilienhaus brachte aber rd. 3.500 DM an Miete ein. Die von Horst zu zahlende Leibrente kam einer Schenkung gleich.

Dann erzählte mir Horst auch, Erdmann habe Arturs Schrebergärten-Grundstück verkauft. Da fiel ich ihm fragend ins Wort: „Dann gehört Hulda ja nun das Erbpachtgrundstück?" „Nein", erwiderte Horst, „Erdmann hat es gleich für sich gekauft, denn er wird es ja erben."

Da war ich doch sehr überrascht und fragte weiter: „Was ist denn mit den beiden Eigentumswohnungen geschehen?" Die Antwort von Horst war: „Die sind verschenkt worden. Eine bekam Huldas Patenkind Gitta und die andere Arturs Neffe, der Sohn seines Bruders."

Nur wenige Tage nach Gustels Anruf bei mir und dem Treffen nach Arturs Tod hatten die Brüder Erdmann und Horst den Immobilienbesitz von Hulda unter sich aufgeteilt und sie von ihrem Erbe erlöst.

Hulda war finanziell aber recht gut gestellt und das allein zählte, denn neben ihrer eigenen Rente erhielt sie auch eine Witwenrente von Artur und zusätzlich auch Miete aus dem Stall-Ausbau. So hatte sie nach meiner Schätzung mit der Leibrente von Horst ein monatliches Einkommen von rund 4000 DM. Hulda musste sich dann auch nicht mehr um ihre Immobilien kümmern und war finanziell zudem in der Lage, Gutes nach eigenem Ermessen tun zu können.

Wenn Hulda zu meinen Geburtstagen in den Jahren davor kam, schenkte sie mir als Jäger immer eine Flasche „Hasen-Pfeffer" Likör. Ich stellte ihn in meine Jagdhütte für meine Jagdgäste.

Nachdem Erdmann dann auch die Verwaltung der Einnahmen seiner Schwester Hulda übernommen hatte, kam Hulda zwar immer noch zu meinem Geburtstag, aber bei ihrer Gratulation sagte sie dann: „Ich konnte dir aber nichts kaufen, ich habe überhaupt kein Geld mehr." Ich achtete nicht auf ihre Worte, sondern antwortete floskelhaft: „Huldchen, du musst mir zum Geburtstag doch nichts schenken! Dein Kommen ist mir Geschenk genug."

Bei meinen geschäftlichen Fahrten kam ich oft in die Nähe meiner älteren Schwestern. Dann besuchte ich sie immer gern, wie ich es auch zuvor immer getan hatte, als Mutter noch lebte. Ich klingelte erst bei Hulda im Erdgeschoss. Nachdem sie mich in ihre Wohnung gelassen hatte, sagte sie immer vor sich hin: „Erdmann anrufen, Erdmann anrufen …" Das irritierte mich immer und ich sagte: „Huldchen, ich bin zu dir zu Besuch gekommen. Wenn ich Erdmann besuchen will, dann fahre ich zu ihm hin."

Es dauerte dann aber immer nur wenige Minuten und Erdmann kam gelaufen. Er klopfte Hulda auf die Schulter und sagte: „Bist ein braves Mädchen." Erst danach begrüßte er auch mich. Erdmanns Schulterklopfen bei Hulda erinnerte mich immer an unsere Jugendzeit, wenn wir Brüder unsere Pferde von der kleinen Wiese nach Hause holten und dann immer ohne Sattel und Zügel ritten. Wir hielten uns nur an den Mähnen der Pferde fest. Erdmann nahm immer Liese, die ohnehin schneller als Lotte lief. Dann schlug er Liese noch zusätzlich auf die Keulen, damit sie mich schneller überholte. Wenn er dann als Erster zu Hause angekommen war, beklopfte er ihr den Hals und sagte: „Bist ein braves Pferd."

Ich blieb nicht länger bei Hulda, sondern ging eine Treppe höher zu Schwester Gustel. Ich fragte mich, warum musste Erdmann immer dabei sein, wenn ich Hulda besuchte? Und was hatte Erdmann getan, dass Hulda immer so ängstlich bemüht war, ihn zu rufen, wenn ich sie besuchte? Erdmann war schon im Kindesalter nicht zimperlich, wenn er seinen Willen durchsetzen wollte. Da war er ganz sein Großvater mütterlicherseits.

Beide, Hulda und auch Artur, waren sehr sparsam. Artur überließ seiner Hulda aber die kleinen Einnahmen aus den Automaten am Gartenzaun und die waren es, die ihr eine gewisse finanzielle Freiheit gaben und auch den „Hasen-Pfeffer-Likör" zu meinen Geburtstagen finanzierten.

Viel zu spät wurde von uns Geschwistern erkannt, dass Erdmann seiner Schwester Hulda selbst die kleinen Einnahmen aus den Automaten nicht überließ.

Dann saß Hulda schweigsam und in sich gekehrt unter uns. Ihre Situation belastete sie sehr, denn ihr blieb keine andere Wahl. Hilfe von uns außerhalb wohnenden Geschwistern erhielt sie nicht und bei wem sonst hätte sie ihr Herz ausschütten können? Hulda schaltete auch geistig zunehmend ab, wie man es auf dem Bild vom 88. Geburtstag von Gustel ersehen kann. An wen sonst hätte sie sich wenden können? Da wurde es zunehmend ihr Wunsch, auch zu sterben.

Als meine Mona-Lisa und ich von Huldas Tod erfuhren, begaben wir uns auf den Weg zu ihrem Haus. An der Gartenpforte trafen wir auf Erdmann und bei der Begrüßung sagte er: „Schade, ich hätte gern noch mehr getan." Erdmann bedauerte nicht den Tod von Hulda, sondern das Versiegen seiner Geldquelle.

Hulda hatte ihren 20 Jahre jüngeren Artur um acht Jahre überlebt, sie verstarb am 1. August 1995 im 87. Lebensjahr und wurde aus dieser Welt erlöst.

Lydia

wurde am 20. 06. 1910 geboren und war die dritte Tochter unserer Eltern. Als unsere Eltern aus Kongresspolen auswanderten und nach Westpreußen zogen, war Lydia acht Jahre alt und konnte von den älteren Schwestern noch am längsten eine Schule besuchen. Die Schulpflicht begann damals im Alter von sieben Jahren und so besuchte Lydia noch drei Jahre die deutsche Dorfschule. Nach der Gründung Polens ging sie dann auch in die polnische Dorfschule bis zum 14. Lebensjahr.

Das wieder gegründete Polen hatte damals noch zu wenige polnische Lehrer und so wurde der deutschstämmige, katholische Lehrer Stolp Schulleiter der polnischen Dorfschule. Er passte die Schreibweise seines Namens der polnischen an und schrieb sich Sztolp. Damals durfte in den Pausen aber noch Deutsch gesprochen werden, denn die meisten Schüler waren Deutsche. Das Verhältnis zwischen Deutschen und Polen änderte sich aber in Westpreußen, als Marschall Josef Pilsudski 1935 plötzlich starb. Mit seinem Nachfolger Rydz-Smigly, ein Hasser aller Deutschen, begann auch eine Hetzkampagne gegen die mehrheitlich deutsche Bevölkerung Polens.

Wie bereits geschildert, verkauften viele Deutsche ihre Hofstellen und verließen Westpreußen. Einige von ihnen gingen über die „grüne Grenze“ nach Deutschland. Andere wanderten nach Amerika aus und auch bei unseren Eltern bestand damals die Absicht, nach Brasilien auszuwandern.

Lydia wurde eine begabte Köchin und auch das Backen lag ihr. So war sie schon recht früh für die Ernährung unserer großen Familie zuständig. Später wurde Lydia Wirtschafterin auf dem deutschen Gut in Colmansfeld, das der schon recht betagten und ledig gebliebenen Besitzerin von Troitsch gehörte.

Wenn ich Lydia dort besuchte, dann ging sie in die Milchkammer des Gutes, sie schöpfte einen Becher Sahne von der Milch und in wenigen Minuten verbreitete ein Kuchen in der Gutsküche seinen appetitanregenden Duft. Dann mahlte Lydia mit einer Hand-Kaffeemühle auch Kaffeebohnen, was sich damals nicht jedermann täglich leisten konnte. Sie brühte für die Gutsbesitzerin Kaffee auf, schnitt vom gebackenen Kuchen und wir brachten beides zu Frau von Troitsch. Dann lud mich Frau von Troitsch ein, ihr während der Kaffeezeit Gesellschaft zu leisten, aber auch zum Kuchenessen und Fruchtsaft trinken.

Als am 01. September 1939 der Zweiten Weltkrieg begann, wurden im evangelischen Kirchenkreis Schönsee viele Deutsche ermordet. Allein im Dorf Colmansfeld wurden sechs Männer an den Rand einer Kieskuhle gestellt und erschossen.

Auch Lydia sollte erschossen werden und wurde an ein Scheunentor des Gutes gestellt. Doch ein polnischer Offizier rettete ihr das Leben. Er war mit einer Sanitätseinheit auf dem Rückzug und hatte einen kurzen Stopp auf Gut Colmansfeld eingelegt.

Lydia meinte, den polnischen Arzt Dr. Owczarczak aus Schönsee erkannt zu haben, der bei Mutters Kindsgeburten immer dabei war. Auch er muss Lydia erkannt haben, denn unsere älteren Schwestern assistierten ihm bei Mutters Geburten immer.

Nach dem schnellen Sieg über Polen gab es den polnischen Arzt Dr. Owczarczak in Schönsee leider nicht mehr, der auch bei der deutschen Bevölkerung sehr beliebt war.

Die leitenden Aufgaben in der Verwaltung Westpreußens wurden an Beamte aus dem Altreich Deutschland mit NSDAP-Parteibuch vergeben und diese den einheimischen Deutschen in Schönsee vor die Nase gesetzt, obwohl sie allemal in der Lage gewesen wären, die Verwaltungsaufgaben der Stadt selbst zu übernehmen.

Diese aus dem Altreich eingesetzten Beamten waren es denn auch, die für jeden ermordeten Deutschen dann Vergeltungs-Erschießungen durchgeführt haben sollen. Sie hatten aber auch Willige aus unserer heimischen Bevölkerung, die sich ihnen anbiederten. Wo und wie viele Polen dafür büßen mussten, wurde uns nicht bekannt.

Aber nur wenige Jahre danach, am Ende des Zweiten Weltkrieges, mussten wiederum wir einheimischen Deutschen mit Flucht und Vertreibung, oft auch mit dem Leben, für die begangenen Verbrechen in Hitlers Drittem Reich büßen.

Von den älteren Schwestern war es an erster Stelle Lydia, die den Feldpost-Briefverkehr mit uns Brüdern unterhielt, die im Zweiten Weltkrieg zum Wehrdienst einberufen waren. Aber nur Heinrich konnte ihre 143 Feldpost-Briefe auch aufheben. Heute sind Lydias Briefe ein wahres Nachschlag-Werk für uns Geschwister geworden, und wenn ich darin lese, dann spüre ich mein Zuhause in Westpreußen sehr nahe. Im Feldpost-Brief an Heinrich 1942 schrieb Lydia auch, dass die Eltern von Dr. Guido, der das Gut Zapluskowenz verwaltete, wo Schwester Hulda Wirtschafterin war, bei Frau von Troitsch zu Besuch waren. Da hat Frau von Troitsch ihr Gut Colmansfeld an Dr. Guido vererbt, der in Sachsen eine junge Frau geheiratet und sie auch gleich mitgebracht hatte.

Lydia beendete ihre langjährige Tätigkeit als Wirtschafterin und zum Schluss ihres Briefes schrieb sie, sie sei froh darüber, der Einsamkeit auf dem Gut zu entkommen.

Danach übernahm sie wieder die leibliche Versorgung der Familie zu Hause. Im November des Jahres 1942 fuhr Lydia zu unserer Schwester Lieschen und Schwager Julius nach Zehden bei Königsberg/Neumark in die Nähe von Frankfurt/Oder. Von dort aus besuchte sie dann auch mit ihrer Nichte Hildegard die Familie von Bruder Fritz in Wuhden bei Frankfurt/Oder, wie man es in ihren Feldpost-Briefen an Heinrich lesen kann.

Es war Lydias Wunsch, eine Familie zu gründen und Kinder zu haben. In der damaligen Kriegszeit hatte sie es aber nicht leicht, einen Ehemann ihrer Wahl zu finden, denn die heiratsfähigen Männer waren im Krieg. In ihren Briefen an Heinrich ist auch zu lesen: „Mein Schatz Jacob würde gut in unsere Familie passen." Danach war es Hans, den Lydia zu Ostern 1943 heiraten wollte. Er sollte aber erst zu Pfingsten Heimaturlaub bekommen. Aber auch dieser Urlaub musste wegen einer Kehlkopf-Operation von Hans verschoben werden.

Acht Tage nach ihrem Geburtstag im Juni 1943 schrieb Lydia: „Meinen Geburtstag habe ich in Gedanken an Hans und meine Brüder verlebt." Der Feldpost-Briefverkehr mit Hans brach dann aber plötzlich ab.

Im 6. Kriegsjahr 1944/45, als der Zweite Weltkrieg auf sein Ende zuging, war auch der Zeitpunkt gekommen, dass die Bevölkerung gen Westen flüchten musste. Die politisch Verantwortlichen in Ost- und Westpreußen haben die Bevölkerung aber nicht rechtzeitig flüchten lassen. Erst viel zu spät konnte die Bevölkerung Vorbereitungen für ihre Flucht treffen. Lydia kochte Fleisch vom geschlachteten Schwein und vom Geflügel für die Flucht auf Vorrat ein und füllte alles in Milchkannen.

Erst am 20. Januar 1945 durfte Mutter mit Maria mit der Bahn nach Westen fahren. Einen Tag danach flüchtete auch Vater mit seinen Kindern Lydia, Traute und Harry mit schwer beladenem Fluchtwagen. Auch der polnische Landarbeiter Stefan hatte sich

Vater angeschlossen, sich aber einige Wochen danach heimlich abgesetzt, nachdem er seinen Bauern bestohlen hatte.

Am 07. 02. 1945 schrieb Lydia ihren letzten Feldpostbrief an Bruder Heinrich: „Auf der Flucht – Oberbrandig? Sind am 21. 01. 1945 alle geflüchtet. Leben wie Zigeuner. Mutti und Mariechen sind mit all den guten Sachen mit den Soldaten mitgefahren. Wo sie jetzt sind, wissen wir nicht und das ist unsere größte Sorge. Sind z. Z. in Sierken bei einem Schmiedemeister, die Wagenräder sind kaputt gegangen. Hab' große Sorge um Mutti. Horst macht uns auch Sorgen. Wer weiß, wie es ihm geht. Grüße von Gustel, Hulda, Trauti, Harry und Lydia."

Nach monatelanger Flucht und fast an ihrem Ende hatte Vater mit seinen Kindern die Halbinsel Usedom erreicht. Es war am 05. 03. 1945, als Vater mit seinen Kindern dort einen Stopp einlegte, um das Gespann zu versorgen und auch selbst einen Happen zu essen.

Da wurde der Flüchtlingstreck wieder gezielt beschossen und ein Artilleriegeschoss schlug in unmittelbarer Nähe ein. Ein Splitter davon tötete Vater und ein anderer Splitter trennte Lydia die Schädeldecke samt einiger Finger der Hand ab, die sie am Kopf gehalten hatte, und tötete auch sie. Da stand Lydia im 35. Lebensjahr.

Danach mussten die Treck-Fahrzeuge Usedom schnell verlassen und nur wenige Minuten verblieben den Geschwistern, um Vater und Lydia mit ihren Ausweisen in Decken zu wickeln, sie zu den vielen Getöteten an den Straßenrand zu legen und sich mit einem Gebet von ihnen zu verabschieden.

Heinrich

wurde am 28. 04. 1916 während der Verbannung im Ersten Weltkrieg in Saratow a. d. Wolga in Russland geboren. Als Heinrich im Alter von sieben Jahren eingeschult wurde, war Westpreußen schon drei Jahre lang polnisch geworden. Aber der deutschstämmige Lehrer Sztolp war noch Leiter der polnischen Dorfschule in Sierakowo (davor = Siegfriedsdorf).

Lehrer Sztolp bedrängte unsere Eltern, ihrem begabten Sohn Heinrich den Besuch des Gymnasiums in Thorn zu ermöglichen. Die Eltern verkauften ein Rind und ermöglichten damit ihrem Sohn Heinrich den Besuch einer deutschsprachigen Vorschule, um danach auch das deutschsprachige Gymnasium in Thron besuchen zu können.

Heinrich fuhr dann täglich mit der Eisenbahn nach Thorn, und konnte nach der Vorschule auch das deutschsprachige Gymnasium besuchen. Auch dort war Heinrich ein guter Schüler und das Abitur machte ihm keine Probleme.

Wenn Heinrich am Nachmittag aus der Schule kam und seine Mittagsmahlzeit gegessen hatte, dann lief er meistens über den Hof zum Toilettenhäuschen. Unter seinem Hemd hatte er ein Buch versteckt, das er während seiner Sitzung las, die dann auch entsprechend ausgedehnt wurde. Heinrich war dann in das Lesen des Buches so vertieft, dass er gar nicht mitbekam, was rundherum geschah.

Da hatte Erdmann wieder etwas ausgeheckt, womit wir beiden jüngeren Brüder ihn ärgern konnten. Erdmann holte einen halben Eimer Wasser aus unserem Brunnen, und während ich die hintere Klappe am Toilettenhäuschen langsam und geräuschlos anhob, kippte Erdmann Heinrich das recht kühle Wasser auf das verlängerte Rückgrat.

In den Sommerschulferien half Heinrich in der Landwirtschaft und übernahm dann auch die schweren Arbeiten. Mit Vater mähte er das reife Korn, das damals noch mit der Sense gemäht wurde. Beim Einfahren der Korngarben war es dann wieder Heinrich, der sie anschließend in die Scheunenfächer mit einer langen, zweigabligen Forke die Korngarben zum Einlagern hochreichte.

Es war Mutters Wunsch, dass Heinrich Pfarrer wird. Um an der polnischen Universität in Posen evangelische Theologie studieren zu können, musste Heinrich aber daneben ein reguläres Studienfach belegen und er wählte „Slawische Geschichte“.

Als der Zweite Weltkrieg begann, hatte Heinrich gerade Semesterferien und war Hauslehrer für die Kinder des deutschen

Gutsbesitzers von Maerker auf Schloss Rohlau im Kreis Schwetz. Heinrich kam nach Hause und eröffnete die Schule in Siegfriedsdorf, denn Westpreußen und die Provinz Posen waren nach dem Sieg über Polen wieder dem Deutschen Reich eingegliedert worden.

Heinrich hatte sich freiwillig zum fliegenden Personal der Luftwaffe gemeldet, er wurde im Jahre 1940 einberufen und zum Kampfbeobachter einer Flugzeugbesatzung des Ju 88-Kampfbombers ausgebildet. Er kam dann auch bald zum Einsatz an Deutschlands vielen Fronten.

Als diese Besatzung durch feindliche Artillerie einen Treffer an einem Motor erhielt, erreichten sie den heimatlichen Flughafen dennoch mit dem intakten Motor. Diese kampferfahrene Flugbesatzung wurde auch schon recht früh mit dem Eisernen Kreuz erster Klasse ausgezeichnet.

Obwohl Deutschland im Zweiten Weltkrieg die Lufthoheit recht schnell verloren hatte, blieb diese erfahrene Flugzeugbesatzung während des ganzen Krieges im Einsatz. Um von den feindlichen Flugzeugen nicht entdeckt zu werden, wurden die letzten Ju 88-Kampfbomber in Süd-Deutschland verteilt und versteckt, wenn sie nicht im Fronteinsatz waren. Am Ende des Zweiten Weltkrieges kam die Besatzung dann geschlossen in amerikanische Gefangenschaft.

Als Student der Theologie wurde Heinrich aber schon nach etwa zwei Wochen wieder aus der Gefangenschaft entlassen. Dann konnte er sein durch den Krieg unterbrochenes evangelisches Theologiestudium in Nürnberg erneut aufnehmen und auch zu Ende studieren. Heinrich wurde evangelischer Pfarrer und seine Vikar-Zeit absolvierte er in Altdorf bei Nürnberg. Im September des Jahres 1948 heiratete Heinrich seine langjährige Freundin Elsbeth geborene Roos, die im November des Jahres 1928 in Ansbach geboren wurde.

Danach übernahm Heinrich eine volle Pfarrstelle in Kirchlinteln bei Verden a. d. Aller. Während seiner Amtszeit ließ er dort die Kirche restaurieren. Er zeichnete sich auch durch seine Begabung bei der Planung und dem Bau eines neuen Pfarrhauses aus. Das ehemalige Pfarrgebäude wurde ebenfalls restauriert und zur Begegnungsstätte der Kirchengemeinde ausgebaut.

Als verantwortlicher Pastor für die Kirchen-Restaurierung ließ Heinrich unser Familienwappen am Boden der Taufschale eingravieren und auch in ein Kirchenfenster in Bleiverglasung einfügen. Diese evangelische Kirchengemeinde Kirchlinteln führte Heinrich bis zu seiner Pensionierung im Jahre 1981. Zu dieser großen Kirchengemeinde gehören auch einige der umliegenden Gemeinden und zusammen zählen sie etwa 10.000 Einwohner.

Heinrich war aber auch ein würdiger Nachfolger seines patriarchischen Großvaters mütterlicherseits. Er duldete recht ungern Widerreden bei seinen sich langjährig festgesetzten Ansichten, insbesondere hinsichtlich der Gleichberechtigung von Frau und Mann. Das Amt eines Pfarrers stand seiner Meinung nach nur einem Manne zu.

Heinrich war auch Experte für Antiquitäten und beriet den Antiquitäten-Großhändler in Verden a. d. Aller. Von einer alleinstehenden Hugenottin seiner Kirchengemeinde erbte Heinrich ein recht großes Grundstück mit einem Haus am Rande des Dorfes Kirchlinteln, das er dann auch mit Antiquitäten ausstattete.

Als ich mein Jäger-Buch im Konzept geschrieben hatte, habe ich es Heinrich zur Durchsicht übersandt. Als er damit fertig war, sandte er es mir zurück und schrieb auf einer Karte mit dem Bibel-Zitat Jeremia 29, Vers 13 + 14:

„Es ist gut zu lesen, lebhaft und aufschlussreich geschrieben. Du hast eine schriftstellerische Gabe und zeigst Dich von einer Seite, die Deinen Geschwistern wenig bewusst ist. Ich lege Dir etwas bei, was Dich sicherlich interessieren wird. Wir kommen nicht aus Wolhynien. Sady liegt in Masowien und Lonschka in Podlachien. Sicherlich haben Verwandte auch in Wolhynien gesiedelt."

Seine handschriftlichen Erläuterungen zu Wolhynien, Podlachien und auch zum Gebiet Narew hat Heinrich meinem Buchkonzept beigelegt.

Als ich danach mein Buch „Erinnerungen“ schrieb, hat Heinrich sich mir als Lektor zur Verfügung gestellt, denn ich hatte nur insgesamt 2 ½ Jahre lang deutschsprachige Schulen besuchen können. Dann sandte ich immer etwa 30 maschinell geschriebene DIN-A4-Seiten, die er durchsah, korrigierte und mit Erläuterungen wieder an mich zurücksandte. Meinen letzten Buch-Abschnitt schickte Heinrich mir am 30. 12. 2009 und schrieb dazu;

„Endlich komme ich dazu, Deinen Rückblick historisch durchgesehen und zurück zu senden. Es dauerte so lange, weil mir bis in die letzten Tage zu viel dazwischen kam.“

Dann folgen aktuelle und geschichtliche Hinweise auf Polen und Amerika und Heinrich schließt mit den Worten:

„Seid allesamt herzlich gegrüßt und aus Gottes Güte ein gesundes, gutes, gnadenvolles Jahr 2010, das auch wirtschaftlich mit Gottes Hilfe besser wird, als es zurzeit den Anschein hat.

Eure Elsbeth und Heinrich.“

Meinem Bruder Heinrich bin ich immer noch dankbar für seine Durchsichten und Korrekturen meiner beiden Bücher. Ohne dies hätten sich viele Fehler eingeschlichen.

Heinrich verstarb an Heiligabend des Jahres 2012 im 96. Lebensjahr.

Erdmann

wurde im Jahre 1922 in Sierakowo (davor = Siegfriedsdorf) geboren und war der von Mutter auserkorene Erbe der elterlichen Hofstelle. Erdmann war sehr sparsam und auch beim Vermehren seines Besitzes recht aktiv. Schon im Jugendalter zeigte sich seine Begabung bei der Verteilung der Aufgaben für die Versorgung unserer Haustiere.

Für Erdmann war es eine Selbstverständlichkeit, dass er für die Pferde und ich für die Kühe zuständig war, unabhängig von der recht unterschiedlichen Anzahl der Tiere. Es war für ihn auch selbstverständlich, dass er die jüngeren Brüder in seine Versorgung der Pferde einbezog, denn die Pferde mussten ja täglich gestriegelt werden.

Wenn wir Besuch bekamen, der damals mit einem Pferdegespann anreiste, dann war es Erdmann, der die Pferde in Empfang nahm und sie während der Besuchszeit versorgte. Dafür erwartete er eine Münze als Belohnung, und wenn ich dabei stand, dann fiel meistens auch für mich eine kleinere Münze ab. Es dauerte dann aber selten bis zum Abend und meine kleine Münze war in Erdmanns Beutelchen gelandet. Dann lief er zu Mutter und zeigte ihr stolz sein Geldbeutelchen. Dabei zeigte er mit seinem Finger auf mich und sagte: „Der Gerhard hat gar nichts." Und das ärgerte mich dann doch.

Aufgrund eines Abkommens zwischen Deutschland und Polen war beschlossen worden, dass für die jeweilige Minderheit Volksschulen in ihrer Muttersprache gegründet werden durften. Für uns war in der Stadt Golub an der Drewenz eine deutschsprachige Volksschule neu erbaut worden, die etwa 20 km von uns entfernt war.

Erdmann durfte für sein letztes Volksschuljahr in diese neue Schule wechseln. Während dieser Zeit war er auf dem deutschen Gut Sluchaj untergebracht, das etwa 4 km von Golub entfernt lag. Mit den Kindern der Gutsbesitzerfamilie wurde er zur Schule gefahren und auch wieder abgeholt. Er durfte diese Schule auch ein Jahr länger besuchen und wurde im 15. Lebensjahr entlassen.

Erdmann, Traute und ich bewachten etwa im Jahre 1935 in den Sommerferien unsere Hofstelle, denn die Eltern mit den anderen Geschwistern waren zu einem Besuch gefahren.

Dann schlossen wir erst alle Hoftore und ließen unsere Hofhunde von der Kette. Dann kochten wir Kakao und aßen auch ein Brot mit Dauerwurst dazu, wie wir es in diesen Fällen immer taten. Danach spielten wir Brüder ein Stock-Spiel und ich gewann dabei dauernd. Das ärgerte Erdmann und beim Wechsel der Spielposition gab er mir im Vorbeigehen eine schallende Ohrfeige.

Das war zu viel und es ärgerte mich, denn an Körperwuchs hatte ich ihn schon im Kindesalter überholt. Ich packte Erdmann, warf ihn zu Boden und es begann unser erstes Kräftemessen. Als ich ihn unter mir zu liegen hatte, machte er Geräusche, die mir Angst einjagten, und ich lockerte meinen Griff.

Das hatte Erdmann erwartet, er nutzte den Moment und bekam seine Hand frei. Damit ergriff er ein Büschel von meinem Kopfhaar und riss es aus. Das schmerzte und mir wurde dann auch bewusst, dass Erdmann genau das mit seinen komischen Geräuschen beabsichtigt hatte. Da ergriff ich seine frei gewordene Hand wieder und hielt beide Hände fest im Griff.

Während unserer Rauferei bettelte und weinte Traute. Sie drohte: „Wenn ihr damit nicht sofort aufhört, dann laufe ich zu Jahnke und hole ihn!“ Erdmann versuchte, sich aus meiner Umklammerung zu befreien, und ich wiederum versuchte, ihn fest im Griff zu halten.

Nach einer Weile sagte er: „Traute ist weg.“ Als ich sie auch nicht mehr betteln hörte, ließ ich Erdmann frei und wir liefen gemeinsam Traute hinterher. Am Grenzstreifen hatten wir sie eingeholt und wir versprachen ihr alles Mögliche, wenn sie Mutter von unserer Rauferei nichts berichtete.

Am nächsten Nachmittag sagte Mutter in ihrer plattdeutschen Sprache zu mir: „Jerad, komm mi mol hi-je.“ Ich tat, was sie von mir forderte, und trat erwartungsvoll zu Mutter. Sie nahm meinen Kopf und besah sich die schorfbedeckte Stelle, wo ich am Tag zuvor noch ein Büschel Haare hatte.

Dann sagte Mutter wieder in ihrer plattdeutschen Sprache und in ruhigem Ton: „Rob mi nu ok Erdmann un bringt mi en Chlub met“, ins Hochdeutsche übersetzt sagte sie: „Rufe nun auch Erdmann und bringt mir eine Rute mit.“

Da wusste ich, was uns bevorstand, denn Mutter strafte uns niemals mit Backpfeifen und Schlägen am Kopf, wie es allgemein üblich war. Für unsere Bestrafungen mussten wir unsere damalige hintere Hosenklappe abknöpfen und uns über die Wasserbank in der Küche bücken. Mutter hielt uns dann am

Hals fest und wir erhielten die uns zugedachten Rutenschläge auf den nackten Po.

Weil Erdmann die größere Schuld an unserem Kräftemessen hatte, war er auch als Erster an der Reihe. Für mich war das eine doppelte Strafe, denn erst musste ich zusehen, wie Erdmann seine ihm zugedachten Rutenhiebe erhielt, sein Gejammer anhören und seine Indianer-Tänze mit ansehen, bevor ich an der Reihe war.

Es war aber das letzte Mal, dass Mutter uns auf diese Weise bestrafte. Ich muss auch eingestehen, dass ich mich an keine Bestrafung in dieser Weise zuvor erinnern kann.

Nach unserer Volksschulzeit halfen wir Brüder unserem Vater in der Landwirtschaft. Als künftiger Hoferbe hatte Erdmann auch schon eigene Vorstellungen von der Bewirtschaftung der Hofstelle und so gab es zwischen Vater und ihm auch wiederholt unterschiedliche Auffassungen.

Ich erinnere mich an eine Situation zwischen ihm und Vater, die kurz vor der Eskalation stand, und das hatte mich wütend gemacht. Als Vater fortgegangen war, packte ich Erdmamn am Kragen und drohte ihm mit den Worten: „Wenn du das noch ein Mal wagst, dann bekommst du es mit mir zu tun! Ich prügele dich windelweich!"

Als der Zweite Weltkrieg ausbrach, war Erdmann im 17. Lebensjahr und als im Jahre 1940 die Winterschule = Landwirtschaftsschule in Schönsee wieder eröffnet wurde, war er einer ihrer ersten Schüler. Aber nur wenige Male konnte er sie auch besuchen, denn er wurde zum RAD = Reichsarbeitsdienst eingezogen.

Im April 1941 wurde Erdmann dann auch zum Wehrdienst nach Suwalken einberufen, das südlich von Goldap in Ostpreußen und im verbliebenen Polen lag. Dann fuhren meine Schwester Hulda und ich in meinen Ferien nach Goldap, wo unsere Tante und auch unsere Oma wohnten, und wollten auch Erdmann in Suwalken besuchen. Für unsere Einreise hätten wir aber Reisepässe benötigt und daran hatten wir nicht gedacht.

Nach Erdmanns Grundausbildung und einem Heimaturlaub kam diese Wehrmachts-Einheit mit Pferdegespannen zum Ostfront-Einsatz und schon Anfang des Jahres 1943 geriet Erdmann in russische Gefangenschaft. Im Feldpostbrief an Heinrich vom 12. 05. 1943 zitiert Lydia den folgenden Auszug aus der Mitteilung des Hauptfeldwebel Finkl:

„Ich habe die traurige Pflicht, Sie von der Tatsache in Kenntnis zu setzen, dass Ihr Sohn, der Gefreite Erdmann im Verlauf der Rückzugskämpfe unserer Division von der Truppe abgekommen und nunmehr als vermisst zu betrachten ist."

Erst Ende des Jahres 1949 wurde Erdmann aus der Gefangenschaft nach Immensen entlassen, wo Mutter und wir Geschwister nach der Flucht ein Unterkommen gefunden hatten. Er übernahm mein kleines Zimmer im Erdgeschoss des Hauses, das ich zuvor bewohnt hatte.

Erdmann sprach über seine Gefangenschaft nur wenig. Er erzählte mir nur, dass er schnell Dolmetscher geworden war, weil er die polnische Sprache beherrschte. Das half ihm dann auch, die russische Sprache zu verstehen und sie auch schnell zu erlernen. Damit hatte er als Gefangener eine bevorzugte Position erreicht, was ihm auch das Überleben der das Überleben der fast sieben Jahre russischen Gefangenschaft ermöglichte.

Nachdem unsere Heimat und damit auch die elterliche Hofstelle in Westpreußen verloren waren, musste Erdmann seine Zukunft neu gestalten. Im Alter von 26 Jahren besuchte er eine zweijährige Handelsschule in Hannover und machte danach auch eine Lehre zum Sanitär-Kaufmann. Dort hatte er auch eine Chance, in eine leitende Position der Sanitär-Großhandlung aufzusteigen. Erdmann legte aber mehr Wert auf pünktlichen Feierabend, denn ich war ihm als leitender Angestellter ein warnendes Beispiel geworden, der keinen pünktlichen Feierabend hatte.

Erdmann suchte und fand auch eine Aufgabe mit pünktlichem Feierabend. Er kündigte im Sanitär-Großhandel und übernahm das Außenlager für Eisenwaren, Heizungs- und Sanitär-Artikel im Ortsteil Ricklingen von Hannover.

Dort war Erdmamn meistens allein tätig, und wenn ich bei ihm sanitäre Artikel kaufen wollte, dann musste ich immer vor 16.00 Uhr im Lager gewesen sein, denn sehr pünktlich fiel Erdmann der Bleistift aus der Hand. Dann fuhr er mit einem VW-Bulli zur Hauptstelle des Unternehmens im Zentrum von Hannover und rechnete die Tages-Geschäfte ab. Danach erreichte er immer pünktlich den Zug nach Hause. Bis zu seinem 65. Lebensjahr im Jahre 1987 war er dort tätig.

Als Erdmann an Blinddarmentzündung erkrankte und im Krankenhaus Lehrte operiert wurde, verliebte er sich in die Krankenschwester Johanna. Dann gab er mir Motive für das Zeichnen von Witzkarten und seine Liebeswerbung mit Unterstützung dieser Karten hatte Erfolg. Im September des Jahres 1951 fand die Hochzeit mit Johanna statt, die im Jahre 1918 das Licht der Welt erblickte. Erdmann und Johanna kauften sich ein recht großes Grundstück in Immensen. Sie bauten ein schönes Haus mit einem Stallanbau darauf, in dem sie anfangs ein Schwein und danach auch Geflügel hielten. Ihr Haus wurde recht schnell schuldenfrei. Anschließend kaufte Erdmann vermietete Eigentumswohnungen und auch wertvolle Aussteuer für seine Kinder, die noch im schulpflichtigen Alter waren. Bei seinen Kindern achtete Erdmann selbst im Schulbereich auf standesgemäßen Umgang und das betraf dann auch Schüler aus seiner näheren Verwandtschaft.

Als Traute und auch ich für unsere Kinder Spielzeug kauften, da machte Erdmann uns Vorwürfe und bezeichnete es als unnötiges Geldausgeben. Sobald er aber selbst Kinder hatte, war das beste Spielzeug für sie gerade gut genug. Bei einem Besuch in seinem Haus nahm sein Sohn mich an seine Hand und führte mich in einen Kellerraum. Da stand eine recht große und gut ausgestattete Eisenbahnanlage.

Da war ich doch sehr überrascht, denn eine solche Eisenbahnanlage hätte ich in Erdmanns Haus niemals vermutet. Ich fragte mich aber auch, ob sein Sohn allein damit spielen durfte, denn benutzt sah sie nicht aus, sondern sehr gepflegt.

Erdmann hatte seine eigene Vorstellung von der Einrichtung des Kinderzimmers für seinen Sohn. Alle Gegenstände sollten seinen Vorstellungen gemäß funktionell geordnet sein. Eines Tages rief er mich an und bat mich, mir das Kinderzimmer seines Sohnes anzusehen. Als wir in das Kinderzimmer kamen, sah ich, dass seine Bettmatratze im Zimmereck auf dem Fußboden lag und das Bettgestell fehlte.

Das kannte ich bereits von meinem Sohn und so war es für mich auch normal. Aber auch sonst fand ich im Kinderzimmer nichts, was ich von meinem Sohn nicht auch bereits kannte. Ich fragte meinen Bruder: „Warum sollte ich mir das Kinderzimmer ansehen?" Erdmann war von meiner Frage überrascht und auch enttäuscht. Er zeigte auf die Matratze auf dem Fußboden und auch auf die Pin-up-Fotos von recht hübschen Mädchen an den Wänden. Da sagte ich zu ihm: „Nicht nur die Matratze auf dem Fußboden, sondern auch die Bilder an den Wänden sind bei pubertierenden Jungens völlig normal. Diese Bilder an den Wänden benötigen unsere Söhne zum Erwachsenwerden, denn wie sonst könnten sie ihren sexuellen Druck loswerden, wenn sie nicht von frühreifen Mädchen zum ersten Sex verführt werden wollen?"

Erdmann erwartete von seinem Sohn auch, dass er musikalisch sei und Spaß am Gitarrenspiel habe. Er erzählte mir, dass er im Zorn darüber, dass sein Sohn keinen Spaß am Erlernen des Gitarrespiels hatte, ihm die Gitarre auf den Kopf geschlagen habe und nur die Gitarrensaiten verhindert, dass sein Kopf in der Gitarre stecken blieb. Danach habe es ihm sehr leidgetan und er habe seinem Sohn eine neue Gitarre gekauft.

Im Kindesalter war Erdmann mir ein Vorbild und ich sah zu ihm auf. Mit zunehmendem Alter erkannte ich aber, dass zwischen uns beiden recht große Unterschiede bestanden. Erdmanns Streben nach materiellem Besitz wurde mir zunehmend zuwider, zumal er sich damit auch oft zu meinem Nachteil bei Mutter ins bessere

Licht gesetzt hatte. Erdmann war ein wahrer Nachfolger unseres Großvaters mütterlicherseits und das geschwisterliche Verhältnis zueinander kühlte sich zunehmend ab.

Wir besuchten uns aber immer noch zu unseren Geburtstagen, so war es in unserer Familie üblich. Erdmann brachte mir dann immer einen Arm voller Flieder, den er aus den Fliederbüschen geschnitten hatte, die rechts an der Zufahrt zum Stallanbau gepflanzt waren. Dann musste ich immer einen Eimer als Vase nehmen. Ich als Jäger brachte ihm und Johanna aber immer einen ordentlichen Wildbraten zu ihren Geburtstagen.

Ich kann mich nur an eine Familienfeier bei Erdmann erinnern, bei der ich auch zum Mittagessen eingeladen war, obwohl er in den ersten Jahren immer ein Schwein mästete und auch Geflügel hielt. Unser Verhältnis zueinander hatte sich dann so abgekühlt, dass er zu meinen Geburtstagen nicht mehr kam. Er rief aber immer an und gratulierte mir und ich tat es bei seinen Geburtstagen auch so. Sein Fliederstrauß fehlte mir dann doch.

Als der Lebenspartner von Hannas Mutter starb, baute Erdmann den Stallanbau zur Wohnung aus und holte seine Schwiegermutter zu sich. Wir Geschwister hatten den Eindruck, dass es unserer Schwägerin Johanna nicht recht war. Erdmann dagegen vertrat den Standpunkt: „Warum soll meine Schwiegermutter Miete an Fremde zahlen, wenn sie damit zu unseren Haushaltskosten beitragen kann." Im Jahre 1986 und einen Tag vor Erdmanns 64. Geburtstag starb Johanna sehr plötzlich an einer Thrombose. Nach ihrem Tod blieb Erdmann allein, obwohl sich attraktive und alleinstehende Damen um ihn bemühten.

Als im Jahre 1987 plötzlich und unerwartet auch unser Schwager Artur an einem Herzinfarkt starb, nahm Erdmann seine Schwester Hulda unter seine Fittiche und erreichte auch recht schnell, dass Hulda ein notarielles Testament zu seinen Gunsten unterschrieb.

Danach übernahmen die Brüder Erdmann und Horst auch Huldas geerbte Immobilien, die nach Arturs plötzlichem Tod unerwartet an Hulda gefallen waren. Sie verteilten und verkauften Huldas geerbte Immobilien, ohne vorher mit uns Geschwistern darüber gesprochen zu haben.

Erdmann übernahm dann auch die Verwaltung von Huldas monatlichen Einkünften. Was das bedeutete, habe ich bereits bei Schwester Hulda beschrieben. Niemand von uns anderen Geschwistern hat jemals Kontoauszüge oder Unterlagen von Artur und Hulda gesehen.

Zwischen Erdmann und seiner Tochter kam es auch zu folgendem Dialog. Erdmann fragte seine Tochter: „Warum hast du deinen Patenonkel nicht zur Besichtigung deines Hauses eingeladen?“ Da sah sie ihren Vater recht überrascht an und meinte: „Warum ich? Das hast du doch immer für mich getan!“

So war es in der Tat, es war immer Erdmann, der sich so einiges ausdachte. Er hat sich seine Gene aber nicht ausgesucht, sein Großvater mütterlicherseits hatte sie ihm in die Wiege gelegt und dafür war er letztlich nicht verantwortlich. Erdmann hat aber niemals den Versuch unternommen, gegen seine geerbten negativen Gene anzukämpfen. Wer meinen Bruder nicht lange genug kannte, der wertschätzte ihn sehr, denn er hatte auch die Gabe seines Großvaters geerbt, sich bei seinen Erzählungen selbst im besten Licht darzustellen, ohne dass seine Zuhörer sein Eigenlob erkannten.

Erdmann starb nach kurzer und schwerer Krankheit am 06. 10. 2013 im 91. Lebensjahr.

Er hatte seine Beerdigung bis ins Detail noch zu Lebzeiten selbst festgelegt. Das betraf sowohl die Gästeliste als auch ihre Bewirtung. Die Friedhofskapelle war bis auf den letzten Platz besetzt. Auch die seitlichen Räume waren mit stehenden Trauergästen gefüllt.

Seine Trauerfeier fand im Saal der Gastwirtschaft statt, der ebenfalls voll besetzt war. Selbst acht Polen nahmen an Erdmanns Beerdigung teil. Es waren die Nachkommen von unseren polnischen Nachbarn, die jetzige Bäuerin mit ihrer Schwester und Tochter, deren Äcker an die unserer Eltern angrenzen.

Auch Erdmanns langjährige Bekannte, die Polin Ulla, war mit ihrer Tochter erschienen. Bei der Begrüßung und Vorstellung ihrer Tochter sagte Ulla auch etwas von Erdmann und ihrer Tochter, das ich aber nicht deutlich verstanden habe. Später habe ich es versäumt, bei Ulla nachzufragen.

Auch die Nachfahren des polnischen Försters Henrik von der Försterei Nilub waren gekommen, die wir Brüder recht gut kannten. Henio war der Sohn des polnischen Gutsinspektors auf dem deutschen Gut Sluchaj, wo wir während unserer letzten Volksschuljahre die deutschsprachige Schule in Golub besuchten.

Anja, die älteste Tochter Henios, ist mit Roman verheiratet und sie kamen mit einem recht neuen und großen Mercedes gefahren.

Henios jüngste Tochter Kasia ist auch Försterin. Sie besuchte Erdmann fast jährlich und half ihm, seinen großen Garten in Ordnung zu halten. Von ihren Besuchen erzählte mir Erdmann aber immer erst dann, wenn Kasia wieder abgefahren war. Auch darin war er ganz unser Großvater mütterlicherseits, der auch alles für sich behielt. Mit den Gästen aus Polen hatte Erdmann mich total überrascht und so war ich es allein, der sich mit ihnen auch in polnischer Sprache unterhalten konnte.

Ich war mir sehr sicher, Erdmanns Kinder und Enkelkinder müssen viel Negatives über mich erfahren haben.

Erdmann war ein wahrer Nachkomme seines Großvaters mütterlicherseits, der im Jahre 1940 unsere Großmutter und seine Ehefrau in Goldap in Ostpreußen ohne ein Abschiedswort verließ und zu seiner jüngsten Tochter Amalia nach Westpreußen zog. Auch Großvaters jüngste Tochter Amalia trat in die Fußstapfen ihres Vaters und lebte mit den meisten ihrer Geschwister in Unfrieden. Bis zu seinem Tod hat unser Großvater niemals wieder ein Wort an seine Ehefrau gerichtet, die während der Flucht verstorben sein soll.

Gerhard Herbert
ich selbst wurde als sechstes Kind unserer Eltern im Jahre 1924 in Sierakowo = Siegfriedsdorf geboren und war das zweite Kind, das im polnsich gewordenen Westpreußen das Licht der Welt erblickte. Im Kindesalter war ich Mutters „schö-e Neimer“, wie sie mich in ihrer plattdeutschen Umgangssprache oft nannte. Den schönen Neumer habe ich aber nicht kennengelernt.

Ich erinnere mich aber an eine Familie Neumann, die bei unseren Eltern auf ihr Schiff nach Brasilien wartete. Diese Familie hatte einen kleinen Sohn und seine Eltern sprachen untereinander und auch mit ihrem Sohn nur das Plattdeutsch aus Kongresspolen. Dabei wurde der Namen Neumann, als Neimer ausgesprochen. So könnte es auch gut möglich sein, dass es die Vorfahren des Fußball-Weltmeistes Neymar waren.

Meine Kindheit erlebte ich im Gespann mit Bruder Erdmann, der immer die Ideen für einen Schabernack hatte. Ich war es dann, der diesen auch bedingungslos ausführte, denn ich sah zu ihm auf.

Zwischen meinen älteren Schwestern und mir bestand seit meiner Kindheit ein recht inniges und vertrautes geschwisterliches Einvernehmen. Besonders zu meinen drei älteren Schwestern war meine Zuneigung unerschütterlich, zu denen ein Altersunterschiede von 14 bis 17 Jahren bestand.

Gustel verbarg ihre Herzlichkeit nach außen hinter einer rauen Schale. Hulda war immer recht ausgeglichen. Sie hörte sich auch meinen ersten Liebeskummer an und nahm daran teil. Lydia war eine sehr begabte Köchin, die mir auch oft etwas zum Naschen zusteckte.

Meine Berufswünsche änderten sich wiederholt während meiner Kindheit. Erst wollte ich Bäcker werden, weil ich gern Schnecken aß, die Schwester Gustel vom Wochenmarkt mitbrachte. Während meiner Volksschulzeit wollte ich kurzfristig das Schuster-Handwerk erlernen, das ich an einigen Nachmittagen kennenlernen sollte, denn der Schustermeister wohnte direkt neben der Volksschule. Er hätte mich zu gern zum Lehrling genommen. Es war aber nicht der Beruf, der mich danach noch interessierte.

Als die fröhlichen Gärtnergesellen aus der großen Gärtnerei in Schönsee in ihrer Freizeit unsere älteren Schwestern besuchten, wollte ich das Gärtner-Handwerk erlernen. Danach erzählte Schwester Lydia mir, dass Buchhalter ein recht gutes Gehalt bezögen, da wollte ich Buchhalter werden.

Für mein letztes Volksschuljahr kamen mein vier Jahre jüngerer Bruder und ich auch zur deutschsprachigen Volksschule in Golub. Wir übernahmen den Raum unter dem Gutsspeicher des deutschen Gutes in Sluchaj, in dem zuvor Bruder Erdmann untergebracht war. Zur bereits vorhandenen Ausstattung des Raumes mit einem Bett, einem Ständer mit Waschschüssel und Wasserkanne, einem Tisch und einem Stuhl wurde ein zweiter Stuhl hinzugestellt und wir Brüder schliefen im Bett zusammen. Verpflegt wurden wir in der Gutsküche. Mit den beiden jüngsten Söhnen der Gutsbesitzerfamilie wurden wir zur Schule gefahren und danach auch wieder abgeholt. Auch unsere Freizeit verbrachten wir mit den Söhnen Moritz, 11 Jahre, und Lorenz, 9 Jahre alt.

Ich war aber in der Schüler-Geigengruppe, die vom Schulleiter zweimal in der Woche nachmittags unterrichtet wurde, und dann musste ich zu Fuß zum Gut zurückgehen. Ich marschierte den Trampelpfad zur Burgruine hoch. Dort oben begann ein großes, weites Ackergelände und mitten hindurch führte ein Trampelpfad direkt zum Gut Sluchaj. Es war eine Abkürzung, die von Tagelöhnern getreten worden war, die während der Ernte auf dem Gut arbeiteten.

Auf meinem Rückweg hörte ich die Lerchen trillern und sah sie in die Höhe fliegen; die Zeit verging immer recht schnell. Ehe ich es ahnte, war ich am breiten, tiefen Tal angekommen und sah die Gutsgebäude vor mir unten liegen. Als ich einmal nach dem Unterricht allein zurück zum Gut gehen wollte, kam mir unser Kutscher Mieczek mit dem Schulwagen an der Schule entgegen. Er überredete mich, ihm beim Pflanzenholen aus dem großen Drewenz-Wald Gesellschaft zu leisten. Da stieg ich zu ihm auf den Wagen und es begann eine sehr lange Fahrt durch den Drewenz-Wald, der mir damals unendlich groß erschien. Es wurde Abend und dann auch Nacht, bis wir wieder auf dem Gut waren, und ich kroch sofort ins Bett.

Am nächsten Morgen erfuhr ich dann, dass es eine große Suchaktion im breiten Tal des Flüsschens Struga nach mir gegeben hatte, als ich nach dem Geigenunterricht nicht zurückgekommen war. Mieczek bekam einen ordentlichen Rüffel dafür, dass er mich zum Mitfahren überredet hatte. Ich selbst wurde aber nicht getadelt.

Einmal in der Woche musste ich auch nachmittags zum Konfirmanden-Unterricht in die Sakristei der Kirche am Marktplatz in Golub gehen. Daran nahm auch der Mitschüler Emil teil, der Sohn eines deutschen Gutsarbeiters.

Dann gingen wir immer zur regulären Straße, die rechts an der Drewenz entlang führte. Wenn wir nach etwa 2 km am breiten Tal angekommen waren, bogen wir nach rechts in den Feldweg zum Gut Sluchaj ein. Wir kamen an breiten Feuchtwiesen mit Schlehdorn-Büschen vorbei und mittendurch schlängelte sich ein etwa 2 m breiter Bach, der Struge genannt wurde. Wir hörten den Rufen der Fasanen zu und sahen an der recht steilen Böschung der Talseite auch Eingänge von Fuchsbauen, in denen auch Dachse ihr Zuhause hatten. In Gesellschaft mit Emil dauerte unser Rückweg niemals zu lang.

Der Konfirmanden-Unterricht wurde von Pfarrer Engel gehalten, der mit der Gutsbesitzerfamilie in Sluchaj befreundet war. Auch er besaß ein Auto, was nur wenige hatten. Wenn Pfarrer Engel nach dem Unterricht zu Besuch bei den Gutsbesitzern nach Sluchal fuhr, nahm er mich immer im Auto mit und Emil musste allein nach Hause gehen.

Als Pfarrer Engel mich wieder einmal mit seinem Auto mitfahren ließ und wir aus dem Stadtgebiet von Golub bereits herausgefahren und bei der Molkerei am Stadtrand angekommen waren, kam erst ein Ball geflogen und dann lief ein Junge vor das Auto. Pfarrer Engel hatte sein Auto aber schon gestoppt, als der Ball geflogen kam. Der Junge hatte sich erschreckt und ist vor dem Auto hingefallen, aber ohne sich dabei verletzt zu haben.

Sein Vater forderte dennoch ein recht hohes Schmerzensgeld vom Pfarrer und es kam zu einer Gerichtsverhandlung. Dabei wurde ich 13-jähriger Schüler vom polnischen Gericht in Golub als Zeuge geladen. Der Richter ließ mich zu sich hinter den Richtertisch kommen und befragte mich in perfektem Deutsch nach dem Hergang des angeblichen Unfalls. Pfarrer Engel wurde freigesprochen. Es gab in der damaligen, vom polnischen Staatsführer Rydz-Smigly sehr verhetzten Zeit gegen Deutsche auch noch Richter, die nach Recht urteilten, was damals nur selten der Fall war. Von Rydz-Smigly ist heute in Polen nur wenig die Rede, denn er hatte einen recht großen Anteil am Entstehen des Zweiten Weltkrieges.

Auch wenn wir Brüder recht spartanisch im Raum unter dem Speicher des deutschen Gutes untergebracht waren, war dieses letzte Volksschuljahr meine schönste Schulzeit, an die ich immer noch gern zurückdenke. Mit ihr war im polnischen Westpreußen meine Schulzeit beendet und zusammen mit Bruder Erdmann half ich Vater in der Landwirtschaft.

Ich musste aber noch ein Jahr lang zum Konfirmanden-Unterricht in die Kirche in Schönsee gehen und wählte dann immer den Feldweg, denn dort konnte ich von den fanatisierten polnischen Jugendhorden nicht so leicht entdeckt werden. Auf halbem Wege kam ich zu einem damals noch tief liegenden Tal mit einem Bach, der in den Schönsee floss.

Dort wartete immer Edelgard Pfau auf mich, die auch zum Konfirmanden-Unterricht ging und im nördlichen Teil unseres Dorfes Sierakowo = Siegfriedsdorf wohnte. Ihr Feldweg traf vor dem Tal auf meinen nach Schönsee. Edelgard gammelte dann dauernd mit mir herum, obwohl wir uns über einen Feldweg am Schönsee zur Sakristei der Kirche schleichen mussten. Im Juni des Jahres 1939 wurde ich konfirmiert und drei Monate danach brach der Zweite Weltkrieg aus.

Der 20. Oktober hatte sich zu meinem Schicksalstag entwickelt. An diesem Tag des Jahres 1942 bin ich von der Schulbank weg zum Wehrdienst einberufen worden, obwohl ich bis zum Abschluss der Handelslehranstalt Thorn vom Wehrdienst zurückgestellt war. Am 20. Oktober 1944 habe ich meine Gefangennahme überlebt, obwohl mir die Kugeln der Amerikaner um die Ohren pfiffen und neben mir im Kartoffelacker in Frankreichs Vogesen einschlugen. Und am 20. Oktober 1971 wurde ich geschieden. Meinen Lebensweg habe ich auch in meinem Buch „Erinnerungen eines Westpreußen" beschrieben, das im Jahr 2010 erschienen ist. Über meinen weiteren Lebensweg ist zuvor bereits berichtet worden und ganz sicher wird auch noch einiges folgen.

Edeltraut Irmgard

wurde im Jahre 1926 in Sierakowo = Siegfriedsdorf geboren und Traute genannt. Sie hatte lange Zöpfe und war schon in ihrer Kindheit ein hübsches Mädchen. Unseren Nachbarn Redmann, die kinderlos waren und eine recht große Hofstelle hatten, gefiel Traute sehr und zu gern hätten sie unsere Schwester adoptiert. Aber Traute lehnte selbst ein Wohnen für einige Tage zur Probe bei Redmanns ab. Auch wir Geschwister wollten nicht, dass Traute zu Redmanns zog.

Ab ihrem 11. Lebensjahr besuchte auch sie die deutschsprachige Volksschule in Golub und war bei der Familie Eisenach untergebracht, die ein Eisen- und Haushaltsgeschäft am Marktplatz hatte. Nach ihrer Schulzeit bekam sie eine Ausbildung zur Kindergärtnerin und danach arbeitete sie in Thorn. Als die russische Front in unsere Heimat in Westpreußen einmarschierte, kam Traute nach Hause und ging mit Vater, Lydia und Harry auf die monatelange Flucht. Da war Traute 19 Jahre alt und meine Geschwister, die ihre Flucht aus der Heimat in Westpreußen überlebt hatten, fanden in Immensen in Niedersachsen ein Unterkommen. Traute wohnte bei einer Kleinbäuerin in Immensen und hatte dort auch eine Beschäftigung. Sie war recht sportlich und eine gute Turnerin und hatte so schnell Anschluss bei den Jugendlichen des Dorfes gefunden.

Einen Monat nach mir, im Jahre 1949, heiratete Traute Gustav, der 1925 geboren war und als Mauerer und Hausschlachter arbeitete. Sein verwitweter Vater übergab dem jungen Ehepaar sein Haus, und wenn wir Geschwister das junge Ehepaar besuchten, empfing uns Trautes große Gastfreundlichkeit, die sich dann auch auf ihren niedersächsischen Ehemann Gustav übertrug.

Traute und Gustav führten eine gute und harmonische Ehe, und nahmen, obwohl sie fünf Kinder hatten, auch unsere Mutter in ihr Haus mit auf. Beide waren sehr fleißig. Gustav arbeitete im Sommer als Maurer und im Winter übernahm er mit seinem Vater die damals in den Familien noch üblichen Hausschlachtungen.

Auch Traute half trotz ihrer fünf Kinder im Bäcker- und Kolonialwarenladen ihres Schwagers und der Schwägerin in Immensen aus und war bei den Kunden sehr beliebt.

Nach dem plötzlichen Tod ihres Schwagers Artur kümmerten sich Traute und Gustav auch liebevoll um ihre älteren Schwestern Gustel und Hulda. Gustav mähte Huldas Rasen, während Erdmann mit seinem Sohn gemütlich mit Gustel Kaffee trank. Da war Erdmann bereits Eigentümer von Huldas Haus geworden.

Im 73. Lebensjahr erkrankte Traute schwer an Krebs und kam in das Krankenhaus in Lehrte. Sie hatte einen Kindskopf großen Tumor im Bauchbereich, der operativ entfernt wurde. Es war eine schwere Operation, die Traute sehr geschwächt hat. Sie ahnte ihren bevorstehenden Tod und ließ sich an ihrem 73. Geburtstag nach Hause bringen. Im kleinen Zimmer im Erdgeschoss verabschiedete sie sich einzeln von uns Geschwistern.

Sie wünschte sich eine Abschiedsfeier mit Abendmahl mit Gustav und ihren fünf Kindern und starb recht gefasst am 24. März 1999 im 74. Lebensjahr.

Schwager Gustav nahm an der Beerdigung im Rollstuhl teil, denn auch er war schwer an Lungenkrebs erkrankt. Nur knapp zwei Monate überlebte Gustav seine Traute, er starb am 13. Mai 1999 im 74. Lebensjahr. Da waren ihre fünf Kinder in wenigen Wochen Vollwaisen geworden.

Horst Georg
wurde im Jahre 1928 in Sierakowo = Siegfriedsdorf geboren. Als der Zweite Weltkrieg begann, war er 11 Jahre alt. Nach seiner Volksschulzeit besuchte Horst die Mittelschule in Schönsee. Noch im letzten Schuljahr wurde er bedrängt, in die SS = Staatsschutz einzutreten. Um dieser Bedrängnis zu entgehen, meldete er sich freiwillig zur Division Hermann Göring und wurde im Alter von 16 Jahren eingezogen.

Als Russland Ost- und Westpreußen bereits eingenommen hatte, kam Horst in Pommern zum Fronteinsatz. Seine Einheit wurde aber schnell überrollt. Da beschaffte er sich eine kurze Hose und ging nach Hause zurück. Dort wurde er verhaftet und kam ins Gefängnis in Kowalewo = Schönsee.

Ein Mitschüler von Schwester Gustel war polnischer Polizeichef in Kowalewo = Schönsee geworden. Er übergab Horst an eine mit ihm verwandte polnische Familie als Arbeitskraft.

Nach der Besetzung Polens hatten sich viele polnische Familien in die deutsche Volksgruppe 3 eindeutschen lassen, die schon seit Generationen in Westpreußen lebten, um ihre Hofstellen behalten zu können. Auch die polnische Familie, die mit dem Polizisten in Schönsee verwandt war, hatte sich eindeutschen lassen. Der Mann wurde zum Wehrdienst einberufen und geriet in Gefangenschaft. Da war Horst die einzige männliche Arbeitskraft auf der kleinen Hofstelle. An den Abenden half er der Tochter der Bäuerin bei Mathematik-Schulaufgaben und lernte dabei auch die polnische Sprache recht gut. Als Bruder Erdmann erstmals aus russischer Gefangenschaft an sein Zuhause schreiben durfte, wurde seine erste Nachricht an Horst übergeben.

In einem Brief an Schwester Gustel schrieb Berta Wruck aus unserem Heimatdorf, die nicht geflüchtet war, weil sie durch einen Polen Schutz genoss, dass Wolters Erdmannn nach Hause gekommen sei. Da schrieb Gustel einen Brief an Bruder Erdmann in Sierakowo, Poczta Kowalewo Polska, denn die polnische Ortsbezeichnung war ihr bekannt. Die polnische Post übergab Gustels Brief für Erdmann an Horst, denn unsere Familie war im Dorf recht bekannt.

So hatte Horst ein erstes Lebenszeichen von Erdmann aus russischer Gefangenschaft und auch von unserer ältesten Schwester erhalten, denn Berta hatte immer schon uns viele Jungens namentlich verwechselt. Horst schrieb sofort an Gustel und so haben wir von beiden Brüdern ein erstes Lebenszeichen erhalten.

Als der polnische Ehemann aus der Gefangenschaft entlassen wurde, war Horst auf der Hofstelle nicht mehr erforderlich und er bekam etwas Fahrgeld für seine Reise nach Deutschland.

Unser polnischer Nachbar Jas war Bürgermeister im Heimatdorf geworden und hatte Horst die Anschrift von seinem Sohn übergeben, der in Stettin eine Gärtnerei betrieb. Er sollte sich zuerst beim Sohn melden, der ihm eine Möglichkeit zur Einreise nach Deutschland verschaffen würde.

Der Sohn des Nachbarn sah in Horst aber eine preiswerte Arbeitskraft und dachte nicht daran, ihm eine Einreise in das verbliebene Deutschland zu ermöglichen. Auch ein Bayer arbeitete bei ihm, und als sich beiden eine Möglichkeit bot, verließen sie die Gärtnerei und schlichen sich in die damalige Ostzone Deutschlands.

Aber auch die kommunistische Ostzone wollte Horst gern bei sich behalten und so blieb ihm und dem Bayern wieder nur die Möglichkeit, zu Fuß nach Westdeutschland zu wandern. Sie hatten aber kein Geld, sie ernährten sich mit Feldfrüchten und Waldbeeren und gelangten schließlich nach Westdeutschland zu ihren Familien.

Horst hatte sich an Brombeerstacheln eine recht langwierige Entzündung an beiden Waden zugezogen. Da lieh Mutter sich ein zweites Spinnrad und zusammen mit ihrem Sohn hat sie dann Wolle gesponnen, wie es zu Hause an den Winterabenden üblich war.

Als die Wadenentzündung ausgeheilt war, begann Horst eine Stellmacher-Lehre in Immensen, die er nach abgeschlossener Mittelschule schon nach zwei Jahren mit dem Stellmacher-Gesellenbrief beenden konnte. Danach machte er noch eine Zimmermanns-Lehre in Hannover, die er ebenfalls nach zwei Jahren mit dem Gesellenbrief abschloss. Als ich im Jahre 1953 in Vinnhorst bei Hannover ein Haus baute, hat Horst die Dielenfußböden darin verlegt.

Wohnraum war nach dem Zweiten Weltkrieg sehr knapp und im sozialen Wohnungsbau standen einer Familie damals nur 40 qm Wohnraum zu. Beim Neubau durfte er um 10 % überschritten werden. So hätte unser Haus offiziell im Erd- und Dachgeschoss rd. 90 qm Wohnraum gehabt. Darum musste ich die Wohnung im Dachgeschoss an eine Witwe und ihren Vater vermieten, die aber nur jeweils ein Zimmer zuzüglich Küche und Bad benötigten. Horst konnte so das kleine Zimmer im Dachgeschoss beziehen, das seinen Zugang im Treppenhaus hatte.

Während er beruflich tätig war, wollte Horst das Abitur in Abendschulen oder in Fernkursen nachholen. Das konnte er aber doch nicht durchhalten. Wenn ich spät abends von einem geschäftlichen Termin nach Hause kam, brannte bei ihm meistens noch Licht. Dann ging ich zu ihm ins Zimmer und dort lag er, noch bekleidet, auf seinem Bett und schlief.

Ich weckte ihn und sagte: „Du musst dich schlafen legen, denn dein Arbeitstag beginnt immer schon sehr früh!“ Horst antwortete aber immer: „Ich muss aber noch lernen.“ Er ging morgens schon vor mir aus dem Haus und hatte als Zimmermann eine schwere Arbeit. Da konnte er das Abitur nicht zusätzlich noch nachholen. Er hatte aber ein recht gutes Einkommen, und wenn wir mal ausgingen, war er nicht kleinlich und gab oft für uns etwas aus.

Horst hatte die Freundin Erika als Hochzeitsdame, als Erdmann und Johanna heirateten, denn sie waren beide Krankenschwestern. Dabei haben sie sich kennengelernt, und nachdem Horst mit Erika zu ihrer Mutter nach Magdeburg zu Besuch gefahren war, kamen sie zu dritt zurück und gründeten in „Höchstzeit“ eine eigene Familie.

So konnte mein erstgeborener Sohn Eckhard das kleine Zimmer im Dachgeschoss beziehen und Ecki war glücklich darüber.

Horst kaufte in Hannover-Vahrenwald in einer ruhigen Seitenstraße ein Mehrfamilienhaus mit recht guter Bausubstanz. Er baute die ganze erste Etage als Wohnung für seine Familie aus und im Erdgeschoss auch eine kleinere Wohnung für unsere Mutter. Mutter verstarb aber zu früh und Schwester Maria übernahm die Wohnung.

Horst war sehr strebsam und machte sich als Erster von uns Brüdern selbstständig. Mit einem Architekten gründete er eine Architekten-Gemeinschaft und sie bauten Wohnanlagen mit Eigentumswohnungen.

Horst war die treibende Kraft in dieser Gemeinschaft, die auch recht erfolgreich wurde. In Hannover-Schulenburg, in Godshorn, einem Ortsteil von Langenhagen, und vor allem in Garbsen stehen die meisten Wohnungsanlagen von ihm, denn er hatte beim Vermarkten während der Bauphase viel Erfolg.

Horst baute auch für sich, seine Söhne und seine Sekretärin vier Mehrfamilienhäuser in Godshorn. Die Erdgeschosse der Häuser waren großzügige Wohnungen von etwa 140 qm Größe. Die Gartenseiten der Kellergeschosse, mit etwa jeweils 70 qm ebenfalls großzügig aufgeteilte Räume, gehörten zu den jeweiligen Wohnungen. Von ihren recht großen Terrassen führten breite und geschwungene Treppen in die Gartenanlage.

Die Wohnung von Horst war mir Möbeln aus der Jahrhundertwende ausgestattet, die aus massivem Holz und recht hochwertig waren. Sie hatten kunstvoll geschnitzte Motive. Er hatte sie durch Vermittlung unseres ältesten Bruders Heinrich erwerben können.

Die Grundstücke dieser Häuser grenzten an den Friedhof und waren nicht unterteilt. Aus dem Aushub der vier Häuser war ein Damm als Sichtschutz zum Friedhof hin aufgeschüttet und beidseitig auch schön bepflanzt worden.

Auf den Westseiten der vier Wohnanlagen gab es eine schön angelegte Gartenanlage mit Gehwegen, Bänken und versetzt angelegten Durchgängen zur hinteren und ebenfalls attraktiven Gartenanlage. Dort gab es auch kleine Teiche mit Wasserpflanzen und Fischen. Die Teiche mit fließendem Wasser waren durch Bäche miteinander verbunden.

Lauschige Sitzgruppen ergänzten die Anlage, und wenn man sich darin aufhielt, ahnte man kaum, dass dahinter der Friedhof lag, denn seine Bepflanzung war in die Gartenanlage der vier Häuser einbezogen.

Wenn wir Geschwister unseren Bruder Horst zu einer Familienfeier besuchten, dann verteilte sich unsere große Sippe in seiner großen Wohnung und im Garten. Er hatte auch bei diesem Projekt bewiesen, was er alles konnte, und wir Geschwister waren davon sehr beeindruckt.

Die Gartenanlage erforderte aber auch viel Pflege und daran haperte es, denn Zeit war für ihn Mangelware. Die Wohnungen über diesen Mehrfamilienhäusern wurden zu Höchstpreisen vermietet und das brachte einen recht häufigen Mieterwechsel. Oft musste Horst sogar die Gerichte bemühen, um säumige Mieter herauszuklagen.

Die Wohnungen waren dann meistens total verwohnt und mussten renoviert werden, um sie wieder vermieten zu können. Einige davon standen auch für eine längere Zeit leer. Ich riet meinem Bruder, keine Höchstmieten zu fordern, sondern dafür mehr auf solide Mieter zu setzen, damit seine Wohnungen längerfristig vermietet blieben. Horst ließ sich aber ungern Rat erteilen, er blieb stur bei seinen hohen Mieten.

Als Horsts Objekte größer wurden und er mit dem Bau von zwei Hochhäusern mit Eigentumswohnungen in Burgdorf begann, geriet er in eine Rezessionsphase, denn auch in der Immobilien-Branche folgen den biblischen fetten sieben Jahren auch immer die sieben mageren. Ich riet meinem Bruder wieder, nicht beide Hochhäuser zugleich zu bauen, sondern erst mit einem zu beginnen und entsprechend dem Wohnungsverkauf weiterzumachen.

Horst verwarf auch diesen Rat und antwortete: „Ich habe aber für beide Hochhäuser nur eine Teilungserklärung und darum müssen auch beide zugleich gebaut werden.“

Darauf erwiderte ich: „Dann lass die Teilungserklärung doch ändern und für jedes Hochhaus eine eigene erstellen. Das ist doch wesentlich preisgünstiger, als beide Hochhäuser mit teurem Bankkredit zu bauen. Du siehst ja, dass der Wohnungsverkauf nur sehr schleppend ist." Auch diesem Vorschlag folgte Horst nicht und baute weiter.

Es kam hinzu, dass er als Seiteneinsteiger in die Baubetreuung viele Neider hatte, die ihm seinen Erfolg missgönnten, zumal namhafte Baubetreuungen aufgrund der Rezession bereits in Konkurs gegangen waren.

Horst zählte aber zu den wenigen Baubetreuungen, die noch existierten, und er finanzierte seine Bauvorhaben auch immer noch mit recht hohem Eigenkapitalanteil. Dann spielte seine Finanzierungsbank eine recht undurchsichtige Rolle. Sie verweigerte ihm trotz seines recht hohen Eigenkapitalanteils den notwendigen Kredit für den Weiterbau und er wurde so in die Insolvenz mit anschließendem Konkurs getrieben. Da bedienten sich auch leitende Bankangestellte mit preiswerten Eigentumswohnungen aus dem Hochhaus. Eine der Ehefrauen übernahm deren Verkauf und verdiente recht gut dabei.

Das traf den Ehrgeiz von Bruder Horst sehr, diesen Makel wollte er nicht auf sich sitzen lassen. In den folgenden Jahren setzte er alles daran, seinen Konkurs wieder rückgängig zu machen, in den er unverschuldet hineingetrieben worden war. Horst schaffte es auch, wieder alle Schuldtitel aufzukaufen, und machte seinen Konkurs juristisch rückgängig. Das war aber nur dem Gericht und ihm selbst bekannt und wurde nicht so publik wie der Konkurs seines Unternehmens zuvor.

Horst hatte aber wieder Glück, er konnte alle seine Immobilien geschlossen und auch zu einem recht guten Preis an einen Investor verkaufen. Er erwarb dann wieder zwei Mehrfamilienhäuser in Hannover und Lehrte. Im Lehrter Mehrfamilienhaus baute er für seinen erstgeborenen Sohn eine Wohnung zusätzlich aus.

Horst kaufte dann auch für sich in Hannover-Vahrenwald ein Mehrfamilienhaus, das am Ende einer Sackgasse lag und sieben Mietwohnungen hatte, die teilweise noch vermietet waren. Er kündigte allen Mietern und baute das ganze Haus großzügig für seinen Bedarf aus.

Horst hatte wieder auf Wachstum gesetzt, obwohl er bereits viele Jahre in der Immobilien-Branche tätig war. Er hatte Erfahrung und hätte wissen müssen, dass der Wohnungsbedarf gesättigt war und Höchstmieten nur in besten Lagen erzielt werden konnten.

Am Ende konnten die Mieteinnahmen den eigenen Bedarf und auch die Finanzierungskosten der Mehrfamilienhäuser nicht mehr decken und Horst musste erneut Insolvenz anmelden. Seine gekauften Häuser wurden versteigert. Horst verarmte und wohnte dann zur Miete in Letter.

Er zog sich aus der Familie zurück und hielt nur noch mit Erdmann Kontakt. Nach dessen Angaben hatte Horst auch größere Geldbeträge verliehen, mit denen er wieder Besitz schaffen wollte. Er bekam diese Gelder aber nicht zurück und blieb verarmt.

Horst war recht begabt und auch sehr fleißig. Er hätte es von uns fünf Brüdern in wirtschaftlicher Hinsicht am Weitesten bringen und reich werden können, wenn sein Dickkopf nicht verhindert hätte, auch mal gute Ratschläge anzunehmen. In seiner ersten Ehe war Horst mit Erika verheiratet, sie hatten zwei Söhne. Die Ehe war einige Jahre zuvor geschieden worden und Horst ging eine zweite mit Christine ein. Aus dieser Ehe stammt eine Tochter, die auch noch im Besitz eines Mehrfamilienhauses sein soll. Bruder Horst starb am 16. 08. 2012 in seinem 84. Lebensjahr.

Harry Ernst
wurde im Jahre 1931 geboren und war von seiner Kindheit an sehr pingelig. So verweigerte er eine Brotstulle, wenn sie etwas krumm geschnitten war, denn damals wurde das Brot noch per Hand geschnitten. An seinem 14. Geburtstag musste Harry mit Vater und den Geschwistern auf die monatelange Flucht aus der Heimat gehen. Als sie auf der Insel Usedom angekommen

waren, wurde der große Flüchtlingstreck wieder von russischer Artillerie beschossen.

Vater und Schwester Lydia wurden wie berichtet durch russischen Artillerie-Splitter getötet, während Harry danebenstand. Darüber sprach er recht ungern, er verdrängte dieses für ihn emotional sehr bewegende Erlebnis.

Harry und seine Geschwister fanden eine Bleibe in Immensen in Niedersachsen und dort begann er bei einem ehemaligen Hufbeschlags-Meister von einer berittenen Wehrmachtseinheit, der sich selbstständig gemacht hatte, eine Ausbildung im Schmiede-Handwerk. Er war der erste und auch einzige Lehrling, der bei diesem Meister eine Lehrzeit durchgehalten hat.

Dann belegte Harry in Hermannsburg einem Meisterlehrgang. Vor seiner Meisterprüfung kam aus Adendorf bei Lüneburg der Inhaber eines Schmiedebetriebes mit Traktoren-Vertretung. Er suchte einen jungen Schmiedemeister, auf den kein väterlicher Betrieb wartete, denn er hatte keinen Sohn, aber zwei Töchter. Als Harry seine Meisterprüfung bestanden hatte, nahm er die ihm angebotene Anstellung in Adendorf an.

Im Jahre 1962 heiratete der junge Schmiedemeister Harry die erstgeborene Tochter Erika seines Chefs und pachtete den Betrieb seines Schwiegervaters.

Von seinen Ersparnissen kaufte er ein Grundstück, und als es gewerbliches Bauland geworden war, konnte er es mit Gewinn verkaufen. Harry baute das gepachtete Unternehmen seines Schwiegervaters den damaligen Erfordernissen entsprechend zum Metall-Baubetrieb aus. Harry und Erika haben die Söhne: Raimund, Michael und Stefan. Der älteste Sohn studierte in Clausthal-Zellerfeld und ist Dipl.-Ing. Vom Vater übernahm er mit seinem jüngeren Bruder den Metall-Baubetrieb den beide Brüder in 4. Generation erfolgreich führen.

Stefan, ihr dritter Sohn wurde im Jahre 1971 geboren, und lebt schon viele Jahre mit seiner Freundin in Braunschweig. Ich denke gern an Stefan, der in seinem Kindesalter immer mit mir plauderte. Wenn dann ein Auto am Hause vorbeifuhr, dann erkannte er das Autofabrikat immer am Motorengeräusch. Wenn ich dann aus Fenster sah, dann stimmte es immer und das überraschte mich sehr.

Maria Magdalena
wurde im Jahre 1934 geboren und ist auch das letzte Kind, das die kritische Zeit nach der Geburt überstanden hat. Als der polnische Arzt Dr. Owczaczak Maria mit einer recht schwierigen Zangengeburt auf diese Welt gebracht hatte, übergab er dann der Mutter ihre Tochter und sagte: „Diese Tochter hat Ihnen das Leben gerettet. Mit ihrer Geburt hat sie alle schlechten Keime aus Ihrem Körper genommen. Heute ist Gründonnerstag, der Tag von Maria Magdalena, und darum sollte Ihre Tochter auch diesen Namen tragen.“ So ist es dann auch geschehen.

Nach ihrer Geburt bekam Maria aber ein großes Geschwür am Hals und weinte viel vor Schmerzen. Dann ging Mutter mit Maria, sie beruhigend und ihr etwas vorsingend, in der Küche hin und her. Das Geschwür wurde mit damaliger Hausmedizin behandelt und gekühlt. Als es dann aufbrach und ausfloss, war ein so großes Loch entstanden, dass ich meinen Finger hätte hineinstecken können. Das Loch verheilte, aber es verblieb eine Narbe, die heute noch sichtbar ist. Die Narbe wird aber von Marias Schönheit verdeckt.

Nach dem schnellen Sieg über Polen im Zweiten Weltkrieg wurde Maria im Jahre 1941 in die deutsch gewordene Dorfschule eingeschult. Ab ihrem zehnten Lebensjahr besuchte sie das Kopernikus-Gymnasium in Thorn. Aber schon am 20. 01. 1945 musste Mutter mit Maria per Eisenbahn aus unserer Heimat in Westpreußen flüchten. In Greifenberg fanden Mutter und Maria eine Bleibe und dort überholte sie die russische Front. Da beschützte Mutter ihre jüngste Tochter vor den Übergriffen russischer Soldaten.

Durch das Deutsche Rote Kreuz erfuhren Mutter und Maria unseren Aufenthaltsort. Da packten sie ihre wenige Habe auf ihr kleines Handwägelchen und machten sich zu Fuß und per Eisenbahn auf den Weg zu uns nach Immensen in Niedersachsen.

Maria besuchte die Dorfschule bis zum Abschluss und danach eine zweijährige Handelsschule in Hannover. Danach war sie als Bürokraft in einer Spedition in Hannover tätig. Sie wechselte zur evangelischen Kirchenverwaltung in Hannover und erklomm dort recht bald eine leitende Stelle, die sie bis zu ihrem Rentenalter bekleidete.

Dann machte Maria den Führerschein, sie kaufte sich ein Auto und kutschierte ihre Mutter und die älteren Schwestern überall dorthin, wo sie sonst nicht hingekommen wären. Maria, unsere jüngste Schwester, verfügte über keinen eigenen Grundbesitz, aber sie hat sich am meisten von uns allen und sehr liebevoll um ihre älteren Schwestern gekümmert.

Sie hätte es an erster Stelle verdient, vom Erbe ihrer älteren Schwester Hulda zu profitieren, aber jeder bei Hulda aufkommende Gedanke daran wurde von Erdmann im Keim erstickt. Er wies dann immer darauf hin, dass Maria eine gute Pension beziehe und darum auch nichts benötige. Diese Handlungsweise war egoistisch und auch falsch, denn Erdmann war keineswegs arm und bedürftig, sondern eher begütert.

Unsere jüngste Schwester ist nun schon recht lange im Rentenalter und ich weiß, dass sie keine Pension, sondern nur eine Rente bezieht. Diese wird sicher nicht so hoch sein, wie es Erdmann unserer Schwester Hulda immer geschildert hatte.

Maria hat Anteile an einer Wohnungs-Genossenschaft erworben und dort auch eine Wohnung gemietet, in der die Miete niedriger ist als im Hause ihres Bruders zuvor. Unsere jüngste Schwester ist aber nicht kleinlich und ihre Geburtstagsgeschenke sind keine Wanderpokale, sondern immer etwas Besonderes.

Maria kann hervorragend kochen und auch backen. Sie hätte damit einen Ehemann beglücken können, aber sie fand keinen, den sie auch für immer mochte. Nach dem Tode unserer Schwester Traute und kurz danach auch von Schwager Gustav wurde Maria die Ersatzmutter für Trautes fünf Kinder und diese Aufgabe erfüllt sie immer noch bestens.

Unsere große Familie wäre imstande gewesen, ein komplettes Dorf mit Bürgermeister, Pfarrer, Geschäften und Handwerkern, wie Bauunternehmen, Schmiede und anderen Handwerks-Betrieben zu gründen. Auch an einer Schneiderei hätte es nicht gefehlt. Weil viele von ihnen recht musikalisch waren und Mandoline, Gitarre, Geige, Posaune oder Saxofon spielten, wäre auch Musik zu Feierlichkeiten möglich gewesen.

Eckhard beendet sein Medizinstudium und heiratet

Mein erstgeborener Sohn Eckhard aus erster Ehe hatte sein Medizinstudium beendet und auch seine erste Assistentenstelle im Krankenhaus in Leer hinter sich. Dann wechselte er als Assistenzarzt der Anästhesie nach Nordhorn. Dort waren in der Anästhesie-Abteilung auch Ärztinnen tätig und einige von ihnen waren für eine längere Zeit im Mutterschaftsurlaub. Ihr Fehlen musste von den Ärzten ausglichen werden und so kam es vor, dass Eckhard eine ganze Woche lang hintereinander Dienst hatte und nur dann aus dem Krankenhaus herauskam, wenn er im Christoph-4-Hubschrauber als Unfallarzt mitflog.

Dennoch hatte Eckhard die Frau fürs Leben gefunden und wollte seine Waltraut heiraten, die auch eine Tochter in die Ehe brachte. Er kaufte ein „Tante-Hulda-Haus", wie er das Haus nannte, das in den Fünfzigerjahren des 20. Jahrhunderts erbaut worden war. Damals gab es noch Gesetze für den sozialen Wohnungsbau. So musste jedes Haus zwei vertriebenen Familien ein Unterkommen bieten, denn jeder Familie stand damals nur eine Wohnung rd. 40 qm zu.

Eckhard baute sein „Tante-Hulda-Haus“ für seinen Bedarf um. Zu seiner Hochzeit im Mai des Jahres 1989 lud er aus seiner näheren Verwandtschaft nur seinen jüngeren Bruder Mark und mich samt meiner neuen Familie ein. Da waren meine vier Söhne zum ersten Mal alle beisammen. Meine jüngsten Söhne, Christian und Henrik aus meiner zweiten Ehe, durften das Bier für die Hochzeitsgäste zapfen und das bereitete ihnen viel Spaß.

Nach ihrem ersten Winterurlaub als Ehepaar war Eckhards Waltraut schwanger geworden. Sie hatte aber leider eine Fehlgeburt. Da machte er ihr den Vorschlag, nochmals in die Winterberge zu fahren, um sich davon zu erholen. Zusammen mit der Ehefrau seines Arzt-Kollegen fuhr Waltraut nochmals in den Winterurlaub.

Beide kehrten danach nicht wieder zu ihren Ehemännern zurück. Waltraut und ihre Freundin hatten sich anderen Männern zugewandt. Da war Waltrauts kleine Tochter sehr betrübt, denn sie mochte ihren neuen Vater sehr und bat ihn, ihre Mutter wieder zurückzuholen, damit sie bei ihm bleiben könne.

Waltraut hatte zu ihrem neuen Liebhaber aber schon gesagt: „Falls meine Tochter für dich ein Problem ist, dann gebe ich sie zu ihrem leiblichen Vater.“ Damit hatte sie gezeigt, dass sie auch für ihre kleine Tochter wenig Mutterliebe aufbringen konnte und persönliche Interessen für sie absoluten Vorrang hatten. Ihre kleine Tochter sollte wie ein Gebrauchsgegenstand hin- und hergeschoben werden, wie es Waltraut gerade beliebte.

Eckhard liebte seine Waltraut und litt unter der Trennung sehr. Da sagte ich zu ihm: „Ich gehe davon aus, dass Waltraut nicht von dir schwanger war. Sei doch froh, dass die Trennung jetzt erfolgte, bevor ihr eigene Kinder hattet. Denn du siehst ja nun, wie sie mit ihrer Tochter umgeht, und in gleicher Weise würde sie sich auch bei euren Kindern verhalten, wenn ihr dann wieder ein neuer Liebhaber über den Weg gelaufen kommt.“ Eckhard trauerte seiner Waltraut dennoch viel zu lange nach.

Eckhard will meine alte Heimat kennenlernen

Im Frühsommer des Jahres 1991 rief Eckhard mich an und sagte: „Vati, ich möchte deine alte Heimat in Westpreußen kennenlernen, aus der du stammst und von der du immer so schwärmst." Darauf hatte ich schon lange gewartet und diesen Wunsch erfüllte ich meinem Sohn gern. Nur drei Werktage konnte Eckhard sich im Krankenhaus freinehmen, in dem er als Anästhesist tätig war.

Ich telefonierte mit meinem alten Freund Henio, den pensionierter polnischen Förster, der uns sofort in seiner Wohnung in der Försterei Nielub im Kreis Briesen im ehemaligen Westpreußen Quartier anbot. Ich vereinbarte mit ihm unsere Anreise an einem Mittwoch im Mai, damit Eckhard auch zusätzlich das Wochenende nutzen konnte. Eckhard holte mich mit seinen VW-Golf ab und dann fuhren wir recht flott in die Richtung meiner alten Heimat. An der Grenze zu Polen wurden wir nicht aufgehalten und trafen noch am Nachmittag in Nielub ein. Dort wurden wir von Henio und seinen Töchtern Anja und Kazia erwartet.

Kazia, die jüngste Tochter Henios, ist auch Försterin und in der Forstbehörde im Drewenz-Wald bei Golub tätig. Sie hatte sich Urlaub genommen und nahm Eckhard sofort in Beschlag. Sie sprach nur ein wenig Deutsch, aber recht gut Englisch und die Verständigung zwischen beiden klappte auf Anhieb. Den ganzen Tag über war Kazia mit Eckhard unterwegs, und als ich am nächsten Tag meinem Sohn den Ort meines letzten Schuljahres in der deutschsprachigen Privatschule in Golub und auch das ehemalige deutsche Gut in Sluchaj zeigen wollte, da kannte er schon alles und konnte mir davon berichteten. In jedem dieser Orte war Kazia mit Eckhard gewesen und er konnte mir auch Details erzählen, denn Henio hatte seine jüngste Tochter über alles gut informiert.

Nur mein Heimatdorf, meinen Geburtsort und die polnischen Nachbarn konnte ich meinem Sohn noch zeigen. Wir fuhren nach Sierakowo = Siegfriedsdorf, wo ich meine Kindheit verbracht hatte. Von der Hofstelle meiner Eltern waren keine Gebäude mehr vorhanden. Wir besuchten jedoch die Nachbarin Stefania mit ihrer Familie vom ehemaligen polnischen Nachbarhof Piurkowski. Gleich nach dem Sieg über Polen im Zweiten Weltkrieg war Stefania in einer Nacht- und Nebelaktion von ihrem Hof vertrieben und zur Arbeit auf einem deutschen Hof in Nordrhein/Westfalen verpflichtet worden. Nach dem Ende Krieges und ihrer Rückkehr hatte Stefania ihren elterlichen Hof wieder übernommen, der inzwischen von ihrem tüchtigen Schwiegersohn bewirtschaftet wurde.

Dort wurden Eckhard und ich von Stefania bestens bewirtet. Sie war ein Jahr älter als ich, aber während der gesamten Schulzeit in der polnischen Volksschule saßen wir in einem Klassenraum. Auch unsere Eltern pflegten gute nachbarliche Beziehungen mit der Familie Piurkowski. Als wir uns nach diesem unverhofften Besuch verabschiedeten, bat mich Stefania, auf unserer Heimfahrt nochmals bei ihr vorbeizukommen. Das sagte ich ihr zu, zumal wir sowieso wieder durch mein Heimatdorf fahren mussten.

Nach den ersten Tagen unseres Aufenthaltes in der alten Heimat sagte Eckhard zu mir: „In wenigen Jahren wird Polen nicht wiederzuerkennen sein. Dann wird es so aussehen wie bei uns in Westdeutschland.“ Als wir nach unserem Besuch in meinem Heimatdorf wieder in der Försterei Nielub waren, fuhren wir mit Henio und Anja zur Kreisstadt Briesen, wo sie einkaufen wollten. Während ich mit Henio und Anja einkaufte, sah Eckhard sich die Geschäfte in der Kreisstadt an. Als wir danach wieder in Henios Wohnung waren, die aus einer ehemaligen RAD-Baracke bestand, und Eckhard das schief hängende Waschbecken in Henios Bad sah, sagte er zu mir: „Ich habe gesehen, was man in Polen schon alles kaufen kann. Aber nichts wird erneuert. Jetzt glaube ich nicht mehr daran, dass sich in Polen so schnell etwas ändert.“

Dieses schief hängende Waschbecken in Henios Bad hatte schon bei meinen ersten und auch allen folgenden Besuchen meine Bewunderung, denn es hing bedenklich schief an der Wand, war aber in all den vergangenen Jahren nicht abgefallen. Als unsere Besuchstage zu Ende waren und wir uns auf unsere Heimfahrt begaben, kamen wir auch wieder durch mein Heimatdorf. Da erinnerte ich Eckhard an meine Stefania gegebene Zusage, er sollte in den Feldweg nach links einbiegen und zu Stefania fahren. Aber völlig unerwartet und für mich unverständlich weigerte sich Eckhard, nochmals zu Stefania zu fahren: „Ich fahre auf keinen Fall noch mal dort hin!"

Vor der Abzweigung in den Feldweg hielt Eckhard an, er stieg aus seinem Auto, übergab mir den Autoschlüssel und sagte: „Ich werde während dieser Zeit auf der Chaussee langsam weitergehen."

Eckhards Verhalten machte mich ratlos und betrübte mich auch. Er musste doch mitbekommen haben, dass ich Stefania zugesagt hatte, auf der Heimfahrt nochmals vorbeizukommen, denn Stefania sprach Deutsch mit uns. Er musste auch mitbekommen haben, dass mir daran gelegen war, meine gegebene Zusage einzuhalten.

Es half aber kein Zureden, Eckhard wollte nicht und mir blieb keine andere Wahl, ich übernahm sein Auto und fuhr allein zu ihr. Stefania begrüßte mich herzlich und lud mich auch wieder zum Essen ein. Sie hatte den Tisch schön gedeckt und meinte: „Du sollst dich vor deiner Heimfahrt nochmals in deiner alten Heimat stärken. Dafür habe ich auch einen Streuselkuchen gebacken, wie ihn deine Mutter immer backte."

Stefanias Streuselkuchen hatte kleinere und nicht so dicke Streusel, aber dickeren und sehr schmackhaften Kuchenteig, wie er in meiner Kindheit von Mutter und den Schwestern auch immer gebacken wurde. Als ich hineinbiss, schmeckte er „nach früher" und weckte Kindheits-Erinnerungen in mir.

Mir kam es darauf an, meinen Besuch zeitlich möglichst kurz zu halten, ohne unhöflich zu sein. Ich hatte aber keine plausible

Ausrede, um Eckhards Abwesenheit zu begründen, und es fiel mir auch schwer, Stefania beizubringen, dass ich nur sehr kurz bleiben konnte, denn er wartete ja auf der Chaussee auf mich.

Bei der Verabschiedung übergab Stefania mir zwei Suppenhühner und einen Sack mit Kartoffeln als Geschenk von ihrem Hof. Ich bedankte mich bei ihr, packte die Suppenhühner an eine kühle Stelle im Kofferraum und legte den Sack Kartoffeln hinter den Fahrersitz. Dann fuhr ich zur Chaussee, wo ich auf Eckhard treffen wollte. Als ich meinem Sohn das Auto übergab und er den Fahrersitz seiner Größe entsprechend zurückschieben wollte, verhinderten es Stefanias Kartoffeln. Dann hatte ich wieder große Mühe, meinen Sohn daran zu hindern, den Kartoffelsack in den Chausseegraben zu werfen. Ich verstaute ihn hinter meinem Sitz und recht schweigsam, aber flott fuhren wir in die Richtung unserer neuen Heimat.

Während der folgenden Stunde kam es zwischen uns zu keiner Unterhaltung und jeder schmollte vor sich hin. Eckhard konnte nicht begreifen, dass sein Vater Kartoffeln aus seiner alten Heimat mitnahm, und ich war über das Verhalten meines Sohnes sauer. Als wir Geschwister, Maria, Harry und ich, im Jahre 1976 unsere alte Heimat erstmals besuchen durften, erzählte Stefania uns, dass sie drei Stapel Ziegelsteine von unserer Hofstelle geholt und auch verbraucht habe. Sie wollte uns den Wert der Ziegelsteine zurückgeben, wenn wir auf unsere Hofstelle zurückkämen. Nun wollte sie mir auch Gutes tun und es hätte sie gekränkt und auch beleidigt, wenn ich ihre Geschenke nicht angenommen hätte. Das wollte ich auf keinen Fall, denn das nachbarliche Verhältnis zwischen beiden Familien war immer gut und es wurde auch mit den Kindern noch gepflegt.

Die Kartoffeln aus meiner alten Heimat waren mehliger als die in Westdeutschland üblichen festkochenden. Im Osten wurden Kartoffeln mit viel Bratensoße gegessen und Stefania kannte diesen Unterschied aus ihrer Zeit, als sie von ihrem Hof vertrieben wurde und auf einem Bauernhof in Westdeutschland arbeiteten musste. Darum wollte sie mir mit den mehligen Kartoffeln meiner alten Heimat eine Freude bereiten. Als ich ihre Kartoffeln mit mehr

Soße aß, kamen bei mir auch wieder Erinnerungen an mein verlorenes Zuhause auf.

Piurkowskis hatten vier Töchter, Stanislawa, Stefania, Halina und Maria. An Maria, die jüngste Tochter, habe ich keine Erinnerung mehr. Während Piurkowskis Töchter immer über den nördlich gelegenen Feldweg über Krügers Hofstelle und dann links abbiegend zur Schule gingen, wählten wir den parallel und südlich verlaufenden Feldweg und die Chaussee. Unterwegs trafen wir dann auch auf Deublers und Garbrechts Jungens.

Manchmal wählten wir für unseren Rückweg von der Schule auch den nördlichen Feldweg und gingen mit Piurkowskis Töchter nach Hause. Dann kamen wir auch an Winiarskis Hofstelle vorbei, die einen Ententeich an der Hofstelle hatten. Südlich von diesem Hof lag unser evangelischer Friedhof, auf dem unsere Schwestern ruhten, die nach ihrer Geburt verstorben waren.

Stefania hatte es als Arbeitskraft auf dem Hof in Westdeutschland recht gut getroffen, zumal die Hofbesitzer auch katholisch waren. Sie hielt auch nach dem Kriege Kontakt zu der deutschen Familie in Nordrhein/Westfalen, und als sie diese Familie besuchen konnte, verband sie ihre Reise auch gleich mit einem Besuch bei uns. Mit Stefania und Halina bin ich fünf bzw. sechs Jahre lang zur polnischen Volksschule gegangen. Es gab in unserer Dorfschule nur zwei Schulräume. Auf einer Seite des Klassenraumes saßen die Mädchen und auf der anderen wir Jungen. In jedem Schulraum wurden mehrere Schülerjahrgänge unterrichtet.

Das Schulgebäude war während der Preußenzeit erbaut worden und bis 1823 gingen die Kinder aus Schönsee auch nach Siegfriedsdorf und Bielsk zur Schule, denn bis dahin hatte Schönsee noch keine eigene Schule. Als ich Stefania nach dem Zweiten Weltkrieg erstmals wiedersahen, sagte sie zu mir: „Gerhard, deine Schulzeugnisse habe ich immer bewundert." Da erst fiel es mir wieder ein, in meinen Zeugnissen der polnischen Volksschule hatte ich von oben bis unten nur bardzo dobrze = sehr gut stehen.

Das war mir damals nicht so bewusst geworden, denn für den sehr nationalbewussten polnischen Lehrer und Schulleiter war immer nur der polnische Mitschüler Mieczyslaw Salewski, der Sohn des polnischen Schneidermeisters, Klassenbester. Er war auch ein sehr guter Schüer, aber auch der Führer der örtlichen polnischen Harczerzy-Jugend im Dorf.

Nur im Zeichnen galt auch ich beim polnischen Lehrer als Klassenbester und in den Zeichenstunden zeichnete ich immer für meine deutschen und polnischen Klassenkameraden mit, denn von allen Seiten wurde ich an meinen Jackenärmeln gezupft und bekam die Zeichenblöcke zugeschoben. Dem Lehrer blieb das nicht verborgen, doch er tolerierte, dass ich den polnischen Mitschülern die Zeichnungen anfertigte.

Das alles berichtete ich meinem Sohn während unserer Rückfahrt, und lange bevor wir in der neuen Heimat angekommen waren, war auch der Zwist zwischen uns wieder vergessen.

Mein jüngster Sohn aus erster Ehe

Nachdem meine Exfrau nach Braunschweig gezogen war, wurde es für mich schwieriger, meinen jüngsten Sohn Mark alle 14 Tage zum Wochenende abzuholen. Das war von meiner Exfrau auch sicher so gewollt. Als Mark im Frühjahr des Jahres 1981 konfirmiert wurde, hat er mich eingeladen. Auch mein jüngster Sohn war nun ein vollwertiges Kirchenmitglied geworden. Da war ich für einige Stunden mit all meinen Kindern wieder beisammen.

Mark ging zum Gymnasium und war auch in Braunschweig ein recht guter Schüler. Er hatte wieder Freunde gefunden, aber der Kontakt zu seinem Vater fehlte ihm und das nagte an seiner seelischen Verfassung.

Zu meinen Töchtern hatte ich damals nicht den besten Kontakt, aber die Verbindung zur ältesten Tochter war wieder auf gutem Wege. Sie wohnte in einem Vorort von Braunschweig, und wenn ich sie besuchte, dann verfuhr ich mich regelmäßig in den Umgehungsstraßen von Braunschweig. Auch die Anschaffung eines Stadtplanes änderte daran nur wenig, denn in mir hatte sich eine innere Abneigung gegen Braunschweig festgesetzt. Nach meiner Scheidung und dem Auszug aus dem gemeinsamen Haus fehlte mir besonders mein jüngster Sohn Mark. Auch für den damals 5-jährigen Sohn musste es schwer gewesen sein, seinen Vater nicht täglich zu sehen. Die Wochenenden im 14-tägigen Rhythmus waren für beide keine Normalität und eher Wochenendurlaube.

Nachdem seine Mutter nach Braunschweig gezogen war, verringerte sich auch das 14-tägige Abholen und wir sahen uns dann nur noch in unregelmäßigen Abständen. Am Ende unterblieb das Abholen von Mark ganz, was sicher auch so gewollt war. Dann machte ich aber mit ihm einen Sommer- und auch einen Winterurlaub, denn auch er hatte Spaß am Skilaufen.

Als Mark 17 Jahre alt war, wurde er für ein Jahr als Austauschschüler nach Amerika geschickt. Davon erfuhr ich aber erst, als ich ihn zu einem Wochenende abholen wollte. Auch während seines Amerika-Aufenthaltes gab es keinen Kontakt zu ihm und er fehlte mir sehr.

Als er von Amerika zurückkam, fuhr ich nach Braunschweig, um ihn zu besuchen. Ich klingelte am Hauseingang, und als sich seine Mutter in der Sprechanlage meldete, sagte ich, dass ich Mark besuchen wolle. Sie antwortete darauf, sie werde ihn zu mir herunterschicken. Es dauerte aber eine recht lange Weile, und als Mark kam, stellte ich fest, dass er einen ordentlichen Schuss gemacht hatte und mich inzwischen an Körpergröße überragte. Da nahmen wir uns schweigend in die Arme und gingen ebenso stumm zum Auto. Als wir eingestiegen waren, begann Mark zu weinen und schluchzte: „Du hättest es doch versuchen können, bei Mutter und mir zu bleiben!“

Seine Worte machten mich ratlos, denn auch mein jüngster Sohn ging offensichtlich davon aus, dass ich die Scheidung betrieben hätte, was mir meine jüngste Tochter auch immer vorwarf. Da drückte ich Mark an meine Brust, damit er sich daran ausweinen konnte.

Der Aufenthalt in Amerika hatte Mark sehr verändert. Er hatte die Scheidung seiner Eltern noch nicht verkraftet, als er zum Schüleraustausch geschickt wurde, und diese abrupte Trennung über Kontinente hatte sich negativ auf ihn ausgewirkt. Er hatte psychische Probleme bekommen und musste dann auch in die geschlossene psychiatrische Klinik in Königslutter am Elm eingewiesen werden.

Es tat sehr weh, meinen jüngsten Sohn in einer psychiatrischen Klinik zu wissen. Ich besuchte ihn dort in Absprache mit der Klinik, so oft ich es durfte. Bei diesen Besuchen erfuhr ich dann auch mehr über seinen Aufenthalt in Amerika.

Mark war mit einem dänischen Austauschschüler in einer kinderlosen Familie untergebracht, in der auch noch die Prügelstrafe herrschte. Wenn die beiden fast erwachsenen Jungen etwas angestellt hatten, mussten sie sich bücken und wurden mit Stockschlägen auf ihr Hinterteil bestraft.

Das war bei einem Schüleraustausch ein Skandal, denn dieses Ehepaar hatte die beiden Jungen sicher nur wegen des Geldes aufgenommen. Wenn ich damals Kontakt mit meinem Sohn gehabt hätte, dann hätte ich Mark aus dieser Familie weggeholt. Ich habe auch nicht erfahren, ob Mark während seines Austauschjahres Kontakt mit seiner Tante Hilde hatte, der jüngsten Schwester seiner Mutter, die von ihrem Onkel nach Amerika geholt worden war und dort lebte.

Mark war auch in Amerika ein guter Schüler und machte in diesem Jahr den Highschool-Abschluss. Damit hätte er in Amerika sogar studieren können, was leider in Deutschland nicht möglich war.

Nachdem sich Mark gesundheitlich stabilisiert hatte, wurde er in den Sonnenhof bei Lüneburg verlegt, in dem psychisch erkrankte Jugendliche in der Landwirtschaft beschäftigt und auf eine Berufsausbildung vorbereitet wurden. Der Sonnenhof vermittelte Mark eine Lehrstelle bei einem Bäcker und dort besuchte ich ihn auch einige Male. Der Bäckermeister hätte zu gern als Lehrling behalten, aber Mark litt an Mehl-Allergie und musste diese Lehre im zweiten Lehrjahr abbrechen. Es war auch nicht sein Berufswunsch und entsprach nicht seiner Eignung.

Danach wohnte Mark in einer Wohngemeinschaft in Braunschweig. Innerhalb einer berufsbildenden Maßnahme des Arbeitsamtes machte er eine Ausbildung zum Großhandels-Kaufmann, die er mit besten Noten abschloss. Im Dänischen Bettenlager in Braunschweig bekam er für einige Monate auch Arbeit. Als die Zeit dort beendet wurde, ging er nach Berlin und lebte wieder in einer Wohngemeinschaft. Auch während dieser Zeit hatte ich Kontakt zu ihm und besuchte ihn auch einmal dort.

Durch seine psychische Erkrankung ist Mark aber körperlich nicht voll belastbar und so hat er bisher noch keine dauerhafte Anstellung bekommen. Zur Stabilisierung ging Mark ins „Geistliche Rüstzentrum“ nach Krelingen bei Walsrode und danach auch zum „Glaubenshof“ bei Marburg a. d. Lahn. Danach zog mein jüngster Sohn nach Marburg und bewohnte ein kleines Gartenhäuschen, wo ich ihn ebenfalls einige Male besuchte. Bei einem Zeitarbeits-Unternehmen für die Rossmann Drogerie-Märkte fand er dann auch eine Arbeit.

Im September des Jahres 2010 heiratete Mark eine Leidensgenossin. Ich habe aber das Empfinden, dass diese Ehe recht problematisch ist. Es ist auch nicht die Schwiegertochter, die ich mir für Mark gewünscht hätte. Da erhebt sich aber die Frage, warum sollte es mir besser als den meisten Eltern ergehen, denn nur selten heiraten Kinder Ehepartner, die auch den Zuspruch ihrer Eltern finden. Ich habe mit Mark aber regelmäßigen Telefonkontakt.

Zwei Eigentumswohnungen für Mona-Lisa

Mit dem Erreichen meines 65. Lebensjahres erhielt ich eine kleine Altersrente, die ich mir selbst angespart hatte. Auch mein Prokuristen-Gehalt im Jahre 1954 von monatlich 400 DM lag im oberen Bereich der Gehälter. Damals wurde ich auch von der Kranken- und Rentenversicherung ausgesteuert, wie es behördlich genannt wurde. Ich erhielt dadurch keine Arbeitgeberanteile für die zuvor genannten Versicherungen und musste meine Familie und mich freiwillig versichern.

Damals lagen die Stundenlöhne um 1,20 DM herum und das war schon ein recht guter Lohn. Der Sonnabend war noch ein Arbeitstag, obwohl er meistens schon um 15.00 Uhr endete. Von einer 35-Stunden-Arbeitswoche träumte damals noch keine Gewerkschaft. Um auch meine Renten- Versicherung aufrechtzuerhalten, kaufte ich jährlich zwei Marken und klebte sie in ein Renten-Versicherungsbuch.

Erst später, am Ende der 60er-Jahre, als ich meine leitende Tätigkeit in der Wirtschaft bereits aufgegeben und mich selbstständig gemacht hatte, gab es eine neue gesetzliche Regelung, nach der auch leitende Angestellte mit einer festgelegten Höchstsumme ihres Gehaltes Rentenversicherungsbeiträge abführen mussten. So musste ich nach dem Erreichen meines Rentenalters beruflich tätig bleiben, denn von meiner kleinen Rente konnte ich meine beiden Familien nicht ernähren. Mit dem Rentenalter kam aber auch der Segen aus meinen zwei kleinen Lebensversicherungen, die ich beim Ausscheiden aus dem schwedischen Unternehmen mitnehmen durfte und aufrechterhalten hatte. In den Jahren 1989 und 1990 wurden beide Lebensversicherungen nacheinander zur Auszahlung fällig.

Da bot sich mir die Möglichkeit, zwei vermietete Eigentumswohnungen in Hannover-Linden zu kaufen. Das tat ich dann auch und schenkte sie meiner Mona-Lisa. Eine dieser Wohnungen liegt im Hochparterre links und die zweite im 2. Obergeschoss rechts. Beide Wohnungen sollten unseren Lebensabend absichern, aber auch unseren Söhnen als Wohnung dienen, wenn sie in Hannover studieren würden.

Es ist aber anders gekommen als von mir gedacht und nur Christian studierte für eine recht kurze Zeitspanne in Hannover. Er wohnte dann mit seiner Freundin im ländlichen Stadtrand von Hannover. Die beiden Eigentumswohnungen hatten sich aber zum Glücksfall entwickelt. Sie garantierten Mona-Lisa einen konstanten Ertrag und haben ihre Kaufsummen schon einmal eingebracht.

Der Sommerurlaub im Schwarzwald

Für die ersten Sommerferien mit unseren Söhnen Christian und Henrik buchten wir eine Ferienwohnung auf einem Bauernhof im Schwarzwald in Föhrenbach. Der Hof lag allein am Anfang eines einsehbaren Seitentales und war für unsere Söhne ideal. Auf dem großzügigen und weitläufigen Hofgelände konnten sie sich austoben und keine verkehrsreiche Straße musste beachtet werden.

Hinter dem Bauernhaus floss ein Bergbach und wir versuchten, Forellen darin zu fangen. Das glückte uns aber nicht, denn wir hatten auch keine Ahnung davon. So kühlten wir uns darin von der Tageshitze ab. Das glasklare Wasser des Bachs war uns aber zu kühl, denn es kam aus der oberen Bergregion. Auch ein Teich mit einem Steg gehörte zum Bauernhof, der von einer Quelle gespeist wurde. Darin badeten die Söhne. Zum Mittagessen machten wir immer einen schönen Spaziergang in den Ort Vöhrenbach. Alles in allem gefiel es uns gut auf diesem Bauernhof.

Die Viehherde des Bauern bestand aus 16 Kühen und einem Bullen. Als Leitkuh fungierte die älteste und auch erfahrenste Kuh. Morgens nach dem Melken wurde das Vieh aus dem Stall gelassen und die Leitkuh führte ihre Herde zu den besten Weideflächen der Talseiten. Der Bulle war der Pascha in der Kuh-Herde und hatte immer eine Geliebte, der er nicht eher von der Seite wich, bis sie ihm zu Willen stand. Danach suchte er sich eine neue Geliebte. Diese Kuh-Herde lebte noch sehr natürlich und ihr blieb der damals schon übliche Rucksackbulle erspart. Abends führte die Leitkuh die Herde wieder zum Melken in den Stall. Auch für mich, der seine Kindheit auf einem Bauernhof verbracht hatte, war es sehr lehrreich, diese natürlich gehaltene Rinderherde zu beobachten.

Dann bot es sich auch an, mit meiner neuen Familie einen Abstecher nach Frankreich in die Vogesen zu machen, wo ich im Zweiten Weltkrieg im Fronteinsatz war und gegen amerikanische Einheiten kämpfte. Als schwere Maschinengewehr-Gruppe des 4. Fallschirmjäger-Regiments waren wir, mein Kamerad und ich, einer Heerestruppe zugeteilt worden, um an gefährdeten Stellen die Verbindung zur Hauptfront zu halten, die unbedingt verteidigt werden musste. Drei Mal war unser Frontabschnitt eingekesselt und zweimal hatten wir es selbst geschafft, die Verbindung zu den Front-Abschnitten rechts und links wieder zu öffnen.

Eine amerikanische Panzer-Einheit schnitt uns von der Hauptfront, die bereits auf deutschem Gebiet lag, dann aber doch ab, während wir als Front-Blase in den Vogesen blieben. Mit einer etwa 15 Mann zählenden Gruppe versuchten wir, uns zur deutschen Front durchzuschlagen. Wegen der französischen Partisanen konnten wir nur nachts unterwegs sein, denn diese suchten jedes Waldstückchen nach Waffen und Munition ab.

Tagsüber hielten wir uns in einem Wäldchen versteckt. Dabei stieß ein Partisan auf unsere Gruppe, der im Walde nach Waffen und Munition suchte. Wir gaben ihm Zeichen, keinen Laut von sich zu geben, und nahmen ihn gefangen. Seine Hände wurden ihm auf dem Rücken zusammengebunden und wir wiesen ihn mit Worten und Handzeichen an, leise zu bleiben und uns in Richtung Deutschland zu führen. Der Partisan tat aber genau das, was jeder von uns in seiner Lage auch getan hätte. Er führte uns direkt in eine amerikanische Einheit.

Als wir von amerikanischen Soldaten erkannt wurden, begannen sie sofort, auf uns zu schießen. Da flüchteten wir in verschiedene Richtungen. Ich lief über eine Weide und sprang über Zäune, die ich normalerweise niemals übersprungen hätte. Dabei pfiffen an mir die Kugeln der Amerikaner vorbei. Als ich auf einem Kartoffelacker angekommen war, warf ich mich in eine Furche und zeigte als Rechtshänder mit meiner linken Hand an, dass ich mich ergeben wolle.

Die Schießerei hörte auf und es schlugen auch keine Kugeln mehr ein. Dann hörte ich Stimmen und auch Schritte näher kommen und ich war von amerikanischen Soldaten umringt. Ich erhielt einen Fußtritt und hörte die englischen Worte: „Get up and hands up." Ich erhob mich mit den Händen über meinem Kopf und wurde gefangen genommen. Seitdem waren nun über vier Jahrzehnte vergangen und die Dörfer in den Vogesen hatten sich sehr verändert. Ich erkannte keinen einzigen Ort meiner Fronteinsätze aus dem damaligen wochenlangen Kampf.

Inzwischen war es Mittagszeit geworden und auf keinen Fall wollten wir uns eine Mahlzeit im Elsass entgehen lassen. Da sahen wir mitten im Dorf ein sehr einladendes Speiselokal und hielten davor an. Ich ging hinein und erblickte den Gastwirt mit seinen Mitarbeitern am großen Tisch beim Mittagessen. Am Tresen stand eine Dame, an die ich mich wandte. Weil ich kein Französisch sprach, sagte ich mit fragendem Gesichtsausdruck und entsprechender Geste das französische Wort für Essen „manger?" Da rief die Dame zum Gastwirt am Mittagstisch herüber und fragte ihn: „Hescht du noch ebbes zu Esche?" Der Gastwirt verneinte ihre Frage leider und ich verließ das dörfliche Lokal mit der Erkenntnis, dass im Elsass immer noch im deutschen Dialekt gesprochen wurde.

So fuhren wir weiter und gelangten nach Kaysersberg, in den Geburtsort von Albert Schweitzer. Oben auf einem Berg stand ein einladendes Speiselokal mit herrlicher Weitsicht über die Landschaft. Es war inzwischen 13.00 Uhr geworden. Kurz entschlossen steuerten wir das Lokal an und fuhren die Serpentinenstraße hoch. Es weilten an diesem Wochentag nur wenige Gäste dort, was uns auch der ziemlich leeren Parkplatz sagte.

Im Lokal wurden wir in Empfang genommen, in einen großen Speisesaal geführt und zu einem Tisch am Fenster geleitet, an dem wir eine schöne Weitsicht über die Gegend hatten. Dann bemühten sich mehrere Ober um uns und jeder suchte sich eine Speise aus. Wir speisten fast volle zwei Stunden lang mit Vor- und Nachspeisen. Alle Gänge wurden gesondert zubereitet und schmeckten hervorragend. Besonders Henriks Suppenterrine war Spitze und wir waren satt und zufrieden.

Ich gab dann auch auf, meiner Familie die Dörfer in den Vogesen zu zeigen, in denen ich im Fronteinsatz war, denn nichts sah dort noch so aus, wie ich es in meiner Erinnerung gespeichert hatte. Wir fuhren zurück zu unserem Urlaubsquartier in Vöhrenbach und allein das hervorragende Essen in Kaysersberg hatte unseren Ausflug in das französische Elsass zum Genuss werden lassen.

Am Ende dieses Sommerurlaubs unterbrachen wir unsere Heimfahrt und besuchten die Jagdfreunde Ingrid und Robert in Großbottwar bei Stuttgart. Robert war in leitender Position in einem recht bekannten Autowerk tätig und hatte sich ein schönes Haus gebaut, in das sie erst vor wenigen Wochen eingezogen waren. Wir wurden sehr herzlich aufgenommen und bestens bewirtet und so kam es, dass wir auch über Nacht dort blieben und erst am nächsten Tag nach Hause fuhren. Nach diesen Ferien des Jahres 1987 wurde auch der jüngste Sohn Henrik eingeschult und wieder war die Zeit wie im Fluge vergangen. Beide Söhne waren nun schulpflichtig und der Ernst ihres Lebens begann.

Die Winterurlaube mit meiner neuen Familie

Zum ersten Winterurlaub mit unseren Söhnen Christian und Henrik mieteten wir das kleine „Haus Marianne" in Savonin in der Schweiz für die Osterferien. Es lag in der nördlichen Bergregion und war das letzte Haus am Waldesrand. Mit dem Auto fuhren wir in die Garage und über eine Treppe gelangten wir in den Küchenbereich. Das Haus war recht geschmackvoll eingerichtet. Das Wohnzimmer hatte einen Kamin, den wir auch nutzten, und alle notwendigen Küchengeräte waren vorhanden. Auch Essvorräte für einige Tage wie Mehl, Zucker, Salz und Nudeln waren im Haus. Das zeichnete die Schweizer Ferienhäuser gegenüber denen in Österreich aus.

Christian und Henrik meldeten wir in der Skischule an, die vormittags von 10.00–12.00 Uhr und nachmittags von 14.00–16.00 Uhr unterrichtete, und brachten sie zum Sammelplatz. Nachdem sie vom Skilehrer übernommen waren, begaben wir uns auf die Skipisten von Savonin und erkundeten sie. Es war ein weites Skigebiet, in dem man immer wieder auf neuen Skipisten laufen konnte. Zum Mittagessen holten wir die Söhne vom Sammelplatz ab und genossen es, zusammen im Lokal der Skiregion zu speisen.

Danach lieferten wir sie wieder bei der Skischule ab. Immer wenn wir den Kindergruppen beim Skilaufen begegneten, hielten wir an und sahen ihnen zu. Die Kinder erlernten das Skilaufen schnell und nach dem Nachmittags-Unterricht erwarteten wir sie wieder am Sammelplatz.

Dann fuhren wir zum Haus „Marianne", und weil es noch hell war, machten wir noch einen schönen Spaziergang in die Bergregionen der Nordseite von Savonin. Ein Waldweg führte vom Haus Marianne in diese Bergregion. Es ging darauf immer nur leicht bergan, bis wir zu einer großen, freien Fläche kamen. Von dort hatten wir eine schöne Aussicht über den Ort Savonin. Für die Söhne hatten wir Plastiksäcke mitgenommen und auf dem Rückweg rutschen sie darauf den Waldweg hinunter, was ihnen immer viel Freude bereitete, denn der Waldweg wurde zu dieser Zeit nur von uns begangen. Danach machten wir Feuer im Kamin, aßen gemütlich zu Abend und ließen den Tag mit Brettspielen ausklingen, denn einen Fernseher gab es im schönen Haus Marianne nicht.

Auch in den Osterferien des Jahres 1989 verbrachten wir unseren Winterurlaub wieder dort. Christian und Henrik mussten dann wieder für eine Woche in die Skischule. Erst moserten sie, aber als sie dabei waren, machte es ihnen auch wieder Spaß und sie frischten ihre Kenntnisse im Skilaufen auf. Henrik weigerte sich aber, in den Kurs von Skilehrer Bruno zu gehen und kam in die Skigruppe, in der auch Christian war.

In den folgenden zwei Wochen liefen die Kinder wieder mit uns und wie immer ging der Urlaub viel zu schnell vorüber und wir mussten nach Hause fahren. Während es mich am Ende des Urlaubs immer nach Hause zog, ließ Mona-Lisa sich viel Zeit mit dem Abreisen, es lockte sie nichts in den Alltagstrott zurück. Wenn wir dann aber zu Hause angekommen waren, freuten wir uns jedes Mal über unser schönes und gemütliches Heim, denn wir befanden uns in unseren fetten sieben Jahren.

Auch unseren dritten Winterurlaub wollten wir in den Osterferien im schönen Haus „Marianne" verbringen. Es wurde aber nicht mehr vermietet. Da suchten wir in Prospektunterlagen ein ruhig gelegenes Quartier und das fanden wir in St. Bernadino in der italienischen Schweiz. Für diese Urlaubsfahrt hatten wir unser neues Jagdauto, einen Citroën-Kombi, gewählt, der Frontantrieb und einen hohen Kombiraum hatte. Die hinteren Sitze lagen auch etwas höher und so konnten unsere Söhne während der Fahrt auch die Fahrstraße nach vorn einsehen.

Für unsere Ski hatte ich im höher gelegenen Dachbereich zwei Auflagen eingebaut und die Ski darauf befestigt, damit sie auch bei starkem Bremsen nicht verrutschen konnten. Recht erwartungsvoll fuhren wir nach St. Bernadino und kamen auch noch bei Tageslicht dort an. Es lag überall viel Schnee und wir fanden auch das in den Prospektunterlagen so angepriesene Haus in angeblich ruhiger Lage. Es lag aber an einer stark befahrenen Straße. Auch das Haus gefiel uns nicht, es war alt und nicht gemütlich eingerichtet. Die Prospektunterlagen waren raffiniert aufgemacht und hatten uns alles nur vorgegaukelt. Darum blieben wir nur über Nacht dort und fuhren am nächsten Morgen wieder nach Savonin.

In einer Wohnungsanlage fanden wir eine Ferienwohnung, die uns gefiel. Dort konnten wir auch unser Auto in der Tiefgarage abstellen und bis zur Heimreise stehen lassen. Von der Wohnanlage aus konnten wir auf den Skiern zur Liftstation laufen und es gefiel uns wieder gut in Savonin. Nach dem Skilaufen mussten wir unsere Skier von der Station zum Quartier auf den Schultern tragen. Doch das Haus lag in Sichtweite und das Tragen fiel uns mit jedem Tag leichter.

Solange es noch hell war, machten wir danach wieder Spaziergänge in die Umgebung der Wohnanlage, die etwas abseits vom Stadtkern lag. Nach dem Abendessen gingen wir auch gern zum Stadtkern, das war immer ein schöner Spaziergang durch die verschneite Winterlandschaft. Auch die folgenden Winterurlaube verbrachten wir in dieser Wohnanlage im Skiort Savonin.

Winterurlaub in Kaprun/Österreich

Unseren Winterurlaub des Jahres 1991 während der Osterferien machten wir in Österreich, im schneesicheren Kaprun. Mitten im Ort und in der Nähe der Zahnrad-Bahnstation hatten wir eine Ferienwohnung gebucht, die zur Mittel-Station für das Skigebiet des Gletschers fuhr. Vor der Station herrschte aber immer ein großer Andrang und es bildete sich eine lange Warteschlange. Oft dauerte es eine ganze Stunde, bis wir in die Zahnradbahn einsteigen konnten, und den Kindern war das Warten immer viel zu langweilig.

Nachdem in Polen die Grenzen wieder offener waren, machten auch betuchte Polen im Ausland gern Ferien und in Kaprun gab es viele davon im Skiurlaub. Da musste ich nicht erst auf die polnische Sprache achten, um sie zu erkennen. Ich erriet sie schon an ihrem Aussehen, zumal ich meine Jugendjahre unter Polen verbracht hatte. In der Bergbahn war es auch immer sehr voll und nur selten bekamen wir Sitzplätze. Wir fuhren durch einen langen Tunnel und über freie Flächen bis zur Bergstation. Dort stiegen wir in Gondeln um und gelangten in die Skiregion des Gletschers. Dort gab es ein schönes Skigelände mit vielen Liften und Skipisten. Nur zum Mittagessen unterbrachen wir das Skilaufen und tummelten uns danach wieder im großen Skigebiet des Gletschers.

Anschließend liefen wir wieder zur Station der Zahnradbahn und fuhren abwärts in den Ort Kaprun. Kaprun hat ein schönes und weitläufiges Skigebiet mit vielen Abfahrten. In der Zahnradbahn gab es einige Jahre danach ein fürchterliches Unglück, viele Skifahrer kamen dabei um. An so eine Tragödie dachten wir damals nicht und unsere Schutzengel haben uns damals davor bewahrt.

Das Fiasko in Wagrain

Wagrain in Österreich ist ein weltbekannter Ski-Urlaubsort und dort wollten wir unseren nächsten Winterurlaub verbringen. Auch ein Freund unserer Söhne sollte daran teilnehmen und so begaben wir uns schon recht früh auf die Fahrt. Sie verlief problemlos und bereits am Nachmittag erreichten wir die Gegend von Wagrain. Weil dort schon viel Schnee lag, montierte ich Schneeketten auf die Antriebsräder unseres Autos. Dann fuhren wir recht langsam durch den Ort und suchten das Haus, das wir für unsere Ferien gemietet hatten.

Die Hausnummer des gesuchten Hauses kam näher und näher, und als wir an einem alten und recht unfreundlich wirkenden Haus angekommen waren, fragten die Kinder ungläubig: „Das ist doch hoffentlich nicht das Haus für uns?“

Es war aber das Haus mit der Wohnung für unsere Ferien und davor stand ein alter Mann in Cordhosen, mit einer dicken Strickwolljacke und einer Wollmütze auf seinem Kopf. Wir hielten an und gaben uns als die Mieter der Ferienwohnung zu erkennen. Der alte Mann schloss das Haus auf und ließ uns hinein. Wir kamen in einen größeren, leeren Raum, in dem an der rechten Seite das Bad mit der Toilette für die Wohnung des Obergeschosses lag. Davor führte eine recht grob gezimmerte Treppe ins Obergeschoss. Die Wohnung bestand aus dem Wohnzimmer und zwei Schlafräumen. Das ganze Haus und auch die Wohnung waren mit sehr einfachen Möbeln ausgestattet, alles machte einen unfreundlichen Eindruck auf uns und erinnerte uns an das Haus in St. Bernadino in der italienischen Schweiz.

Dann sagte ich zum alten Mann: „Das ist aber nicht das Haus und die Wohnung, wie es im Katalog beschrieben ist." Da wurde der Alte noch grantiger, als er schon war und aussah. Er murmelte unverständliche Worte, zeigte auf den Ausgang und sagte die einzigen zwei verständlichen Worte: „Raus da!" Da verließen wir das Haus und hörten noch die Worte: „I sperr wieder ob", und das war es. Der alte Mann schloss das Haus ab und ging fort.

Dann standen wir recht bedröppelt vor dem alten, ungemütlichen Haus. Wir gingen zur Touristen-Information, die ganz in der Nähe war, und erkundigten uns nach einer Ferienwohnung. Es war aber Hochsaison und alle Wohnungen für die von uns benötigte Zeit waren ausgebucht. Nur für wenige Tage waren noch welche vorhanden.

Dann kam auch der alte Mann in die Touristen-Information und sagte zur Dame hinter dem Tresen: „Mei Haus is wieder frei." Ich sprach ihn an und wollte mit ihm einen Kompromiss schließen. Er winkte aber ab und sagte: „Nix isch, i hob obgsperrt!"

Danach gingen wir in das nächste Lokal, wir tranken und aßen ein wenig und beratschlagten, was nun zu tun sei. Weil wir keine Lösung fanden, entschlossen wir uns zur Rückfahrt nach Hause, wo wir um 3.00 Uhr in der Früh ankamen.

Das war ein Fehler und danach machte ich mir Vorwürfe. Wir hätten die Wohnung für einige Tage nehmen sollen und ganz sicher hätte sich auch eine Möglichkeit für den restlichen Urlaub ergeben. Da hatte vor allem meine Spontaneität uns einen Streich gespielt und unser Winterurlaub im weltbekannten Skiort Wagrain im Jahre 2000 fiel für uns aus.

Winterurlaub im Stubaital

Von Mitschülern hörten unsere Söhne, dass sie mit einer Elterngruppe schon jahrelang ins Stubaital nach Telfes in Österreich in den Winterurlaub fuhren. Dort gäbe es auf dem Gletscher ein großes, hervorragendes Skigebiet und dorthin wollten unsere Söhne gern mit ihren Schulkameraden in den Winterurlaub fahren.

Ich nahm Kontakt zu den Eltern auf und für unseren Winterurlaub des Jahres 2001 schlossen wir uns dieser Stubaital-Skigruppe an. Wir mieteten oberhalb des Ortskerns von Telfes eine Ferienwohnung, die in der Nähe unserer Bekannten lag. Wir liefen als Gruppe im Skigebiet des Gletschers Ski und danach konnten die Söhne mit ihren Schulfreunden zusammen sein. Auch in den Osterferien des folgenden Jahres wiederholten wir diesen gemeinsamen Skiurlaub im Stubaital. Es war wieder ein schöner Winterurlaub mit meiner Familie.

Nun, wo ich diese Zeilen schreibe, wird mir bewusst, dass ich nach diesem letzten Winterurlaub 78 Jahre alt wurde, es war unser letzter Skiurlaub mit der Familie. Da verspüre ich doch Wehmut und denke gern an die schönen Urlaube zurück.

Sie haben es mir ermöglicht, meine in der Gefangenschaft von der Tbc geschädigte Lunge zu kräftigen, denn sie forderten mich immer bis zur vollen Belastbarkeit heraus. So bin ich auch noch in der Lage, am Ende meines 8. Lebensjahrzehntes diese Zeilen zu schreiben.

Unsere erste Kanadareise führte uns nach Ontario

Im Sommer 1992 machten wir unsere erste Kanadareise und besuchten die Familie meines Schulfreundes Friedel aus dem alten Heimatdorf Kelpin im Kreis Briesen in Westpreußen. Ende der Fünfzigerjahre war er mit seinen Eltern nach Ontario in Kanada ausgewandert, wo ein Onkel von ihm schon längere Zeit lebte. Dort hat er geheiratet und mit seiner fleißigen Frau Lydia kauften sie sich erst eine und dann auch noch die angrenzende Farm. Die beiden Farmen wurden zusammengelegt und es entstand eine der führenden Milchfarmen in Breslau/Ontario. Sie liegt ganz in der Nähe der ehemaligen Stadt Berlin, die im Zweiten Weltkrieg in Kitchener umbenannt wurde.

Der Grund dafür war, dass die Farmer aus dem Bereich Berlin ihre Erzeugnisse im Zweiten Weltkrieg nicht verkaufen konnten. Nach Kriegsende wünschten sich die alt eingesessenen Deutsch-Kanadier ihren alten Namen Berlin wieder zurück. Dann waren es aber die zugewanderten Deutsch-Kanadier, die dagegen stimmten. Wir waren über Nacht geflogen und unsere Söhne Christian und Henrik waren 12 und 11 Jahre alt. Als wir in Toronto angekommen waren, holte Friedel uns vom Flughafen ab und gemeinsam gingen wir zum großen Parkhaus, wo sein Auto stand.

Wir fuhren zur „Mint Valley Farm“, die ihren Namen zu Recht trägt, denn hinter den großzügig gegliederten Farmgebäuden fließt ein Bach und an seinen Ufern wächst reichlich Pfefferminze. Lydia und Friedel haben vier Kinder, die bei unserem Besuch schon erwachsen waren und nicht mehr auf der Farm lebten. Ihr ältester Sohn Wilfried führte die Farm und Lydia und Friedel waren im Ruhestand. Sie hatten sich ein neues Altenteilhaus erbaut, das an der anderen Seite des Farmweges lag. Wir wurden im geräumigen Untergeschoss einquartiert, wo wir auch ein recht großes Duschbad hatten.

Dann stellte Friedel uns der Familie seines Sohnes Wilfried vor, die im zweigeschossigen Farmhaus wohnte. Wilfried ist mit einer Kanadierin verheiratet, damals hatten sie die Tochter Kirsten, den Sohn Jefry und auch ein Kleinkind. Wilfried sprach Deutsch mit Akzent und von seiner Ehefrau wurden wir mit Kaffee und Kuchen bewirtet. Der kleine Jefry gesellte sich sofort zu Henrik, der sich auch seiner gern annahm. Henrik kann gut mit Kindern umgehen und die Kinder spüren das schnell.

Unseren Söhnen übergab Friedel danach einen vollgetankten „Threewheeler" und damit fuhren sie abwechselnd so lange auf den Feldwegen des großen Farmgeländes umher, bis der Tank leer war. Friedel tankte ihn dann wieder auf und die Söhne konnten weiter umherfahren, bis der Tank nichts mehr hergab. Auf den Feldwegen der Farm konnten sie den Threewheeler auch etwas schneller laufen lassen und das machte ihnen besonders viel Spaß. Friedel hätte unseren Söhnen keine größere Freude bereiten können.

Uns zeigte er die gut geführte Milchfarm mit damals noch 50 „Herdbuch-Milchkühen". Sie hatten keinen Spaltenböden-Stall, sondern liefen und ruhten noch auf Stroh und fraßen am Tage auf den angrenzenden Wiesen.

Während die Kühe auf den Wiesen waren, wurde der Mist im Stall mit einem Traktor auf den angrenzenden Misthaufen geschoben. Der gesäuberte Stall wurde wieder mit Stroh eingestreut. Hinter dem Misthaufen war eine Lagune, in den die Jauche hineinfloss und sich verdünnte, bevor sie im Bach des Farmgeländes landete. Friedel meinte recht stolz zu mir: „Vom Wasser dieser Lagune kannst du trinken, denn sie enthält nur 3 % Jauche." Auf diese Weise wurden die Gewässer in Kanada geschont und nicht mit Jauch überdüngt.

Inzwischen hat Friedels Sohn Wilfried den Herdbuch-Milchkuh-Bestand mehr als verdoppelt. Er hat noch eine Farm hinzugekauft und nun hat er einen Bestand von 120 Herdbuch-Milchkühen. Hinzu kommen die Kälber und das Jungvieh. Ob sie aber immer noch auf Strohlager ruhen, ist mir nicht bekannt.

Am nächsten Tag lud Friedel uns zu einer Schiffs-Rundfahrt durch das Land der 3000 Seen ein. Während dieser schönen Schiffsreise durch einen Teilbereich der großen Seenlandschaft von Ontario erläuterte Friedel uns, dass alle Seen über ein Kanal-System miteinander verbunden sind. Da gab Henrik seinen Kommentar an Christian etwas zu laut ab und sagte: „Und wegen diesem Scheiß fahren wir hierher?"

Auch Friedel hatte Henriks Kommentar gehört und meinte schmunzelnd: „Von seinem Standpunkt aus hat er ja recht." Uns Eltern war Henriks Kommentar doch recht peinlich, denn die Schiffsreise war ein einmalig schönes Erlebnis. Unsere Söhne wären aber lieber auf dem Threewheeler über die Wege des Farmgeländes gedüst.

Dann mietete ich mit Friedels Hilfe für unsere Familie einen Chrysler Van und wir machten einen gemeinsamen Ausflug zu den Niagarafällen. Wir besuchten ein davor stehendes Lokal, und während wir auf der Terrasse zu Mittag aßen, sahen wir auf den kanadischen und auch amerikanischen Teil der Niagarafälle. Nach dem Essen gingen wir zur Promenade vor den Wasserfälle und dort erreichten uns Spritzer von der Gischt der gewaltigen herabstürzenden Wassermassen. Das war für uns ein einmaliges und auch überwältigendes Erlebnis.

Friedel hatte auch Jagdgewehre, die ich gründlich reinigte. Die Schlösser fettete ich mit Waffenöl. Danach setzte ich mich mit einem Kleinkalibergewehr an einen Sojabohnenacker und versuchte, „Groundhogs" zu schießen. Das sind den Murmeltieren in den Alpen verwandte Tiere, die in den steinigen Äckern Kanadas leben und mit ihren Bauten und Gängen den Farmern viel Ärger bereiten.

Aber kein „Groundhog" kam mir allein und auch so passend, dass ich ihn hätte strecken können, ohne dabei ein anderes Tier zu verletzen. Sie spielten sehr quirlig miteinander und niemals stand eines davon vom Erdbau weit genug entfernt und frei. Wenn ein Groundhog getroffen wird und nicht liegen bleibt, schleppt er sich in den Bau und stirbt dort. Durch seine Verwesung hätte diese Groundhog-Familie Schaden erlitten, darum schoss ich auf keinen und hatte auch Freude am Beobachten der Tiere.

Dann machten wir einen Ausflug nach Toronto. Von Friedel hatte ich einen Stadtplan erhalten und darin sah ich, dass in Toronto alle Straßen von Ost nach West und von Nord nach Süd verlaufen. Es war darum recht einfach, sich dort zurechtzufinden. Erst fuhren wir zum CN-Tower und danach besichtigten wir ein Museum mit Dinosaurier-Skeletten, von denen in Kanada besonders viele entdeckt wurden.

Es gibt in Toronto ganze Straßenzüge mit Geschäften von Einwanderern aus einer Nation. So gibt es Chinesen, Ukrainer und auch Straßen mit anderen Nationen. In der Beschreibung von „Marco Polo“ war ein Chinarestaurant besonders empfohlen worden. Als wir es zum Mittagessen gefunden hatten, stellten wir fest, dass im großen Speiselokal auf allen Tischen etwa 20 Plastik-Tischdecken übereinander lagen. Das waren wir von Chinarestaurants in Deutschland nicht gewohnt. Da gingen wir wieder hinaus und suchten nach einem anderen Chinalokal, in dem nur jeweils eine Stoff-Tischdecke auf den Tischen lag.

Ein solches fanden wir aber nicht und mussten dann doch wieder zurück in das vom „Marco Polo“ empfohlene Speiselokal gehen. Wir bestellten unsere Speisen, so gut wir die Speisekarte entziffern konnten. Als sie aufgetragen wurden, sahen sie auch anders aus als in Chinarestaurants in Deutschland. Es war ein Fehler von mir zu glauben, dass chinesische Speisen überall auf der Welt gleich auszusehen haben. Wir waren mit unseren Speisen aber dennoch zufrieden und sie schmeckten uns allen.

Als wir gegessen und bezahlt hatten, räumte der Ober nur das nackte Geschirr vom Tisch und dann sahen wir auch, warum die vielen Plastik-Tischdecken übereinander lagen. Der Ober fasste die vier Ecken der obersten Plastikdecke und hob sie mitsamt den Speiseresten vom Tisch. Danach lag wieder eine saubere Tischdecke darauf und es zeigte sich uns die Rationalisierung auf dem amerikanischen Kontinent.

Während ich dem Ober die Speisen und Getränke bezahlte, war am hinteren Ende des großen Speiselokals eine Putzfrau beim Staubsaugen. Danach waren wir zu der Erkenntnis gelangt, dass auch „Marco Polo“ in Amerika kein chinesisches Speiselokal mit nur einer Stoff-Tischdecke gefunden hatte und dieses Restaurant nur wegen der schmackhaften Speisen empfohlen hatte.

Wir gingen durch die Straßen der Stadt, und nachdem wir schon recht fußlahm waren, suchten wir ein Lokal, in dem wir uns setzen und gemütlich etwas trinken konnten. Wir waren aber im Bankenviertel von Toronto gelandet. Beiderseits der Straße standen Hochhäuser und es gab weit und breit kein Lokal, in dem wir sitzend etwas trinken konnten. An jeder Straßenecke standen nur Schnell-Imbisse mit Hamburgern, Fritten und anderem Fast Food und so blieb uns keine andere Wahl, als das Bankenviertel zu verlassen. Unsere Ausdauer hatte sich gelohnt, denn wir fanden schließlich ein passendes Lokal. Danach kamen wir durch das Ukrainer Stadtgebiet und dort fielen uns die Backwaren in den Schaufenstern der Bäckereien auf. Schon beim Ansehen waren sie appetitanregend und wir kauften eine volle Tüte Plunder-Gebäck, das wir auf unserer Rückfahrt zu Strenzkes Mint-Vally-Farm verspeisten. Das Ukrainer Plunder-Gebäck hielt, was es unseren Augen versprochen hatte. Wir hatten zudem gelernt, dass für einen Ausflug nach Toronto ein Tag viel zu wenig ist. Man sollte sich dort für eine Woche einquartieren und täglich ein anderes Stadtgebiet erkunden. Immerhin waren wir einen Tag in Toronto gewesen und das zählte für uns auch.

Wir hatten eine schöne Zeit bei Lydia und Friedel verbracht und haben auch die Erdbeerfarm von Walter Lutz besuchen können, die ganz in der Nähe von Friedels Mint-Vally-Farm liegt. Er ist einer von den älteren Brüdern der Familie Lutz. Da er zu dieser Zeit selbst nicht anwesend war, ließen wir uns seine Erdbeeren auch ohne ihn schmecken. Auch die Lutz-Sippe war nach dem Zweiten Weltkrieg und dem Verlust unserer Heimat in Westpreußen geschlossen nach Kanada ausgewandert. Mit dem Sohn Hermann habe ich ein Jahr lang die deutschsprachige Volksschule in Golub im polnischen Westpreußen besucht. Hermann war dort auch in der Geigen-Schülergruppe.

Auch Friedels Onkel Oswald, den Bruder seiner Mutter, besuchten wir im Altenheim in Kanada. Oswald war Junggeselle geblieben, seine Familie stammte ursprünglich aus der Provinz Masowien in Kongresspolen, aus der Weichsel-Gegend von Plozk, die etwa 70 km nordwestlich vor Warschau liegt und wo auch meine Vorfahren gesiedelt hatten.

Als ich im Alter von 15 Jahren nach dem schnellen Sieg über Polen im Gasthaus, Kolonialwarengeschäft und Hotel des Inhabers Emil Kilper in Schönsee kaufmännischer Lehrling war, habe ich Friedels Vater und seinen Schwager Oswald oft gesehen. Wenn sie von Kelpin zum Markt nach Schönsee kamen, um ihre landwirtschaftlichen Erzeugnisse in der Getreidehandlung Spohr abzuliefern. Danach kamen sie zum zweiten Frühstück ins Gasthaus Kilper und dann habe ich sie immer bedient. Sie stärkten sich mit einer Ecke Tilsiter Käse, die in Streifen geschnitten war und auf einem Frühstücksteller mit einem Klecks Mostrich serviert wurde. Sie tauchten die Käsestreifen in den Mostrich, wie man den Senf in Westpreußen nannte, und tranken ein Glas Tokaier Wein dazu. Nach über vier Jahrzehnten trafen wir uns nun in Kanada wieder.

Nach der schönen Woche auf Strenzkes Farm mieteten wir für uns ein Häuschen am Cameron-Lake für die nächsten zwei Wochen, das einer Bekannten von Friedel gehörte. Es war ein recht altes, aber urgemütliches und geräumiges Häuschen, das am See mit einem breiten Sandstrand lag. In der Empore des Dachbereichs schliefen unsere Söhne. Mona-Lisa und ich hatten unseren Schlafraum neben dem Wohnraum. Auch die Küche war voll eingerichtet und hatte sogar haltbare Vorräte für einige Tage.

An dieser Stelle des Cameron-Lake standen drei Häuschen in einer Reihe und das mittlere davon bewohnten wir. Das kleinere Häuschen auf der rechten Strandseite gehörte ebenfalls der Bekannten von Friedel. Als Lydia und Friedel uns dort besuchten, wohnten sie darin. Das Häuschen auf der linken Seite gehörte Kanadiern, die es zu dieser Zeit auch selbst bewohnten. Zwischen uns bestand ein guter Kontakt.

In unserem Häuschen hatten sich Streifenhörnchen eingemietet, die in Schränken und Schubfächern hausten und einiges darin auch anknabberten. Sie wurden zu unseren Söhnen sehr zutraulich und holten sich Nüsse aus ihren Händen.

Wenn man beim Duschen in der Dusche stand, dann hatte man immer das Gefühl, als ob der Duschraum schwankte und wir uns auf einem Schiff auf hoher See befänden. Das erging auch Mona-Lisa so, aber wir kamen nicht dahinter, warum dieser Eindruck bei uns entstand. Vermutlich schwankte der Bad-Fußboden des alten, urigen Wochenend-Häuschens ein wenig.

Uns stand auch ein Ruderboot mit Schwimmwesten zur Verfügung, ebenso waren Surfbretter für die Söhne vorhanden. In Kanada ist es Vorschrift, dass beim Rudern und Surfen Schwimmwesten getragen werden müssen. So ausgerüstet ruderte ich mit dem Boot weit auf den See hinaus und angelte. Dort hatte ich auch keine Angst vor tiefem Wasser, mit der Schwimmweste fühlte ich mich als Nichtschwimmer immer recht sicher.

Das Wasser des Cameron-Lake war sehr klar und man konnte tief in den See hinuntersehen. Die großen Fische, die ich fing, waren für uns bestimmt und die kleinen bekam ein junger Waschbär, der abends an die Hütte kam. Auch er wurde zutraulich und nahm den Söhnen die Fische und andere Schleckereien aus den Händen.

Jeden Tag, am Morgen und Abend, schwamm ein Fischotter von links nach rechts und umgekehrt durch den vorderen Bereich des Cameron-Sees. Wenn wir uns zu laut unterhielten, dann klatschte er mit seiner breiten Schwanzflosse auf das Wasser und tauchte ab.

Auf den Pfaden am See begegnete man auch Schildkröten beim Spaziergang. Es war Natur pur an diesem herrlichen See in der Nähe der Fanlon-Falls.

Richard Lutz war der älteste von den Lutz-Brüdern und besaß am angrenzenden rechten See ein Haus, das direkt am Wasser lag. Richard war mit der Kanadierin Rosmarie verheiratet, die

Lehrerin war. Sie wohnten allein im Haus, ihre Kinder waren bereits erwachsen und lebten in der Nähe.

Richard kam oft mit seinem Motorboot zu uns und brachte Monika und den Söhnen das Wasser-Skilaufen bei. Er hatte eine sehr ruhige und angenehme Umgangsart. Wenn etwas nicht seinen Vorstellungen entsprach, nannte er es „bullshit". Diesen Ausdruck fanden unsere Söhne „cool". Der Ausdruck „bullshit" war Richards Markenzeichen.

Oft erzählte er uns auch von einem Bodo, der beim Volkswagenwerk beschäftigt und mit der einzigen Tochter seines Freundes Kurt verheiratet sei. Als Richard eines Tages wieder von Bodo sprach, fiel mir spontan der ehemalige Leiter des Autowerkes in Hannover ein, der Bodo mit Vornamen hieß. Da fragte ich: „Richard, wie heißt der Schwiegersohn deines Freundes mit Nachnamen? Könnte es auch sein, dass es Dr. Bodo … ist?"

„Well", antwortete Richard in seiner deutsch-kanadischen Sprechweise, „ob er einen Doktortitel hat, das weiß ich nicht. Ich weiß nur, dass er mit seinem Vornamen Bodo heißt. Aber in der nächsten Woche kommt er nach Kanada und dann fahren wir dorthin. Es ist ja nicht weit, nur zwei Autostunden von hier."

Diese Einschätzung der Entfernung nach Fahrstunden war uns Europäern fremd. Sie gehörte aber zu den nach Kanada ausgewanderten Deutschen und Richard war ein typischer Deutsch-Kanadier geworden, der bestimmte Ausdrücke seines neuen Heimatlandes in seine Muttersprache einfließen ließ. Bei uns in Deutschland entsprach die Entfernung von zwei Autostunden etwa der Distanz zwischen Hannover und Hamburg = rund 200 km.

Richard hielt Wort und in der Woche darauf holte er uns mit seinem Ford-Van ab und wir fuhren zur Familie seines Freundes Kurt, dessen Schwiegersohn Bodo war. Als wir nach etwa zwei Stunden dort ankamen, war es tatsächlich der ehemalige Leiter eines Autowerkes in Niedersachsen.

Auch er hatte geahnt, dass es sich bei diesem Deutschlandbesuch nur um mich handeln könne. So war dann auch die Begrüßung beim unverhofften Wiedersehen im viele Tausend Kilometer entfernten Kanada recht herzlich, einer der seltenen Zufälle.

Jahrzehnte nach dem Verlust unserer westpreußischen Heimat treffen sich Richard aus der Familie Lutz, die im Dorf Osterbitz eine Hofstelle besaß, das hinter Schönsee im polnisch gewordenen Westpreußen liegt und ich im Tausende Kilometer entfernten Kanada wieder. Dann treffe ich auch noch den Leiter eines Autowerkes in Niedersachsen dort. Die Welt war in den letzten Jahrzehnten doch sehr klein geworden. Richards Freunde, Almut und Kurt, hatten ein großzügiges Mittagsmahl zubereitet, und weil es in Kanada üblich ist, dass Landsleute sich per „Du" ansprechen, kamen wir mit seinen Freunden sofort in eine anregende Unterhaltung. Da fragte mich Richards Freund Kurt: „Wie habt ihr in eurer alten Heimat die Kartoffeln genannt?" Darauf antwortete ich zunächst recht ratlos: „Zu Kartoffeln haben wir auch ‚Kartoffeln' gesagt." Da warf Kurts Ehefrau Almut ein: „Kartoffeln wurden auch Schacke genannt, wie bei der Kartoffelspeise ‚Scherke-Schacke'." Da ging mir ein Licht auf! Almut stammte auch aus Kongresspolen wie meine Eltern und in der dort üblichen plattdeutschen Umgangssprache wurden Kartoffeln „Schacke" genannt.

Die Kartoffel ist ja in Europa erst recht spät bekannt geworden und in der polnischen Sprache werden Kartoffeln auch als „Kartofle" benannt. Unserem nationalbewussten polnischen Lehrer passte es aber nicht, dass diese aus der deutschen Sprache stammende Bezeichnung auch in der polnischen Sprache Verwendung fand, und er nannte die Kartoffeln „ziemniaki" = Erdlinge. Er verlangte auch von seinen Schülern, dass Kartoffeln mit „ziemniaki" bezeichnet wurden. Sein Wunsch ist aber nicht in Erfüllung gegangen, in Polen heißen Kartoffeln immer noch Kartofle.

Nach dem Mittagessen fuhren wir mit Dr. Bodo zu seinem Cottage mit einem kleinen See und einer Waldfläche, die nach deutschem Recht die Größe einer Eigenjagd hat. Bodos Cottage lag in der Nähe seiner Schwiegereltern und er lud uns zu einer Motorbootfahrt auf einem größeren See ein. Da konnten Mona-Lisa und meine Söhne auch zeigen, dass Richard ihnen das Wasser-Skilaufen beigebracht hatte. Es war ein sehr angenehmer Überraschungsbesuch, an den wir gern zurückdenken.

Unser erster Kanadabesuch ging zu Ende. Es war schön, dass wir die Möglichkeit hatten, dorthin zu reisen. Ich denke da an unsere Vorfahren, die so eine Reise nur als Auswanderung unternahmen und nie wieder zurückkamen. Die Welt wird immer kleiner und wir rücken mehr zusammen.

Unser Englandurlaub

In den Sommerferien des Jahres 1993 machten wir einen Sommerurlaub in Cornwall im Südwesten von England. Mit dem Auto fuhren wir zur Fähre nach Calais in Frankreich und von dort mit dem Fährschiff nach Dover in England. Dort mussten wir uns auf den englischen Linksverkehr umstellen, was wider Erwarten kein Problem war. Wir hatten in einer Ferienanlage eine Wohnung gemietet, die gut eingerichtet war. Auch ein überdachter Swimmingpool gehörte dazu.

Dann übte ich das Schwimmen, denn bis zur Hälfte des Beckens konnte ich mit den Füßen den Boden berühren und das gab mir Sicherheit. So schaffte ich es dann auch, die zweite Hälfte des Beckens zu durchschwimmen. Seitdem ich als Kind im schönen Okoninsee meiner alten Heimat fast ertrunken wäre, hat Wasser für mich keine Balken und das wird sich auch nicht mehr ändern.

Tagsüber machten wir Ausflüge in die Landschaft von Cornwall. Neben dem in England üblichen Linksverkehr mussten wir uns auch an die sehr schmalen Straßen gewöhnen. Oft hatte der beidseitige Baumbewuchs die Straße völlig überdacht und dann fuhren wir durch einen Laubtunnel. Auch die Wohnhäuser liegen sehr dicht an den Straßen und so gehen logischerweise alle Hauseingänge nach innen auf. Für mich war es eine völlig neue Erfahrung, im eigenen Auto durch England fahren zu können, denn es hatte sich auch hier in den vergangenen Jahrzehnten vieles verändert.

Als ich im Jahre 1944 in amerikanische Gefangenschaft geriet und als Arbeitskraft zu einem amerikanischen Armeedepot in die Nähe von Oxford kam, erschien uns Gefangenen England noch sehr rückständig. Da hatten die Lokomotiven noch 2 m hohe Schornsteine und die Sitze in den Waggons waren feudal gepolsterte Bänke aus der beginnenden Eisenbahnzeit. Wir hatten uns monatelang nicht waschen können und waren total verdreckt, aber wir saßen in einem Zug mit Salonsesseln. Wir hatten aber keine Läuse mehr, denn wir waren zuvor mit dem giftigen DDT-Pulver entlaust worden. Doch nach fast fünf Jahrzehnten machte auch England einen recht modernen Eindruck auf uns.

In Cornwall gab es schöne Angelseen mit sehr klarem Wasser, die sich in die Landschaft einfügten. Ganz in der Nähe unseres Quartiers lag so ein See. Wir machten es uns daran recht bequem, ich warf eine Angel aus und fing eine recht große Forelle, die eine gute Mahlzeit ergab.

Als wir am folgenden Tag unser Anglerglück wiederholten und ich meine Angel ausgeworfen hatte, da sprach mich ein Engländer an und sagte: „It's only flyingfishing allowed!" Dann musste ich meine Angel wieder einziehen, denn für das Fliegen-Fischen hatte ich weder Erfahrung noch eine Ausrüstung.

Aber nur ungern wollte ich auf eine zweite schmackhafte Forelle verzichten. Dann breitete ich an anderer Stelle des Seeufers eine Decke aus und meine Familie legte sich darauf. Als kein Angler am See zu sehen war, befestigte ich einen Regenwurm am Angelhaken einer Angelschnur und warf beides in Strandnähe in den See, der an dieser Stelle keinen Bewuchs hatte. Die Angelschnur ließ ich unauffällig auf den Boden liegen und hielt ihr Ende fest.

Es dauerte auch nicht lange, bis eine Forelle am Wurm zupfte und ihn mit dem Haken verschlang. Als sie mit ihrer Beute abziehen wollte, schlug ich die Angelschnur kurz an, ich zog die Forelle aus dem Wasser und wir fuhren mit unserer Beute ins Urlaubsquartier zurück.

Dann erst wurde mir bewusst, dass ich meinen Söhnen ein schlechtes Vorbild gewesen war. Das musste korrigiert werden und ich erklärte ihnen: „Mit dieser Aktion wollte ich euch aus erzieherischen Gründen zeigen, wie leicht man ein Unrecht begehen kann, das Strafen als Konsequenz nach sich ziehen kann. Wildern ist auch in Deutschland eine recht schlimme Tat, die auch hart bestraft wird, in England wird das nicht anders sein."

Es hätte auch ganz anders kommen können. In dem Augenblick, als ich die Forelle aus dem See zog, hätte unverhofft ein Angler oder ein Beamter des Ortes kommen und mich beim Wildern erwischen können. Ich hatte damals in der Tat viel Glück bei meinem unkorrekten Tun. Ich war mir aber nicht sicher, ob meine Söhne meine Belehrung nicht doch nur als Ausrede bewertet haben, und hoffe, dass sie es niemals nachmachen. Wir angelten dann auch niemals wieder an diesem schönen See, der sich der Landschaft gut anpasste. Jetzt, nachdem ich diese Geschichte aufschreibe, wird mir bewusst, dass ich damals ein Wilddieb war, und ich bedauere es umso mehr, als ich meinen Söhnen ein schlechtes Vorbild war.

Zu den Orten meiner amerikanischen Gefangenschaft sind wir aufgrund der in Frankreich gemachten Erfahrung nicht gefahren. Das amerikanische Armee-Depot mit dem angrenzenden Gefangenenlager lag in der Nähe von Oxford. Ich hatte die dortige Gegend als Gefangener auch nicht kennengelernt, denn wir kamen aus unserem stark bewachten Lager nicht heraus. Es hatte eine doppelte Umzäunung und so kam es auch, dass das englische Volk der Auffassung war, dass wir Kriegsverbrecher seien, denn englische Kriegsgefangene konnten sich im Umkreis von 10 Meilen frei bewegen. Ganz sicher hatte sich in den vergangenen Jahrzehnten auch dort alles total verändert.

Da gab es auch den Naturpark Surton-Coldfield bei Birmingham, wohin wir 160 junge Gefangene am 8. Mai 1945, dem Tag des Kriegsendes, im Zug transportiert wurden. Damals sahen wir auf den englischen Häusern nur rote, russische Fahnen, aber sehr selten auch eine englische. Dort haben wir auch im Winter in Zelten wohnen müssen und dabei in Nachtschichten geholfen die liegen gebliebene amerikanische Armee-Post aus der Weihnachtszeit 1944/45 aufzuarbeiten. Dieses Gelände wurde damals auch als Versuchsgelände für Panzer genutzt. Auch dort hatte sich ganz sicher in den vergangenen Jahrzehnten vieles verändert. Ich dachte auch an den großen Krankenhaussaal in Nord Wales, wo ich nach der Erkrankung an offener Lungen-Tbc allein in einer mit Bettlaken abgetrennten Saalecke lag und mich aufzugeben begann. Der Urlaub in England hat uns aber gut gefallen. Er war auch Abschluss dieser schweren Zeit im Zweiten Weltkrieg.

Meine Schulfreundin Gerda

Nach fünf Jahrzehnten erhielt ich durch Zufall die Anschrift von Gerda, einer Schulfreundin aus meinem letzten Schuljahr in der deutschsprachigen Volksschule in Golub. Dort waren wir auch in der Schüler-Geigengruppe zusammen, die nachmittags vom Schulleiter Schröder unterrichtet wurde. Gerda wohnte vor der Vertreibung im Dorf Bielsk hinter Schönsee und auch sie entstammte einer kinderreichen Familie und ist mit mir im Jahr 1939 konfirmiert worden. Ich vereinbarte mit Gerda einen Tag, an dem wir sie besuchen wollten, und mit Bruder Erdmann und dem Mitschüler Eduard fuhren wir nach Quedlinburg, wo Gerda eine neue Heimat gefunden hatte. Während ihrer Flucht hatte Gerda alle Unterlagen und auch ihren Konfirmandenschein verloren. Da übergab ich ihr eine Ablichtung von meinem Konfirmandenschein, auf dem die evangelische Kirche in Schönsee eingefügt ist, die nach dem Zweiten Weltkrieg von den Polen abgerissen wurde. Gerda freute sich sehr darüber, denn die evangelische Kirche hatte im Jahre 1936 ihr 400-jähriges Bestehen gefeiert.

Gerda zählte in der deutschsprachigen Schule in Golub zu den Mädchen, für die wir Jungens schwärmten. Neben ihr waren es auch Inge, Wanda und Christiane, wobei mein heimlicher Schwarm Christiane war.

Gerda hat nach ihrer Verwaltungslehre im Rathaus der Stadt Schönsee gearbeitet. Nach der Flucht hatte sie in Quedlinburg eine neue Heimat gefunden, einen Quedlinburger geheiratet. Sie hatte einen Sohn und eine Tochter. Ihr Sohn wollte aber nicht weiter seinen Namen tragen und bei seiner Heirat nahm er den Namen seiner Ehefrau an. Ich hatte volles Verständnis für ihn, denn ganz sicher hatte er während seiner Kindheit unter seinem Familiennamen Schweinehagen gelitten und das wollten er und auch seine Ehefrau und den Kindern ersparen.

Gerda hatte inzwischen schlohweißes Haar. Sie strahlte aber immer noch eine große Herzlichkeit aus und es gab ein sehr freudiges Wiedersehen. Alte Erinnerungen wurden aufgefrischt, denn Gerda führte in Schönsee den BDM = Bund Deutscher Mädel, während ich der Gefolgschaftsführer der HJ = Hitler Jugend war. Wir alten Schulfreunde wurden von ihrer Tochter und auch der Enkeltochter bestens bewirtet, die im Polizeidienst arbeitete.

Dabei wurde auch folgende Begebenheit aufgefrischt, die bei mir bereits in Vergessenheit geraten war. Am Ende der Osterferien und bevor ich wieder zum deutschen Gut nach Sluchaj zurückkehrte, sollte Bruder Erdmann mir die Haare schneiden.

Damals war bei uns Jungens der Haarschnitt noch kein Problem, denn wir trugen im Jungenalter keine Haarpracht. Beim Haarschneiden mit einer Hand-Haarschneidemaschine blieb nur über der Stirn ein Haarbüschel ungeschoren, das vorn herunter gekämmt und gerade geschnitten wurde. Diese damalige Haarpracht bei uns Jungens wurde Tschuppchen genannt.

So saß ich mit einer Küchenschürze über meine Schultern gelegt auf dem Küchenhocker, während Erdmann mir das Haar abschnitt. Das war für mich recht angenehm und auch einschläfernd. Ich döste mit geschlossenen Augen und diese Gelegenheit nutzte Erdmann und schnitt mir auch gleich eine Augenbraue ab.

Da wurde ich hellwach und protestierte, aber Erdmann erklärte mir, es sei nur ein Versehen gewesen. Er sei mit der Haarschneidemaschine abgerutscht. Damit sein Versehen weniger auffiel, überredete er mich, auch die zweite Augenbraue abzuschneiden. Das war einleuchtend, denn mit einer Augenbraue fiel das Fehlen der zweiten besonders auf. So willigte ich ein, dass mir auch die zweite Augenbraue abgeschnitten wurde.

Als ich nach den Osterferien mit meinem veränderten Aussehen in der Schule erschien, fiel es Inge sofort auf. Sie lachte mich vor allen Mädchen aus und sagte immer wieder: „Abrasiert, abrasiert!" Das ärgerte mich dann doch und mir wurde auch bewusst, dass es sich nicht um ein Versehen meines Bruders gehandelt hatte, es war pure Absicht gewesen.

Alles in allem war es ein schöner Wiedersehenstag bei Gerda in Quedlinburg.

Der Verkauf des Heidehauses

Das Jagdhaus im Heidedorf war ein vollwertiges Wohnhaus und über die Wochenenden und Feiertage hielten wir uns darin auch auf. Mona-Lisa hatte dann immer das Problem, alles Notwendige für die Familie einzupacken, denn mich drängte es immer sehr, ins geliebte Jagdrevier zu kommen, und damit stresste ich meine Mona-Lisa.

Ich hatte immer ein volles Programm, was alles im Haus und auch im Jagdrevier erledigt werden sollte, bevor ich zum geliebten Jagdansitz gehen konnte. Nach unserer Ankunft im Heidehaus wurden die Kirrungen im Jagdrevier beschickt, damit sich meine hinterlassene Witterung verflüchtigen und ich am Abend zum Jagdansitz gehen konnte.

Danach musste der große Rasen gemäht werden und das dauerte immer zwei stramme Stunden. Auch sonst gab es auf dem großen Grundstück immer etwas zu tun, wobei es mir auch immer darum ging, rechtzeitig fertig zu werden, um meinen Jagdansitz nicht zu gefährden.

Wenn unsere schöne Ehe nicht gefährdet werden sollte, konnte es auf Dauer nicht so bleiben. Da galt es zu entscheiden, welches von den beiden Häusern den Vorrang haben sollte und von welchem wir uns trennten. Dann beschlossen wir, das Heidehaus wieder zu verkaufen, zumal ich beruflich vorwiegend am offiziellen Wohnsitz und am Rande Hannovers tätig war.

Wir starteten eine Verkaufswerbung für unser Heidehaus und es meldeten sich viele Interessenten, darunter auch der Liedersänger Klaus Lage. Es dauerte aber doch noch einige Monate, bis sich das Ehepaar zum Kauf entschloss, das es bereits zu Beginn der Verkaufswerbung besichtigt hatte.

Meine biblischen sieben fetten Jahre neigten sich ihrem Ende zu. Die Immobilienpreise waren sehr gefallen und wir erzielten nicht den Preis, den wir dafür gezahlt und auch investiert hatten. Nach dem Verkauf fiel aber eine große Last von uns und das erleichterte den Abschied vom vollwertigen Haus als Jagdhütte.

Eine kleine und urgemütliche Jagdhütte

Meiner ersten Jagdhütte trauerte ich sehr lange nach. Sie stand auf einem großen Waldgrundstück, auf dem es kein Rasenmähen gab. Sie war zwar klein, aber auch funktionell und urgemütlich. Besonders bedauerte ich, nach ihrem Verkauf nicht eines der angrenzenden Waldgrundstücke gekauft und wieder eine zünftige Jagdhütte darauf gebaut zu haben.

Alles „wenn“ und „hätte“ brachte nichts, ich musste wieder eine Unterkunft für meine Jagdleidenschaft haben. Da kam mir ein Zufall zu Hilfe.

Bei einer Jagd-Einladung sah ich im Jagdrevier einen 7 m langen Bauwagen stehen, der innen mit naturbelassenen Brettern verkleidet war und nur selten genutzt wurde. Beim Schüsseltreiben nach der Jagd fragte ich den Eigentümer, ob ich mir den Bauwagen ansehen dürfe. Das durfte ich und dann kaufte ich diesen Bauwagen auch, um ihn zu einer kleinen und gemütlichen Jagdhütte auszubauen, denn ich hatte großen Spaß am Werkeln mit Holz. Zuerst wurde der Bauwagen-Unterboden gedämmt und mit Plastik-Platten gegen aufsteigende Feuchtigkeit von unten abgesichert. In der Nähe des verkauften Heidehauses fand ich auch einen Standplatz und dort bockte ich meinen neuen Jagd-Bauwagen standfest auf Säulen aus großen Sandsteinziegeln, die im dunkelgrauen Farbton angestrichen wurden. Den Eingang in die kleine Jagdhütte verlegte ich vom Bauwagen-Ende in Seitenmitte und versetzte die Tür entsprechend. Anstelle des ehemaligen Einganges baute ich einen Schrankteil an, der gut isoliert wurde und einen dunkelgrünen Farbanstrich bekam, der sich dem Bauwagen anpasste.

Auch zwei zusätzliche Fenster erhielt er und danach auch eine Terrasse über die ganze Länge. Die Treppenstufen kamen an die vordere Stirnseite der Terrasse, ihre äußeren Seiten wurden zur Absicherung mit 90 cm hohen und einfach konstruierten Feldern als Holz-Brüstungen versehen. Dann baute ich eine Überdachung aus farblosen Plexiglas-Wellplatten über die Terrasse und auch über den Bauwagen. Damit war alles vor Regen und Schnee geschützt und ich hatte einen trockenen Platz für das Ausbauen und Einrichten meiner kleinen Jagdhütte.

Zunächst teilte ich die künftige Jagdhütte in drei Teile auf. Für die Beleuchtung und auch zur Beheizung wurde der ganze Bauwagen mit dick isolierten Stromkabeln versehen und auch Sicherungs-Automaten für die einzelnen Stromkreise eingebaut.

Im linken Drittel wurden zwei Bettgestelle für die Söhne übereinandergestellt und davor eine kleine Küchenzeile zum Kaffeekochen usw. eingerichtet. In der Mitte des Bauwagens, wo auch der Eingang war, entstand eine recht gemütliche Sitzecke mit Sitzbänken, einem Tisch und einem Kasten für das Bettzeug der zwei Schlafcouchen, die im rechten Drittel für Mona-Lisa und mich aufgestellt wurden. Unter einer Sitzbank gab es Platz für alle möglichen Dinge, wie etwa Putzzeug für meine Gewehre.

An der linken Seite des Eingangs war auch Platz für schmiedeeiserne Garderobehaken für Mäntel und Kopfbedeckungen. An der rechten Seite hing ein zünftiger, mit Schmiedeeisen eingerahmter Spiegel. Darunter war ein elektrischer Heizkörper an die Wand geschraubt mit einer recht dicken Asbestplatte als Schutz gegen Überhitzung durch den Elt-Heizkörber.

Hinter den beiden Schlafcouches der rechten Seite wurde der ehemalige Eingang zum Schrank ausgebaut, der im oberen Bereich eine Ablage mit Kleiderstange und darunter viel Platz für Kleidung usw. bot. Zum Innenraum hin wurden zwei leichte Innentüren angebaut, die als Schranktüren im oberen Bereich dienten. Der untere Bereich wurde verbrettert.

Meine aus Holz gefertigten Regale aus dem ehemaligen Carport wurden an den Seitenwänden über den Schlafcouches angebaut und boten viel Platz für Jagdbücher und Dekorierungen. An der rechten Seite des angebauten Schrankes fertigte ich auch ein Regal für einen kleinen Fernseher. Die Terrasse wurde mit ehemaligen Garten-Holzmöbeln bestückt und sie boten eine sehr schöne Sitzgelegenheit für Jagdfreunde.

Von einem freundlichen Nachbarn hatte ich auch Stromanschluss über einen Zwischenzähler bekommen. Eine indirekte Beleuchtung der Hütte bot eine anheimelnde Atmosphäre. Der kleine Jagd-Bauwagen war funktionell ausgestattet und urgemütlich.

Dann fragte ich mich auch, warum ich nicht schon früher auf diese Idee gekommen war. Das hätte mir viel Geld für den Kauf des Jagdhauses und auch viel Arbeit erspart.

Zur Einweihung meines Jagd-Bauwagens lud ich meinen Jagd-Verpächter und Freunde aus dem Dorf mit zünftiger Bewirtung und anschließendem Doppelkopfspiel ein. Das Doppelkopfspiel wiederholten wir mehrmals und heute noch versichern mir meine Freunde aus dem Heidedorf: „Die schönsten Doppelkopf-Runden hatten wir immer in deinem Jagd-Bauwagen."

Auch einen Brunnen hatte ich spülen und das Wasser untersuchen lassen. Es war einwandfrei, wenig eisenhaltig. Über den Brunnen baute ich einen winterfesten Schuppen und installierte auch ein Spülbecken mit einem Heißwassergerät darunter. Dort konnten wir uns auch waschen. Das Handwerkern mit Holz hat mir immer Spaß und Freude gemacht.

Dann verkleidete ich den Schuppen auch von innen mit unbehandelten Profilbrettern. Damit ich mein gestrecktes Wild auch säubern und kühlen konnte, war außen am Schuppen einen Wasserzapfhahn installiert.

Der Eigentümer des angrenzenden Waldes erlaubte mir, einen „Donnerbalken" für die Notdurft aufzustellen. An einer kleinen und bewuchsfreien Stelle hob ich eine Grube aus und befestigte sie seitlich mit Balken, damit das Erdreich nicht abrutschen konnte. Dann setzte ich ein aus Rauspundbrettern gefertigtes „Häuschen mit einem Herz in der Tür" darauf, das außen waldgrün gestrichen war und innen naturbelassen blieb. Neben der WC-Brille und einem von mir gefertigten Toiletten-Papierhalter gab es auch ein ausreichend großes Fach für Sägemehl zum Abdecken der Hinterlassenschaft. Das Sägemehl konnte ich vom Sägegatter in der Nachbarschaft holen.

Im Frühling, wenn die ersten Sonnenstrahlen das freie Plätzchen erwärmten, ließ ich bei meinen Sitzungen auch gern die Tür mit dem Herz darin offen stehen. Das Rauschen des Waldes, das Vogelgezwitscher und auch den Kuckucksruf genoss ich dann bei meinen Sitzungen und es gab für mich keinen schöneren Platz dafür.

Auch meine Mona-Lisa hatte dann erholsamere Wochenenden im Jagd-Bauwagen. Kein Haus musste gesäubert werden und die Söhne hatten nach wie vor viel Auslauf in der Lüneburger Heide. Weil auch kein Rasen gemäht werden musste, konnte ich mich ganz meiner geliebten Jagd und auch meinem Teichgrundstück widmen.

Unsere zweite Kanadareise

In den Sommerferien des Jahres 1994 unternahmen wir unsere zweite Kanadareise. Diesmal fuhren wir zu Edeltraut und Otto nach Edmonton in Alberta. Sie waren Rentner und bewohnten ein schönes Haus, in dem auch reichlich Platz für unsere Familie vorhanden war.

Edeltraut gehörte zur Adam-Sippe, die zum engeren Bekanntenkreis meiner Eltern zählte und schon vor dem Ersten Weltkrieg aus Kongresspolen nach Westpreußen ausgewandert war. Im Dorf Heinrichsberg, das ausschließlich von Deutschen gegründet worden war, hatten sie eine Hofstelle gekauft. Heinrichsberg liegt etwa 7 km von Siegfriedsdorf entfernt.

So war ich seit meinem Kindesalter auch mit Adams-Kindern befreundet. Edeltraut war im gleichen Jahr geboren wie meine Schwester Edeltraut und beide wurden sie Traute genannt. Als Adams unsere Eltern besuchten und Schwester Traute gestillt wurde, legte Mutter auch gleich Adams Traute an ihre andere Brust und beide wurden zusammen gestillt.

Im Gegensatz zu Frau Adam hatte unsere Mutter immer reichlich Muttermilch. Sie stillte ihre Kinder etwa ein Jahr lang. Während der Stillzeit wird eine Frau nicht schwanger und das war damals die einzige Schwangerschaftsverhütung, die meine frommen Eltern unbewusst in Anspruch nahmen. Nach der Vertreibung der Deutschen aus der westpreußischen Heimat ist auch die Adam-Sippe nach Kanada ausgewandert. Adams hatten fünf Mädchen, Luise, Emma, Martha, Herta und Edeltraut, und vier Söhne, Gottlieb, Siegfried, Otto und Kurt. Der älteste Bruder Gottlieb ist im Zweiten Weltkrieg gefallen. Auch Adams Kinder heirateten in Kanada, sie gründeten Familien und brachten es alle zu Wohlstand. Trautes Ehemann Otto stammte aus Wolhynien. Er holte uns vom Flughafen ab und nach der Begrüßung wurden wir an den gedeckten Tisch gesetzt und plauderten beim Essen ein wenig. Dann bezogen wir das uns zur Verfügung gestellte großzügige Quartier im Untergeschoss und erholten uns von der etwa zwölfstündigen Flugreise. Danach wurden wir in der großen Adam-Sippe herumgereicht und von allen Adams sehr freundlich empfangen und bewirtet. Die Wiedersehensfreude nach über fünf Jahrzehnten war groß.

Alle Adams waren bereits im Rentenalter. Die älteste Schwester Lieschen war mit Emil verheiratet, der auch aus Kongresspolen stammte. Er sammelte gern noch brauchbare Spielsachen, die entsorgt werden sollten, und reparierte sie. Er hob die vielen Spielsachen in seiner Garage auf und jeder freie Platz war damit gefüllt. Wenn seine Enkelkinder zu Besuch kamen, wurden sie reichlich von ihm beschenkt.

Lieschen erinnerte mich in ihrer forschen Weise an unsere älteste Schwester Gustel. Sie machte sich richtig schick, Kostüm, Schuhe und selbst die Handtasche waren farblich aufeinander abgestimmt, und schön gekleidet lud sie uns zum Bummel durch das Shoppingcenter von Edmonton ein. Danach ging Lieschen mit uns zum Tower und fuhr mit uns zur Aussichts-Etage hoch. Bei Kaffee, Limonade und Kuchen sahen wir uns Edmonton von oben an, denn die Aussichts-Etage drehte sich langsam. Lieschen berichtete: „Als wir in den Fünfzigerjahren hier ankamen, zählte Edmonton etwa 200.000 Einwohner und jetzt sind wir schon über 600.000."

Auch bei Traute und ihrem Ehemann Otto schwelgten wir in Erinnerungen an unsere alte Heimat und so blieb es nicht aus, dass wir auch auf meine geliebte Kartoffel-Fuscherspeise zu sprechen kamen.

Mit der Hilfe meines Sohnes haben wir auch die Webseite *www.Kartoffel-Fuscherspeise.de* im Internet eingerichtet. Damit habe ich vielen Fuscher-Liebhabern eine Freude bereitet, die während ihrer Kindheit die Fuscherspeise auch gern aßen. Nachdem aber ihre Eltern gestorben waren, fehlte ihnen das Rezept für die Zubereitung. Immer noch erhalte ich Zuschriften von Fuscher-Liebhabern, die lange im Internet nach dem Rezept der beliebten Kartoffel-Fuscherspeise gesucht hatten.

Als zu Beginn des Ersten Weltkrieges der russische Zar seine deutschen Untertanen aus Kongresspolen nach Russland verbannte, da haben sie die Kartoffel-Fuscherspeise als Reise-Proviant genutzt, denn sie mussten sich dabei selbst verpflegen. In der kalten Jahreszeit hielt sich die Kartoffel-Fuscherspeise recht lange. Im Zweiten Weltkrieg verbannte dann Stalin die Wolgadeutschen nach Sibirien und Kasachstan und die Kartoffel-Fuscherspeise ging auch hier als Proviant mit.

Viele Vertriebene wanderten auch nach Amerika aus, wo sie für sich und ihre Nachkommen eine ständige Heimat fanden und keine Verbannung und Vertreibung zu befürchten hatten. Sie gliederten sich ihrem neuen Staat ein und brachten es auch zu Wohlstand.

Sie nahmen aber auch die Fuscher-Kartoffelspeise in ihre neue Heimat mit. Auch mein Vetter Rudolf, der Sohn einer Schwester meiner Mutter, war schon in seiner Jugendzeit ein großer Fuscher-Liebhaber und auch als „Fuscher-Jeske" bekannt. Schon nach dem Ersten Weltkrieg wanderte er nach Kanada aus und lebte in Edmonton. Dort war er bis zu seinem Tode ein recht bekannter Prediger der evangelischen und freikirchlichen Glaubensgemeinschaft „Gemeinde Gottes". Auch die Adam-Sippe gehörte dieser Glaubensgemeinschaft an, die in Edmonton stark vertreten ist.

Rudolf war mit einer Kanadierin verheiratet. Er war bei unserem Besuch schon einige Jahre verstorben. Seine Witwe lebte etwa 30 km außerhalb von Edmonton. Mit Traute und Otto besuchten wir aber ihre Tochter, die mit einem Kanadier verheiratet ist. Sie haben einen recht musikalischen Sohn, der uns mit seinem Gesang erfreute.

So diskutierte ich mit Traute auch die Zubereitung der Kartoffel-Fuscherspeise, denn bei der Zubereitung der Fuscher-Soße gab es immer schon Unterschiede. In einigen evangelischen und freikirchlichen Glaubensgemeinschaften wird kein Schweinefleisch gegessen. Weil sie aber auf die Fuscher-Speise nicht verzichten wollen, schmoren sie Rippchen vom Schaf oder Rind, was auch zur Kartoffel-Fuscherspeise gut passt und schmeckt.

Als Traute mich fragte: „Wie bereitest du die Fuscherspeise zu?", antwortete ich: „Nachdem die Kartoffeln gegart sind und überschüssiges Wasser abgegossen ist, wird etwas mehr als ein Viertel des Kartoffelvolumens an Weizenmehl hinzugegeben und mit einem großen Löffel daruntergehoben, damit das Mehl gebrüht wird. Das ergibt den Fuscher-Geschmack.

Erst beim Stampfen stellt sich heraus, ob genügend Mehl hinzugegeben ist, denn Kartoffeln haben sehr unterschiedliche Stärkeanteile. Wenn die Fuscher-Masse zu feucht ist, wird noch Weizenmehl hinzugegeben, bis Kartoffeln und Mehl eine kompakte Verbindung eingehen. Für mich ist dieser Zeitpunkt erreicht, wenn die kompakte Fuscherspeise sich sowohl vom hölzernen Stampfer als auch vom Topfrand löst."

Erfahrene Fuscher-Zubereiter wissen auch, wie viel Wasser sie zu den Kartoffeln geben müssen, damit nach dem Garen nur wenig Wasser übrig bleibt, denn der Nährwert der Kartoffeln sollte mit überschüssigem Kochwasser nicht abgegossen werden. Seit meiner Kindheit bin ich ein großer Liebhaber der Kartoffel-Fuscherspeise. Ich gab zum Kochen der Kartoffeln aber nicht zu wenig Wasser in den Topf, um ein Anbrennen zu vermeiden, denn angebrannte Kartoffeln verderben den Fuscher-Geschmack total.

Nach dieser recht langen Schilderung meiner Fuscher-Zubereitung sagte Traute: „Ich mache dir den Vorschlag, bereite du eine Fuscher-Mahlzeit für unsere Familien zu." Das sagte ich Traute zu und wir vereinbarten auch gleich einen Tag dafür.

Am diesem Tag begannen Traute und ich rechtzeitig, Kartoffeln für die große Fuscher-Runde zu schälen und zu kochen. Während die Kartoffeln garten, wurde die Fuscher-Soße vorbereitet. Aus einer leicht angeräucherten Bauchspeckseite wurden etwa 3–4 cm breite Streifen abgeschnitten. Davon wurden etwa 3 mm dicke Scheibchen vor der Schwarte abgetrennt und in einer Pfanne mit kleiner Hitze ausgebraten. Früher wurden auf den Bauernhöfen auch Dauerwurst-Scheiben dazugegeben und alles in einer großen Pfanne auf kleiner Flamme ausgebraten, bis die Bauchspeck-Grieben und die Wurstscheiben leicht kross waren und im Fett schwammen.

Dann werden die krossen Grieben aus dem Fett in der Pfanne genommen, einige Becher süße Sahne dem ausgelassenen Fett hinzugegeben und beides auf kleiner Flamme so lange eingeköchelt, bis es eine leicht sämige Soße wird. Früher wurde auf den Bauernhöfen Sahne aus dem Sahnetopf genommen, die bereits gesäuert war, denn sie musste über einige Tage gesammelt werden, bis genügend beisammen war, um buttern zu können. Damit die Fuscher-Soße von der süßen Sahne auch einen leicht säuerlichen Geschmack erhält, gebe ich einige Tropfen Zitronensaft hinzu. Zum Schluss werden auch die Grieben wieder in die Soße gegeben.

Die Kartoffeln waren in der Zwischenzeit gegart und das überschüssige Kochwasser wurde abgegossen. Dann gab ich das Weizenmehl hinzu und mischte es unter die Kartoffeln. Danach übernahm bei Traute die elektrische Knetmaschine das Stampfen des Fuschers. Es wurde so lange geknetet und auch notwendiges Mehl hinzugegeben, bis die Kartoffeln und das Weizenmehl eine kompakte Masse ergaben und auch keine Mehlklümpchen mehr dazwischen waren.

Dann wurde traditionsgemäß der große Topf mit der Fuscherspeise auf den Tisch gestellt, daneben auch die Pfanne mit der Fuscher-Soße und beide Familien bedienten sich davon. Sie reichte auch für alle und die Adams-Sippe war von meiner Fuscher-Mahlzeit begeistert. Emil, Lieschens Ehemann, erinnerte sich dabei an seine Fuscher-Mahlzeiten im Elternhaus.

Während des Essens wies Traudel darauf hin, dass früher zur Fuscher-Zubereitung Roggenmehl verwendet wurde, denn Weizenmehl war knapp, weil Weizen im Gegensatz zu Roggen guten Boden benötigt und es damals noch keinen Kunstdünger gab.

Mein späterer Versuch, die Fuscher-Speise mit Roggen- statt Weizenmehl zuzubereiten, misslang aber. Denn Roggenmehl hat keine Bindemittel und es wurde keine Fuscherspeise, sondern eine klebrige Pampe. Unsere Vorfahren hatten ganz sicher auch dafür eine Lösung, denn auch meine Eltern haben berichtet, dass früher die Fuscherspeise mit Roggenmehl zubereitet wurde. Diese Lieblings-Speise von mir habe ich auch auf meine Kinder vererbt.

Am kommenden Tag fuhren wir mit Lieschen und Emil zu ihrem einzigen Sohn Dieter, der mit seiner Lebensgefährtin ein Haus an einem See bewohnte. Nach kanadischer Entfernungsangabe wohnte er nur etwa drei Autofahrtstunden weit entfernt. Emil schwärmte während der Fahrt immer noch von der Fuscher-Mahlzeit am Tag zuvor.

Lieschen hatte für diesen Ausflug eine ordentliche Portion Essen eingepackt und auch Kuchen gebacken. Unterwegs sagte sie: „Wenn wir dort nicht freundlich empfangen werden, dann packe ich nichts davon aus und nehme alles wieder mit nach Hause." Die Lebensgefährtin von Dieter empfing uns aber sehr freundlich, Lieschen packte alles Mitgebrachte aus und wir alle ließen es uns gut schmecken.

Dieter ist Kinderbetreuer und gab sich große Mühe, unseren Söhnen das Golfspiel beizubringen. Danach machte er mit seinem Motorboot eine schöne, lange Rundfahrt auf dem großen See seiner gewählten Heimat. Nach der Bootsfahrt packte Lieschen auch den Kuchen aus und es mundete allen wieder. Danach begaben wir uns auf die drei Stunden währende Rückfahrt nach Edmonton.

Auch von Kurt, dem jüngsten Spross der Adam-Sippe, wurden wir eingeladen, obwohl er geschieden war und allein lebte. Danach fuhren wir mit Kurt zu einem See, den Deutschstämmige in Beschlag genommen hatten. Auf den Standplätzen standen große Wohnanhänger mit ebenso großen Vorzelten, die alle auch die Möglichkeiten zur Übernachtung boten. Dazwischen waren ausreichend große Abstände zu den jeweiligen Nachbarn. Auch Kurt hatte dort einen Wohnanhänger stehen und er bewirtete uns mit riesigen Steaks, die er fachgerecht grillte.

Sein Paddelboot und eine Angelrute übergab er an Christian und er paddelte auf den See hinaus und warf die Angel aus. Christian hatte Petri-Heil, ein Zander hatte angebissen. Mit dem Herausziehen dauerte es dann aber doch recht lange. So blieb leider keine Zeit mehr, dass auch Henrik zum Angeln auf den See hinausfahren konnte. Henrik war sauer auf Christian und schmollte mit ihm, weil er zu lange auf dem See geblieben war. Er ist aber nicht nachtragend und sein Schmollen währte nur kurze Zeit.

Ruth, die Tochter von Traute und Otto, lebt mit ihrer Familie in Winnipeg, rd. 1200 km von Edmonton und somit 12 Autofahrtstunden entfernt. Für eine mehrtägige Ausflugsfahrt in die Rocky Mountains hatte Ruth auch ihre Kinder Marcy und Scott mitgebracht und so hatten unsere Söhne auch Gesellschaft dabei. Mit zwei Autos waren wir auf diese Reise gegangen und hatten grandiose Erlebnisse. So konnte meine Familie auch einen kleinen Teil des schönen und riesigen Naturschutz-Gebietes sehen. Wir waren in Jasper, Radium, Banf, Kimberly, Lake Luise und in Fairmond an den heißen Quellen.

Als wir in Radium durch das Geschäftszentrum gingen, fielen mir als Jäger die vielen und recht frischen Losungen von Wapiti-Hirschen auf. Obwohl an den Einfahrtstraßen zur Stadt Radium Rollgitter in voller Straßenbreite zur Abwehr der Hirsche angebracht sind, lassen sie sich nicht davon abhalten, das Stadtzentrum zur Nachtzeit zu inspizieren. Sie überspringen die Rollgitter und ziehen über die Fußgängerzone des Schaufenster-Bereichs. Zum Beweis für ihre nächtliche Anwesenheit hinterlassen sie reichlich Hirschkot, der wesentlich größere Pillen als unsere Rothirsche hat.

Es ist ein Rätsel geblieben, was die Wapiti-Hirsche zum Schaufensterbummel veranlasste, denn Nahrung, Bäume und Sträucher, gab es im Stadtzentrum nur wenig und sie zeigten auch keinen Verbiss. Für die örtliche Bevölkerung war der Schaufensterbummel ihrer Hirsche nichts Besonderes mehr, sie hatten sich daran gewöhnt. In Kimberly ist recht originalgetreu ein Bayernstadtteil nachgebaut, in dem auch Kuriositäten zu sehen sind. Dort können auch Münz-Automaten in Gang gesetzt werden, die Bayerisches zeigen, bayerische Lieder singen und Blasmusik spielen.

Wir fuhren durch die wunderbare Naturlandschaft Kanadas und kamen auch durch Lake Luise. Oft konnten wir während der Fahrt von der erhöhten Straße auf Bäume mit darunterliegenden Adlerhorsten sehen. In Fairmond erlebten wir die heißen Quellen ganz nahe und badeten auch in deren Wasser.

Dort roch es überall nach Schwefel und in bestimmten Zeitabständen schoss heißes Wasser als Fontäne aus den Geysiren heraus. An der gelben Färbung der Ränder konnte man den Schwefelgehalt im Wasser erkennen.

Danach machten wir auch mit Otto, dem ältesten Sohn der Adams-Sippe, einen Ausflug in die weltbekannten westamerikanischen Canyons. Schon in langer Vorzeit ist dort eine grandiose Landschaft durch Auswaschungen der roten Felsen entstanden. Diese Canyons waren früher die Heimat der verwilderten Pferde der ersten Siedler Amerikas, die zum wilden Ursprung zurückgefunden und sich auch vermehrt hatten. Wenn die nachfolgenden Siedler Pferde benötigten, dann wurden die wilden Pferde in ein Tal des Canyons getrieben, das keinen Ausgang hatte. Dort wurden einige davon eingefangen, für den eigenen Bedarf gezähmt und zugeritten.

Es war ein sehr schöner und interessanter Ausflug für uns, besonders eindrucksvoll mit diesen in langer Vorzeit ausgewaschenen und markanten roten Felsen, mit den steilen Wänden und den tiefen Tälern. Auch dieses Erlebnis ging vorbei und die vier Wochen in Edmonton waren wie im Fluge vergangen. Wir mussten unsere Rückreise antreten.

Unverhoffter Polenbesuch

Nach unserem 12-stündigen Rückflug aus Kanada meldete sich völlig unverhofft am nächsten Vormittag telefonisch Besuch aus Polen bei uns an. Anja, ihr Ehemann Roman und ihre beiden Söhne waren auf dem Rückweg aus Holland und wollten für einige Tage bei uns bleiben.

Anja war die älteste Tochter meines polnischen Förster-Freundes Henio, den ich bereits seit meinem 13. Lebensjahr kannte und bei dem ich auch schon einige Male mit meinem Jagdfreund Fred zur Jagd in meiner alten Heimat in Polen eingeladen war. Da war es Anja, die uns immer bestens bewirtete. Sie wohnte mit ihrer Familie in Kulmsee, wo Roman bei der Polizei war.

Einige Jahre zuvor hatte uns auch Henio mit seinem Förster-nachfolger für eine Woche besucht, was zuvor aber abgesprochen war. Nun meldete sich völlig unverhofft Anja mit ihrer Familie zu Besuch bei uns an.

Meine Mona-Lisa übersteht lange Flugreisen schlecht und benötigt danach immer einige Tage, um sich davon zu erholen. Nun ging sie davon aus, dass ich für diesen Polenbesuch verantwortlich war. Das war ich aber nicht, denn auch mich hatte er überrascht. Das sagte ich meiner Mona-Lisa auch. Da antwortete sie mir nur kurz und bündig: „Der Polenbesuch kommt mir nicht ins Haus." Das hatte ich zu respektieren, denn es war nicht mein, sondern ihr Haus.

Ich passte den unverhofften Besuch auf seiner Anfahrt ab und geleitete ihn zum Jagdhütten-Bauwagen, der im etwa 40 km entfernten Heidedorf stand. Der Bauwagen war ja vollständig und auch behaglich für zwei Erwachsene und zwei Kinder eingerichtet. Er hatte Strom-Anschluss und auch ein Häuschen mit Herz in der Tür stand im angrenzenden Wald.

Für die körperliche Hygiene gab es im separat stehenden Schuppen eine elektrische Wasserversorgung und über dem Waschbecken einem Durchlauferhitzer für warmes Wasser. Ich übergab meinem Besuch den Schlüssel von der Jagdhütte und dem Schuppen und fuhr dann täglich mit meinem Subaru zu ihnen. Ich betreute und bewirtete sie und machte auch Ausflüge in die Lüneburger Heide mit ihnen.

Mein Polenbesuch blieb nur wenige Tage im Jagdhütten-Bauwagen und begab sich dann auf die Heimreise. Anjas Söhne hatten wohl sehr auf eine Autofahrt mit meinem Mercedes gehofft. Das erfuhr ich aber erst danach von meinem älteren Bruder Erdmann, der auch guten Kontakt zu den Polen unserer Heimat hatte. Das tat mir leid, denn diesen Wunsch hätte ich ihnen gern erfüllen können, wenn ich es gewusst hätte.

Danach habe ich zu Anjas Familie keinen Kontakt mehr gehabt. Gegenüber Anja habe ich immer noch ein schlechtes Gewissen. Obwohl sie als einziges Kind von meinem polnischen Försterfreund eine sehr nationalbewusste Polin ist, hat sie mir immer eine herzliche Gastfreundschaft entgegengebracht und mich auch immer bestens bewirtet.

Wenn mein Jagdfreund Fred und ich in Polen zur Jagd waren, dann wurden wir von Anja immer gut versorgt. Einmal lud sie uns auch in ihr Zuhause in Kulmsee ein und bewirtete uns mit allem ihr zur Verfügung stehenden Komfort. Darum fühlte ich mich auch verpflichtet, diesen unverhofft erschienenen Polenbesuch gut zu bewirten und zu betreuen. Anjas Familie wäre auch gern zu uns nach Hause gekommen. Das durfte ich aber nicht tun, das hatte meine Mona-Lisa mir deutlich untersagt. Darum musste ich immer wieder neue Ausreden erfinden, um den gewünschten Besuch zu verhindern.

Während dieser Zeit sprach meine Mona-Lisa erstmals nur das Notwendigste mit mir. Das ärgerte mich, denn ich wurde zu Unrecht verdächtig, der Initiator dieses unverhofften Polenbesuchs gewesen zu sein. Bei uns auf dem Bauernhof in Westpreußen war es normal, dass Besuch unverhofft kam, denn es gab damals noch kein Telefon, über das man sich anmelden konnte. Mein Vater unterbrach dann seine Arbeit auf dem Acker und spannte die Pferde aus, um sich dem Besuch widmen zu können. Beide Eltern betreuten und bewirteten diesen dann.

Diese gelebte Gastfreundlichkeit galt für die Polen im ehemaligen Westpreußen immer noch, als sie in Deutschland in dieser Weise schon längst nicht mehr vorhanden war. Insbesondere bei Henios Familie hatte Gastfreundlichkeit einen hohen Stellenwert. Er bezeichnete sich auch immer als polnischer Preuße.

Einige Jahre später hat mir Bruder Erdmann nach einem seiner wiederholten Polenbesuche berichtet, dass Anja und Roman davon ausgingen, dass Mona-Lisa Polen nicht mochte. So krass gesagt trifft es nicht zu, denn Mona-Lisas Mutter stammt auch aus einer kinderreichen Familie aus Schlesien und war das jüngste Kind von 13 Geschwistern. Ich habe es aber nie erlebt, dass sie sich für ihre vielen Geschwister, die in Polen verblieben sind, interessierte.

Nur ihren Bruder Max lernte ich noch kennen, der im Spessart lebte und ein hervorragender Bäcker war. Da gab es auch den Sohn Günter von einer Schwester meiner Schwiegermutter, der im niedersächsischen Dorf Oesselse verheiratet und kinderlos war. Auch zu ihm hatte Schwiegermutter einen recht guten Kontakt. Aber niemals hat sie den Wunsch verspürt, in ihre schlesische Heimat zu fahren, obwohl dort immer noch nahe Verwandte leben.

Meine Mona-Lisa ist aber auch die Tochter ihrer Mutter und das erstmalige Schweigen zwischen uns wegen dem unverhofft gekommenen Polenbesuch dauerte mir viel zu lange.

Wenn ich nicht die Initiative ergriffen und das Schweigen beendet hätte, dann wäre unsere doch recht schöne Ehe damals zu Ende gegangen.

Als ich einige Jahre danach meine Mona-Lisa fragte: „Hättest du dein Schweigen wegen des Polenbesuchs denn je beendet?“, antwortete sie, ohne zu zögern: „Nein, das hätte ich nicht.“ Mona-Lisa ging somit immer noch davon aus, dass ich für diesen Polenbesuch verantwortlich war, und das kränkte mich dann doch sehr.

Meine Mona-Lisa ist ein Mix aus ihrem niedersächsischen Vater und ihrer schlesischen Mutter. Vom Vater hat sie ihr Aussehen und auch die Neigung geerbt, sich nicht auszusprechen und vieles in sich zu verschließen. Sie kann aber auch sehr stur sein, was ihrem Vater auch nachgesagt wird. Ich habe diese Sturheit bei ihm aber niemals erlebt. Von ihrer Mutter hat Mona-Lisa viele Eigenschaften geerbt und auch übernommen, wie es bei Töchtern üblich ist. Da wäre es mir doch lieber, meine Mona-Lisa hätte das Aussehen ihrer Mutter geerbt und die Eigenschaften ihres geliebten Vaters.

Mona-Lisa kauft ein Vierfamilienhaus

Ein Bauunternehmer hatte für sich mehrere Miethäuser gebaut, die sein Rentenalter absichern sollten. Er geriet aber in finanzielle Schwierigkeiten und all seine Häuser mussten versteigert werden. Zwei von diesen Häusern hatte ich im Verwaltungsbestand und der Inhaber eines Vierfamilienhauses wollte es verkaufen. Die Bausubstanz des Hauses war gut und solide und die Vollunterkellerung trocken. Im Erd- und Obergeschoss gab es vier vermietete Dreizimmerwohnungen und es bot auch die Möglichkeit, zwei weitere Wohnungen im Dachgeschoss auszubauen, denn auf jeder Hausseite gab es Versorgungsschächte, in denen die Leitungen für Wasser, Abwasser, Strom und Heizung bereits bis in das Dachgeschoss führten.

Da empfahl ich meiner Mona-Lisa, dieses Vierfamilienhaus zu kaufen. Mona-Lisa ist sparsam, sie hatte ein Sümmchen beisammen, zu dem auch die Mieteinnahmen aus den zwei geschenkten Wohnungen in Hannover-Linden beigetragen hatten. Aus dem Verkauf des Heidehauses waren auch 130.000 DM verblieben und alles zusammen ergab für Mona-Lisa eine gute Voraussetzung, dieses Vierfamilienhaus zu erwerben.

Im Jahre 1995 kaufte Mona-Lisa dieses Objekt. Damals wurden Immobilien noch zum fünfzehnten und oft auch bis zwanzigfachen Jahres-Mietertrag gehandelt, die Mieteinnahmen trugen die Kosten der Finanzierung und es blieb auch noch eine Rendite übrig.

Meine Immobilienverwaltung wird ausgelagert

Meinen 72. Geburtstag hatte ich bereits hinter mir. Ich erhielt zwar schon einige Jahre eine kleine Altersrente, musste aber und wollte auch noch beruflich tätig bleiben. Computer hatten die meisten Unternehmen erobert und auch einige meiner Berufskollegen arbeiteten schon damit. Ich sträubte mich aber noch, auch das Arbeiten mit einem PC zu erlernen. Bis dahin hatte ich für meine Immobilienverwaltungen ein selbst erdachtes und manuelles Verwaltungs-Programm von Excel genutzt.

Ich bekam Kontakt zu einem Versicherungskaufmann, der sich selbstständig gemacht und dafür ein Büro in Osterwald gemietet hatte. Er berichtete mir, dass ein mit ihm befreundeter junger Mann seine kaufmännische Lehre in einem Computer-Unternehmen beendet hätte, aber nicht ins Angestelltenverhältnis übernommen würde. Er wollte ihm zu einer Beschäftigung verhelfen.

Da bot sich mir die Chance, den jungen Mann auf selbstständiger Basis mit einem Fixum einzustellen und meine Immobilienverwaltung von ihm auf Computer umstellen zu lassen.

Nachdem ich mit dem jungen Computer-Fachmann vertraglich einig war, nahm ich auch das Angebot des Versicherungskaufmanns an. Ich mietete den freien Büroraum und lagerte meine Verwaltung dorthin aus. Der junge Computer-Kaufmann stellte meine Immobilienverwaltung auf ein PC-Verwaltungs-Programm um und dann sah ich erstmals, wie einfach und übersichtlich meine selbst erdachte Excel-Tabelle war. Für die Jahresabrechnung meiner Wohnungen und der gewerblichen Räume reichte ein von mir entworfenes Formular in DIN-A3-Format aus.

Dagegen benötigte das PC-Verwaltungs-Programm für die gleiche Jahresabrechnung eine recht große Anzahl DIN-A4-Seiten und jedes Objekt füllte einen Aktenordner.

PC-Programmierer sind leider keine Buchhalter. Darum ist bei der Erstellung der PC-Programme nicht die doppelte Buchhaltung als Grundlage gewählt worden, sondern Logik ist allein der Vater aller PC-Programme.

Auch Mona-Lisa fuhr täglich für einige Stunden ins neue Verwaltungsbüro nach Osterwald und lernte das Buchen mit dem gewählten PC-Programm. Die Zusammenarbeit mit dem jungen Mann lief recht gut an. In Absprache mit mir schaltete er auch Werbeanzeigen und die Anzahl der Verwaltungs-Objekte vergrößerte sich laufend.

Dann hegte ich auch die Absicht, dem jungen Mann meine Immobilienverwaltung gegen eine zu vereinbarende monatliche Vergütung zu übertragen. Als ich ihm in dieser Richtung Andeutungen machte, lachte er nur und sagte: „Schon jetzt könnte ich Ihnen alle Verwaltungen abnehmen."

Seine Reaktion machte mich hellwach, denn ich konnte meine Immobilienverwaltungen nicht so einfach an jemand übertragen. Ich war der von den Eigentümer-Gemeinschaften gewählte Verwalter und hatte auch einen recht guten persönlichen Kontakt zu meinem Kunden. Sie waren meine wichtigsten Empfehlungen für neue Verwaltungen.

Die Einnahmen daraus sind aber recht arbeitsintensiv. Man muss schon einen größeren Verwaltungs-Bestand haben, um davon auch leben zu können. Die Vergütungen dafür gehen aber konstant ein und mein Verwaltungsbestand überbrückte meine Saure-Gurken-Zeiten in der Immobilienvermittlung.

Aus mangelnder Erfahrung hatte ich die Vergütung für den jungen Mann zu hoch vereinbart. Nachdem dieser dann auch glaubte, mir meine Verwaltungen abnehmen zu können, war der Zeitpunkt gekommen, sich von ihm zu trennen. Zudem gab es damals auch gesetzliche Bestimmungen, wonach ein bestellter Verwalter einer Eigentümer-Gemeinschaft keine Objekte aus seinem Verwaltungs-Bestand in provisionspflichtige Verkaufs-Vermittlungen übernehmen durfte.

Da empfahl ich meiner Mona-Lisa, ein „Verwaltungs-Unternehmen" zu gründen. Mitte 1996 meldete sie ihr Verwaltungs-

Unternehmen an und ich übertrug ihr meinen Verwaltungs-Bestand. Das war eine interne Angelegenheit und keine Eigentümer-Gemeinschaft musste zustimmen.

Mona-Lisa mietete dann auch ein Büro im Ortskern von Berenbostel. Sie stellte einen Computer-Fachmann ein und im Jahre 1997 erbrachten die Immobilienverwaltungen brutto fast 10.000 DM monatlich. Ich übernahm den Außendienst dafür.

Mona-Lisa wünschte sich aber einen kleinen und gut überschaubaren Bestand an Verwaltungen. Dieser Wunsch wurde erfüllt, ohne dass ich etwas beisteuern konnte. Beim Verwaltungs-Bestand gibt es auch eine Fluktuation und in meinem Alter bekam ich keine neuen Verwaltungen mehr in Auftrag. So kam es früher als gedacht zu einem kleinen und überschaubaren Verwaltungs-Bestand.

Als Sohn Henrik seine Lehre als Immobilien-Kaufmann beendet hatte, übernahm er diesen Verwaltungs-Bestand.

Unser Kurzurlaub zu Himmelfahrt

Zu Himmelfahrt Ende der 1990er-Jahre machten Mona-Lisa und ich einen Kurzurlaub in Ratzeburg. In einer Hotelanlage bekamen wir ein schönes Doppelzimmer mit Terrasse, das direkt am Ratzeburger See lag. Auch mehrere Motorradfahrer kamen in das Hotel und quartierten sich ein. Dabei war auch die Laborantin meines Zahnarztes und dieses unverhoffte Treffen war für uns beide eine Überraschung.

Ich stellte meiner Frau die Laborantin mit ihrem Motorradfahrer vor, wir nahmen das Abendbrot zusammen ein und verlebten einen recht gemütlichen Abend. Beim gemeinsamen Frühstück am nächsten Morgen machten wir Erinnerungsfotos und danach fuhren die Motorradfahrer weiter.

Wir unternahmen Radtouren um den Ratzeburger See, der früher mit seiner Ostseite die Grenze zwischen dem geteilten Deutschland bildete. Auf der östlichen Seeseite gab es noch keine Radwege, dort mussten wir durch die Dörfer fahren und die Straßen bestanden aus Kopfsteinpflaster. Der krasse Unterschied zwischen den geteilten deutschen Staaten wurde so recht deutlich sichtbar.

An einem Hausgarten der Ostseite sahen wir eine Glucke mit ihren Küken und das war für mich ein seit meiner Jugendzeit entbehrter Anblick. Eines von den Küken war durch den Gartenzaun geschlüpft und fand nicht wieder zur Glucke zurück. Es lief am Zaun entlang und rief nach der Glucke, die wiederum lief am inneren Gartenzaun entlang und lockte ihr Küken. Ich versuchte, das Küken zu fangen, aber die Glucke sprang gegen den Zaun und hackte nach meinen Händen. Es gelang mir aber doch, das Küken zu fangen und es hinter den Gartenzaun zu schaffen. So kam es, dass wir diesen Kurzurlaub sowohl in West- als auch im ehemaligen Ostdeutschland verbrachten. Es hat uns aber gut gefallen in Ratzeburg.

Wir wollten Ostdeutschland kennenlernen

Nachdem Deutschland schon einige Jahre wieder vereint war, drängte es uns, auch den Osten Deutschlands kennenzulernen. In Prospekten hatten wir die ruhig gelegene Pension „Arche Noah“ in Mecklenburg-Vorpommern ausgewählt und von dort aus wollten wir Radtouren zur Mecklenburgischen Seenplatte unternehmen.

Als wir bei der „Arche Noah“ angekommen waren, standen wir vor einer sehr einsam gelegenen Pension. Es waren keine Gäste dort und auch der Inhaber machte einen recht verhungerten Eindruck. Die Zimmer waren spartanisch eingerichtet und sahen aus, als ob es sich um eine freikirchliche Sekten-Einrichtung handelte. Da wollten wir nicht die einzigen Gäste dort sein, doch weil wir uns angemeldet hatten, einigten wir uns auf die Zahlung einer Übernachtung.

Dann fuhren wir weiter durch die schöne mecklenburgische Landschaft in Richtung Ostsee. Ein Schild machte uns auf ein Hotel aufmerksam und neugierig geworden folgten wir ihm. Es war anscheinend ein ehemaliger Gutshof, auf dem es zwar keine Gebäude mehr gab, aber eine kleine, gepflegte Kirche stand im Park. Das Hotel lag auf einer Anhöhe und die Parkplätze dafür abseits im unteren Bereich. Dort parkten wir und gingen auf einem angelegten Weg zur Pension hoch. Alles in diesem Hotel machte einen gepflegten Eindruck und wir blieben für eine Nacht dort. Vom Parkplatz holten wir unsere Koffer und trugen sie zum Hotel hoch, denn es gab niemanden, der sie uns holte, und über den Schotterweg ziehen konnten wir sie nicht.

Wir unterschrieben die Anmeldung und belegten das Doppelzimmer. Auch danach mussten wir unsere Koffer selbst hochtragen. Der fehlende Service machte uns klar, wir waren im ehemaligen Arbeiter- und Bauernstaat, wo es diese Bedienung noch nicht wieder gab.

Der Platz für das neu erbaute Hotel war gut gewählt. Alter Baumbestand und eine parkähnliche Anlage umgaben das auf höchster Stelle stehende Gebäude. Durch den Baumbewuchs hindurch konnten wir auch einen See dahinter erkennen. Das Hotel hatte zwar schon westlichen Standard, aber der fehlende Kofferservice beeinträchtigte unseren ersten guten Eindruck.

Das Zimmer und die Verpflegung versöhnten uns dann wieder. Das Domizil hatte alle Voraussetzungen, eine gepflegte und ruhig gelegene Hotelanlage zu werden. Noch war es nicht das, was westdeutsche Besucher gewohnt waren, es zeigte sich aber schon, dass es ein gern besuchtes Hotel werden würde.

Nach dem ausgezeichneten Frühstück am nächsten Morgen fuhren wir weiter zur Halbinsel Darß, um dort ein Urlaubsquartier zu finden.

Die Quartiere auf der Halbinsel waren aber alle ausgebucht und wir fanden keines, das uns zusagte. Wir stellten auch fest, dass im Osten Deutschlands recht hohe Preise gefordert wurden, und beschlossen, in die Holsteinische Schweiz zu fahren und dort unseren Urlaub zu verbringen.

Im Raum Plön-Malente fanden wir eine freie Wohnung im Obergeschoss eines Ladengeschäftes für Wildfleisch, in der wir für zwei Tage bleiben konnten. Danach entdeckten wir eine Ferienwohnungsanlage, die in ehemaligen Wirtschaftsgebäuden einer aufgegebenen Hofstelle errichtet worden war. Die Wohnungen waren schön und gemütlich eingerichtet und zudem auch recht preiswert. Wir konnten auch Fahrräder ausleihen, die uns gebracht wurden, und unternahmen Radtouren in die Umgebung. So wurde es für uns doch noch ein schöner und erholsamer Urlaub, aber nicht in Ost-, sondern in Westdeutschland.

Meine drei Autounfälle

Im Februar des Jahres 1971 hatte ich meinen ersten Autounfall. Bei sonnigem Winterwetter mit einzeln ziehenden Wolken am Himmel war ich auf der B3 auf dem Rückweg von Wülfingen am Marienberg. In einer lang gezogenen Linkskurve begann kurz vor dem Ort Pattensen mein fast neuer Mercedes zu schlingern. Es hatte bei etwa 6° minus aus einer der ziehenden Wolken geregnet und diesen Straßenabschnitt spiegelglatt gemacht. Mein Auto reagierte auf kein Steuern noch Bremsen.

Es rutschte und schlingerte von rechts nach links über die spiegelglatte Straße. Obwohl ich mit einer Geschwindigkeit von 80 km/h gefahren war, hatte ich das Empfinden, dass mein Auto immer schneller würde. Der mir entgegenkommende Autoverkehr hielt an und wartete ab, was mit meinem schlingernden Auto passieren würde, denn damals gab es noch einen recht übersichtlichen Autoverkehr.

Als das linke Vorderrad auf den linken Grünstreifen traf, reagierte auch seine Bremse. Das Auto drehte sich und rutschte mit dem Heck gegen einen Apfelbaum. Dabei brach der recht dicke Baum ab und sich mehrmals überschlagend landete, mein Auto, in der Feldmark. Mein Auto blieb auf dem Dach liegen, aber der Dieselmotor lief immer noch weiter. Als ich nach kurzer Benommenheit wieder zu mir kam, sah ich viele Füße um mein Auto herum stehen. Dann stellte ich erst den Dieselmotor ab, mit einer Hand wischte ich über mein Gesicht, und als kein Blut daran war, drehte ich die Fensterscheibe auf und krabbelte aus dem Auto heraus. Die Leute sahen mich mit fragenden Augen an, aber niemand sagte etwas. Da bat ich sie: „Helft mir, das Auto auf die Beine zu stellen." Es kam Bewegung in die Leute und sie halfen mir, das Auto auf die Räder zu stellen. Dann holte ich meinen Parker aus dem Kofferraum, setzte mich ans Steuer und startete den Motor. Er sprang auch sofort an und ich fuhr über den gefrorenen Acker auf die B3. An der Tankstelle hielt ich an und besah mir mein total verbeultes Auto.

Ich hatte sehr viel Glück gehabt, dass ich beim Überschlagen meines Autos nicht herausgeschleudert und überrollt wurde, denn damals gab es weder Sicherheitsgurte noch Airbags. Ich fuhr nach Hause und stellte mein demoliertes Auto in die Garage.

Mit dem Auto meiner Frau fuhr ich zur Unfall-Klinik nach Hannover und ließ mich untersuchen. Ich hatte keine sichtbaren Verletzungen und auch keine Knochenbrüche, aber Stauchungen am ganzen Körper, die noch mehrere Tage lang schmerzten. Ich war ja ein Sonntagskind und meine Schutzengel hatten mich bei diesem schweren Unfall wieder einmal beschützt. Später stellte sich heraus, dass sich der Knorpel zwischen den Vorderrippen über dem Bauch durch die Stauchungen zu einem recht dicken Knoten verformt hatte.

Mein noch recht neues Auto war Vollkasko versichert und mein Freund und Karosseriebauer am Ihmeplatz in Hannover wollte es wieder herrichten, damit ich es danach verkaufen konnte. Meine Auto-Versicherung bestand damals aber darauf, entweder das Auto zu reparieren, damit ich es weiter nutzen könne, oder es der Versicherung zu überlassen und ein neues Auto zu kaufen.

Mein zweiter Autounfall geschah an einem Morgen vor Weihnachten des Jahres 1990. Ich war mit meinem Citroën-Kombi zum frühen Jagdansitz gefahren. Nach dem erfolglosen Jagdansitz wollte ich über den Feldweg an einer Schonung zur Hütte fahren.

Als ich rechts auf den asphaltierten Waldweg eingebogen war, sah ich auf kurzer Distanz den Treckerfahrer Icke des Jagd-Verpächters mir entgegen kommen, den ich nicht eher hatte sehen können, weil die Schonung den Waldweg verdeckte. Ich bremste sofort und versuchte, nach rechts auf den Grünstreifen zu steuern. Mein Auto regierte aber nicht, denn der asphaltierteWaldweg war total vereist und meine Bremsen konnten nicht greifen.

Dabei sah ich in das angstverzerrte Gesicht des Treckerfahrers Icke, der sich krampfhaft am Steuerrad festhielt, denn ihm erging es wie mir. Auch sein Auto reagierte nicht und mit einer Geschwindigkeit von jeweils etwa 30 km/h prallten wir frontal aufeinander. Da waren beide Autos Schrott, aber uns beiden war glücklicherweise nichts passiert.

Dieser Autounfall war besonders kurios, denn zu dieser frühen Morgenstunde waren wir die einzigen Autofahrer in diesem Waldgebiet und wir hatten nichts Besseres zu tun, als frontal aufeinanderzufahren. Icke, der Treckerfahrer, wollte sich im Wald seines Bauern einen Weihnachtsbaum aussuchen und mich zog es nach erfolglosem Jagdansitz in meine gemütliche Jagdhütte. Unsere Schutzengel hatten uns beide beschützt. Wir gingen dann gemeinsam zu Fuß, ich zur Hütte und Icke nach Hause.

Mein dritter und auch schwerster Autounfall passierte am Nachmittag des Jahres 1998. Die Jagd war meine Leidenschaft, sie beanspruchte meine Freizeit und ließ für andere Hobbys wenig Raum. Nach dem Totalschaden mit meinem Citroën-Kombi nutzte ich einen Subaru-Legazy für die Jagd. Ich befand mich auf der linken Fahrspur der Autobahn-Querverbindung A 352 in der Richtung zur Lüneburger Heide. Bei dem vor mir fahrenden VW-Passat sah ich, dass die Auspuff-Anlage herunterhing. Sie drohte, an den Fugen der Autobahn-Betonplatten anzuecken und einen schweren Unfall zu verursachen.

Dann wollte ich den vor mir fahrenden VW-Passat warnen und blinkte ihn kurz an. Der Fahrer muss aber vermutet haben, dass ich ihn bedrängte, was auf Deutschlands Autobahnen ja üblich ist. Er erhöhte sein Tempo beträchtlich, und als ich auf meinen Tachometer sah, hatte ich bereits eine Geschwindigkeit von 180 km/h erreicht. Da gab ich meine Warnung auf und nahm meinen Fuß vom Gaspedal, um meine Geschwindigkeit zu verringern.

In diesem Moment schob sich ein BMW von der rechten Fahrspur direkt vor mein Auto und zwang mich, voll auf die Bremse zu treten und gleichzeitig das Steuer nach rechts zu reißen, um einen Zusammenprall mit dem BMW zu verhindern.

Dabei entwich aus dem schlauchlosen Vorderreifen die Luft und mein Auto begann, sich wie ein Kreisel zu drehen. Dabei schlug es ständig an die mittlere Fahrbahnbegrenzung und alle Airbags traten in Funktion.

Nachdem die Geschwindigkeits-Dynamik meines Autos verbraucht war, blieb es an der mittleren Fahrbahnbegrenzung stehen. Ich war völlig benommen, ich stieg aus dem Auto und wollte über die Autobahn zum rechten Grünstreifen gehen. Da schrie mich der Fahrer des direkt hinter mir stehenden und großen Abschlepp-Fahrzeuges an: „Bleib hier!“ Er sprang aus seinem Fahrzeug, er fasste mich an der Schulter und sagte: „Du hast großes Glück gehabt, dass ich mein Fahrzeug noch rechtzeitig zum Stehen bringen konnte. Du wärst jetzt samt deinem Auto platt wie eine Briefmarke. Nun lass’ dich nicht doch noch überfahren!“

Noch völlig benommen suchte ich im verbeulten Auto meine Brille, die mir vom Airbag von der Nase geschlagen worden war, und fand sie auf der hinteren Sitzbank. Als der Verkehr zum Stehen gekommen war, kam auch der BMW-Fahrer zu mir, der auf der rechten Fahrbahnseite angehalten hatte. Er war sich seiner Schuld bewusst und meinte: „Ihr Subaru hat doch ABS, warum haben Sie es denn nicht abbremsen können?"

Da antwortete ich ihm in ärgerlichem Ton: „Weil ich das Steuer nach rechts reißen musste, um nicht auf Ihr Fahrzeug aufzufahren. Dabei ist aus dem schräg gestellten und schlauchlosen Vorderreifen die Luft entwichen und mein Auto begann, sich im Kreise zu drehen."

Der Fahrer des großen Abschlepp-Fahrzeuges hatte die Polizei verständigt und es kamen eine Polizistin und ein Polizist aus Fuhrberg zum Unfallort. Dann erschien auch ein Polizeiauto aus Langenhagen. Dieser Polizist sagte zur Polizistin aus Fuhrberg: „Ich erledige das hier." Als die beiden aus Fuhrberg abgefahren waren, nahm der Polizist aus Langenhagen den Unfall-Hergang auf. Danach sagte er zu mir: „Meine Kollegin aus Fuhrberg hätte Ihnen ganz sicher eine Anzeige wegen Rasen verpasst." Nachdem der Abschleppdienst recht schnell zur Stelle war, wurde ich samt meinem geliebten Subaru, der nun ein total verbeultes Schrottauto war, abtransportiert.

Auch bei diesem dritten Autounfall haben meine Schutzengel mich beschützt, ich hatte keine erkennbare Verletzung. Bei einer späteren Untersuchung wurde aber festgestellt, dass eine meiner Nieren völlig deformiert war. Seit dieser Zeit warne ich während meiner Autofahrten keinen anderen Autofahrer mehr, auch wenn seine Auspuffanlage noch bedenklicher herunterhängen würde.

Die Jahrhundert-Wende

Das Jahr 1999 ging zu Ende und das Jahr 2000 stand bevor. Die Jahreszahl 2000 wirkte magisch auf mich und es wurde mir bewusst, dass ich in meinen früheren Jahren nicht daran geglaubt hatte, die Jahrtausendwende noch selbst zu erleben.

Ich stand im 76. Lebensjahr und fühlte mich immer noch recht munter und fit. Deutschland hatte den Ersten Weltkrieg im Jahre 1914 begonnen und war an seinen vielen Fronten auch erfolgreich gewesen. Trotzdem hatte es diesen Krieg verloren, der Kaiser des Deutschen Reiches musste abdanken.

Deutschland musste im Osten seines Reiches nicht nur die Provinz Posen und Westpreußen an das neu gegründete Polen abtreten, es hat auch im Westen Gebietsverluste hinnehmen müssen. Zusätzlich wurden dem verkleinerten Deutschland so hohe Reparationslasten auferlegt, dass es sie nicht erwirtschaften konnte.

Der Erste Weltkrieg, die Gebietsverkleinerung und auch die hohen Forderungen von Reparationen durch die Siegermächte hatten zur Folge, dass das deutsche Volk an Hunger und Not litt. So waren es am Ende auch die Siegermächte, die Hitlers NSDAP = *Nationalsozialistische Deutsche Arbeiterpartei* den Boden für eine Machtübernahme in Deutschland geschaffen hatten.

Als eine seiner ersten Maßnahmen hat Hitler das Roggenkorn zu 65 % ausmahlen lassen, um Deutschlands hungernde Bevölkerung ernähren zu können. Damit hat Hitler viel Zuspruch in der Bevölkerung bekommen und heute sind wir Deutschen die einzige Nation, in der Graubrot gegessen wird. Es ist auch gesünder als Weißbrot.

Mit der Gründung des RAD = ***R**eichs-**A**rbeits-**D**ienst* hat Hitler die Jugend vor der Arbeitslosigkeit und vor dem Vagabundieren auf den Straßen bewahrt. Der RAD wurde recht straff geführt und bekam im deutschen Volk viel Zuspruch. Auch bei den Mädchen hinterließen die stramm geführten und fröhlichen RAD-Männer mit ihren blank geputzten Spaten einen guten Eindruck. Herumlungernde Jugendliche, wie es heute üblich ist, gab es damals nicht. Der RAD wurde auch für staatliche Baumaßnahmen eingesetzt, und wo er auftrat, hinterließ er nur positive Eindrücke.

Auch die große Arbeitslosigkeit nach dem Ersten Weltkrieg wurde durch den RAD überwunden und der in Deutschland aufkeimende Kommunismus verhindert. Deutschlands Jugend sah optimistisch in die Zukunft und so kam es, dass Hitler eine recht breite Zustimmung im deutschen Volk hatte. Die Mehrheit jubelte ihm zu.

Wir Auslandsdeutschen im ehemals deutschen Westpreußen, das nun zu Polen gehörte, waren auf unser Vaterland sehr stolz, das wieder eine führende Rolle in Europa übernommen hatte. Deutschland war mitten in Europa wieder eine anerkannte Führungsmacht. Als im Jahre 1936 die Olympiade in Berlin ausgerichtet wurde, hat Hitler auch vom Ausland viel Anerkennung geerntet. So stellte der englische Premier Chamberlain anlässlich der Eröffnung an Hitler die Frage: „Herr Hitler, verraten Sie uns doch, wie haben Sie das alles geschafft?"

Mit Wirkung ab 1920 hatte das Versailler Diktat dem neu gegründeten Polen Westpreußen als Zugang zur Ostsee und die Provinz Posen zugesprochen. Seit Beginn dieser Neuregelung gab es in Polen zahlreiche Übergriffe gegen die mehrheitlich deutsche Bevölkerung, die auch Schlagzeilen in der Presse Europas machten. Mit Litauen wollte Polen einen Krieg beginnen. Es hatte ihm bei seiner Neugründung das Gebiet um Vilnius geraubt und die Stadt in Wilno umbenannt. In letzter Minute konnte dieser Krieg aber abgewendet werden.

Auch einen Teil der Ukraine hatte das neue Polen in seine östliche Staatsgrenze einbezogen, denn in Russland war die Revolution ausgebrochen und es gab keine funktionierende Staatsführung, die diesen Raub verhindert hätte. Nach dem Zweiten Weltkrieg hat Stalin die geraubte Ukraine zulasten Deutschlands der Sowjetunion wieder eingegliedert.

Polens erster Staatsführer war Marschall Josef Pilsudski und er beendete die anfänglichen Übergriffe Polens und näherte sich zunehmend Deutschland an, um gemeinsam ein Bollwerk gegen das bolschewistische Russland zu bilden. Marschall Pilsudski starb aber plötzlich und unerwartet im Jahre 1935.

Rydz-Smigly wurde sein Nachfolger, der ein großer Hasser aller Deutschen war. Unter seiner Führung wurde Polen der größte Kriegstreiber gegen Deutschland. Rydz-Smigly wünschte sich einen Krieg, bei dem Deutschland endgültig vernichtet werden sollte.

Von meiner Volksschulzeit habe ich sechs Jahre in der polnischen Dorfschule verbracht und in jeder Geschichtsstunde hat der nationalbewusste polnische Lehrer und Volksschulleiter gegen Deutschland gehetzt, obwohl in seiner Volksschule die Hälfte der Schüler deutschstämmige Staatsangehörige waren.

In jeder Geschichtsstunde ließ er eine Europakarte an die Tafel hängen und erklärte mit einem langen Stock uns Schülern, indem er auf Polen, England, Frankreich und die Tschechoslowakei zeigte, dass diese Staaten Verträge abgeschlossen hätten. Im bevorstehenden Krieg werde Deutschland mit dieser Kneifzange zerquetscht werden.

Hans Meiser beschreibt in seinem Buch „Polen – ein Ärgernis?“, das im Grabert Verlag unter der ISBN 978-3-87847-245-2 erschienen ist, sehr detailliert die Geschichte der gestörten Nachbarschaft zwischen Polen und Deutschland. Auf Seite 196 zitiert Meiser aus dem Buch „Das Ringen um Frankreich 1919–1940“ von dem französischen Publizisten Pierre Valmigere, das bereits vor dem Zweiten Weltkrieg in die deutsche Sprache übersetzt worden ist, folgenden Ausschnitt:

„Deutschland will mit Frankreich Frieden. Es erkannte endlich die Grenze fest an, die Jahrhunderte hindurch schwankte. Was wollt ihr also noch? Ihr stützt euch auf etwas Ungewisses, den polnischen Nationalismus. Was sage ich? Auf etwas Ungewisses, auf einen sicheren Konflikt! … Weiß Frankreich, dass dieses Polen noch nicht zufrieden mit seinen vier-

zig Prozent Fremdstämmigen ist, dass es die Großmannssucht und den Kilometerwahnsinn so weit treibt, dass es Schlesien von Beuthen bis Oppeln, die ganze Ukraine, Danzig und Ost-Preußen aufsaugen will? Ich habe hier die Reden seiner Staatsmänner, seiner Zeitungen und Bücher vor mir liegen. Niemals ist in der Geschichte der Heißhunger nach Land bis zu einem derartigen Wahnsinn getrieben worden. Und die Völker, deren es sich bemächtigt hat, die tyrannisiert es, beleidigt es, zermürbt es. Und wir wollen für dieses Polen mit Deutschland Krieg führen?"

Auf Seite 224, im 4. Abschnitt „Schuld am Ausbruch des Krieges" zitiert Hans Meiser den berühmten schwedischen Wissenschaftler und Weltreisenden Sven Hedin, der über die Behandlung von Hitlers Angebot vom 29. August 1939 an Polen in seinem Buch „Amerika im Kampf der Kontinente" (1942) schrieb:

„Die diplomatischen Akten der neueren Geschichte werden kaum ein Schriftstück aufweisen, das diesem Vorschlag an Mäßigung, an Entgegenkommen und Verständnis für die Bedürfnisse eines anderen Landes gleichkommt. Dass Polen ihn trotzdem nicht einmal einer Empfangsbestätigung für wert hielt, kann nur durch die inzwischen bekannt gewordene Tatsache erklärt werden, dass es sich nicht nur auf seine europäischen Freunde Großbritannien und Frankreich verließ, sondern vor allem auch auf die Unterstützung der Vereinigten Staaten.
Roosevelt hatte sie durch seine Botschafter in Warschau und Paris zusagen lassen.
In London ist behauptet worden, dass die Warschauer Regierung gar nicht darauf antworten konnte. Der deutsche Einmarsch in Polen sei so schnell erfolgt, dass der ganze Vorschlag wahrscheinlich nicht ernst gemeint war."

Diese Behauptung ist unwahr.

„Der Londoner Daily Telegraph, eine dem Foreign Office nahestehende Zeitung, hat in der Abendausgabe vom 31. August 1939 einen Bericht über Beratungen im englischen Kabinett veröffentlicht. In diesem sei zur Sprache gekommen, dass dem britischen Botschafter in Berlin, Sir Nevile Henderson, vom deutschen Reichsaußen-Minister die deutschen Vorschläge

über eine friedliche Beilegung des deutsch-polnischen Konflikts übermittelt worden seien. Er habe sie sofort nach London weitergemeldet, da sich der britische Botschafter in einer Note vom 28. August 1939 gegenüber der deutschen Regierung bereit erklärt hatte, die Vermittlung zu übernehmen. Das Londoner Kabinett habe das deutsche Memorandum nach Warschau weiter geleitet, und die polnische Regierung habe nach seinem Empfang die Generalmobilmachung angeordnet."
In London hat der Bericht der Daily Telegraph große Bestürzung hervorgerufen, denn man war dort mit Roosevelts Zustimmung entschlossen, die Schuld am Ausbruch des Krieges nach dem Vorbild von 1914 Deutschland zuzuschieben. Im Britischen Blaubuch über den Kriegsausbruch und den Erinnerungen Sir Nevile Hendersons, The Failure of a Mossion ist dieser Entschluss ausgeführt worden.
„Die unbeabsichtigte Wahrheitsliebe des Daily Telegraph wurde dadurch zu vertuschen gesucht, dass die genannte Abendausgabe beschlagnahmt und die Redaktion veranlasst wurde, eine zweite Spätausgabe herauszubringen, in deren Bericht über die Kabinetts-Beratung der für die britische Regierung so peinliche Satz über die polnische Generalmobil-Machung nach Erhalt des deutschen Vorschlags entfernt war.
Das Foreign Office hat aber nicht verhindern können, dass die erste Ausgabe des Daily Telegraph mit der Mitteilung bereits in die Hände einiger Menschen gekommen war, die sich für die wahren Umstände interessierten."

Am 30. August 1939 sandte Lord Halifax an Botschafter Kennard eine Weisung, in der es heißt, *„die englische Regierung könne die Verantwortung nicht übernehmen, der polnischen Regierung die Mobilmachung abzuraten, doch ich bitte sie, dass sie in einer unauffälligen Form, wie irgend möglich, erfolge."*

In Polen wurde daraufhin durch öffentlichen Anschlag am 31. August 1939 die endgültige allgemeine Mobilmachung befohlen. Von einer Verhandlungsbereitschaft Polens kann also keine Rede sein, ebenso wenig von einer Absicht Londons, eine solche Bereitschaft zu fördern. Vielmehr war London entschlossen, einen lokalen Krieg zum Anlass für einen europäischen Vernichtungskrieg zu nutzen.

So hatte auch meine Familie schwere Jahre zu überstehen und bis zur Befreiung durch den schnellen Sieg Deutschlands über Polen habe ich ständig in Angst vor den verhetzten polnischen Jugendlichen des Hauptbahnhofs Schönsee gelebt.

Wenn die Siegermächte nach dem Ersten Weltkrieg nicht nur Westpreußen und die Provinz Posen an das neue Polen verschenkt, sondern auch darauf geachtet hätten, dass Polen ein Vielvölkerstaat nach dem Vorbild der Schweiz wurde, womit die Siegermächte ihre Geschenke an Polen auch begründet hatten, dann hätte Hitler keinen Grund gehabt, in Polen einzumarschieren, um seine deutschen Landsleute vor der Ermordung zu retten.

Wir bedrängten und schikanierten Deutschen in Polen haber Hitler als unseren Befreier begrüßt und ihn auch gefeiert. Mein sehr frommer Vater hat nach dem Einmarsch der deutschen Truppen seine Mütze vom Kopf genommen und mit einem Gebet Gott dafür gedankt, dass er Hitler gesandt und seine Familie aus größter Gefahr errettet hatte.

Es war unser polnischer Nachbar Genrza, der uns vor der polnischen Miliz gewarnt hatte. Er bewirtete die Miliz großzügig und schickte in der Zwischenzeit seine Tochter Eva zu uns mit einer Warnung. Da versteckten wir uns bei den geflüchteten Polen, die sich bei uns am Grabenbewuchs untergestellt hatten, um nach dem Sieg über Polen auf ihre Hofstellen zurückkehren zu können. Es war dieser Pole, der zu Vater kam und sagte: „Ich sehe, dass ihr Deutsche seid. Darf ich mich bei Ihnen unterstellen und abwarten, bis Polen besiegt ist? Ich kenne die Deutschen aus dem Ersten Weltkrieg, sie werden Polen schnell besiegen."

Als die Miliz auf unserer Hofstelle erschien, fand sie niemanden von uns vor.

Mit unseren polnischen Nachbarn und Hofbesitzern haben wir immer in guter nachbarlicher Eintracht gelebt, oft sogar besser als mit unseren deutschen Nachbarn. So pflegen wir auch heute noch mit der nachfolgenden polnischen Generation gute persönliche Kontakte. Ich selbst war mit meinen Söhnen im vergangenen Jahr noch einmal in meiner alten Heimat, wir haben unsere ehemaligen polnischen Nachbarn besucht und mit ihnen gesprochen, denn ich beherrsche die polnische Sprache noch.

Über die ermordeten Deutschen in den ersten Tagen des Zweiten Weltkrieges hat Hugo Rasmus in seinem Buch „Pommerellen Westpreußen 1919–1939“ ausführlich berichtet. Es ist in der Verlagsbuchhandlung Herbig unter der ISBN 3-7844-1596-6 erschienen.

Vor allem die Deutschen im neuen Polen, aber auch die aus dem süd- und östlichen Deutschland, wie Ober- und Niederschlesien sowie Pommern, haben nach dem verlorenen Zweiten Weltkrieg durch die westliche Verschiebung der ostdeutschen Grenze große Einschnitte in ihren Lebensbedingungen hinnehmen müssen. Viele von den Auslandsdeutschen sind ermordet worden und die Überlebenden haben ihre Heimat verloren. Sie sind es an erster Stelle, die den verlorenen Krieg mit Hab und Gut und oft auch mit dem Leben bezahlen mussten.

Das nach dem Zweiten Weltkrieg entstandene Polen hat große Teile Deutschlands bekommen und trotzdem forderte es von Deutschland noch viele Milliarden zusätzlich. Auch auf diese Situation weist Hans Meiser hin und schreibt auf seine Seite 343:

„Westdeutschland zahlt Milliarden für den Raubstaat Polen“
Trotz der astronomischen Höhe der geraubten Werte kam es immer wieder zu erneuten finanziellen Leistungen der Bundesrepublik auf Kosten der Steuerzahler an Polen. Von 1972 bis 1989 erhielt die Volksrepublik Polen und seither auch das heutige Polen Milliarden-Kredite zu Vorzugsbedingungen, die zu Lasten des Bundeshaushalts gingen und noch gehen. Nach 1989 trat Polen immer wieder mit weiteren Forderungen nach materieller Entschädigung ehemaliger KZ-Häftlinge und Zwangsarbeiter an die Bundesregierung heran. Und in wessen Taschen floss dieses Geld überhaupt? Von den 100 Millionen DM, die diese Bundesregierung 1972 an Polen als „Entschädigung an polnische KZ-Opfer“ überwiesen hatte, war nur eine geringe Summe an die Betroffenen ausbezahlt worden, und zwar erst 1988,

wie Die Welt – Zeitschrift vom 16. Dezember 1989 berichtete. Die Entschädigung betrug nur 188 000 Zloty (!) pro Person. Dabei hätte jedes Opfer nach dem Kurs vom Januar 1988 4,39 Millionen Zloty erhalten müssen. Offen blieb die Frage, wer die Devisen und die Zinsen kassierte.

Auf den Seiten 344 und 345 sind zusammen 20 Mrd. DM = 10 Mrd. € aufgeführt. Auf Seite 346 wird unter der Überschrift:

„Neue polnische Forderungen" berichtet: Anfang September 2004 stellte das Parlament (Sejm) der Republik Polen in einer Entschließung fest, „dass Polen bislang keine angemessene finanzielle Kompensation und Kriegs-Reparationen für den Gesamtbereich der Zerstörungen sowie der materiellen und finanziellen erhalten hat."
Und weiter:
„... dass Polen keine finanziellen Verpflichtungen gegen Bürger der Bundesrepublik Deutschland als Ergebnis des Zweiten Weltkrieges und seiner Folgen übernimmt", dass es seine Regierung auffordert, „schnellstmöglich eine Schätzung der Schäden vorzulegen", *die Polen als Ergebnis des Zweiten Weltkrieges erlitten hat.*

Auf Seite 347:

„Auswirkungen auf die Gegenwart" wird berichtet, dass Polen seine Regierung auffordert, „entschiedene Schritte bei der deutschen Regierung zu unternehmen, in der Frage der definitiven Anerkennung der Verantwortung für eventuelle Entschädigungen für Schäden, die deutsche Bürger als Ergebnis der Umsiedlung und Eigentumsverlust nach dem Zweiten Weltkrieg, als Ergebnis der Potsdamer Verträge (sic!) und Folge der späteren Repatriierungsprozesse erlitten hatten".

Auch der polnische Historiker Janusz Majczerek äußerte sich kritisch:

„Geschichtspolitik, wie sie der Sejm nun durchsetzten will, führt in eine Sackgasse ... Die Polen müssen sich sagen, dass sie zwar im Zweiten Weltkrieg vor allem Opfer, aber manchmal auch Täter waren."

Dass Polen auch Täter waren, das ist auch in meinem Buch „Erinnerungen eines Westpreußen“ (ISDN 978-3-7888-1367-3) dargestellt. Polen waren es, die sich den Krieg gegen Deutschland herbei wünschten und ihn letztlich auch verursacht haben. Sie wollten es unbedingt auf einen Krieg ankommen lassen, weil sie sich Gewinn davon versprachen.

Seitdem Polen EU-Mitglied geworden ist, erhält es jährlich zweistellige Milliarden Euro aus der EU-Kasse, die zu 40 Prozent von der Bundesrepublik gespeist wird.

Für Polen gilt aber immer noch: „Alles Böse gegen Polen geschah nur durch Deutschland.“ Es wird immer noch ignoriert, dass Polen seine Teilungen allein durch seine Misswirtschaft verursacht hat und dass an allen Teilungen ihres Landes an erster Stelle Russland und Österreich beteiligt waren.

Es wird noch einige Generationen dauern, bis auch Polen sich zu seiner Schuld am Entstehen des Zweiten Weltkrieges bekennt und seinen großen Anteil daran aufarbeitet.

Diese Epoche wird geschichtlich noch korrekt geschrieben werden, es kann aber noch Generationen dauern. Noch ist Deutschland mit seiner großen Schuld an der Ermordung der vielen Juden belastet und nur zögerlich gibt es auch Sendungen über Pogrome, die von den Siegermächten begangen wurden.

Es ist aber leider typisch deutsch, dass auch deutschen Politiker kein Interesse daran haben, sich auf die geschichtlichen Geschehnisse beider Weltkriege zu berufen. Auch 70 Jahre nach dem Beginn des Zweiten Weltkrieges ist es einfacher, alle Schuld bei Deutschland zu belassen. Für mich, der ich noch einer der wenigen lebenden Zeitzeugen bin, ist es erschreckend, wie verfälscht Sendungen im Fernsehen ausgestrahlt werden, die sich mit den Ereignissen des Zweiten Weltkrieges befassen.

Doch dem Nachlass des Russisch-Dolmetschers Ernst Albrecht Nagorny ist Folgendes zu entnehmen:

„Als Gorbatschow 1990 in Dresden gefragt wurde, ob im Zusammenhang mit einer Vereinigung Mitteldeutschlands mit der BRD auch eine Angliederung der deutschen Ostgebiete in Aussicht genommen sei, soll der damalige sowjetrussische Staatschef Gorbatschow geantwortet haben: ‚Ja, das wollte ich. Wir haben die Universität in Moskau beauftragt, Pläne für die Wiedervereinigung von Deutschland mit seinen polnisch besetzten Teilen auszuarbeiten. Aber bei den 2-plus-4-Verhandlungen musste ich zu meinem Erstaunen feststellen, dass Bundeskanzler Kohl und sein Außenminister Genscher die deutschen Ostgebiete Ostpreußen, Pommern und Schlesien gar nicht wollten.
Die Polen wären bereit gewesen, die deutschen Provinzen Deutschland zurückzugeben. Aber der deutsche Außenminister Genscher hat die polnische Regierung in Warschau bekniet, an der Oder-Neiße-Linie festzuhalten. Die Deutschen akzeptieren diese Grenze, waren seine Worte. Nur die DDR solle angegliedert werden.‘“

Als im Zweiten Weltkrieg der polnische Staat schnell von Deutschland besiegt war und wir Auslandsdeutschen durch reichsdeutsche Hitlerjugend-Führer zusammengetrommelt und in die Hitler Jugend aufgenommen wurden, wurde uns immer wieder eingehämmert: „*Deutsche Jungen sind flink wie die Windhunde, zäh wie Leder und hart wie Krupp-Stahl!*“ Auch bei den Fallschirmjägern hämmerten unsere Ausbilder uns Rekruten immer wieder ein: „*Deutsche sind ehrlich, korrekt und fleißig.*“

Mein Kompanieführer Meißner bei den Fallschirmjägern duldete es nicht, dass wir selbst im Fronteinsatz in Frankreich Äpfel oder Weintrauben für den Verzehr pflückten. „*Ein Deutscher stiehlt auch an der Front nicht*“, war seine Begründung. Als der Zweite Weltkrieg begann, war ich fünfzehn Jahre alt und erst einige Jahre nach meinem Wehrdienst und der Entlassung aus der Gefangenschaft erkannte ich, dass die Judenmorde der Wahrheit entsprachen, dass Hitler-Deutschland die vielen Morde in den Konzentrationslagern begangen hatte.

Das hat mich sehr betroffen gemacht und ich schämte mich dafür, dass ich in amerikanischer Gefangenschaft an den Bildern von Dachau vorbeigesehen hatte, denn ich habe es nicht für möglich gehalten, dass mein geliebtes Deutschland zu diesen grausamen Mordtaten fähig war. Schon ein ermordeter Jude wäre einer zu viel gewesen, zumal wir Deutschen im neuen Polen des Jahres 1920 mit den Juden gut harmonierten. Beide hatten wir in Polen das gleiche Schicksal zu ertragen. Deutsche und Juden waren in Polen recht eng miteinander verbunden, denn wir wurden gleichermaßen von den Polen bedrängt und verfolgt.

Meine Eltern fuhren jährlich nach der Ernte nach Dobrzyn, um ballenweise Parchent- und Manchester-Stoffe bei den Juden für unsere große Familie einzukaufen. Parchent wurde für die Unterwäsche und Manchester für unsere Anzüge gekauft, die von Mutter und unseren älteren Schwestern genäht wurden.

Der Ort Dobrzyn liegt an der Drewenz hinter der Stadt Golub gehörte schon zu Kongresspolen. Dobrzyn bestand fast ausschließlich aus jüdischen Stoffhändlern, die in Buden lebten und mit Stoffen handelten. Ihre Buden waren sehr einfach aus Brettern zusammengezimmert und nur wenige Deutsche lebten dort auch.

Als ich mit meinen jüngeren Geschwister Maria und Harry erstmals unsere alte Heimat im Jahre 1976 besuchte und wir auch zur Stadt Golub a. d. Drewenz fuhren, wo ich mein letztes Volksschuljahr in einer deutschsprachigen Volksschule verbrachte, da gab es in Dobrzyn keine Bretterbuden und auch keine Juden mehr. Es ist davon auszugehen, dass Hitler sie nach dem Sieg über Polen in deutsche Konzentrationslager brachte. Da waren es Polen, die zu uns sagten, sie seien Hitler dankbar dafür, dass er Polen von den Juden befreit habe. Die Polen waren mehrheitlich keine Judenfreunde.

Viel zu spät erfuhr ich, dass Hitler Judenmorde angeordnet hatte, und viel zu spät erkannte ich, dass Hitlers NSDAP ein nationaler Rassenwahn war. Dieser Wahn ist auch im Parteinamen enthalten, denn sonst hätte Hitlers Partei auch Sozialistische Deutsche Arbeiterpartei benannt werden können. Es wurde mir dann auch bewusst, dass ich als Mitglied der Hitlerjugend unfreiwillig mit verantwortlich geworden war.

Heute stellt Polen sich als judenfreundlich dar, aber das entspricht nicht der Wahrheit. Polen sollte nicht leugnen, dass es

Deutsche und Juden gleichermaßen verfolgte. Es sollte auch seinen recht großen Anteil am Entstehen des Zweiten Weltkrieges aufarbeiten, denn der Premier Polens, Rydz-Smigly, forderte wiederholt und auch öffentlich den Krieg gegen Deutschland.

Auch der englisch-amerikanische Bombenterror im Zweiten Weltkrieg war eine bewusste Ermordung vieler Millionen alter Menschen, Frauen und Kinder. Es ist darum nicht verständlich, dass Queen Mum vom englischen Königshaus Jahrzehnte nach diesen ungeheuren Gräueltaten „Bomber-Harry", den Verantwortlichen dafür, geadelt hat und ihm ein Denkmal setzen ließ. Die ganze Welt und selbst das englische Volk empfanden beides als sehr unsensibel und geschmacklos. Diese Ehrung eines Mörders löste in England auch Entrüstung aus.

Alles hat aber zwei Seiten, eine gute und eine schlechte. Die Vertreibung von über 16 Millionen Deutschen aus ihrer Heimat war in dieser Dimension bis dahin einmalig. Die Vertriebenen waren es dann auch, die mittellos in das sehr verkleinerte Deutschland integriert werden mussten. Der enorm hohe Bedarf an allem Lebensnotwendigen und auch der Fleiß der Vertriebenen brachten dem am Boden liegenden deutschen Volk einen zusätzlichen Auftrieb.

Besonders die vor dem Zweiten Weltkrieg im Ausland lebenden Deutschen und auch die aus dem Osten Deutschlands Vertriebenen waren es, die einen sehr hohen materiellen Verlust erlitten hatten. Doch die vertriebenen Auslandsdeutschen brachten immer wieder den unbedingten Willen zum Neuanfang auf. So haben gerade die Vertriebenen einen erheblichen Anteil am deutschen Wirtschaftswunder. Deutschland, unser Vaterland, hat nun wieder einen führenden Platz im Zentrum Europas eingenommen.

Die millionenfache Vertreibung hat aber auch bewirkt, dass sich die Menschen mit der einheimischen Bevölkerung vermischten. Das Ergebnis zeigt sich besonders in den ländlichen Regionen Deutschlands, wo es im Gegensatz zu früher keine Dorfdeppen mehr gibt.

Wenn ich auf mein langes Leben zurückblicke, dann sehe ich mein Elternhaus, in dem es noch keinen elektrischen Strom gab. Auf unserer elterlichen Hofstelle wurde alles manuell und mit Pferdekraft bewältigt. Nun sitze ich am Laptop und schreibe meine Lebenserinnerungen. Wenn ich mit meinen Söhnen sprechen will, dann aktivieren wir Skype und wir können uns dabei auch sehen.

Das ist für mich Sterblichen fast ein Quantensprung. Unsere Welt des 21. Jahrhunderts ist recht klein geworden und es gibt kaum noch einen Ort, der nicht erreicht werden könnte. In meinem über neun Jahrzehnte langen Leben ist der Mensch sehr nahe zusammengerückt. Durch den Zug-, Schiffs- und Flugverkehr, durch Telefon und Internet ist man immer und überall erreichbar und fremde Einflüsse vermengen sich schnell, was nicht immer ein Segen ist.

Während ich früher etwa zwei Wochen Zeit hatte, einen empfangenen Brief zu beantworten, muss er heute möglichst sofort beantwortet werden, was der Gesundheit nicht immer guttut. Es entsteht Stress und das kann zu psychischen Problemen führen. So komme ich zu dem Ergebnis, dass unser Leben früher ohne elektrischen Strom auch sehr erlebnisreich und schön war.

Ich schreibe wieder an Cilli

Meine Mona-Lisa wollte gern einmal nach Afrika reisen. Da schrieb ich an Cilli, meine erste Jugendliebe aus Windhoek in Südwestafrika. Ich entschuldigte mich bei ihr, weil ich auf ihren Brief aus dem Jahre 1967 bisher nicht geantwortet hatte, und schilderte ihr die Gründe dafür. Ich hoffte, dass sie mir mein Schweigen nicht übel nahm, und wartete auf ihre Antwort.

Schon nach wenigen Wochen kam Cillis Antwort und die machte mich recht betroffen. Cilli war verwitwet, sie hatte einen linksseitigen Schlaganfall erlitten und lebte im Pflegeheim. Sie schrieb, sie sei im Jahre 1994 noch in Berlin gewesen und ihr Schwager habe sie überall hingefahren. Da war ich mir sicher, dass Cilli auch versucht hatte, mich zu besuchen. Aber in den vergangenen Jahren war meine Ehe zerbrochen und geschieden. Ich hatte auch meinen Wohnsitz mehrmals gewechselt und dann wieder geheiratet.

Aufgrund ihres erlittenen Schlaganfalls war Cilli selbst nicht mehr in der Lage, uns Quartier zu gewähren, und sie hatte ihrem Brief einen Pensions-Nachweis von Windhoek beigelegt. In einem langen Antwortbrief bedankte ich mich bei ihr dafür und schrieb, dass wir ohnehin die Absicht hätten, eine Pension zu nutzen, und bat sie um eine Empfehlung.

Als Antwort darauf erhielt ich von Cillis jüngstem Sohn Claus eine E-Mail. Er teilte mir mit, dass seine Mutter verstorben sei. Da wurde auch unsere geplante Afrikareise wieder verschoben.

Die Europäische Gemeinschaft und die Eurowährung

Nach dem verlorenen Zweiten Weltkrieg teilten die Siegermächte Deutschland in Zonen auf. Wegen der wertlos gewordenen Reichsmark genehmigten die westlichen Siegermächte 1948 eine Währungsreform.

Nachdem Ende 1989 auch die Wiedervereinigung der geteilten deutschen Staaten erfolgte, war Deutschland wieder eine Nation geworden. Die Wirtschaft Deutschlands erstarkte und unser Land entwickelte sich zur führenden Kraft in Europa.

Frankreich und Deutschland näherten sich immer weiter an, es sollte nie wieder einen Krieg zwischen ihnen geben. Beide

Staaten strebten die Schaffung eines Staatenbundes in Europa an und die „Europäische Gemeinschaft“ nach dem Vorbild der Vereinigten Staaten von Amerika wurde gegründet.

Eine Voraussetzung dafür war aber die Schaffung einer gemeinsamen europäischen Währung und mit Beginn des Jahres 2001 wurde der „Euro“ als neues Zahlungsmittel eingeführt. Ein Euro entsprach dem Wert von 1,96 DM bzw. eine DM dem Wert von 0,51 Euro.

Das Jahr 2001 galt als Übergang und während dieses Jahres mussten alle Rechnungsbeträge sowohl in DM als auch in Euro ausgewiesen werden.

Die Mehrheit des deutschen Volkes war dem Euro gegenüber recht skeptisch eingestellt. Sie bedauerte den Verlust der bewährten Deutschen Mark und diese Skepsis bestätigte sich dann auch bald. Löhne und Gehälter wurden ihrem Wert entsprechend auf Euro-Beträge reduziert. Aber viele Unternehmen und ganz besonders die Hotel- und Gaststättenbranche wechselten nur die Bezeichnung des Zahlungsmittels und das ergab dann kräftige Preissteigerungen.

Noch viele Jahre danach wurde von so manchem der Euro auf DM umgerechnet. Auch meine Mona-Lisa tat das noch lange. Dadurch wurden die zum Teil recht hohen Preissteigerungen sichtbar und es bestätigte sich: „Der Euro wurde ein Teuro.“

Inzwischen ist in den meisten europäischen Ländern der „Europäische Gemeinschaft“ der Euro als Zahlungsmittel eingeführt. Auch die Grenzen zwischen den Staaten Europas öffnen sich zunehmend und das beschert uns nicht nur erwünschte Einwanderer.

Der Euro ist aber inzwischen ein international sicheres und begehrtes Zahlungsmittel geworden und steigt gegenüber dem amerikanischen Dollar immer noch im Wert. Diese Entwicklung hat Vor- und Nachteile. Der Urlaub im Ausland ist für Deutsche erschwinglicher geworden und auch der Export boomt in Deutschland. Aber beim europäischen Flugzeugbau, beim Airbus, gibt es Probleme, weil Flugzeuge in Dollar gehandelt werden.

Der Dachgeschoss-Ausbau und der Pkw-Einstellplatz

Seit meinem Rentenalter bezog ich zwar eine kleine Rente, blieb beruflich aber noch tätig, denn ich hatte Freude daran. Da bot mir eine Bäuerin aus dem nördlichen Vorland von Hannover fünf Baugrundstücke recht preisgünstig an. Sie mussten erst bezahlt werden, wenn ich Käufer dafür hatte. Der Verkauf zum ortsüblichen Baulandpreis verlief recht erfolgreich und so hatte ich damit ein schönes Sümmchen verdient.

Da beschloss ich, dieses zur weiteren Absicherung unseres Rentenalters zu verwenden. An Mona-Lisas Vierfamilienhaus stand ohnehin eine Dacherneuerung bevor und da bot es sich an, im Dachgeschoss zwei zusätzliche Wohnungen auszubauen. Ihr Ausbau war bereits beim Hausbau vorgesehen und alle Versorgungsleitungen führten in zwei Schächten ins Dachgeschoss.

Ich setzte mich an meinen Schreibtisch und entwarf für jede Seite des Dachgeschosses eine Zweizimmerwohnung. Sie sollten völlig anders als die vorhandenen Wohnungen darunter sein und geräumige Bäder und auch Wohnküchen mit Essecken haben. Dachschrägen waren nur dort geplant, wo es sich nicht vermeiden ließ.

Meine Entwurfsskizze übergab ich meinem Jägerfreund, dem Architekten Richard, der sie in eine Bauzeichnung umsetzte und auch den Bauantrag beim Bauamt stellte. Als die Baugenehmigung eintraf, begann ich mit der Dacherneuerung und dem Ausbau von Erkern für die beiden neuen Wohnungen. Dabei legte ich großen Wert auf eine gute Dämmung des Daches und der Wohnungen. Sie sollten sich im Sommer nicht aufheizen und im Winter warm halten. Dafür hatte ich 100.000 DM vorgesehen.

Die Arbeit hatte sich gelohnt. Es waren zwei schöne Wohnungen geworden, die über das Übliche hinausgingen, und die Mieter fühlten sich recht wohl darin, zumal sie auch recht große Loggien hatten. Damit hatte sich Mona-Lisas Mietwohnungsbestand auf acht erhöht.

Für Mona-Lisas neue Wohnungen mussten aber auch zwei Pkw-Einstellplätze geschaffen werden. Gleichzeitig sollte eine Verkehrsberuhigung in der Privatstraße erfolgen. Da erstellte ich wieder eine Skizze für die neuen Einstellplätze mit einer Verkehrs-Beruhigung im Bereich des Mehrfamilienhauses. Ich legte meinen Entwurf meiner Mona-Lisa zur Begutachtung vor, aber erst am Abend konnten wir auch darüber sprechen. Mona-Lisa war von meiner Planung nicht begeistert und ließ keinen einzigen Punkt davon gelten. „Es ist alles viel zu teuer und dafür gebe ich mein Geld nicht aus", war ihre Reaktion darauf.

Von dieser Antwort war ich doch sehr enttäuscht und sagte: „Wenn mein Plan absolut nichts taugt, dann werde ich mich aus deinem Mehrfamilienhaus zurückziehen." Die Erwiderung meiner Mona-Lisa war: „Mit dir kann man überhaupt nicht mehr diskutieren. Mit zunehmendem Alter wird es immer schwieriger mit dir", und gekränkt verließ sie das Wohnzimmer.

Es interessierte meine Mona-Lisa nicht, dass ihre Antwort mich auch kränkte, und ich fragte mich: „Worüber sollen wir denn diskutieren, wenn an meinem Plan ‚alles viel zu teuer' ist?" Meine Planung legte ich dann zuunterst unter die Unterlagen auf meinem Schreibtisch, damit ich möglichst nicht daran erinnert würde. Ich fragte mich aber auch: „Warum gebe ich mir so viel Mühe, einen Plan für Mona-Lisa Hausgrundstück zu erstellen, wenn ich eigentlich doch wissen müsste, wie sie darauf reagiert, nachdem sie nun auch die Kosten dafür übernehmen soll." Bisher hatte ich alles optimal geplant und an erster Stelle auf eine gute Funktion geachtet. Ich verfuhr nach dem Motto „Das Beste ist auf Dauer auch das Preiswerteste", denn ich bezahlte ja auch alles. Für meine Mona-Lisa war aber immer schon ein Problem, dass sie sehr ungern etwas bezahlte. Mein Geld war aber verbraucht und die künftigen Ausgaben musste sie bestreiten.

Wenn meine Planung zur Ausführung kommen würde, würde sich dies recht positiv für ihr Haus auswirken und man könnte sich auch Gedanken über die Ausführung machen. Es gab ja auch polnische Unternehmer, die preisgünstiger waren als deutsche Unternehmen.

Es war aber noch nie Mona-Lisas Stärke gewesen, für meine Planungen auch anerkennende Worte zu finden. Sie überging sie einfach und tat immer so, als ob alles eine Selbstverständlichkeit sei. Dabei brauchte ich ab und zu auch mal eine Anerkennung und ganz besonders von meiner Mona-Lisa. Aber diese musste ich immer erst anfordern. Dann kam es hin und wieder vor, dass Mona-Lisa sagte: „Ja, es ist ganz schön geworden."

Seit dem Beginn unserer Ehe waren fast vier Jahrzehnte vergangen und in all dieser Zeit war ich beruflich tätig und finanziell unabhängig. Nachdem meine berufliche Selbstständigkeit aber mit meinem 80. Lebensjahr auslief, fungierte ich für meine Mona-Lisa als preiswerter und fleißiger Mitarbeiter für die an sie übertragene Immobilienverwaltung. Weil ich aber nur eine recht kleine und selbst angesparte Altersrente bezog, war ich für sie an erster Stelle auch eine Steuer-Ermäßigung geworden, denn wir werden gemeinsam beim Finanzamt veranlagt.

Mona-Lisa spricht aber nur von ihren Wohnungen, von ihren Häusern und von ihrem Geld. Von meinem Anteil daran sprach sie noch nie. Nachdem ich beruflich nicht mehr tätig bin, kann ich meine Verbesserungsvorschläge finanziell nicht mehr selbst tragen. Da zeigte sich der Unterschied zwischen uns recht deutlich. Während ich notwendige Reparaturen rasch ausführen ließ, rechnete meine Mona-Lisa immer erst lange, bevor sie sich dazu entschloss. Dabei hatte ich auch das Gefühl, dass sie zu preiswerteren Ausführungen neigte, was oft nicht das Beste war. Da zeigten sich bei meiner Mona-Lisa mal wieder die Gene ihrer Mutter.

Während meiner beruflichen Tätigkeit habe ich immer Wert darauf gelegt, Handwerks-Unternehmen zu beschäftigen, die in der Nähe der verwalteten Immobilien lagen. Es war mir immer am wichtigsten, dass ich mich auf meine Handwerker verlassen konnte. Meine Mona-Lisa wählte dagegen gern das preiswerteste Unternehmen. Wenn sie aber plötzlich einen Handwerker benötigte, dann hatte sie mehr Probleme, als ich in diesen Fällen je hatte.

Immer mehr fällt mir auf, dass meine Mona-Lisa mit zunehmendem Alter ihrer Mutter ähnlicher wird. Dafür kann sie letztlich nichts, sie hat sich ihre Gene nicht ausgesucht, sie hat sie geerbt. Ich will aber auf keinen Fall in die Rolle ihres Vaters kommen und darum sollte sie sich bemühen, die von ihrer Mutter geerbte übermäßige Sparsamkeit einzudämmen.

Es mag wohl zutreffen, dass ich auch empfindlicher geworden bin. Meine Mona-Lisa sollte sich aber auch fragen, ob sie nicht unsensibler geworden ist und damit einen erheblichen Teil zu meiner Empfindlichkeit beiträgt.

Dann erzählte meine Mona-Lisa mir, dass sie die Gartenbaufirma aus der Molkereistraße beauftragt habe, Platz für einen Pkw-Einstellplatz zu schaffen. Die Firma sei nicht teurer als das Otternhagener Gartenbau-Unternehmen, das ich immer gern gewählt hatte. Die von ihr gewählte Firma sollte die Schwellen an der linken Hausecke im Vorgarten um 50 cm nach rechts und nördlich verschieben. Auch den Streifen an der südlichen Straßenseite sollte es pflastern, damit der Pkw-Einstellplatz an der Straße auch angenommen würde. Genau so hatte ich es in meiner Skizze vorschlagen, denn der linke Parkplatz vom Vorgarten war immer schon recht breit und könnte durch die zuvor genannten Maßnahmen auch in zwei Pkw-Einstellplätze geteilt werden.

Als die von Mona-Lisa vergebenen Arbeiten beendet waren, fuhr ich zum Sechsfamilienhaus und stellte fest, dass der Streifen an der Straßenseite der Nachbargrundstücke sowohl am West- als auch am Ostende zu kurz gepflastert war. Es gab für die durchfahrenden Autos zu wenig Platz, um dem neuen Einstellplatz ausweichen zu können. Darum wagte es auch kein Mieter, sein Fahrzeug auf den neu geschaffenen Parkplatz zu stellen.

Danach ließ Mona-Lisa den gepflasterten Streifen an der Westseite verlängern. Aber an seinem Ostende blieb er um 50 cm zu kurz, denn es ist, wie es ist. Meine Mona-Lisa rechnet immer sehr genau, sie lässt nur das unbedingt Notwendige ausführen. Nun war zwar ausreichend Platz für einen weiteren Einstellplatz, aber keiner von den Mietern wollte sein Auto auf dem neu geschaffenen Pkw-Platz abstellen. Sie befürchteten, dass die Fahrzeuge zu nahe am Einstellplatz entlangfuhren und ihr Auto dabei beschädigt werden könnte.

Dann sagte ich zu meiner Mona-Lisa: „Ich werde den recht kleinen Gartenbereich vor dem neuen Parkplatz verbreitern lassen. Auch den Streifen an der anderen Straßenseite lasse ich über die ganze Grundstücksbreite pflastern, damit der neue Einstellplatz eine Absicherung hat und das Haus mehr Chic bekommt."

Bevor ich diese Arbeiten vom Otternhägener Gartenbau-Unternehmen ausführen ließ, fragte ich unseren Nachbarn, den ehemaligen Leiter der Straßenbaumeisterei, wie breit ein Privatweg sein müsse. Er antwortete, eine Breite von 250 cm sei völlig ausreichend. Ich berichtete Mona-Lisa von dieser Auskunft und machte sie auch darauf aufmerksam, dass der Privatweg im Bereich ihres Hauses fast ganz auf ihrem Grundstück liege, was bei allen anderen Hauseigentümern nicht der Fall sei. Der Privatweg müsse aber nicht zum Nachteil ihres Hauses die jetzt vorhandene Breite behalten.

Mona-Lisa warnte mich und sagte: „Wenn es aber juristischen Streit mit den anderen Eigentümern gibt, dann musst du das übernehmen." Das sagte ich ihr auch zu. Weil sie aber immer übervorsichtig ist und keine Probleme mit den Nachbarn haben will, beauftragte ich das Gartenbau-Unternehmen, für den Privatweg am Hause eine Breite von etwa 270 cm zu belassen.

Als die Firma bei den Arbeiten war, fragten auch einige der benachbarten Eigentümer nach dem Grund für diese Arbeiten am Privatweg. Da gab ich ihnen zur Antwort: „Der Regenabfluss im Erdbereich ist defekt und muss repariert werden. Bei dieser Gelegenheit lassen wir dann auch gleich die Regenrinne an der Giebelseite des Hauses etwas nach Süden verlegen, damit der Gartenstreifen am Haus etwas breiter wird." Diese Auskunft genügte den Eigentümern der Mehrfamilienhäuser auch immer, denn Reparaturen an der Regenwasserleitung am Privatweg waren von allen Eigentümern anteilig zu tragen, und wenn ich das nun erledigen ließ, war das so okay.

Bei den Arbeiten stellte sich dann aber heraus, dass der Regenabfluss tatsächlich gebrochen war und das Regenwasser in absehbarer Zeit nicht mehr hätte abfließen können.

Nach der Fertigstellung dieser Arbeiten fuhr ich mit meiner Mona-Lisa zu ihrem Haus, denn ich war gespannt darauf zu erfahren, was sie zur Vergrößerung des Gartenteils an der südlichen Giebelseite des Hauses sagen würde, zumal die Mieter den geschaffenen Pkw-Einstellplatz auch sofort angenommen hatten. Als Mona-Lisa den vergrößerten Gartenstreifen sah, den ich auch schön bepflanzt hatte, sagte sie nur: „Der Gartenstreifen ist zu schmal geraten."

Da war ich doch recht enttäuscht, denn sie war es ja, die von mir gefordert hatte, dass ich juristische Proteste gegen die Gartenverbreiterung auch finanziell übernehmen müsse. Allein deshalb hatte ich die Breite des Privatweges auf insgesamt 270 cm verbreitern lassen, um eine Diskussion der übrigen Anlieger zu vermeiden. Und nun war Mona-Lisas einziger Kommentar, der Gartenstreifen sei zu schmal geraten!

Wenn ich den Privatweg aber auf eine Breite von nur 250 cm reduziert hätte, dann hätte es ganz sicher juristische Proteste von den anderen Eigentümern des Privatweges gegeben, denn jeder von ihnen hätte behaupten können, dass der Privatweg nur eine Breite von 249 cm habe. Aus unerklärlichen Gründen nutzten vor allem die Berliner Eigentümer jede Gelegenheit, um gegen uns zu opponieren. Ich war mir aber recht sicher, dass es bei der Straßenverbreiterung auf 270 cm keinen juristischen Streit geben würde, denn nach den bestehenden Vorschriften muss ein Privatweg nur eine Breite von 250 cm haben.

Nun beweist mein geschaffener Gartenstreifen schon viele Jahre seine Funktionsfähigkeit und die Mieter parken auch ohne

Kommentar auf dem geschaffenen Pkw-Parkplatz. Es ist gekommen, wie ich es vorausgesagt hatte. Neu ist aber, dass dieser verbreitete Gartenstreifen sich auch zum Hundeklosett entwickelt hat. Dagegen gibt es aber die Möglichkeit, den Streifen mit kleinwüchsigen und dornigen Büschen zu bepflanzen, die es den Hunden verleiden, sich darin zu lösen.

Christian, unser erstgeborener Sohn aus zweiter Ehe

Christian hätte einer der besten Schüler im Gymnasium sein können, wenn er etwas mehr dafür getan hätte. Er hatte sein letztes Schuljahr aber wiederholen müssen, was mein ältester Sohn Eckhard aus erster Ehe auch geschafft hatte.

Die Wiederholung des letzten Jahres im Gymnasium war aber auch Christian peinlich. Er machte es seinem älteren Bruder nach, er wechselte die Schule und ging zur IGS in Garben-Mitte, wo es auch eine wesentlich bessere Schulausstattung gab als zuvor im Gymnasium. Das war sein Argument dafür. Am Ende des Schuljahres 2001 rief Christian mich von der Schule aus an und sagte: „Papa, ich hab's, ich hab's!" Da bekam ich einen Kloß in den Hals und meine Gratulation war eher ein Stottern als ein Gratulieren. Damit hatte ein drittes von meinen Kindern das Abi bestanden und das machte mich stolz auf meine sechs Kinder.

Anstelle des Wehrdienstes leistete Christian den Zivildienst bei der Lebenshilfe ab. Danach meldete er sich zum Studium Medieninformatik an der Universität Dresden an. Zum Oktober des kommenden Jahres bekam er dort einen Studienplatz und ein Unterkommen im Studenten-Wohnheim.

Die Semester dieses Studiums waren überbelegt und strebsame Studenten waren immer rechtzeitig im Vorlesungsraum, um einen Sitzplatz zu ergattern. Im Wohnheim hatte Christian auch Kontakt zu Architektur-Studenten und in ihm reifte der Wunsch, in das Studium der Architektur zu wechseln, zumal ein solcher Wechsel innerhalb der Universität problemlos war. Christian tat es dann auch.

Das Architektur-Studium lag ihm und machte ihm Freude. Als die Studenten die Aufgabe erhielten, ein Modell für ein Wochenendhaus am Hang mit vorgegebener Neigung zu entwerfen, gab Christian sich besonders viel Mühe. Er baute ein Modell bis in alle Details und ging recht erwartungsvoll damit zum Professor. Doch ein aus Pappstücken einfach zusammengeklebtes Modell bekam den ersten Preis und sein recht detailliertes Wochenendhaus blieb bei der Bewertung im unteren Bereich.

Der Professor begründete dies mit den Worten, es komme nicht auf Details an, sondern allein auf die Entwurfsidee. Details zu konstruieren, sei die Aufgabe der Statiker und nicht der Architekten. Diese Begründung entsprach aber nicht der Realität, denn Statikern obliegt es allein, die Statik der geplanten Bauentwürfe zu berechnen.

Als dieser Professor dann auch noch wiederholt darauf hinwies, dass der größte Teil der anwesenden Studenten nach Beendigung ihres Studiums arbeitslos sein würde, schwand Christians Interesse an der Architektur sehr schnell und er brach dieses Studium ab, was ich an seiner Stelle auch getan hätte.

Danach wollte er es seinem ältesten Bruder gleichtun und Medizin studieren. Doch er hatte so gut wie nichts für seine Abiturnoten getan und so galt für ihn zunächst eine Wartezeit. Um diese zu überbrücken, begann er eine Ausbildung zum Heilpraktiker und diese Tätigkeit lag ihm auch. Er hatte Freude daran und wir Eltern hofften, dass er diese Ausbildung noch vor dem Erhalt eines Studienplatzes abschließen würde.

Als Christians Ausbildung beendet war, ging seine feste Beziehung in die Brüche und er versäumte es dann auch, die Abschlussprüfung zum Heilpraktiker zu machen. Diese versäumte Heilpraktiker-Prüfung will Christian immer noch nachholen, was ich allerdings mit einem Fragezeichen versehe. Stattdessen würde ich es lieber sehen, wenn er promovierte.

Es ergab sich für ihn eine andere Möglichkeit, ein Management-Studium in Nürnberg zu belegen und nun ist Christian in Nürnberg und studiert dort.

Henrik, unser jüngster Sohn aus zweiter Ehe

Nach dem Realschulabschluss wurde Henrik, unser jüngster Sohn, für den Wehrdienst gemustert und als tauglich befunden. Mein ältester Sohn Eckhard hatte bereits den Wehrdienst, Sohn Christian den Zivildienst abgeleistet. So bestand die Möglichkeit, Henrik vom Wehr- und Zivildienst befreien zu lassen, und das tat ich dann auch.

Henrik sollte mein geschäftlicher Nachfolger werden und bei einem Berufskollegen eine Ausbildung machen. Dann kam uns ein glücklicher Zufall zur Hilfe, mein Jagdpartner und auch Nachfolger als Jagdpächter lud uns zum gemütlichen Beisammensein mit zünftigem Jäger-Abendbrot ein. Weil er aber geschieden war und mit seinem Sohn ein Junggesellen-Haushalt führte, übernahm seine Schwester die Ausrichtung seiner Feier, die mit ihrer Familie am Stadtrand Hannovers wohnte.

Dabei traf ich auch einen Berufskollegen aus dem Zentrum Hannovers. Er hatte zufälligerweise eine Lehrstelle zu vergeben. Wir vereinbarten einen Vorstellungstermin für Henrik, er verlief positiv und Henrik konnte seine Ausbildung zum Kaufmann der Grundstücks- und Wohnungs-Wirtschaft beginnen und auch abschließen.

Henrik hatte die richtige Wahl getroffen, diese Tätigkeit lag ihm und im Jahre 2004 wurde ihm der Kaufmanns-Gehilfenbrief ausgehändigt. Da befand ich mich im 80. Lebensjahr, und weil ich mich aus meiner beruflichen Tätigkeit zurückziehen wollte, ließ ich meine Immobilien KG löschen, deren alleiniger Inhaber ich war. Henrik machte sich zum gleichen Zeitpunkt als Immobilien-Unternehmer selbstständig.

Er hat ein ansprechendes Auftreten, kommt bei den Kunden auch gut an, aber die Immobilienvermittlung ist schwieriger und härter geworden als am Beginn meiner Selbstständigkeit. Inzwischen mischen alle Banken im Immobilienhandel kräftig mit. Sie können dabei auch ihr Wissen über die Kontostände ihrer Kunden nutzen.

Darum haben alteingesessene Immobilien-Unternehmen auch Abteilungen für Immobilienverwaltungen. Der Konkurrenzkampf ist ebenfalls stärker geworden. Bei den Objekten mit Eigentumswohnungen bleibt deren Verwaltung für die ersten fünf Jahre beim Bauträger. Erst danach können sie von Immobilienverwaltungen übernommen werden und auch dann haben die Banken oft die besseren Karten.

Inzwischen bedauere ich es, dass ich nicht einige Jahre mit meinem Nachfolger Henrik zusammengearbeitet habe, bis er seine Selbstständigkeit nachhaltig gefestigt hatte, zumal ich damals noch einen guten Kontakt zu den Kunden und auch im Immobilienmarkt hatte. Da hätte ich meinem Sohn über so manch eine schwierige Hürde helfen können.

Entscheidend ist dabei aber auch die richtige Partnerin und wir Eltern wünschen unserem Henrik recht bald die allerbeste Freundin und Ehefrau der Welt. Seine langjährige Beziehung war in die Brüche gegangen, weil Henrik sich beruflich erst festigen wollte, bevor er heiratete und Kinder in die Welt setzte.

Urlaub in Mieming Österreich

Der Käufer unseres Heidehauses hatte sein väterliches Erbe übernommen. Er ließ sich vorzeitig pensionieren und erfüllte sich mit seiner Ehefrau ihren Herzenswunsch. Sie erwarben am Starnberger See ein Baugrundstück und bauten ein Haus aus ökologisch einwandfreien Baustoffen im bayerischen Baustil für sich darauf. Als sie ihr Haus bezogen hatten, luden sie uns zu einem Besuch ein, wenn wir in ihre Gegend kommen sollten.

Nachdem Mona-Lisa und ich unsere Geburtstage des Jahres 2005 hinter uns hatten, fuhren wir in Urlaub nach Österreich. Auf der Fahrt dorthin machten wir auch einen Abstecher an den Starnberger See und besuchten das Ehepaar in ihrem neuen Haus. Nach der uns gegebenen Beschreibung waren wir der Auffassung, dass ihr neues Haus direkt am Starnberger See liege. Aber Häuser, die direkt am See liegen, haben auch einen Seezugang und dieses Privileg resultiert aus längst vergangener Zeit.

Grundstücke mit dieser Voraussetzung gab es schon lange nicht mehr im allgemeinen Angebot. Wenn so ein Hausgrundstück den Eigentümer wechselt, dann geschieht das höchst diskret im Kreis der Reichen. Der Wert der Grundstücke mit Seezugang kann nur erahnt werden. Es gelten Liebhaberpreise, über die man nicht spricht.

Das Haus unseres Heidehaus-Käufers lag aber in schöner und erhöhter Lage und man konnte vom Grundstück aus auch auf den Starnberger See blicken. Es war ein ganz besonderes Haus, das einen recht hohen Kostenaufwand erfordert hatte. So wurde unser Besuch eine Besichtigung des schönen und aus rein ökologischen Baumaterialien erbauten Hauses mit gemütlichem Kaffeetrinken bei unseren ehemaligen Heidehaus-Besitzern.

Danach begaben wir uns zur Pension in Starnberg, wo wir übernachteten. Am nächsten Morgen machten wir einen Spaziergang am See und fuhren anschließend zum Mieminger Plateau nach Österreich. Beim Bürgermeister des Ortes hatten wir eine schöne und ruhig gelegene Ferienwohnung mit Frühstück gemietet. Die Mittagsmahlzeiten nahmen wir in der Pension ein, die zur Verwandtschaft des berühmten Arztes Albert Schweitzer gehörte und mitten im Ort Mieming lag. Es war immer eine schöne Wegstrecke dorthin, die gut eine Stunde in Anspruch nahm.

Auf den Almwiesen vor dem oberen Waldbereich weideten neugierige Alm-Kühe, die uns immer eine Wegstrecke lang begleiteten. Die Pension war recht gediegen eingerichtet, alle Speisen waren schmackhaft und wurden den Gästen von freundlicher Bedienung serviert. Nach der guten Suppe standen zwei Hauptgerichte zur Auswahl, die aus ökologischen Produkten zubereitet waren und auch hervorragend schmeckten. Danach gab es eine Nachspeise oder Kaffee und Kuchen.

Die Mahlzeiten konnten auch im Garten mit einer schönen Teichanlage eingenommen werden. So zog es uns immer wieder zum Mittagsmahl in diese Pension, zumal der Wanderweg dorthin über Almwiesen mit eingestreutem Waldbewuchs führte.

Diese Wanderungen zu und von den Mittagsmahlzeiten in der urigen Berglandschaft waren immer wieder schön und erholsam und diesen Urlaub in Mieming würden wir gern wiederholen.

Auf unserer Rückreise machten wir einen Abstecher nach Bad Tölz, wo meine Cousine Hanna, eine Tochter meiner Tante Pauline mütterlicherseits, lebte. Wir quartierten uns für eine Nacht im Gasthaus ein und besuchten Hanna, die uns mit einem guten Mittagsmahl verwöhnte. Sie ist mit einem waschechten Bayern verheiratet. Beide sind schon recht betagt, aber noch fit. Den Nachmittag verbrachten wir mit Hanna und ihren Töchtern bei Kaffee und Kuchen. Da plauderten wir auch über unsere alte Heimat in Kongresspolen und Westpreußen.

Hanna ist ihr Kosenamen. Sie heißt eigentlich Tatjana und ist an der Wolga in Russland geboren, nachdem der russische Zar zu Beginn des Ersten Weltkrieges seine deutschen Untertanen aus Kongresspolen nach Russland deportiert hatte. Über diese Zeit gab es immer viel zu erzählen, denn als der Zweite Weltkrieg begann, wurden die Deutschen aus Kongresspolen von Hitler-Deutschland nach Westpreußen und in die Provinz Posen umgesiedelt. Am nächsten Morgen war auch dieser Kurzurlaub beendet und wir fuhren wieder nach Hause.

Meine Enkeltochter Grit verunglückt tödlich

Anfang Juli 2005 verunglückte Gudruns älteste Tochter Grit im 26. Lebensjahr tödlich. Grit studierte und wohnte in Bremen. Gegen 9.00 Uhr ist sie aus dem Fenster des 4. Geschosses ihrer Wohnung gefallen. Die Gründe dafür waren recht nebulös. Erst später stellte sich heraus, dass Grits Freund die ganze Nacht über recht laut mit ihr diskutiert und gestritten hatte.

Der Freund hatte die Wohnungstür verschlossen und ließ Grit nicht aus dem Zimmer. In ihrer Verzweiflung versuchte sie, über das französische Fenster in die darunterliegende Wohnung ihrer Freunde zu gelangen. Dabei ist sie abgerutscht und abgestürzt und hatte tödliche Verletzungen erlitten.

Grit war mein erstes Enkelkind, das im August des Jahres 1979 geboren wurde. In der kleinen Kapelle in der Leipziger Straße in Braunschweig, in der Grit getauft und auch eingesegnet worden. Dort fand auch die Trauerfeier zu ihrer Beerdigung statt. Ich nahm mit den Söhnen Christian und Henrik daran teil.

In der Sitzreihe vor uns saß der Freund von Grit. Er weinte und stöhnte an der Brust einer jungen Dame, die ihn tröstete. Da kannte ich die näheren Umstände des Todessturzes meiner Enkelin noch nicht. Ich verspürte aber eine starke Abneigung gegen diesen Freund, der mit seinem Gestöhne die liebevoll gestaltete Trauerfeier in unerträglicher Weise störte.

Erst später erfuhr ich den Grund dafür, warum Grit abgerutscht und heruntergefallen war. Allein aufgrund der Zeugenaussage des Freundes von Grit hat die Polizei ihren Todessturz als Selbstmord gewertet und die Akte geschlossen. Da hätte die Polizei auch Aussagen der Hausbewohner anhören und nachfragen müssen und sich nicht allein auf die Aussage des Freundes verlassen dürfen.

Meine älteste Tochter Gudrun hatte schon ihren Ehemann Dieter, den Vater von Grit, durch einen Autounfall verloren. Da war Tochter Grit erst 1 ½ Jahre alt. Nun war auch sie auf mysteriöse Weise ums Leben gekommen und dieser erneute Schicksalsschlag war ein schwer zu ertragender Verlust für meine Tochter. Sie hatte dann auch nicht mehr die Kraft, die Hintergründe für den Tod ihrer geliebten Tochter überprüfen zu lassen. Gudrun trauerte und litt lange und schwer unter dem Verlust ihres ältesten Kindes.

Auch mich betrübte Grits Tod sehr und ich trauerte um mein erstes Enkelkind. Sie war zeichnerisch sehr begabt und ihre selbst gezeichneten Karten hatten mir immer viel Freude bereitet. Zuletzt sah ich Grit auf dem Geburtstag von meiner Tochter Gudrun im Jahr davor, da hat sie mich sehr gedrückt und liebkost. Nun habe ich nur noch drei Enkelkinder. Grits Urne wurde im Friedwald Elm bei Braunschweig an einer von ihrer Mutter ausgewählten Eiche beigesetzt und auch das fand ich sehr liebevoll.

Dann habe ich einen runden Stein an Grits Baum abgelegt, den ich anlässlich eines Besuchs in meiner alten Heimat im polnischen Westpreußen vom Berg unserer Hofstelle mitgebracht hatte. Dieser Stein war während der Eiszeit weit gewandert und dabei geformt worden. Nach dem Abtauen der Eiszeitgletscher blieb er auf der Uferseite des ursprünglich großen Flusses im Kiesberg meiner Eltern liegen.

Der Schüleraustausch von Kim

Meine Enkeltochter Kim ist Gudruns jüngste Tochter. Sie wollte ein Jahr als Austausch-Schülerin in Südafrika verbringen. Gudrun setzte sich mit einer Schüleraustausch-Gesellschaft in Köln in Verbindung und ermöglichte Kim für eine Gebühr von mehreren Tausend Euro den Schüleraustausch in Kapstadt. Kim war 17 Jahre alt, als sie im Spätsommer des Jahres 2005 abends zum Flughafen Hannover gebracht wurde.

Auch ich fuhr zum Flughafen, um meine Enkeltochter zu verabschiedeten. Ich musste sie nicht erst suchen, denn Kim tanzte zum Abschied mit ihrer Schulfreundin im Flughafen-Gebäude herum. Einige Tage danach flog auch die Freundin zum Schüleraustausch nach Südafrika. Vor lauter Vorfreude tanzten beide im Flughafengebäude und es war mir kaum möglich, eine einzige Frage an die Mädchen loszuwerden.

In Kapstadt wurde Kim bei einer dunkelhäutigen Familie untergebracht, die Muslime waren und in einem Bezirk von Kapstadt wohnten, der für Weiße recht unsicher war. Kim durfte das Grundstück ihrer Gastfamilie nicht allein verlassen. Sie wurde zur Schule gefahren und auch abgeholt.

Isgard, meine jüngste Tochter, ist Kims Patentante und sie telefonierte öfter mit Kim. Danach bedrängte sie mich und sagte: „Gudrun sollte Kim weder in der afrikanischen Familie noch in diesem Stadtteil von Kapstadt belassen.“ Dann telefonierte auch ich mit Kim, doch sie meinte, sie sei recht zufrieden mit ihrer Unterbringung.

Vor meinem letzten Volksschuljahr in der polnischen Dorfschule durfte ich zur deutschsprachigen Volksschule in Golub wechseln und dorthin gingen auch die Kinder unseres evangelischen Pfarrers Anuschek aus Schönsee. Christiane war die älteste Tochter, Martin der Zweitälteste und Dietmar das dritte Kind des Pfarrers. Christiane gehörte zu den Mädchen, für die alle Jungens schwärmten, und auch ich machte keine Ausnahme.

Nach dem Zweiten Weltkrieg hatte ich einen kurzen, schriftlichen Kontakt mit Christiane, die in einem Krankenhaus in Göttingen beschäftigt war. Sie wanderte nach Kapstadt in Südafrika aus, heiratete dort einen Hals-, Nasen- und Ohrenarzt und hatte sechs Kinder.

Christiane hatte aber das schwache Herz ihres Vaters geerbt und starb recht früh. Sohn Martin hatte neben dem schwachen Herz seines Vaters auch dessen Liebe zur Gartenarbeit geerbt und eröffnete nach der Vertreibung einen Gartenbaubetrieb in der Nähe von Stuttgart. Dort habe ich ihn auch besucht.

Nachdem Martin mir seinen Gartenbaubetrieb gezeigt hatte, führte er mir auch seinen Porsche vor und lud mich zu einer kleinen Autofahrt ein. Er fuhr in recht hohem Tempo einen sehr kurvenreichen Bergweg hinauf und ließ in jeder Kurve das Heck seines Porsche herumschleudern. Ich stemmte mich mit den Füßen fest in den Sitz und hielt mich mit beiden Händen fest. Als wir oben auf dem Berg angekommen waren, sah Martin mich mit großen Augen an und sagte: „Du bist der Erste, der bei dieser Fahrt nicht geschrien hat.“ Bei mir dachte ich; „was hätte mein Schreien denn erbracht?“ Auch Martin war inzwischen verstorben.

Als meine Mona-Lisa und ich einige Jahre danach aus Stuttgart ein neues Auto abholten, besuchten wir Dietmar, den dritten Sohn des Pfarrers unserer alten Heimat. Am Schluss unseres Besuches sagte er: „Wenn ihr jemals nach Südafrika fahren solltet, dann wendet euch an Ulrike, die älteste Tochter Christianes. Sie spricht recht gut Deutsch und ist so nett wie Christiane.“ Dietmar übergab mir ihre Anschrift und die Telefonnummer.

Daran erinnerte ich mich. Ich suchte den Zettel von Dietmar mit der Telefonnummer heraus und rief Ulrike in Kapstadt an. Sie ist Architektin und in der Stadtverwaltung von Kapstadt tätig. Ich berichtete ihr, dass ich ein Schulfreund ihrer Mutter sei. Dann bat ich sie zu prüfen, wie Kim in Kapstadt untergebracht sei. Ich gab ihr auch die Telefonnummer von meiner Tochter Gudrun und kündigte ein Telefonanruf von ihr an.

Als Gudrun mit Ulrike in Verbindung trat, war sie bereits im Stadtteil von Kapstadt und auch bei Kims Gastfamilie gewesen und sie berichtete Gudrun, dass Kim dort nicht gut untergebracht sei. Dieser Stadtbezirk sei nur von dunkelhäutigen Afrikanern bewohnt und es sei dort für Weiße recht gefährlich.

Daraufhin setzte sich Gudrun mit der Schüleraustausch-Gesellschaft in Köln in Verbindung und beschwerte sich darüber, dass ihre Tochter in Kapstadt so schlecht untergebracht sei. Sie drohte auch an, selbst nach Südafrika zu reisen, um Kims Unterbringung zu kontrollieren.

Die Schüleraustausch-Gesellschaft riet Gudrun jedoch dringend von einer Reise nach Kapstadt ab. Sie begründete dies damit, dass sich ihre Anwesenheit sehr störend auf Kims Aufenthalt in Südafrika auswirken könne. Kim sei in einer ordentlichen afrikanischen Familie gut untergebracht und sie solle auf keinen Fall mit einem Besuch diesen Aufenthalt stören.

Nach einem zweiten und ausführlichen Telefonat mit Ulrike nahm Gudrun die Beschwichtigungen der Gesellschaft sehr skeptisch auf und beschloss, in den Weihnachtsferien nach Kapstadt zu reisen.

Nachdem der Kontakt zu Christianes Tochter Ulrike hergestellt war, überließ ich alle weiteren Aktivitäten meiner Tochter und sie berichtete mir jeweils davon. Dann erreichte mich ein Hilferuf Gudruns. Sie schrieb:

Lieber Papi,
kannst Du bitte dafür sorgen, dass es endlich aufhört?! Du hattest mir Deine Hilfe angeboten und ich möchte Dich jetzt ganz dringend bitten, mir zu helfen! Habe ich Dir irgendwann gesagt, dass ich kein Geld für meine Reise nach Afrika brauche, oder woher nimmst Du dieses Wissen?
Bitte helfe mir!
Deine Tochter Gudrun

Ich war völlig ahnungslos und verstand ihren Brief nicht. Ich rief meine Tochter an und bat um Aufklärung. Gudrun berichtete mir, sie habe sich mit den Kosten für Kims Schüleraustausch finanziell verausgabt. Darum habe sie sich an ihre Geschwister gewandt und um finanzielle Unterstützung für eine Reise nach Südafrika gebeten. Doch statt Hilfe wären E-Mails mit Verleumdungen eingetroffen, wie sie es niemals für möglich gehalten habe.

Das alles geschah nur wenige Monate, nachdem Gudrun ihre Tochter Grit verloren hatte. Ich war ebenso geschockt und überwies meiner Tochter den benötigten Geldbetrag, damit sie nach Kapstadt fliegen und Kim richtig unterbringen konnte.

Nachdem Gudrun in Südafrika angekommen war, besuchte sie sofort ihre Tochter bei der schwarzafrikanischen Gastfamilie. Dort wurde sie freundlich aufgenommen. Kim machte auch ein Foto von ihrer Mutter und ihrer Gast-Mutter, die sich beide herzlich umarmten.

Weil gerade Schulferien waren, übernahm Gudrun ihre Tochter und sie verbrachten die folgenden Ferientage gemeinsam.

Gudrun bedrängte dann die Schüleraustausch-Gesellschaft in Köln, sie möge Kim in einer anderen afrikanischen Gastfamilie unterbringen. Doch statt ihrem Wunsch nachzukommen, erschien in der örtlichen Tageszeitung von Kapstadt ein von der Schüleraustausch-Gesellschaft lancierter Artikel, in dem Gudrun als Rassistin verleumdet wurde.

Diesem verleumderischen Artikel folgte eine von Ulrike verfasste Gegendarstellung mit dem Bild von Gudrun und Kims Gastmutter, die sich lächelnd in den Armen hielten. Darunter stand die Frage: „Sieht so Rassismus aus?"

Aber auch Kim wollte von einem Wechsel zu einer anderen Gastfamilie nichts wissen. Sie mochte keine Veränderungen und wollte für die Dauer ihres Aufenthaltes in der muslimischen Familie bleiben. Gudrun bestand aber auf einem Wechsel, zumal die Gastfamilie einen 17-jährigen Sohn hatte, der sich sehr um Kim bemühte.

In der muslimischen Familie gab es zur Fastenzeit, zum Ramadan, auch viele süße Speisen und Backwaren. Weil Kim sich an die religiösen Pflichten der muslimischen Gastfamilie halten musste, hatte sie in den wenigen Monaten bereits kräftig an Gewicht zugelegt.

Im Gegensatz zu einer anderen deutschen Austauschschülerin, die ebenfalls in einer farbigen, muslimischen Familie untergebracht war, hatte Kim aber ein eigenes Zimmer und auch einen Tisch, an dem sie ihre Schularbeiten machen konnte. Darum wollte Kim die Gastfamilie nicht wechseln und so kam es auch zur Verstimmung mit ihrer Mutter, die sich große Sorgen um sie machte.

Als Gudrun und Kim nach ihren gemeinsamen Tagen wieder zur Gastfamilie zurückkehrten, stand Kims Koffer vor der Tür. Die Gastfamilie hatte sie ausquartiert. Weil Kim aber noch keine neue Gastfamilie in Kapstadt hatte, nahm Ulrike sie in ihr Haus auf und gab ihr dort auch ein eigenes Zimmer.

Ulrike war geschieden und lebte mit ihrem Sohn Eric und der jüngeren Tochter Christiane im eigenen Haus mit Grundstück im Stadtteil Durbanville von Kapstadt. Dort blieb Kim dann bis zum Ende des geplanten Schüleraustausch-Jahres und es gefiel ihr dort sehr gut.

Unsere Reise nach Südafrika

Unsere schon lange geplante Reise nach Namibia war nach Cillis Tod verschoben worden. Nach der Rückkehr meiner ältesten Tochter Gudrun aus Südafrika, reifte auch bei Mona-Lisa und mir der Wunsch, dorthin zu reisen. Inzwischen hatte ich auch Verbindung mit Christianes Ehemann bekommen, der Hals-, Nasen- und Ohrenarzt in Hermanus an der indischen Küste Südafrikas war.

Im Februar 2006 begaben wir uns dann auf die Reise nach Kapstadt. Von Gudrun hatte ich die Adresse von einer Berliner Pension am Plattenberg mit Panorama-Blick über die Stadt bekommen. Diese Pension war aber ausgebucht und die Inhaberin empfahl uns die „Little Lodge", die in ihrer Nähe lag. Vor unserer Abreise meldeten wir uns dort an.

Als wir auf dem Flughafen in Kapstadt gelandet waren, erwartete uns John, der Inhaber der Little Lodge, mit einem Schild vor seiner Brust. Er nahm uns in Empfang und brachte uns zur Pension, die in einem ruhigen Wohngebiet lag. Dort wurden wir von seiner Ehefrau Yvon begrüßt. Die Eheleute stammen aus England und hatten diese schöne Pension vor etwa zehn Jahren gekauft.

Das uns zugewiesene Zimmer lag im Obergeschoss, es reichte über die ganze Hausbreite und wir fühlten uns gleich wohl darin. Es hatte getrennte Betten, die an den Hausseiten standen, jeweils mit einem Balkon. Mona-Lisas Bett lag an der Westseite, sie konnte vom Bett aus auf den Plattenberg sehen. Mein Bett stand an der Ostseite der Little Lodge. Das Frühstück wurde uns im Essraum auf einem großen, runden Tisch liebevoll serviert. Dann frühstückten wir genüsslich im englischen Stil mit „ham and eggs".

Danach schliefen wir uns erst mal richtig aus, denn der Nachtflug hatte über 12 Stunden gedauert und während des Fluges hatten wir nicht schlafen können. Im Stundenrhythmus war ich aufgestanden und bin eine Runde durch die Gänge des Flugzeugs marschiert. Wenn ich am Durchgang zur Business Class ankam, nahm ich eines der gefüllten Fruchtsaftgläser und trank es leer. Nachdem ich das schon einige Mal getan hatte, fiel ich einem farbigen Stuart auf. Er drohte mir mit seinem Schokoladenfinger und sagte: „Only for business class!"

Dann ließ ich mir von der Stewardess Getränke reichen und während des langen Fluges tranken wir reichlich. Auf diese Weise hatten wir die lange Flugreisezeit recht gut überstanden. Mir wäre ein Tagesflug lieber gewesen, weil ich dann das Meer und auch einiges von unserer schönen Erde gesehen hätte.

Am Abend trafen wir mit Ulrike, der Tochter von Christiane und Kim zusammen. Ulrikes Tochter hatte nicht nur den Vornamen ihrer Großmutter, sondern auch ihr Aussehen. Aber im Gegensatz zu ihrer Großmutter, die ihre Zöpfe seitlich als Schnecken aufsteckte, trug ihre Enkeltochter keine Zöpfe. In einem Lokal in der Nähe des Botanischen Gartens aßen wir zusammen zu Abend und machten dabei auch einige Foto-Aufnahmen.

Nach dem zweiten ausgiebigen Frühstück brachte John uns zum Autohaus, in dem wir einen bestellten Leihwagen übernahmen. Während meine Mona-Lisa die Formalitäten für das Leihauto erledigte, bekam ich einen Anruf von Carel, dem jüngsten Sohn Christianes. Carel erfragte unseren Standort und kam dann mit einem Citroën Oldtimer seines Freundes zum Autohaus. Er hatte sich einige Jahre in Österreich aufgehalten, darum sprach er auch recht gut die deutsche Sprache und übermittelte uns Grüße seines Vaters. Nachdem Mona-Lisa das Leihauto übernommen hatte, kam auch Carel bei uns an und wir unterhielten uns ein wenig.

Als Carel uns verließ, gingen wir zum Marktplatz, der in der Nähe des Autohauses liegt. Kapstadt zeigte sich als eine schöne, saubere Stadt und es gab in diesem Stadtgebiet viele Neubauten von Läden, Gewerbegebäuden und auch Wohnungen. Die Straßen Kapstadts waren in gutem Zustand. Schon bei den Autofahrten mit John hatten wir gesehen, dass beim Halt an den Ampeln farbige Afrikaner selbst gefertigte Kunstgegenstände und auch Früchte zum Kauf anboten. Wir öffneten das Autofenster aber nur dann, wenn wir auch etwas kaufen wollten. Die Händler an den Ampeln kommen aus den Townships und sichern mit dem Handel ihr Überleben.

Ein junger, farbiger Händler fiel uns besonders auf, der sowohl sein rechtes Bein als auch seinen rechten Arm verloren hatte. Auf dem ihm verbliebenen linken Bein hüpfte er zwischen den haltenden Autos umher und bot Waren zum Kauf an. Auch wenn ihm viel abgekauft wurde, tat er uns sehr leid. Wenn er an unser Auto gekommen wäre, hätten wir mit ihm ganz sicher auch etwas abgekauft.

Die Townships liegen an den Stadträndern von Kapstadt. Es sind Elendsquartiere von illegal zugewanderten Schwarz-Afrikanern. Aus Pappe, Wellblech und Brettern bauen sie sich dicht an dicht Behausungen, in denen sie während der kalten afrikanischen Nächte Schutz finden. Die Stadtverwaltung versucht zwar, diese Elendsquartiere zu reduzieren, aber die Zuwanderung ist zu groß und die Verwaltung kommt nicht dagegen an. Es werden auch Townships versteckt und mit hohen Zäunen abgeschottet, was aber nur selten gelingt.

Unser gemietetes Auto war ein japanisches und im Mietvertrag des Autohauses war festgeschrieben, dass es nur von Führerscheininhabern bis zum 70. Lebensjahr gefahren werden durfte, also nur von Mona-Lisa. Unsere erste Fahrt sollte uns zum Kap der guten Hoffnung bringen und die Umstellung auf den Linksverkehr gelang meiner Mona-Lisa recht schnell.

Es war unsere erste und auch eine recht beeindruckende Fahrt in Afrika, denn immer wieder gab es freie Stellen im Gelände, auf denen Springböcke friedlich grasten. Zur anderen Seite auch wunderschöne Ausblicke zu den weiten, langen Sandstränden des Atlantiks. Mich beeindruckten immer wieder die allein stehenden afrikanischen Nadelbäume mit ihren breitflächig und fast waagerecht ausgebildeten Kronen.

Auch Eichen sind von Siedlern nach Afrika gebracht und gepflanzt worden. Inzwischen sind sie einige Hundert Jahre alt und sie haben recht dicke Baumstämme. Während unseres Afrika-Aufenthaltes war es Spätsommer und die reifen Eicheln fielen von den Bäumen. Das afrikanische Klima scheint ihnen gut zu bekommen, denn ihre Früchte sind größer als bei uns in Deutschland.

Den ersten Pavian sahen wir an einer Parkfläche auf einem Stein sitzen. Ich bat Mona-Lisa, auf die Parkfläche zu fahren und vor dem ausgewachsenen Pavian-Mann zu halten, damit ich ihn aus nächster Nähe fotografieren konnte. Nur knapp einen Meter war er von mir entfernt und ich wagte es nicht, die Fensterscheibe herunterzulassen. Obwohl der Pavian den Blickkontakt mit mir mied und immer nur an mir vorbei sah, hatte er mich voll in seinem Blick. Wenn ich das Fenster geöffnet hätte, da war ich mir ganz sicher, dann hätte er mir die Kamera aus der Hand gerissen. So fotografierte ich diesen cleveren Pavian durch die Autoscheibe.

Am Kap der guten Hoffnung stellten wir unser Auto auf dem Parkplatz ab und gingen an den geparkten Autos vorbei zur Bahnstation, die uns zur Aussicht hoch fahren sollte. Da sahen wir einen jungen Pavian, der auf die Fahrerkabine eines abgestellten Pick-up Autos sprang und die Pritsche kontrollierte. Als er darauf nichts entdeckte, was sein Interesse fand, nässte er vom Kabinendach auf die Autopritsche.

Auf einem Felsvorsprung über der Bahnstation saß der Chef dieser Affenbande. Er hatte von dort oben alles im Blick und schrie lauthals seinen Herrschaftsanspruch heraus.

Als ein Cabrio mit offenem Verdeck und vier Personen am Parkplatz anhielt, sprang ein Pavian mitten zwischen die Frauen auf den hinteren Sitzen. Diese verließen fluchtartig und kreischend das Auto. Mit dieser Reaktion hatte der Pavian sicher gerechnet und wohl auch etwas aus dem Auto gestohlen.

Mit der Zahnradbahn fuhren wir zum Aussichtsplateau und von dort hatten wir eine schöne Rundumsicht auf die grün schimmernden Meeresstrände. Rechts von Kap Horn ist es der Atlantik und links der Indische Ozean.

Im Felsenbewuchs vor dem Meeresstrand entdeckte ich eine Antilope, die dazwischen nur schwer erkennbar war. Sie äste ungestört in den steilen und unbegehbaren Felsen, denn sie boten ihr auch sicheren Schutz.

Zu bestimmten Jahreszeiten werden die ruhigen Buchten der Meeresstrände auch von trächtigen Walen aufgesucht, die ihre Jungen dort gebären und so lange betreuen, bis sie mit ihrem Nachwuchs ins weite Meer hinausschwimmen können. Dann kommen auch viele Besucher zu diesen Meeresbuchten, um die Wale mit ihren Jungen zu beobachten. Mona-Lisa stieg zum obersten Ausblick hoch, um von dort den herrlichen Rundumblick zu genießen, während ich in dieser Zeit die Antilope beobachtete.

Danach fuhren wir zur Bucht der Pinguine, die sich vor nicht allzu langer Zeit am Kap der guten Hoffnung einen Teil des Strandes am Indischen Ozean als ständiges Quartier auserkoren hatten. Damit sich die Pinguine dort von Besuchern nicht gestört fühlen, sind höher gelegene und fest stehende Laufstege aufgestellt worden. Damit werden die Besucher weit genug von den Tieren ferngehalten. Von diesen Laufstegen aus konnten wir auch Pinguine aus nächster Nähe beobachten, die in kleinen Höhlen leben und sich inzwischen an die Besucher gewöhnt hatten.

Nach dem dritten zünftigen Frühstück in der Little Lodge rechneten wir mit den netten Inhabern Yvon und John ab und begaben uns auf die „Garden Route“ in Richtung Hermanus und Plettenberg. Dort wollten wir den Ehemann meiner Schulfreundin Christiane treffen, der HNO-Arzt in Hermanus ist. Er hatte uns ein Hotel dort empfohlen und wir fanden es auch recht schnell in der Nähe des Marktplatzes. Im ruhig gelegenen Hinterhaus, das über einen gärtnerisch schön angelegten Gartengang erreicht wurde, bezogen wir ein Doppelzimmer. Von dort meldeten wir uns telefonisch bei Christianes Ehemann Erich und verabredeten ein Treffen. Erich kam mit seiner Lebensgefährtin Thea und nach der Begrüßung gingen wir gleich zum in Afrika üblichen „Du“ über. Danach schlenderten wir gemeinsam zum Speiselokal, das hinter dem Marktplatz am Strand der Meeresbucht von Hermanus liegt, um dort die Abendmahlzeit einzunehmen.

Diese Meeresbucht ist auch ein Treffpunkt trächtiger Wale, die dort geschützt ihre Jungen gebären. Sie wird gern von Schaulustigen besucht, um die Wale aus der Nähe zu beobachten. Erich berichtete uns, dass es zu einem Wettbewerb unter den Stränden mit den Walmüttern komme und jeder dieser Orte seinen als den schönsten Wal-Strand bezeichne.

Erich war in diesem Speiselokal gut bekannt und bestellte aufgrund der Empfehlung des Wirtes für jeden von uns eine Fischplatte mit verschiedenen Fischsorten, Langusten usw. Als uns die Fischplatten serviert wurden, ging von ihnen ein appetitanregender Duft aus und auch die Gäste an den Nachbartischen wurden darauf aufmerksam. Dann speisten wir lange und genüsslich mit Wein, den Erich mitgebracht hatte, was in Afrika auch üblich ist. Wir stießen während unserer Unterhaltung immer wieder an und es wurde ein schöner, gemütlicher und auch langer Abend mit Thea und Erich.

Dann gingen wir zum Hotel zurück, wo Erich sein Auto abgestellt hatte. Dort verabredeten wir uns für den nächsten Vormittag, an dem Erich uns die Umgebung von Hermanus zeigen wollte. Thea sprach zwar kein Deutsch, sie verstand es aber und wir verständigten uns in beiden Sprachen mit ihr.

Das Frühstück am nächsten Morgen wurde im Speiselokal serviert, das auf der gegenüberliegenden Anliegerstraße lag und zum Hotel gehörte.

Dann holten uns Thea und Erich ab und zeigten uns die Gegend von Hermanus. Auch eine Brauerei besuchten wir, in der wir Proben des afrikanischen Gerstensaftes verkosteten, der nach deutschem Reinheitsprinzip gebraut wurde. Dann fuhren wir zu einem Tal von Hermanus, das von einem Freundeskreis betreut wird, in dem Erich ein führendes Mitglied ist. Es hatte einen großen Parkplatz mit Gebäuden, die dem Freundeskreis gehörten. Dieses Tal sollte im natürlichen afrikanischen Bewuchs erhalten bleiben. Im Frühjahr gibt es dort eine herrliche Blütenpracht. Sie war zu unserer Besuchszeit aber größtenteils schon leider fast verblüht.

Als wir auf den in den Hängen des Tals angelegten Wanderwegen spazierten, war es in Afrika bereits Herbst. Doch immer noch konnten wir blühenden Bewuchs sehen, der uns die Blütenpracht im afrikanischen Frühling erahnen ließ. Der Freundeskreis hatte in der Nähe des Parkplatzes einen „Aloe Succulent Garden“ angelegt und auf einem dort angebrachten Schild gab es eine Beschreibung der verschiedenen in Südafrika wachsenden

Aloepflanzen. Das Wetter war an diesem Tag leider nicht besonders schön und wir verabredeten uns zu einem Besuch in Erichs Haus mit anschließendem Abendessen.

Nach dem Frühstück am nächsten Morgen gingen wir auf den afrikanischen Markt in Hermanus, wo wir ein Andenken erwerben wollten. Ein Nilpferd aus grünem Malachit gefiel uns, und nachdem wir auch wie in Afrika üblich gefeilscht hatten, erwarben wir es kurz vor dem Schließen und Einpacken der ausgestellten Gegenstände nach unserer Auffassung recht preisgünstig. Dann gingen wir die wenigen Hundert Schritte zum Hotel, aßen zu Mittag und ruhten anschließend ein wenig.

Danach kündigte Erich uns telefonisch sein Kommen an. Wir gingen zum Empfang und fuhren mit ihm zu seinem Haus. Bei unserer Ankunft kam uns Erichs quirliger Jack-Russel-Rüde Kaspar entgegen, er sprang am Herrchen herum und schimpfte mit ihm, weil er ihn zu Haus gelassen hatte. Ich erfuhr dann auch, dass Erich passionierter Jäger ist. Kaspar erinnerte mich an meinen Jagddackel Gero, der auch immer mit mir schimpfte, wenn ich ihn zu Hause gelassen hatte.

Während Kaspar seinen Frust an seinem Körbchen ausließ, hatte mein Gero die Kücheneckbank angenagt. Wir begrüßten Erichs Partnerin Thea und sie zeigte uns auch einige Fotos von Christiane, die an einer Bilderwand hingen und vor ihrem Tod aufgenommen waren. Christiane ähnelte darauf sehr ihrer Mutter, die eine sehr nette Pastorenfrau war.

Dann führte Erich uns auf die Hausterrasse und bot uns Erfrischungsgetränke an. Er verriet uns, dass Thea einen Hummer zum Abendbrot vorbereite, den er von einem Freund geschenkt bekommen habe, der ein passionierter Angler sei. In Afrika ist die Abenddämmerung immer recht kurz. Die Dunkelheit tritt viel schneller ein als bei uns in Deutschland.

Nachdem Thea das Hummergericht fertiggestellt und auch den Abendbrottisch im Speiseraum schön gedeckt hatte, bat sie uns zu Tisch. Der Hummer mundete uns bestens und der dazu gereichte Wein ebenfalls. Erich hatte einen guten Weinvorrat und verstand auch etwas davon. Er berichtete uns einiges aus seinem Leben, denn seine Vorfahren stammten aus der Nähe von Berlin. Er hatte aber keine Nachfahren in Deutschland mehr ausfindig machen können. Er erzählte auch von der Zeit, als er Christiane geheiratet hatte. Sie lebten eine Zeit lang auch in Amerika.

Nach ihrer Rückkehr nach Südafrika erwarben sie ein altes Farmerhaus und bauten es laufend entsprechend dem sich vergrößernden Kindersegen aus. Jedes ihrer sechs Kinder hatte einen eigenen Wohnbereich. Ulrika war die älteste Tochter, danach folgten vier Söhne und noch eine Tochter. Zwei Söhne sind ebenfalls Ärzte, einer davon lebt in Johannesburg und der andere in Kanada. Den jüngsten Sohn Eric hatten wir kennengelernt, als wir das Leihauto übernahmen. Das war für uns wieder ein schöner und gemütlicher Abend, bevor Erich uns ins Hotel zurückbrachte.

Am nächsten Tag wollten wir nach Plettenberg fahren, wo wir uns mit dem ehemaligen Leiter eines Autowerkes treffen wollten. Wir hatten dieses Ehepaar chon auf unserer ersten Reise nach Ontario in Kanada getroffen, wo die Eltern seine Ehefrau lebten. Das Wetter hatte sich über Nacht sehr gebessert und am Morgen empfing uns ein herrlicher Sonnenschein. Während wir nach dem Frühstück unsere Koffer für die Weiterfahrt packten, meldete sich Erich und sagte: „Bei diesem schönen Wetter wollen wir euch doch noch das schöne Hermanus aus der Sicht der oberen Bergregionen zeigen. Dazu werden wir euch jetzt abholen.“ Das war ein guter Vorschlag und wir waren sofort einverstanden damit, zumal unsere Reiseplanung nicht zu eng ausgelegt war.

Erich kam dann auch bald mit seinem Geländewagen und wir fuhren in die oberen Bergregionen. Von dort aus hatten wir eine schöne weite Aussicht auf den Ort Hermanus mit seiner Meeresbucht für die Wal-Kinderstube. Wir bedankten uns herzlich bei Thea und Erich für diesen schönen Ausflug und verabschiedeten uns von ihnen mit der Zusicherung, dies sei zwar unsere erste, aber ganz sicher nicht die letzte Reise nach Afrika gewesen. Dann begaben wir uns auf die Weiterfahrt in Richtung Swellendam.

Auf unserer Fahrt nach Plettenberg lud uns eine Auffahrt mit Parkflächen vor einem Restaurant zum Verweilen ein. Da machten wir Halt und nahmen im Restaurant Getränke und einen kleinen Imbiss zu uns. Gegenüber dem Parkplatz gab es Verkaufsstände mit afrikanischem Schmuck, Ketten und Kunstgegenständen und wir sahen uns alles an. Dann fuhren wir weiter über Heidelberg und Riversdale bis nach Mossel Bay. Von dort aus führt die Garden Route an der Küste des Indischen Ozeans entlang.

Die Garden Route ist sehr gut ausgebaut. Die abgetragenen Felsen aus braun gelblichem Natur-Sandstein wurden für die Einfriedung der Straßen verwendet. Auch die Aussichtsflächen sind mit Mauern aus diesen Steinen abgesichert, was den guten Eindruck der Garden Route verstärkt.

Immer wieder gibt es Stellen mit schönen Aussichten auf die Strände des Indischen Ozeans mit Parkbuchten, die zum Verweilen einladen. Auch die Absicherungen zur Meeresseite sind mit Natursteinmauern gebaut.

Während unserer Fahrt wechselten oft ganze Pavian-Sippen über die Straße, wobei sich der Nachwuchs auf den Rücken der Mütter festhielt und tragen ließ. Die Geschwindigkeit musste hier gedrosselt werden, denn Paviane springen plötzlich und unverhofft auf die Straße, die sie überqueren wollen.

Als wir in Knysna angekommen waren, fuhren wir zu einem Hotel an der Lagune, wo wir übernachteten. Unsere Koffer stellten wir im gemieteten Zimmer ab und fuhren zu den Heads, auf die wir aufmerksam gemacht worden waren.

Die Heads sind zwei Bergfelsen an der Meeresbucht, die eine schmale, offene Verbindung zum Indischen Ozean freilassen. Durch diese Verbindung wird die Lagune von Knysna vom Ozean gespeist. Kurz vor den Heads fanden wir auch ein Fischlokal, und als der Abend einbrach, bestellten wir uns zur Abendmahlzeit eine geschmackvolle Fischspeise.

Danach fuhren wir zum Hotelzimmer zurück. Es lag im Erdgeschoss eines neben dem Hotel stehenden Gebäudes, das an der Lagune lag und zum Hotel gehörte. Als Mona-Lisa das Hotelzimmer in Augenschein nahm, entdeckte sie zwei Skorpione darin. Ich verständigte die Hotelrezeption und der Inhaber des Hotels kam sofort. Er nahm die Skorpione aus dem Zimmer und setzte sie in Freiheit. Dann erklärte er uns den Grund für das Eindringen der Skorpione. Nach dem Auszug der letzten Gäste war das Zimmer gesäubert und die Zimmertür zur überdachten Terrasse zum Lüften offen gelassen worden. Während dieser Zeit hatte es ein wenig geregnet. Dann suchten die Skorpione einen trockenen Platz und waren durch die offene Tür ins Zimmer gelangt.

Wir bekamen ein anderes Zimmer und Mona-Lisa inspizierte auch dieses wieder. Sie entdeckte aber keine Skorpione darin. Beim Frühstück am nächsten Morgen waren wir und unsere Skorpione der Gesprächsstoff der übrigen Gäste.

Danach machten wir auch einen Abstecher nach Oudtshoorn, denn für unsere Verabredung am späteren Nachmittag hatten wir noch Zeit. Auf der gut ausgebauten Straße dorthin herrschte wenig Autoverkehr. Es war ein weites Farmergebiet im afrikanischen Herbst. Von der Straße aus sahen wir große, abgeerntete Stoppelfelder, aber nur selten ein Farmergebäude. Auf den Stoppelfeldern standen einzelne Nadelbäume, recht majestätisch mit oben fast geraden und weit ausladenden Kronen, die mich immer wieder beeindruckten. Auch einzelne Strauße sammelten Nahrung auf den Stoppelfeldern. Sie konnten wild, aber auch von Farmen entlaufen sein, denn wir sahen eingefriedete Äcker mit mehreren Hundert Straußen darin.

Im Ort Oudtshoorn fiel uns das Restaurant „Bernhards Taphuis“ auf, das mitten im Ort an der Hauptstraße lag. Da es Mittagszeit war, stellten wir das Mietauto in den Schatten eines noch in voller Blüte stehenden Zierbaumes in einer Nebenstraße ab und gingen in das Restaurant. Es gehörte einem Österreicher und wir wurden mit Mahlzeiten aus Straußenfleisch gut bewirtet, das wir dort erstmals aßen.

Gut gestärkt begaben wir uns auf die Fahrt nach Plettenberg, wo wir Bodo, den ehemalige Leiter des Autowerkes, treffen wollten. Wir sollten uns telefonisch bei ihm melden, sobald wir angekommen waren. Absprachegemäß rief ich bei Bodo an und er fragte: „Was habt ihr denn für ein Auto?“ Da antwortete ich: „Ein weißes, japanisches Leihauto!“ Darauf erwiderte er: „Dann komme ich nicht. Ich komme nur, wenn ihr in einem Auto kommt, für das ich tätig war.“ Bodo kam aber im Cabrio einer deutschen Nobel-Automarke, für die er nicht leitend tätig gewesen war.

Nach der Begrüßung lotste er uns zu seinem Haus, das in Strandnähe lag. Wir wurden im recht komfortabel ausgestatteten Gästezimmer untergebracht und dann zeigte Bodo uns sein Anwesen. Zu seinem Hausgrundstück gehörte noch ein weiteres Grundstück mit einem Swimmingpool und einem Nebengebäude.

Eine recht gemütliche Sitzecke mit Pergola wurde mit einem teilweise noch blühendem und Schatten spendendem Rankgewächs überdacht. Auch ein Feigenbaum stand im Garten, der in Afrika zweimal im Jahr Früchte trägt. Bodos Feigenbaum war leider schon abgeerntet. Das Flachdach des Hauses dient gleichzeitig als geräumige Terrasse, von der aus man einen großen Teil des Strandes übersehen kann. In der Sitzecke der Terrasse nahmen wir Platz und Bodos nette Gattin servierte uns Getränke und Früchte. Zum Abendbrot fuhren wir in ein gemütliches Speiselokal in Plettenberg. Wir aßen in Afrika gern Fischgerichte, die, frisch zubereitet, sehr gut mundeten.

Am nächsten Morgen nach dem Frühstück gingen wir zum Strand. Es herrschte Ebbe und der Sandstrand war sehr breit. So konnten wir einen schönen und weiten Spaziergang machen. Bei Ebbe reichte der Sandstrand bis hinter eine Felsenwand, die nur schmale Durchgänge hat. Unser Gastgeber warnte: „Wenn man sich auf dem Strand hinter der Felswand aufhält, dann muss man immer darauf achten, diesen Strandbereich rechtzeitig bei eintretender Flut wieder zu verlassen.“

Als er uns einen schmalen Felsdurchgang zeigte, achtete er aber selbst nicht auf den Wellengang der kommenden Flut. Eine Welle schnitt ihm den Weg zurück ab und er wurde völlig durchnässt. Da spreizte er während des Rückweges sein nasses Hemd weit vom Körper ab und erinnerte mich sehr an Kormorane, die nach jedem Tauchgang ihre Flügel vom Körper abspreizen, um sie vom Wind trocknen zu lassen.

Bevor wir nach diesem Strandspaziergang unsere Rückfahrt in Richtung Kapstadt antraten, zeigte uns Bodos nette Gattin einen abseits von Plettenberg gelegenen Verkaufsstand für afrikanische Andenken und Kunstgegenstände. Dort kaufte Mona-Lisa von den Einheimischen hergestellte Schmuckketten und auch Kräuter-Seifen mit unterschiedlichen Gerüchen und Farben. Anschließend empfahl uns Bodos Gattin noch Quartiere für unsere nördliche Rückfahrtroute nach Kapstadt.

Wir fanden auch das uns empfohlene Farmerhaus, das zum Hotel ausgebaut war und in der Nähe von Swellendam lag. Es wurde im englischen Stil geführt und wir meldeten unser Kommen dort an. Die Hotelleitung pflegte ihre Gäste vor dem Abendessen zu einem Empfang in das Foyer zu bitten, damit man sich kennenlernte. Den Gästen wurde ein Begrüßungstrank gereicht und so standen sie alle recht englisch konservativ mit dem Begrüßungs-Getränk in der Hand, die kleinen Finger vornehm abgespreizt, und sagten sich nette Höflichkeiten.

Da wir etwas verspätet ankamen, waren bereits alle Hotelgäste in der Empfangshalle versammelt. Weil sie bereits gut gefüllt war, wurden wir zu einem Ehepaar aus der Schweiz in einen Nebenraum geführt und miteinander bekannt gemacht. Dann erhielten auch wir einen Begrüßungstrank, damit wir uns, mit abgespreizten Fingern das Glas haltend und vornehm am Getränk nippend, unterhalten konnten. Doch dem Schweizer Ehepaar erging es wie uns und so fanden wir recht schnell zu einer ungezwungenen Unterhaltung, zumal wir unsere Winterurlaube meistens in der Schweiz verbracht hatten und es genug Gesprächsstoff gab.

Die überdachten Parkplätze lagen auf dem unteren Grundstücksbereich. Vor dem erhöht liegenden Farmerhaus breitete sich eine Rasenfläche aus, auf der vereinzelt große Laubbäume standen. Eine breite Aufgangstreppe mit geschwungenen Treppenwangen führte auf eine überdachte Terrasse, die von Säulen getragen wurde. Die Giebelseiten, die Säulen der Terrasse, die Treppenwangen und auch die Mauern vom erhöht liegenden Farmerhaus waren in strahlendem Weiß gehalten und das gab dem Gebäude ein sehr gediegenes, englisches Aussehen. Die standesbewussten, englischen Hotelbesitzer besaßen auch einen Hund, der von der gleichen Rasse war, wie ihn die englische Königin gern führte.

Unser geräumiges Zimmer lag im Ober- bzw. Dachgeschoss des mit Reed gedeckten Farmerhauses. Die stilvollen Metall-Einzelbetten standen im vorderen Teil des Zimmers, dann kam man in den Wohnbereich, der im englischen Stil mit Polstermöbeln, Tischen, Spiegeln und Stehlampen ausgestattet war. Von dort führten Türen in das geräumige Bad mit zwei Waschtischen, Badewanne und Dusche sowie einem separaten WC-Raum und auf eine große Terrasse. Wie bereits geschrieben, ergab alles einen sehr englischen Stil und das hatte auch seinen Reiz. Das sichtbare Reetdach im Zimmer passte aber nicht ganz dazu und machte uns auch ein wenig Unbehagen.

Am nächsten Morgen nahmen wir bei schönstem Sonnenschein auf der Hotelterrasse mit den weißen Säulen unser Frühstück ein. Danach fuhren wir in Richtung Kapstadt bis Robertson. Dort wollten wir uns mit Christianes jüngster Tochter Renate treffen. Als wir dort angekommen waren, hielten wir vor einem recht ansprechenden Café. Wir wurden von einer jungen Frau begrüßt, die Deutsche war und zusammen mit ihrem Mann dieses Café mit einer kleinen Pension betrieb. Bei Kaffee und Kuchen unterhielten wir uns, und bevor wir gingen, zeigte sie uns auch ihre Zimmer, die recht gemütlich eingerichtet waren.

Dann telefonierten wir mit Renate, der zweiten Tochter von meiner Schulfreundin Christiane, die im Büro eines Weinbetriebes tätig war. Auch Renate sprach recht gut Deutsch. Sie beschrieb uns den Weg zu ihrer Arbeitsstelle und wir fanden den Weinhandel auch schnell. Nach der Begrüßung empfahl Renate uns ein Quartier auf einer nahe gelegenen Weinfarm und eine Mitarbeiterin lotste uns dorthin. Die Inhaber der Weinfarm waren sehr freundlich und nett und auch dieses Quartier gefiel uns gut.

Renate hatte uns nach ihrem Dienstschluss zu sich nach Hause für den frühen Abend eingeladen, und bevor wir abfuhren, meldeten wir unser Kommen bei ihr telefonisch an. Den Weg dorthin war uns gut beschrieben und wir kamen recht schnell zu ihrem Wohnhaus. Es lag in einem bevorzugten Wohngebiet und war, im Gegensatz zu den bisher gesehenen Häusern der weißen Bevölkerung Afrikas, überhaupt nicht abgesichert. Das große Eckgrundstück mit dem Bungalow darauf hatte keinen schützenden Zaun. Auch das Haus selbst hatte keine besondere Absicherung, wie es bei der weißen Bevölkerung sonst üblich war.

Nach der Begrüßung stellte Renate uns ihren Ehemann und ihre zwei Kinder vor. Der Ehemann, Francois le Roux, war Hugenotte und Rechtsanwalt. Seine Vorfahren waren aus Religionsgründen von Frankreich nach Afrika ausgewandert. Auch in meiner alten Heimat im polnischen Westpreußen lebte eine Nachbarfamilie mit Namen Roux, die evangelische Hugenotten waren. Ihre Vorfahren waren ebenfalls aus ihrer französischen und streng katholischen Heimat vertrieben worden.

Mit ihren Kindern Albert und Margarete gingen wir zum Kinder-Gottesdienst in die Sakristei der evangelischen Kirche von Schönsee. Auch das schon recht betagte Fräulein Binutta, die den Kindergottesdienst leitete, war eine Hugenottin. In Russland und auch in Amerika leben heute noch Hugenotten in evangelischen Glaubensgemeinschaften.

Der etwa zehnjährige Sohn war ein Ebenbild seines Vaters und die etwa achtjährige Tochter ein Ebenbild ihrer Großmutter Christiane im Kindesalter. Dann zeigte Renate uns ihren Kräuter- und Gemüsegarten, denn sie hatte auch die Neigung für Gartenarbeiten von ihrem Großvater mütterlicherseits geerbt.

Währenddessen brachte Francois den Terrassen-Grill in Gang und grillte selbst gefangene Fische und afrikanische Wurst-Spezialitäten. Schneller als erwartet überraschte uns wieder der afrikanische Abend, bei dem die Dunkelheit viel schneller eintritt als bei uns in Deutschland.

Das störte uns aber nicht, denn der Abend war lau, die Terrasse gut beleuchtet und wir plauderten in deutscher und englischer Sprache über vieles, darunter auch über die Situation der weißen Bevölkerung in Afrika. Francois erklärte: „Deutschland hat seine Probleme mit dem Holocaust und wir weißen Afrikaner mit der Apartheid.“ Damit brachte er die Situation beider Volksgruppen auf den Punkt.

Obwohl der Zweite Weltkrieg vor 60 Jahren endete, werden die von Nazi-Deutschland begangenen Judenmorde immer noch wach gehalten. Sie dürfen auch von unserer Jugend nicht vergessen werden!

Aber auch die Flächenbombardierung der deutschen Städte durch Amerika und England darf nicht vergessen werden. Auch dabei sind viele Millionen wehrlose, unschuldige Frauen, alte Männer und Kinder umgebracht worden. Das trifft auch für Russland in Hinblick auf die Vertreibung der deutschen Bevölkerung aus den Ostgebieten und ihre tausendfache Ermordung zu. Sechzehn Millionen Deutsche aus den Ostgebieten Deutschlands wurden vertrieben, die kilometerlangen Flüchtlingstrecks von russischen Flugzeugen und von Artillerie beschossen und viele Tausend umgebracht. Auch mein Vater und Schwester Lydia befanden sich darunter, die noch im März 1945 Opfer von russischer Artillerie auf den Insel Wollin getötet wurden.

Noch wird der von den Siegermächten millionenfach verübte Mord nicht als Völkermord benannt. Auch unsere Politiker schweigen lieber darüber, als auf die Aufarbeitung zu drängen.

Der Besuch bei Renate und Francois war ein schöner und interessanter Aufenthalt für uns, an den wir gern zurückdenken.

Auch auf der uns von Renate empfohlenen Weinfarm fühlten wir uns wohl. Die Inhaber waren sehr nett und freundlich. Das reichhaltige Frühstück wurde uns auf einem großen Tisch in der Farmhalle serviert, und während wir es genossen, unterhielten wir uns mit der Farmerin, deren Familie schon seit mehreren Generationen in Afrika lebte. Der Tisch war immer mit frischen

Blumensträußen aus dem Farmgarten dekoriert, in dem Blumen und Ziersträucher auch jetzt im afrikanischen Herbst noch in voller Blüte standen.

Im offenen Zimmer nebenan stand ein alter, mächtiger Bauernschrank, wie er früher auch in Deutschland auf großen Bauernhöfen üblich war. Er war in hervorragender Qualität gefertigt und die Farmerin berichtete uns, sie habe diesen alten Bauernschrank von ihren Eltern geerbt, weil keines ihrer Geschwister ihn haben wollte. Sie habe die recht dunkle Schrankfarbe abgebeizt und ihn restauriert. Das sei recht zeitaufwendig gewesen. Als die Geschwister den Schrank danach sahen, wollten ihn alle gern haben. Die Farmerin hat ihn aber nicht wieder hergeben, er solle für immer auf der Weinfarm bleiben.

Wir wollten dann noch einmal etwas näher zu Kapstadt Quartier machen und die Farmerin empfahl uns eine befreundete Weinfarm in der Nähe von Stellenbosch. Die Weinfarm lag etwa 80 km von Kapstadt entfernt. Wir fuhren dorthin und bezogen das für uns reservierte Quartier im Gästehaus. Dort stand uns auch ein Swimmingpool zur Verfügung, den wir gern nutzten. Wir gingen zwischen den Weinfeldern spazieren und naschten von den reifen Weintrauben, die teilweise gerade geerntet wurden. Abends konnten wir von dort die Beleuchtung von Kapstadt sehen.

Vor unserem Quartier im Gästehaus befand sich eine gepflegte Gartenanlage, auf der weiße Kuhreiher umherliefen und nach Nahrung suchten. Das Frühstück nahmen wir im Farmhaus ein, und um dorthin zu gelangen, gingen wir am Rande des Rasens entlang. Dort stand auch ein großer Feigenbaum, der noch voller Früchte war, und wir pflückten uns reife Feigen davon. So haben wir in Afrika erstmals frische Feigen direkt vom Baum gepflückt und gegessen.

In Stellenbosch gingen wir in das Stadtgebiet und auch dort fielen uns die großen Eichenbäume auf, die bereits einige Hundert Jahre alt waren. Jetzt im Herbst fielen große Eichelfrüchte von ihnen herab. Am Ende einer Straße stand eine strahlend weiße, evangelische Kirche, die von eingewanderten Siedlern erbaut worden war. Da hatten wir das Empfinden, dass die breite Straße direkt in die Kirche führte, die einen großen Turm und daneben kleine Türmchen hatte.

Die Kirchenorgel war in einen speziell dafür gebauten Rundbogen eingehängt. Bevor sie dort befestigt worden war, rutschte sie ein Stückchen ab. Sie musste in der abgerutschten Position belassen und befestigt werden, um sie beim Hochschieben nicht zu beschädigen. Das Kircheninnere ist recht einfach gehalten, es strahlt aber eine beruhigende Atmosphäre aus. Die beidseitigen Sitzbänke bestehen aus massiver Eiche und vom mittleren Gang aus blickt man auf einen aus vielen verschiedenen Holzsorten kunstvoll gefertigten Altar, der im oberen Bereich auch als Kanzel dient. Es ist eine einmalig schöne Holzarbeit. Die Baugeschichte der schönen, gepflegten Kirche nebst ihrem Altar ist auf einem Schild in deutscher Sprache niedergeschrieben, das auf der Rückseite des Altars angebracht ist.

In unmittelbarer Nähe der Kirche gibt es auch ein Museum, das Feuer- und Kochstellen zeigt, die aus der ersten Farmerzeit stammen. Davor saß eine dunkelhäutige Afrikanerin mit einem Spinnrad und führte das Spinnen von damaliger Kleidung vor. An den Wänden des Museums hingen Bilder aus der Sklavenzeit, die angekettete und dunkelhäutige Sklaven zeigen. An ihren Füßen hatten sie schwere Ketten, die ihnen oberhalb der Knöchel angeschmiedet waren. Ein Bild zeigte auch einen weißen Siedler, der einen farbigen Sklaven an einem eisernen Halsband mit einer Kette daran wie ein Haustier führte.

Während wir durch die Räume des Museums gingen, besichtigte eine dunkelhäutige afrikanische Schulklasse mit etwa zwanzig zehnjährigen Schülern in Schuluniformen die Ausstellung. Die Kinder wurden von ihrer farbigen Lehrkraft an diesen Bildern vorbeigeführt und sie erklärte sie ihnen in „Afrikaans“. Diese Bilder mussten bei den Kindern der Sklaven-Nachfahren zwangsläufig eine tiefe Abneigung gegen die weiße Bevölkerung erzeugen und es ist nachvollziehbar, dass viele weiße Afrikaner sich vor einer plötzlich auftretenden Hasskampagne in Afrika fürchten.

In Südafrika ist inzwischen eine schwarze Elite herangewachsen, die sich mit der weißen Bevölkerung liiert hat und die Geschicke des Landes führt. Noch ist die Mehrheit der schwarzen Bevölkerung nicht in der Lage, die großen Farmen und Betriebe der weißen Bevölkerung zu führen. Die Bildung in der armen, dunkelhäutigen Bevölkerung nimmt aber ständig zu und es ist zu hoffen, dass ein stetiger und friedlicher Übergang auf die Urbevölkerung des afrikanischen Landes erfolgt.

Afrikanische Staatsführer, die anders verfahren und die weißen Farmer schon jetzt vertreiben, scheitern und bringen der schwarzen Bevölkerung noch mehr Armut. Nach der Vertreibung der weißen Eigentümer verfallen die Farmen samt ihren Unternehmen, denn es gibt noch keine ausreichende Anzahl farbiger Afrikaner, die sie übernehmen und auch leiten können.

Am nächsten Tag fuhren wir zu einem Bummel durch ein großes Kaufhaus, das vor der Stadt Stellenbosch liegt. Unser Leihauto stellten wir auf dem großen Parkplatz des Kaufhauses ab. Dann bummelten wir durch die Verkaufsräume. Als wir danach zurück zum Auto gingen, war es nicht mehr da.

Dann standen wir ratlos vor dem leeren Parkplatz, denn wir waren uns sehr sicher, das Leihauto genau an dieser Stelle abgestellt zu haben. Der Parkplatz war aber leer und wir gerieten zunehmend in Panik. Bis dahin war unsere Afrikareise schön und ohne Probleme verlaufen und nun, kurz vor ihrem Ende, ereilte uns doch noch das Malheur, unser Leihauto war weg.

Als farbige Afrikaner unsere Panik bemerkten, kamen sie zu uns, um uns ihre Hilfe anzubieten. Wir erklärten ihnen: „Wir haben unser weißes Nissan-Leihauto genau hier abgestellt, aber nun ist es nicht mehr da." Die Schwarzafrikaner vermuteten, dass wir unser Auto doch nicht genau an dieser, sondern an einer anderen Stelle des großen Kaufhaus-Parkplatzes abgestellt hatten.

Die Parkfläche war sehr groß und lang und die einzelnen Parkabschnitte ähnelten sich wie ein Ei dem anderen.

Die Schwarzafrikaner empfahlen uns, doch noch zu einer anderen Stelle des großen Parkplatzes zu gehen. Als wir ihren Rat befolgten, stand unser weißes Leihauto genau dort, wo wir es abgestellt hatten. Man hätte die Steine plumpsen hören können, die uns da vom Herzen fielen.

Sehr erleichtert fuhren wir zu den freundlichen Schwarzafrikanern zurück und bedankten uns für ihre Anteilnahme und den richtigen Hinweis. Als wir weiterfuhren, winkten sie uns noch lange hinterher. So stellten wir wieder einmal fest: Die Schwarzafrikaner sind doch sehr freundliche Leute.

Vor unserer Heimreise wollten wir noch einige Tage in Kapstadt verbringen und uns auch von Kim und Ulrike verabschieden. Dafür hatten wir ein Zimmer bei einem Berliner Ehepaar gebucht, das ihre Pension am Tafelberg hatte. Dort verbrachten wir die letzten zwei Tage unserer schönen Südafrikareise.

Das Frühstück am nächsten Morgen wurde uns vom Ehemann des Berliner Paares recht spartanisch serviert. Das waren wir in Afrika anders gewohnt, bis dahin hatten wir immer ein recht reichhaltiges Frühstück bekommen. Was uns aber nun serviert worden war, lag selbst in Deutschland weit unter dem Niveau.

Unsere Enttäuschung war groß und wir forderten ein Minimum des gewohnten Frühstücks nach. Danach besuchten wir den großen Botanischen Garten, der wunderschön ist. Man sollte sich dafür aber mehr Zeit nehmen, denn er hat schön angelegte Wege mit Bepflanzungen und schöne Freiflächen, an denen man stundenlang die Seele baumeln lassen kann.

Mona-Lisa hat die ihr verbliebene Zeit genutzt und ist darin spazieren gegangen, während mein verbrauchtes Knie mich daran gehindert hat. So überprüfte ich während Mona-Lisas Spaziergang öfter die Sitzbänke des Botanischen Gartens auf ihre Funktionsfähigkeit.

Am Nachmittag wollten wir uns mit Kim treffen. Ulrike kam und lotste uns zu ihrem Haus in Durbanville. Dort trafen wir dann nochmals mit Kim und Ulrikes jüngster Tochter Christiane zusammen. Kim und Ulrike servierten uns Tee und Gebäck und dann kam auch Ulrikes Sohn Eric hinzu, der in einem Gartenbaubetrieb arbeitete.

Die Tage in Südafrika waren wie im Fluge vergangen und Ulrike wollte uns zu einer Brauerei leiten, die auf einem Berge liegt. Dort wollten wir zu Abend essen und uns danach von Kim verabschieden. An diesem Abend hatte die Brauerei aber eine geschlossene Gesellschaft und so mussten wir zu einem anderen Restaurant nach Kapstadt fahren. Der afrikanische Herbsttag ging zu Ende, aber auch der Abend, und bevor wir zu einem anderen Lokal fuhren, machte ich in der Abendstimmung noch eine Aufnahme auf dem Berg an der Brauerei.

Dann wurden wir von Ulrike zu einem anderen Lokal gelotst und wir bestellten alle Pfannengerichte, die gut zubereitet waren. Es wurde noch ein schöner und gemütlicher Abend. Nach dem Essen ließ Kim sich den Rest der Pfannengerichte für Eric, den ältesten Sohn Ulrikes, einpacken. Dann verabschiedeten wir uns voneinander, Ulrike fuhr mit Christiane und Kim nach Hause und wir zu unserer Pension am Tafelberg.

Als wir uns auf die Rückfahrt zur Pension begaben, war es bereits Nacht geworden und wir übersahen die Straße, in die wir abbiegen mussten. Da musste Mona-Lisa auf der Autostraße bis zum nächstmöglichen Wendepunkt fahren, um wieder zur Straße für die Abbiegung zu kommen. Wir verpassten die Abbiegung aber nochmals und wurden sehr unsicher. Da fuhr Mona-Lisa erneut zum Wendepunkt zurück. An einer Tankstelle hielten wir, um uns anhand eines Stadtplanes zu orientieren. Der dritte Versuch sollte uns dann endlich zur Pension mit dem Panoramablick über Kapstadt bringen.

Ein Schwarzafrikaner, der gerade tankte und unser Problem bemerkte, bot uns seinen Lotsendienst an, zumal er die gleiche Strecke fahren musste. Wir sprachen zwar nicht darüber, aber beide fragten wir uns: „Meint er es ehrlich oder lotst er uns in eine Falle?“ Der Schwarzafrikaner fuhr dann voraus und wir folgten ihm schweigend. Alle möglichen Gedanken kamen uns, denn immer wieder wurde uns von Überfällen und sogar Ermordungen berichtet.

So stellte ich mir die Frage: „Was ist, wenn der freundliche Lotse uns in eine abseitige Straße lockt und dort überfällt?“ In diesem Moment deutete der Schwarzafrikaner durch Handzeichen die Stelle an, an der wir abbiegen sollten, und er selbst fuhr geradeaus weiter. Als wir abgebogen waren, erkannten wir auch den richtigen Weg zur Pension. Dann fiel uns wieder ein Stein vom Herzen und ich bat den freundlichen Schwarzafrikaner um Vergebung für meine Verdächtigung.

Über eine ganze Stunde haben wir am letzten Abend in Südafrika gebraucht, um die Berliner Pension zu finden. Die Nacht war dann zwar etwas kürzer geworden, aber wir konnten unsere Nachtruhe entsprechend ausdehnen und haben dann auch recht erholsam geschlafen.

Am letzten Morgen servierte uns die Ehefrau des Berliners das Frühstück. Es war besser als das ihres Ehemanns, aber immer noch nicht so, wie wir es von afrikanischen Pensionen gewohnt waren. Danach packten wir unsere Koffer und rechneten mit der Berlinerin ab. Die Inhaberin übergab uns noch ein Geschenk, das wir nach Deutschland mitnehmen und ihrer Tochter übersenden sollten, und sie spendierte uns einen Schoppen Wein. Danach verließen wir versöhnt die Pension mit dem Panorama-Blick.

Rechtzeitig begaben wir uns auf den Weg zum Flughafen, denn dort mussten wir noch das Leihauto abgeben. Als wir am Flughafen angekommen waren, fanden wir den Nissan-Autoverleih aber nicht und wurden wieder recht nervös, denn die Zeit für das Einchecken unseres Rückfluges wurde knapp. Dann bot uns wieder ein junger Schwarzafrikaner seine Hilfe an. Er war Gepäckträger, er hatte aber auch eine gute Beobachtungsgabe und seine Chance erkannt. Wir baten ihn, zu uns in das Leihauto zu steigen und uns zum Nissan-Autoverleih zu lotsen. Ohne seine Hilfe hätten wir diesen nur schwerlich finden können.

Mona-Lisa gab das Leihauto ab, das uns während unseres Afrika-Aufenthaltes gute Dienste geleistet hatte. Der junge Schwarzafrikaner übernahm unser Gepäck und führte uns auch zum Schalter für das Einchecken des Rückfluges über Johannesburg. Unsere Belohnung war ihm sicher.

Der Flughafen in Johannesburg wurde zu dieser Zeit umgebaut und wir mussten für den Flug nach Deutschland eine recht lange Wegstrecke zu Fuß zurücklegen. Wir kamen aber noch rechtzeitig zum Abflugschalter und flogen wieder über Nacht nach Deutschland zurück.

Nach etwa 12 Stunden und am nächsten Morgen landeten wir wohlbehalten in Frankfurt/Main. Dort stiegen wir in ein kleineres Flugzeug für den Flug nach Hannover um, wo uns Sohn Henrik am Flughafen erwartete. Hier war es noch Winter, es war frostig und eine Schneeschicht bedeckte das Land.

Während der gesamten Zeit in Südafrika haben wir nur freundliche und hilfsbereite Schwarzafrikaner getroffen. Auch in den Geschäften war die schwarzafrikanische Bedienung immer sehr freundlich und niemals aufdringlich. Als ich mir am Fuß eine Blase gelaufen hatte, ging ich in ein Kaufhaus und sofort kam eine Schwarzafrikanerin auf mich zu und bot mir ihre Hilfe an. Da zeigte ich auf meinen geschundenen Fußhacken und sie sagte: „Oh, yes, Food-Flaster", und sie führte mich zum richtigen Verkaufsstand für Fußpflaster im großen Kaufhaus.

Besonders bei den schwarzafrikanischen Mischlingen gibt es bildschöne Frauen und Männer. Die Frauen wirken auf einen weißen Mann sehr anziehend, aber in meinem Alter bestand in dieser Hinsicht keine Gefahr mehr.

Es gibt unter den Schwarzafrikanern eine recht große Armut, was die ständig wachsenden Townships in Kapstadt beweisen. Von daher droht der weißen Bevölkerung Afrikas die größte Gefahr. Ganz Europa und besonders die ehemaligen Kolonialmächte Afrikas sind aufgerufen, der schwarzhäutigen afrikanischen Bevölkerung zu helfen, ihr Leben menschlich gestalten zu können, damit sie ihr Land nicht verlassen müssen, sondern in ihrer Heimat leben können.

Heiligabend mit Gudrun und Kim

Nachdem Gudruns Tochter Grit tödlich verunglückt war, hatte sie Angst, an Heiligabend 2005 zu Hause zu bleiben. Wir luden sie und Kim deshalb ein, Heiligabend mit uns zu begehen. Christians Freundin Dani musste an diesem Abend arbeiten und danach feierte sie bei ihren Eltern. Christian fuhr dann auch kurz zu Dani, um ihr sein Geschenk zu überbringen. Henrik und Tina waren Heiligabend bei uns und brachten auch die Schwiegermutter mit, die sonst Heiligabend auch gern zu Hause blieb.

Es sollten keine Geschenke gemacht werden, hatte ich zu Gudi gesagt. Sie kam aber mit einem vollen Korb mit Geschenken und für jeden von uns war eines dabei. So lagen unter dem Weihnachtsbaum doch wieder viele Geschenke. Ich hatte meiner Mona-Lisa und all meinen Kindern und Enkelkindern kleine Umschläge mit einem „Aktion-Mensch"-Jahreslos unter den Weihnachtsbaum gelegt und hoffte, dass auch Gewinnlose dabei wären. Der Heiligabend mit allen war schön und auch meiner Schwiegermutter gefiel alles so gut, dass sie rote Wangen bekam.

Am zweiten Weihnachtstag kam auch mein jüngster Sohn Mark aus erster Ehe und nach der Begrüßung übergab er mir einen Briefumschlag von meiner jüngsten Tochter Isgard. Darin lag mein Aktion-Mensch-Jahreslos, das ich an sie geschickt hatte. Darauf hatte sie geschrieben: „Lieber möchte ich kein Aktion-Mensch-Jahreslos von Dir haben als so einen unpersönlichen Briefumschlag, ohne einen Gruß an mich, an dein Enkelkind Daniel und Manfred mit seinen Söhnen!"

Sie hatte ja recht aber als ich kurz vor Weihnachten in der Bank war und noch keine Geschenke für Weihnachten hatte, da sah ich Formulare der Aktion-Mensch liegen und mir kam die Geschenkidee mit den Jahreslosen. Dann musste ich jedes Aktion-Mensch-Los gesondert ausfüllen und alle ausgefüllten Lose auch einzeln von meinem Bankkonto abbuchen lassen. Dafür wurde eine recht lange Zeit benötigt, damit noch alle rechtzeitig vor dem Weihnachtsfest von meinem Konto abgebucht würden.

Dann schrieb ich auch schnell einen Umschlag für Isgard und legte auch das Los für Daniel mit hinein. Damit diese beiden Lose noch vor dem Weihnachtsfest ankämen, brachte ich den Umschlag auch gleich noch zum Postkasten. Da war mir für einen persönlichen Gruß keine Zeit verblieben.

Isgard hatte recht mit ihrer Kritik. Ich hätte früher daran denken und auch rechtzeitig damit beginnen sollen, damit ich nicht in Zeitnot geraten konnte. Isgard maß aber wieder mit zweierlei Maß, sie forderte von anderen mehr als von sich selbst.

Von meiner Isgard habe ich keinen Weihnachtsgruß erhalten, und wenn sie nicht sauer auf mich gewesen wäre, dann hätte sie auch diese Zeilen nicht geschrieben.

Vorbereitungen zum Weihnachtsfest

Weihnachten stand wieder vor der Tür. Da sagte ich zu meiner Mona-Lisa: „Ich werde zu Weihnachten wieder einen Mohnstriezel backen!“ Meine Mona-Lisa stellte mir dann die Frage: „Wer soll denn das alles essen? Ich habe schon mehrere Dosen Kekse gebacken.“

„Die Kekse schmecken auch nach Weihnachten noch. Ich werde zwei Mohnstriezel backen, einen davon essen wir zu Weihnachten und den anderen zu Neujahr oder auch danach“, war meine Antwort darauf.

Von Schwester Maria ließ ich mir auch ein Rezept für Pfefferkuchen geben und backte zwei Bleche davon. Auf einem waren einfache Pfefferkuchen und auf dem zweiten Blech waren sie mit Marmelade gefüllt. Dafür hatte ich eine Pfefferkuchen-Teiglage auf das gefettete Backblech gelegt, es mit Marmelade bestrichen und eine zweite und dünnere Teigschicht darübergelegt. Beim Backen hatten sich zwischen den beiden Teiglagen von der Marmelade Blasen gebildet. Die öffnete ich mit einer Messerspitze und sie fielen zusammen.

Da war ich mir sicher, wenn ich wieder gefüllte Pfefferkuchen backen sollte, dann würde ich keine zweite Teiglage, sondern Teigstreifen darüberlegen, damit sich keine Blasen bilden könnten. Ob das die Lösung ist, das muss der nächste Versuch ergeben.

Dann bereitete ich das Backen der Mohnstriezel vor und Mona-Lisa schlug mir vor: „Back doch mal einen Mohnkuchen auf einem Blech!" „Dafür kenne ich kein Rezept", war meine Antwort. Für mich dachte ich aber: „Die Ära mit den Mohnstriezeln zu Weihnachten wird ohnehin zu Ende gehen, und solange ich noch backen kann, sollen es auch Mohnstriezel zu Weihnachten sein."

Die Mohnfüllung war mir gut gelungen. Der Teig hätte aber etwas lockerer sein können. Sie schmeckten aber auch meiner Mona-Lisa gut. Es fällt ihr aber sehr schwer, mich auch mal zu loben.

Den bereits gekauften Weihnachtsbaum setzte ich auf den Ständer und stellte ihn ins Wohnzimmer. Dann fragte ich meine Mona-Lisa: „Wie möchtest du ihn geschmückt haben?" „Das ist mir egal", antwortete sie und ich beschloss, den Baum mit lila Kugeln und goldenen Schleifen zu schmücken. Erst kam die Lichterkette an den Baum, dann die lila Kugeln mit den goldenen Schleifen und dazwischen hängte ich die schon jahrzehntealten und immer noch schönen Strohsterne, die meine Mona-Lisa angefertigt hatte.

Mir gefiel mein geschmückter Weihnachtsbaum, und wenn ich jemanden fragte: „Wie gefällt er dir denn?", dann hörte ich auch Lob. Ich wusste aber immer noch nicht, ob er auch für meine Mona-Lisa schön geschmückt war. Sie verweigerte mir auch dieses Mal ihr Urteil. Warum wartete ich nach so vielen Ehejahren immer noch darauf? Längst müsste ich doch wissen, dass es meiner Mona-Lisa schwerfällt, mich auch mal zu loben.

Nachdem ich unsere erste Reise nach Kanada aufgeschrieben hatte, fragte ich Mona-Lisa: „Willst du sie mal durchlesen?" „Wenn ich später Zeit habe, dann werde ich es tun."

Auch das war immer schon Mona-Lisas Antwort und niemals habe ich erlebt, dass sie mal sofort Zeit für die Erfüllung meiner Bitte gehabt hätte. Als meine Mona-Lisa beim Lesen war, meinte sie: „Wir sind nicht gleich zu den Niagarafällen gefahren, als wir in Kanada ankamen, denn Lydia war auch dabei." „Dann muss ich das korrigieren", antwortete ich darauf.

Danach sagte Mona-Lisa: „Das mit dem Friedhof stimmt auch nicht, das war während unserer zweiten Kanadareise nach Edmonton in Alberta. Damals hat Otto uns noch erklärt, dass die Toten in völlig verschlossenen Zinksärgen unter den Grabplatten ruhen." „In Alberta war auch ein sehr großer Hase auf dem Friedhof", ergänzte ich, „das habe ich total verwechselt und werde es korrigieren."

Als Mona-Lisa den Bericht vom Kanadabesuch gelesen hatte, sagte sie: „Du kannst deinen Laptop nun wieder schließen." Ich tat es und fragte wieder: „Na, wie findest du mein Geschriebenes?" Mona-Lisa überlegte einen Moment und erwiderte: „Einige Ausdrücke können so nicht bleiben, sie müssten geändert werden."

Da war ich auch wieder enttäuscht, denn ich wollte doch nur hören, wie meine Schreiberei sich lesen ließ. Ich hatte natürlich gehofft, dass Mona-Lisa ein positives Urteil darüber abgibt.

Als ich meiner Schulfreundin Inge vor Weihnachten einen Teil meiner Schreiberei vom gemeinsamen Schulbesuch in der deutschen Privatschule in Golub geschickt hatte, rief sie mich an und sagte: „Ich konnte gar nicht aufhören, darin zu lesen. Was du noch alles weißt, das wusste ich schon nicht mehr." Dem entnahm ich, dass meine Schreiberei sich auch gut lesen lässt.

Das war es, was ich von meiner Mona-Lisa auch gern erfahren hätte. Sie vermeidet es aber konsequent, mich auch mal zu loben. Wenn ich in unseren früheren Jahren etwas gebaut hatte und meine Mona-Lisa fragte: „Na, wie gefällt es dir?“, dann sagte sie auch schon mal lächelnd: „Gut.“

Als sie mir nun ihren Kommentar verweigerte und nur einige Worte bemängelte, entgegnete ich: „In meiner Schreiberei möchte ich aber auch meine Ausdruckweise behalten.“

Auch über den von mir geschmückten Weihnachtsbaum, der mir in diesem Jahr recht gut gelungen war, hat meine Mona-Lisa kein lobendes Wort gesagt. Da stellte ich mir wieder die Frage: „Warum wartest du eigentlich auf eine Anerkennung von deiner Mona-Lisa? Du müsstest doch endlich begreifen, dass sie das nicht kann.

Da ist sie ganz die Tochter ihrer Mutter, die ihrem Erich auch erst nach seinem Tode all die vielen Lobgesänge nachsandte, die sie ihm zu seinen Lebzeiten verweigert hatte. Ich benötige aber auch mal Lob von meiner Mona-Lisa, solange ich noch bei ihr bin.

Eigentlich müsste ich ja froh darüber sein, dass meine Mona-Lisa nicht mit dem Aufzählen ihrer eigenen guten Eigenschaften beginnt, wie es ihre Mutter immer tat. Da ist sie aber ganz ihr Vater, sie kann auch in sich hinein schweigen.

Weihnachten und auch die „heiligen drei Könige“ waren vorbei. Gegen Mittag räumte ich den Tannenbaum ab und gemeinsam mit Sohn Henrik brachten wir ihn hinaus. Nach der Mittagspause musste ich zu einem Termin für eine Zustimmung zum Wohnungsverkauf und kam erst gegen 17.00 Uhr wieder nach Hause. Dann räumte ich den Weihnachtsschmuck wieder in die Kartons und dabei wurde es Abend.

Um 19.00 Uhr sah ich ZDF-Nachrichten, und als ich meine Mona-Lisa danach ansprach, antwortete sie mir auch sofort. Es wurde mir aber bewusst, in meiner Mona-Lisa rumorte etwas und darum gab es auch keine Unterhaltung zwischen uns, sondern nur Fragen und Antworten. Bis zum Schlafengehen schwiegen wir uns nur an.

Meine 50 Tage in Krankenhäusern

Ende August 2007 hatten wir Blaubeeren auf einer Plantage gepflückt. Danach fuhren wir mit den Fahrrädern zu Christians Freundin in den Nachbarort, um ihr eine Portion davon zu bringen. Es war recht windig und nach dem Verlassen des Erlenweges begann der Weg anzusteigen. Da musste ich kräftig in die Pedale treten, um gegen den Wind und auch die Steigung anzukämpfen, denn meine Mona-Lisa war flott vorweggefahren und schaute sich auch nicht um.

Nach dieser Fahrt fühlte ich, dass in meiner Brust etwas nicht in Ordnung war. Ich suchte noch am selben Tage meinen Hausarzt auf. Der machte ein EKG, gab mir Betablocker und vereinbarte für den kommenden Tag einen Hausbesuch.

Am späten Abend bekam ich kaum noch Luft, meine Füße wurden schwer wie Blei und gegen 22.00 Uhr musste der ärztliche Notdienst gerufen werden. Das Notdienst-Fahrzeug fand aber unser Haus nicht gleich, es fuhr mit eingeschaltetem Warnsignal einmal um den Häuserblock und machte die Nachbarschaft auf sich aufmerksam.

Der Notarzt untersuchte mich, er stellte ein Lungenödem fest und wies mich in das Neustädter Krankenhaus ein, das über Monitore verfügte. Da quälte ich mich recht mühsam die Treppe hinunter, legte mich auf die Krankenbahre und wurde für den Transport darauf festgeschnallt. Das Neustädter Krankenhaus war modernisiert worden und auch recht gut eingerichtet. Ich wurde untersucht und kam in ein Krankenzimmer, das nur Betten für zwei Patienten hatte.

Am nächsten Tag kam der Oberarzt mit einem Rollstuhl und holte mich zur Ultraschall-Untersuchung des Herzens ab. Dabei stellte er fest, dass eine Herzklappe geschädigt war und das Blut im Herzen teilweise wieder zurückgepumpt wurde. Seine zusammengelegten Hände, die einen Hohlraum bildeten, sollten mein Herz darstellen und dann erklärte er mir die Situation meines Herzens recht verständlich, wobei seine Finger die geschädigten Stränge der Herzklappe darstellten.

Zwangsläufig folgte eine Lungenentzündung, die mit Antibiotika bekämpft werden musste. Mein Sohn Christian hatte die richtige Diagnose gestellt, als er mir sagte: „Vater, du hast Wasser in der Lunge."

Einige Tage danach wurde ich auch vom Chefarzt im Patientenzimmer untersucht, er klopfte und hörte meine Brust ab. Bei der folgenden Chefvisite machte der Oberarzt seinen Chef darauf aufmerksam, dass bei mir eine Herzklappe geschädigt sei.

Der Chefarzt erwiderte, er habe bei seiner Untersuchung keinen Schaden an der Herzklappe entdeckt. Ich solle am folgenden Wochenende entlassen werden. Diese im Beisein des Patienten geführte Diskussion zeigte mir aber, dass zwischen dem Chefarzt und seinem Oberarzt kein Einvernehmen bestand.

Nach meiner Entlassung aus dem Krankenhaus hatte ich aber immer noch ein sehr mulmiges Gefühl im Brustbereich. Ich war auch zu schwach auf den Beinen, um die Treppen der Hausarzt-Praxis hochsteigen zu können, und bat um einen Hausbesuch. Der Hausarzt kam und untersuchte mich, er weigerte sich aber, mich erneut in eine Klinik einzuweisen.

Mein jüngster Sohn Henrik war mit einem Arzt in der Nachbarschaft befreundet und bat ihn um einen Hausbesuch. Der Arzt kam dann auch bald und überwies mich an einen Kardiologen in Hannover. Sohn Christian fuhr mich dorthin. Der Kardiologe stellte bei der Untersuchung ebenfalls einen Schaden an einer Herzklappe fest. Er wies mich auch sofort ins DRK-Clementinen-Krankenhaus in Hannover ein.

Dieses Krankenhaus wurde gerade renoviert und jeder eingelieferte Patient bekam ein kleines Präsent-Päckchen, in dem Ohrstöpsel und auch Süßigkeiten enthalten waren. Das versöhnte die Patienten und mit den Ohrstöpseln überhörten sie den Umbaukrach bei der Renovierung. Ich wurde in einem Dreibettzimmer untergebracht und wieder gründlich untersucht. Auch Röntgenaufnahmen wurden wieder gemacht.

Vom Chefarzt der Klinik wurde mir im provisorischen Operationsraum ein Herzkatheder von der linken Beinleiste aus gesetzt. Als ich danach aus der Narkose erwachte, lag ich im mittleren von drei provisorischen Aufwachplätzen, die im Kellerbereich mit seitlich aufgehängten Bettlaken abgetrennt waren. Ständig liefen Krankenschwestern durch diesen Aufwachraum und schalteten immer zwei Wandleuchten an der gegenüberliegenden Wand ein. Meistens wurden sie nicht wieder ausgeschaltet und blendeten mich sehr.

Als wieder eine junge Krankenschwester durch den Raum lief und das Licht nicht ausschaltete, sagte ich recht laut: „Bitte das Licht ausschalten!"

Da schob sich hinter dem linken Bettlaken ein Pfleger hervor, der fast so breit wie groß war und im Gesicht und auf seinem Kopf nur Stoppelhaar hatte. Er zeigte mit seinem Finger auf mich und sagte in barschem Ton: „In dieser Abteilung gibt es keine Wünsche!"

Da bekam ich Respekt vor dem Pfleger und wagte auch nicht wieder, um das Ausschalten des Lichtes zu bitten. Als ich dann wieder im Krankenzimmer lag, fertigte ich eine Skizze von diesem Pfleger an.

Nach zehn Tagen im Clementinen-Krankenhaus wurde ich in die MHH = Medizinische Hochschule Hannover verlegt und kam in ein Fünfbettzimmer. Dort traf ich Eddi, der aus dem Dorf Arpke stammte und die Schlachterei Mandel in der Nähe der Bahnstation Immensen-Arpke übernommen hatte. Er hatte ein neues Herz bekommen und war für einige Tage zur Kontrolle in der MHH. Eddi war in Immensen recht bekannt und kannte auch meine Geschwister. So hatten wir beiden reichlich Gesprächsstoff, denn nach meiner Entlassung aus amerikanischer Gefangenschaft hatte ich ein Unterkommen dort gefunden, wo auch schon meine Geschwister nach ihrer Flucht eine neue Heimat hatten.

Für die Ärzte der chirurgischen Abteilung war ich mit meiner Lungen-Tbc, mit den Verkalkungen und den Verschwartungen der Lunge mit dem Rippenfell ein Exot in der Krankenstation.

So eine stark geschädigte Lunge kannten viele Ärzte damals nicht mehr, denn die Lungen-Tbc war in Deutschland recht erfolgreich bekämpft worden und galt als besiegt.

Darum wurde ich von den Ärzten wiederholt gefragt: „Haben Sie beruflich mit Asbest zu tun gehabt?" Asbest war damals als der häufigste Verursacher der Lungen-Tbc erkannt worden. Dann verneinte ich ihre Frage immer, denn auf meine recht harte Zeit in der Gefangenschaft hinzuweisen, gab es dabei keine Gelegenheit.

Bevor das Operationsteam einen Termin für meine Herzoperation festlegte, wurde ich erneut untersucht und wieder mehrere Röntgenaufnahmen gemacht. Zusätzlich wurden auch zwei Kernspintomografien durchgeführt. Danach wurde der Operationstermin festgelegt und ich musste schriftlich meine Einwilligung erteilen. Meine Mahlzeiten waren bereits reduziert und am Abend vor der Operation wurde ich dafür vorbereitet. Ich musste mich entkleiden und ein Operationshemd anziehen, das hinten offen war, denn ich sollte am kommenden Morgen operiert werden.

Ich hatte aber versäumt, anlässlich der Operations-Besprechung mit Prof. Havermann und Dr. Strüber auch um die Entfernung des Knaufs im vorderen Brustbereich zu bitten, der sich durch Stauchungen bei meinem Autounfall zwischen den Rippen und dem Bauchbereich entwickelt hatte.

Da wurde es ein langer Abend für mich und vieles fiel mir noch ein. Weil ich aber keine Möglichkeit mehr hatte, um die Entfernung des Knaufs zu bitten, fertigte ich eine Skizze an und klebte sie als schriftliche Bitte auf meine nackte Brust. Ich ging davon aus, dass meine Skizze vom Operationsteam entdeckt und gelesen würde.

Das Operationsteam hat meine Skizze auch entdeckt und den störende Schaltknüppel-Knauf in meinem Bauchbereich entfernt. Ganz sicher hätte der Knauf bei der Herzoperation gestört und wäre auch ohne meine Bitte entfernt worden. Vor der Operation wusste ich aber noch nicht, dass mein Brustkorb wie bei einem alten Keiler aufgebrochen würde, wie es in der Weidmannssprache heißt.

In der 5 ½ Stunden dauernden Operation wurde mir eine biologische Herzklappe eingepflanzt und dabei setzte mein Pulsschlag kurzfristig aus, wie mir in der Reha-Klinik berichtet wurde. Einige Tage danach erkundigten sich Dr. Strüber und Dr. Meyer, der Anästhesist, persönlich nach meinem Befinden und ich bedankte mich bei ihnen für die gelungene Operation und auch für die Entfernung des störenden Schaltknüppel-Knaufs, was dann auch ein freundliches Gelächter auslöste.

Die ärztliche Betreuung in der MHH war gut. Die Herz-Station war immer voll belegt und es wurde berichtet, dass jährlich etwa 1500 Herz-Operationen durchgeführt wurden. Jedes Krankenbett wurde sofort wieder belegt und manchmal standen auch im Gang der Station Betten mit Patienten, die auf das Freiwerden eines Platzes warteten.

Die Krankenschwestern waren gestresst, sie verrichteten ihre Tätigkeiten immer in Eile und ließen sich auch nicht auf Gespräche mit den Patienten ein. Zum größten Teil bestanden sie aus Russlanddeutschen und Polen. Mit Ersteren habe ich recht gute Erfahrungen gemacht. Unter den polnischen Nachtschwestern gab es dagegen aufgrund der ständigen Stresssituationen auch Seilschaften, die zusammenhielten und sich dagegen wehrten, wenn zu viel Arbeitseinsatz von ihnen gefordert wurde.

Nach der Operation war ich noch recht unbeweglich und manche Verrichtung fiel mir schwer. Von meinem Körpergewicht hatte ich 14 kg verloren, und wenn ich nach der Nachtschwester klingelte und um ihre Hilfe bat, dann kamen meistens zwei Schwestern, denn in vielen Fällen war eine allein nicht in der Lage, den Patienten zu bewegen.

Auch die Nachtschwestern waren immer sehr gestresst. Sie hatten viel zu viele Patienten zu betreuen und konnten darum nicht immer gleich nach dem Klingeln kommen. Sie wurden oft recht barsch, wenn wir Patienten ihr spätes Kommen dann bemängelten. So vermied ich es möglichst, nach einer Nachtschwester zu klingeln. Meistens waren mein Nachthemd und auch das Bettzeug verschwitzt, denn nach meiner Operation schwitzte ich sehr und in vielen Nächten.

Eine Woche nach der Operation nahm ich die Mahlzeiten zusammen mit dem mir gegenüberliegenden Patienten am Tisch vor dem Fenster ein. Als ich mich nach seinem Beruf erkundigte, nannte er sich einen „Verbrecher". Dann berichtete er mir, er habe bei einem Überfall einen Millionenbetrag erbeutet und diesen in einem sicheren Versteck deponiert. Dafür sei er zu einer langen Gefängnisstrafe verurteilt worden, die er in wenigen Tagen voll abgesessen habe. Wenn er aus dem Krankenhaus entlassen werde, dann würde er seine versteckten Millionen hervorholen und seinen Lebensabend damit finanzieren.

Seine Geschichte war sicher ein Märchen und der Millionendieb irrt, wenn er meint, mit dem Absitzen seiner Strafe auch ein Anrecht auf das geraubte Geld zu haben. Ich traute ihm diese Tat durchaus zu und reduzierte meine Kontakte zu ihm auf das Notwendigste. Solange er mir gegenüber im Zimmer lag, nahm ich meine Mahlzeiten wieder in meinem Bett ein.

Das Krankenzimmer lag auf der Südseite und die großen Fenster heizten den Raum immer sehr auf. Darum versuchte ich, in meinem Fensterbereich die Sonneneinstrahlung mit dem Vorziehen der Übergardine zu vermeiden, zumal ich auch sehr geblendet wurde. Die vorhandene Jalousie wurde aber nicht genutzt, weil sie das Zimmer zu sehr verdunkelte.

Der Millionendieb hatte damit keine Probleme, die blendende Sonne stand ihm im Rücken. Er zog seine Übergardine auch nicht zu und so heizte sich das Zimmer immer sehr auf. Die anderen drei Patienten stellten zur Nachtzeit einen Fensterflügel auf Kippstellung, damit das Zimmer von der einfließenden Luft etwas abgekühlt wurde. Der Millionendieb drehte aber die Heizung vor seinem Bett auf volle Leistung und heizte damit das Zimmer noch mehr auf. Erst als er nach Celle verlegt wurde, traten wieder normale Lüftungsverhältnisse ein.

Die Röntgenaufnahmen wurden im Erdgeschoss des Gebäudes gemacht und die Patienten je nach ihrer körperlichen Verfassung im Krankenbett oder auch im Transportstuhl dorthin gefahren.

Die Transporte wurden von Hilfskräften, vor allem von Zivildienstleistenden, ausgeführt. Auch ein Türke mit einem Jesusgesicht befand sich unter ihnen. Dieser weigerte sich, mich mit meinem Bett zum Röntgen zu fahren. Das könne er nicht, weil er Rückenprobleme habe, war seine Begründung. Da ließ ich mich überreden und setzte mich in den mitgebrachten Transportstuhl.

Er transportierte mich in das Erdgeschoss und stellte mich zu anderen dort bereits wartenden Patienten vor die Tür des Röntgenraumes. Dann gab er meine Patienten-Unterlagen im Röntgenraum ab und verschwand. Ich konnte aber noch hören, wie er eine längere Unterhaltung mit einem türkischen Kollegen führte.

Der Transportstuhl war schon recht alt und abgenutzt. Er hatte nur noch eine Fußstütze, auf der ich beide Füße ruhen lassen konnte. Die Leder-Bespannung war verschlissen, sie spannte sich nicht mehr über die Metallteile des Gestells, die sehr schmerzhaft drückten. Das Sitzen darin war qualvoll und ich begann auch zu frieren. Über eine Stunde lang saß ich im Transportstuhl vor dem Röntgenraum und wartete, um an die Reihe zu kommen. Das Sitzen wurde unerträglich für mich.

Erst nach mehrmaligem Bitten erhielt ich eine wärmende Decke. Niemand war für die vor dem Röntgenraum wartenden Patienten zuständig. Auch das Röntgen selbst war eine Qual, denn ich musste vor dem Röntgenapparat stehen und meine Operationsnarbe an das kalte Röntgen-Gestell lehnen. Dann wurde auch noch eine zweite und seitliche Röntgen-Aufnahme erforderlich und dabei musste ich meinen Arm über den Kopf halten, was nur unter Schmerzen möglich war.

Danach wurde ich aus dem Röntgenraum hinausgeschoben und der Station Bescheid gegeben, dass ich abgeholt werden könne. Dann wartete ich aber wieder fast eine volle Stunde im unbequemen und drückenden Transportstuhl. Als der Türke mit dem Jesusgesicht endlich kam, sagte er zu mir: „Ich habe jetzt Feierabend, mein Nachfolger wird Sie gleich abholen", und er verschwand.

Da schwor ich mir, mich niemals wieder mit diesem Transportstuhl zu einer Anwendung fahren zu lassen, und das hielt ich dann auch ein. Während meiner 50 Tage in drei Krankenhäusern wurden bei mir insgesamt zwölf Röntgenaufnahmen vom Brustkorb gemacht und zusätzlich wurde ich zweimal zur Kernspintomografie in die Röhre gesteckt. Das war nicht nur schädlich für meine Gesundheit, sondern auch eine Verschwendung von Krankenkassen-Geldern.

Es sollte aus Gesundheits- und Kostengründen darauf geachtet werden, dass keine unnötigen Röntgenaufnahmen gemacht werden. Leider wurde bei der Gesundheitsreform nicht auf diese, die Gesundheit schädigende Verschwendung geachtet.

Krankenhäuser sind aber darauf angewiesen, dass ihre recht teuren medizinischen Geräte sich auch amortisieren. Darum sollten regionale Zentren für die notwendigen ärztlichen Geräte geschaffen werden und ihre Nutzung so geregelt sein, dass die regionalen Arztpraxen und auch kleinere Kliniken auf sie zugreifen können. Dieses regionale medizinische Geräte-Zentrum sollte ohne Gewinn, aber kostendeckend arbeiten.

Am 19. Oktober 2007 wurde ich aus der MHH entlassen und war vom 23. Oktober bis 13. November 2007 in der Reha-Klinik in Bad Fallingbostel. An Anwendungen erhielt ich dort Atemübungen, Gymnastik und Wechselbäder für die Füße, auch an 10 Minuten langen Inhalierungen musste ich teilnehmen.

In der Freizeit ging ich mithilfe eines Rollators durch die Gänge des Krankenhauses und bewegte mich, so oft es mir möglich war. Wenn es das Wetter erlaubte, machte ich auch eine Runde durch die Gartenanlage der Reha-Klinik

Schon in der MHH hatte ich am dunklen Stuhlgangbemerkt, dass ich wahrscheinlich wieder Magen- und Darmbluten durch die Einnahme von Macumar-Tabletten bekommen hatte, die mein Blut verdünnten. Etwa zwei Jahrzehnte zuvor war ich an Magen- und Darmbluten erkrankt, weil ich wegen meiner dauernden Kopfschmerzen zu viel Thomapyrin-Schmerztabletten konsumiert hatte. Da musste ich 14 Tage im Nordstadt-Krankenhaus verbringen.

Ich sollte darum künftig keine Tabletten mehr einnehmen, die mein Blut verdünnten. Ich musste aber nach meiner Herz-

Operation immer noch Marcumar einnehmen und dafür laufend auch neu eingestellt werden. Mein Inneres wehrte sich gegen das Einnehmen von Marcumar und die fast tägliche Entnahme von Blut war ätzend, denn es geschah immer recht früh vor dem Frühstück. Es hat auch meinen Geschmack negativ beeinflusst, ich würgte meine Mahlzeiten immer nur herunter.

Vom Operationsteam war ich aber ausdrücklich darauf hingewiesen worden, dass ich nach der Herz-Operation mit einer biologischen Herzklappe nur für eine kurze Zeit und danach überhaupt keine Blutverdünnungs-Tabletten mehr einnehmen müsse.

Darum bat ich die Stations-Ärztin in der Reha-Klinik, auch meinen Stuhlgang untersuchen zu lassen. Dabei wurde festgestellt, dass zwei von drei Proben positiv waren. Da setzte die Stations-Ärztin die Macumar-Tabletten ab.

Als ich aus der Reha-Klinik entlassen wurde, ging es mir wieder recht gut und ich konnte auch schon wieder kurze Spaziergänge machen. Anfang Dezember 2008 wurden meine Beine aber wieder schwer wie Blei. Jede Bewegung war anstrengend und ich war auch wieder kurzatmig geworden. Da ging ich zu meinem Hausarzt und der untersuchte mein Blut. Dabei wurde festgestellt, dass ich zu wenig rote Blutkörper und auch immer noch zu wenig Blut hatte. Der Hausarzt überwies mich zum Lungenfacharzt und auch zum Kardiologen.

Vom Lungenfacharzt wurde ich untersucht und musste auch drei Sputum-Proben zur Untersuchung einsenden. Alle waren negativ. Meine in der Gefangenschaft erlittene Lungen-Tbc war verkapselt, sie war in einer Kalkschicht eingeschlossen und das waren die auf den Röntgen-Aufnahmen sichtbaren Verkalkungen. Der Kardiologe stellte fest, dass mein Herz regelmäßig schlug, mein Blutdruck aber zu niedrig war. Ich sollte wieder Marcumar einnehmen.

Ich sagte auch ihm, dass ich diese Tabletten nicht vertrüge. Einen niedrigen Blutdruck hatte ich immer schon und darum konnte mein Blutdruck auch als normal gelten. Gegen Marcumar hatte ich eine innere Abneigung, und nachdem ich mir mal die

Zeit nahm, die etwa 70 cm lange und in kleiner Schrift geschriebene Marcumar-Beschreibung der Gegenanzeigen durchzulesen, da gab es kaum etwas, das durch ihre Einnahme nicht hätte eintreten können. Selbst der Eintritt des Todes wurde nicht ausgeschlossen. Dagegen war die Anwendungsbeschreibung nur ganze 4,5 cm lang.

Darum verstehe ich nicht, warum vom Bundesgesundheitsamt so ein gefährliches Medikament zugelassen wird, wenn seine Einnahme sogar den Tod verursachen kann. Da meine ich, dass es besser sei, ohne die Einnahme dieses tödlichen Medikaments zu sterben als durch seine Einnahme. Ich konnte auch wieder kleine Spaziergänge machen, aber das Treppensteigen war für mich immer noch recht anstrengend. Ich wurde dabei kurzatmig und hatte auch Schmerzen in der Herzgegend. Doch auch diese Beschwerden ließen dann nach.

Nach dem Langzeit-EKG war der Kardiologe recht zufrieden mit mir. Er wollte meinem Hausarzt im Bericht aber empfehlen, mir neue Tabletten zu verschreiben, die einem Herzinfarkt vorbeugen. Mein Hausarzt verschrieb mir Herzass-Tabletten. Er sagte aber auch, ein Glas Rotwein am Abend habe den gleichen Effekt wie das Einnehmen der Herzass-Tabletten, und das hätte ich auch lieber getan. Es war aber recht teuer und ich wollte mich nicht daran gewöhnen.

Inzwischen hatte ich erfahren, dass meine Nachbarin Traudel in der Lüneburger Heide durch die Einnahme der Marcumar fast gestorben wäre, was auch in ihrem Krankenbericht festgehalten wurde. Auch Mona-Lisas Vetter Günter vertrug Marcumar nicht. Als meine Herzass-Tabletten zur Neige gingen, habe ich auch diesen Beipackzettel durchgelesen. Darin steht, dass Menschen mit niedrigem Blutdruck diese Tabletten nicht einnehmen dürfen. Da stellte sich mir wieder die Frage, warum mir Tabletten verordnet wurden, die ich nicht nehmen darf. Denn ich habe einen recht niedrigen Blutdruck und das steht auch in meinen Krankenakten.

Erzählungen von Benedikt

Als ich an einem Sonntagvormittag mit meinem Rollator spazieren ging, saß auf einer Parkbank ein schon betagter Radfahrer. Beim Näherkommen musterte er mich recht skeptisch, und als ich bei ihm angekommen war, da sagte er: „Setz dich zu mir, ich will dir etwas erzählen." Er war etwa in meinem Alter, da spricht man sich auch wieder per „Du" an, wie man es in der Jugendzeit auch getan hatte.

Er rutschte auch gleich zur Bankseite, ich setzte mich zu ihm und fragte: „Warum machst du eine Pause, hast du schon eine weite Radtour hinter dir?" „Ich war schon im Schloss Ricklingen und bis zum Mittagessen habe ich noch etwas Zeit. Darum sitze ich hier noch ein wenig", war seine Antwort.

Es war offensichtlich, er wollte etwas loswerden und erzählte: „Nachdem ich Rentner geworden war, habe ich auch als Gärtner gearbeitet. Auch für einen ehemals hohen Offizier, der in dieser Gegend mehrere Miethäuser besitzt, habe ich einige Jahre die Gärten seiner Miethäuser gepflegt. Als ich gerade eine Pause machte, kam der Offizier vorbei. Da sagte er zu mir: ‚Beenden Sie diese Arbeit hier und danach ist Schluss für Sie.' Er konnte es nicht ertragen, dass ich während meiner Arbeit eine Pause benötigte, die in meinem Lohn ja auch enthalten war."

Dann fuhr er in seiner Erzählung fort: „Ich hatte auch Erspartes und wollte mit meiner Frau ein Haus bauen. Ich habe aber Probleme mit der Grammatik und so hat meine Frau das Schriftliche dafür gemacht. Dann hat mein Schwager, der Bruder meiner Frau, das Haus gebaut und ich habe mein Geld dazugetan. Nun haben wir zwar ein lebenslanges Wohnrecht in der oberen Hausetage, ich kann aber nicht um mein Haus herumgehen und das ärgert mich nun doch!"

Weil eine Pause entstanden war und ich mehr von ihm erfahren wollte, fragte ich: „Habt ihr denn keine Kinder?" „Wir haben einen Sohn und der arbeitet im Rathaus einer Stadt“, war seine Antwort darauf. Ich erfuhr, dass er den Vornamen Benedikt hatte, im Jahre 1925 im Norden des polnisch gewordenen Westpreußens auf einem Bauernhof geboren wurde und somit ein Jahr jünger als ich ist.

Der Bauernhof seiner Eltern lag im Kreise Karthaus in der Kaschubei, die westlich des früheren Freistaates Danzig liegt. Nachdem im Versailler Vertrag Westpreußen dem neu gegründeten Polen zugesprochen wurde, hatte Benedikt auch nur die polnische Dorfschule besuchen können und das war der Grund dafür, warum er „grammatisch“ nicht so firm wie seine Ehefrau war.

Die Kaschuben sind ein slawischer Volksstamm, der sich weder zu Deutschland noch zu Polen gehörig bezeichnet. Es ist eine Volksgemeinschaft, die es nicht zur selbstständigen Republik geschafft hat. Die Kaschuben verstanden es aber immer, ihre Eigenständigkeit unter der jeweiligen Staatsmacht zu bewahren. Darum wurde ihnen eine gewisse Schlitzohrigkeit nachgesagt, und wenn bei uns in Westpreußen es jemand verstand, auch seinen Vorteil zu nutzen, dann wurde er „Kaschube“ genannt.

Die Kaschuben lebten immer in gutem Einvernehmen mit den Deutschen, die sich dort angesiedelt hatten.

Benedikt entstammte einem Adelsgeschlecht, und er sagte: „Aber einer meiner Vorfahren hatte dem Alkohol zu sehr zugesprochen und den Adelstitel verloren.“

Kurz vor 12.00 Uhr stand Benedikt abrupt auf und im Wegfahren sagte er noch: „Nun muss ich aber los, es ist Mittagszeit und ich darf nicht zu spät zum Essen kommen.“

Dann setzte ich meinen Spaziergang fort, sagte aber zu mir: „Diesen Benedikt solltest du wieder treffen.“ Er war bei diesem warmen Sommerwetter mit grob gestrickten, dicken Wollsocken und einer recht warmen Jacke bekleidet und trug eine dunkelblaue, flache Stoffmütze auf dem Kopf, wie sie der ehemalige Kanzler Schmidt auch immer gern trug. Ich dagegen ging bei diesem schönen Sommerwetter nur im Hemd mit kurzen Ärmeln spazieren.

Als ich am kommenden Sonntag wieder um die Teiche im Bürgerpark ging, kam auf dem Hauptweg auch Benedikt angeradelt, und als er bei mir angekommen war, sagte er: „Heute habe ich Zeit, meine Frau ist mit meinem Sohn zum Schlesiertreffen. Heute gibt es für mich kein Mittagessen. Ich esse ein Brötchen mit Mett darauf, wenn ich wieder zu Hause bin."

Dann gingen wir zur nächsten Bank und setzten uns darauf. „Was macht denn dein Sohn im Rathaus einer Stadt?", fragte ich und Benedikt antwortete: „Mein Sohn arbeitet im Steueramt, und weil er zu viel Arbeit hatte, beschwerte er sich bei seinem Vorgesetzten. Der hat ihm eine Frau zur Hilfe ins Büro gesetzt und nun ist sie seine Vorgesetzte und er muss tun, was sie sagt. Das wäre mir nicht passiert!"

Dann stand Benedikt auf und erzählte: „Zu Hause waren wir viele Geschwister. Mein Vater hieß Jakob und meine Mutter Amanda. Als ich als sechstes Kind geboren war, da sagte unsere Großmutter, die bei uns das Sagen hatte: ‚Jetzt ist aber Schluss mit dem Kinderkriegen! Das muss das letzte Kind in dieser Familie sein und er soll den biblischen Namen Benedikt bekommen', denn ich war das letzte Kind meines Vaters Jakob.

Damals war mein Vorname noch sehr biblisch, aber in den Jahren danach ist es ein sehr beliebter Vorname geworden, der den Kindern oft gegeben wird. Meine Mutter gebar dann aber doch noch ein siebentes Kind. Es war wieder ein Sohn und er wurde Werner genannt."

Benedikt erzählte weiter: „Nach dem Polenfeldzug wurden bei uns alle Juden zusammengetrieben und mit dem Zug in einen Wald transportiert. Dort mussten sie eine Grube ausheben und sich in Reihe davor aufstellen. Dann wurden sie mit Maschinengewehren erschossen und fielen alle gleich in die ausgehobene Grube."

„Damals war ich noch zu Hause, und als ich am Haus einer polnischen Nachbarin vorbeiging, stand sie vor ihrer Haustür. Die meisten Polen bei uns sprachen auch Deutsch. Sie zeigte auf das Haus des Juden, bei dem aus dem Schornstein Rauch kam, und sagte: ‚Der Jude ist wieder zu Hause.' Er hat nur einen Streifschuss abbekommen. Dann hat er sich aus den über ihm liegenden toten Juden befreit und ist in der Nacht wieder nach Hause gegangen. Gehe zu den Soldaten und erzähle es ihnen, damit sie ihn abholen und auch erschießen. Die Polen bei uns waren auch große Judenhasser.

Als ich 18 Jahre alt war, wurde ich zum RAD einberufen. Nach meiner RAD-Zeit sollte ich zur SS kommen, aber bei der Untersuchung dafür wurde festgestellt, dass mein Herz zu schwach war und ich kam zur Panzereinheit. Nach meiner Grundausbildung kam ich als MG-Schütze zum Front-Einsatz in Polen, im Bogen des Nebenflusses Bug, der in die Weichsel fließt. Die Russen waren auf dem Vormarsch in Polen und dort bin ich drei Mal verwundet worden.

Erst bekam ich einen Granatsplitter in meinen rechten Oberschenkel. Ich kam in ein Lazarett am Plattensee in Ungarn. Der Splitter sollte herausoperiert werden, er sitzt aber ein Stück auch im Knochen des Oberschenkels. Wenn er herausoperiert wird, dann würde mein Oberschenkel-Knochen zu sehr geschwächt werden und meine Bein-Stabilität wäre dann verloren gegangen. Möglicherweise hätte dann auch mein rechtes Bein amputiert werden müssen. Darum ist der Splitter am Knochen geblieben."

Benedikt erzählte weiter: „Als die Russen in Ostpreußen einmarschierten, kamen auch Flüchtlinge zu uns in die Kaschubei Westpreußens. Bei uns wurde eine Försterfamilie mit einer Tochter von 16 Jahren einquartiert. Weil aber nur Betten für das Förster-Ehepaar vorhanden waren, legte meine Mutter die Tochter zu meinem gleichaltrigen Bruder ins Bett. Mein Bruder hat mir später erzählt: ‚Die Tochter war so schön und ich habe mich nicht getraut, sie zu küssen. Die ganze Nacht über habe ich ihre Hand gehalten und kein Auge zugemacht.'

Dann kamen auch die Russen zu uns ins Dorf und die Försterfrau und ihre schöne Tochter wurden von vielen Russen vergewaltigt. Danach hat sich die ganze Försterfamilie zusammen vergiftet.

Auch meine Schwester wurde vergewaltigt und nach Sibirien verschleppt. Sie ist erst viele Jahre später nach Deutschland zurückgekommen."

Als meine Wunde verheilt war, kam ich wieder an die Front in Österreich. Die Russen hatten Wien und auch den ‚Eselskopf' eingenommen. Der ‚Eselskopf' war aber ein strategisch wichtiger Punkt und sollte wieder zurückerobert werden. Der jüngste Sohn eines Bauern aus Westfalen war vom Wehrdienst befreit worden, weil bereits vier Söhne aus dieser Familie Soldat waren.

Weil der Führer aber in Not war, meldete sich auch der jüngste Sohn freiwillig zur SS, er wurde SS-Offizier und war in Österreich im Fronteinsatz. Er wollte besonders tapfer sein und mit zwei Mann den strategisch wichtigen ‚Eselskopf' zurück erobern. Im Lazarett suchte er sich zwei bereits genesene Soldaten, die für ihre Tapferkeit das Eiserne Kreuz 1. Klasse erhalten hatten. Bewaffnet mit Panzerfäusten schlichen sich der SS-Offizier und die beiden tapferen Soldaten an den ‚Eselskopf' heran. Als sie schon bis auf etwa 80 m herangekommen waren, bekam der SS-Offizier von einem russischen Scharfschützen einen Kopfschuss. Danach bäumte er sich noch einmal auf und erhielt dabei einen zweiten Kopfschuss. Er wurde von den beiden tapferen Soldaten als Leiche zurückgebracht und der ‚Eselskopf' blieb in russischer Hand.

Am Ende des Krieges bin ich in Süddeutschland in Gefangenschaft gekommen. Weil ich aber aus dem polnischen Westpreußen stammte und nach meiner Genesung nicht dorthin entlassen werden konnte, nannte mir ein Mitgefangener einen Bauern in Attenhausen in Bayern. Zu dieser Adresse bin ich als Verwundeter dann schon im Juni 1945 aus der Gefangenschaft entlassen worden. Auf dem Bauernhof fehlte eine männliche Arbeitskraft, ich blieb auch dort und arbeitete beim Bauern.

Der Bauer hatte eine Tochter, die dreizehn Jahre älter war als ich. Als ich einmal mit dem Gespann, das aus einem Ochsen und einem Pferd bestand, Grünfutter für das Vieh holen sollte, da sprang auch die Tochter auf den Wagen und setzte sich zu mir. Während der Fahrt über holperige Feldwege rutschte sie immer näher an mich heran, und als der Wagen durch ein tiefes Loch fuhr, hielt sie sich an mir fest. Dabei griff sie auch an mein

Körperteil, das sich dabei erregte und anschwoll. Ich habe es aber doch nicht getan, denn auch das Auge will seinen Genuss haben.

Ich arbeitete auf diesem Bauernhof aber immer sehr gewissenhaft, als ob es mein eigener Hof wäre. So bekam ich dann auch den nächtlichen Verkauf eines gemästeten und schweren Schweins mit. Damals waren die Lebensmittel noch rationiert und es gab sie nur auf Zuteilungsmarken. Der Verkauf des Schweins an einen Fleischer hätte genehmigt werden müssen. Aber auch auf den Bauernhöfen blühte der Schwarzmarkt damals und der Bauer bekam einen Batzen Reichsmark für das zweiundeinhalb Zentner schwere Schwein.

Es waren auch Flüchtlinge aus der Tschechoslowakei auf den Bauernhof gekommen und eines Tages beobachtete ich, dass die Flüchtlinge einen Behälter mit flüssigem Inhalt immer hin und her schaukelten und dabei gluckste es immer hörbar im Behälter. Ich kam dann dahinter, dass die Flüchtlinge heimlich und des Nachts die Kühe des Bauern gemolken hatten. Die Milch wurde in eine Schale gefüllt und kühl gestellt, damit sich die Sahne oben absetzte. Diese Sahne schöpften die Flüchtlinge ab, und wenn sie genügend davon gesammelt hatten, dann füllten sie diese in den Behälter und schaukelten ihn so lange hin und her, bis Butter aus der Sahne geworden war.

Die Flüchtlinge hatten einen Sohn, der ein Hüne von Mann war. Er stahl vom Boden des Bauern auch Weizenkorn und ließ es mahlen. Das alles hatte ich beobachtet und den Flüchtlingssohn zur Rede gestellt. Da packte der Hüne mich am Hals, er drückte mich an eine Wand und drohte, mich kurz und klein zu machen, wenn ich über meine Kenntnisse nicht schweigen würde. Das musste ich dem Hünen dann versprechen.

Doch in mir entstand eine große Wut auf ihn. Beim Beerensammeln im Walde hatte ich ein Gewehr und auch Munition dazu gefunden. Vom Schmiedegesellen im Dorf ließ ich den Gewehrlauf absägen und vom Schaft des Gewehrs sägte ich selbst so viel ab, bis nur ein Handgriff daran blieb. Dann polierte ich die verbliebenen Gewehrteile und es wurde ein kleines und handliches Gewehr daraus, das gut in meine Jacken-Innentasche passte.

Bevor ich damit ein Reh im Walde erlegen wollte, machte ich auf eine Distanz von 20 m einen Probeschuss auf einen dicken Baumstamm. Die Kugel streifte den Baumstamm aber nur und mir wurde bewusst, dass ich keinen gezielten, genauen Schuss damit abgeben konnte. Meine Idee, ein Reh im Walde zu erlegen, war gestorben. Aber meine Wut auf den Hünen aus der Tschechoslowakei bestand immer noch. Sie hatte sich sogar noch gesteigert und in mir reifte der Plan, diesen Hünen auf kurze Distanz zu erschießen. Ich musste mir nur noch einen Plan dafür ersinnen.

Mit dem Gewehr hatte ich im Wald auch Leuchtpistolen-Munition gefunden, aber die Pistole dazu fand ich trotz intensiver Suche nicht. Bei den alten, abgelegten landwirtschaftlichen Geräten befand sich auch das Vorderteil von einem alten Pflug, der noch zwei Räder hatte. In die Nabe eines Rades passte die Leuchtpistolen-Munition genau hinein. Ich war mir aber nicht sicher, ob die Zünder der Munition noch funktionierten.

An einem Abend wollte ich es ausprobieren und steckte nach Feierabend eine Leuchtpistolen-Kugel in die Nabe des alten Rades. Dann schlug ich einen Nagel so weit durch ein Brett, bis nur die Spitze davon auf der anderen Brettseite sichtbar war. Die Nagelspitze im Brett hielt ich auf den Zünder der Leuchtpistolen-Kugel und mit einem Hammer schlug ich darauf. Im selben Moment zündete die Munition und das ganze Dorf wurde taghell erleuchtet.

Das brachte die amerikanische Besatzung auf den Plan, der Hof wurde durchsucht und dabei die Leuchtpistolen-Munition und auch das kleine, umgebaute Gewehr gefunden. So blieb der Hüne aus der Tschechoslowakei am Leben und heiratete dann auch noch die Tochter des Bauern. Sie hatte es, aus der mit mir gemachten Erfahrung heraus, ganz sicher auch geschickter angestellt oder die Augen des Hünen benötigten keinen Genuss."

Mit seiner lauten und gestenreichen Erzählung war die vorgesehene Zeit für meinen sonntäglichen Spaziergang um die Teiche in Anspruch genommen worden und auch Benedikt wollte nach Hause fahren und sein Brötchen mit Mett zu verspeisen. Wir verabschiedeten uns und dabei sagte Benedikt: „Aber beim nächsten Mal erzählst du mir eine Geschichte."

Als Benedikt sein Fahrrad bestieg, da gluckste es bei ihm am Bein und ich fragte: „Hast du etwa auch einen Butterbehälter an deinem Bein, der beim Radfahren gluckst?"

Da stieg Benedikt vom Fahrrad, er kam näher zu mir heran und sagte: „Fasse hier mal an!" Mit dem Finger zeigte er dabei auf eine Stelle am linken Oberschenkel. Als ich daran stieß, gluckste es wieder und Benedikt erklärte mir: „Ich habe keine Klötze und auch kein Stehaufmännchen mehr, beides hat man mir bei meiner Krebsoperation weggenommen. Was da so gluckst, das ist kein Butterbehälter, sondern mein künstlicher Urin-Ausgang."

Da war ich doch sehr erstaunt und ich sagte zu ihm: „Du bist wohl überhaupt nicht totzukriegen. Dich muss man wohl einmal erschlagen, um dich aus diesem Jammertal zu erlösen."

Benedikt fuhr zum Haus seines Schwagers und ich spazierte nach Hause und hoffte, Benedikt aus der Kaschubei im polnischen Westpreußen noch öfter zu treffen, denn ich war auf weitere Geschichten von ihm sehr gespannt.

Am Sonntag darauf machte ich wieder einen Spaziergang in sehr gemächlichem Schritttempo um die Tonteiche der ehemaligen Ziegeleien und hoffte, auch wieder auf Benedikt zu treffen.

Die Wetterlage wirkte sich sehr unterschiedlich auf mein körperliches Befinden aus, mal lief es sich leicht und ein anderes Mal wieder recht schwer. Damit musste ich klarkommen und Gemächlichkeit beim Spazierschritt glich alles wieder aus.

Während ich sinnierend weiterging, kam eine weiße Katze mit schwarz-braun geflecktem Fell vom Autohaus über die Straße gelaufen und bog vor mir in den Weg zum Bürgerpark ein. Sie erweckte den Eindruck, als ob sie jemanden suche. Da sprach ich sie an, sie reagierte darauf aber nicht, sondern lief langsam etwa zehn Meter vor mir her.

Als sich der Weg vor dem ersten Tonteich zweigte, lief die Katze den rechten Weg ein Stückchen entlang. Ihr Schwänzchen zeigte an, dass sie sich auf die kommenden Leute freute. Dann blieb sie abrupt stehen, wendete und lief den Weg wieder zurück und an mir vorbei.

Die Katze sah gepflegt aus, sie war aber sehr dünn und hatte Hunger. Dann verschwand sie im Gebüsch und für mich war klar, diese Katze war ausgesetzt worden. Was sind das nur für Menschen? Erst schaffen sie sich eine Katze an, und wenn die Schulferien beginnen oder der Urlaub steht bevor, dann kann die Katze nicht allein zu Hause bleiben und sie wird ausgesetzt, statt sie im Tierheim in Pflege zu geben. Das ist ein sehr übles Verhalten dieser sogenannten Tierfreunde.

Mich drängte es aber, Benedikt, den komischen Vogel aus der Kaschubei Westpreußens, zu treffen. Als ich den ersten Teich erreicht hatte, sah ich ihn, der gerade sein Sitzkissen auf sein Fahrrad legen und nach Hause fahren wollte.

Benedikt hatte mich auch erblickt, er legte sein Sitzkissen wieder auf die Bank und setzte sich darauf. Als ich ihn erreicht hatte, setzte ich mich zu ihm. Benedikt zeigt auf den Teich vor uns und sagte: „Manchmal stinkt es hier! Das kann daran liegen, dass der Teich keinen Zufluss hat, und wenn es zu wenig regnet, dann wird sein Wasser grün und beginnt manchmal auch zu stinken. In diesem Jahr regnet es aber ab und zu und darum stinkt das Wasser auch nicht."

Benedikt war an diesem Tag recht verlegen. „Guck mal, wie es am Teichufer schön blüht." Dann zeigte er auf das Schilf vor uns und meinte: „Das ist aber kein Kalmus, wie er bei uns zu Hause wuchs, das ist Schilf. Vom Kalmus aßen wir das weiße Ende, das von den Kalmusstängeln tief im Wasser war."

Das bestätigte ich dem alten und kaschubischen Westpreußen, der aufgrund seiner Verwundungen im Kriege und seiner Prostata-Operation schon wie ein Neunzigjähriger aussah. „Kalmus kann man nicht nur essen, Kalmus ist auch eine Heilpflanze, wie man im Duden nachlesen kann. Bei uns zu Hause wurde zum Pfingstfest mit Kalmus und Flieder auch der Hausflur geschmückt, denn Kalmus duftet auch sehr angenehm."

Dann fragte ich Benedikt: „Wie bist du eigentlich von Attenhausen in Bayern nach Niedersachsen gekommen?“ Er begann zu erzählen. „Mein älterer Bruder Erhard war ein tapferer Soldat und hatte für seine Tapferkeit hohe Auszeichnungen bekommen. Erhard war auch mehrmals verwundet worden, und als er nach seinem Lazarettaufenthalt in Urlaub kam, sagte er zu Vater: ‚Diesen Krieg können wir nicht gewinnen. Wir sind schlecht vorbereitet darauf. Wenn unsere Kleidung auf dem Körper bis auf die Haut durchnässt, dann muss der Körper sie erst wieder trocknen. Unsere Soldaten werden in diesem Krieg gegen Russland verheizt.‘

Nach seiner Genesung kam Erhard wieder zum Fronteinsatz und bekam einen Lungen-Steckschuss. Er musste mehrmals operiert werden, aber der Steckschuss konnte nicht entfernt werden. Das schwächte ihn sehr und er wog nur noch 70 Pfund. Dann kam er zur Genesung in Hitlers Haus nach Braunau.

Nach dem Kriege war Erhard in Niedersachsen gelandet, und als wir uns über das Rote Kreuz gefunden hatten, versprach er mir, mich aus Bayern zu holen, denn ich verdiente dort nur 40 DM im Monat. Erhard kam dann zu mir nach Bayern gefahren, und als der Bauer mitbekam, warum er gekommen war, bestach er ihn mit einem Schinken und einem Beutel Mehl und Erhard fuhr allein zurück.

Dann schrieb er mir einen Brief aus Niedersachsen und darin konnte ich lesen: ‚Nun leben wir hier wie auf unserem Hof in unserer alten Heimat in der Kaschubei Westpreußens. Wir backen schönen Kuchen und essen Schinkenbrot.‘ Erhard verschaffte mir dann aber doch eine Arbeit bei einem großen Bauern in der Nähe von Lamspringe und dort verdiente ich als Gespannführer 70 DM im Monat.

Als der Großbauer heiraten wollte und der Pfarrer für die Trauung nicht mit seinem Auto kommen wollte, ärgerte es den Bauern. Da schickte er mich mit einer kleinen Kutsche in die Stadt, um den Pfarrer abzuholen. Er gab mir aber die Weisung mit auf den Weg: ‚Fahre mit dem Pfarrer sehr langsam, damit er aussteigt und mit seinem Auto kommt.‘ Ich tat, wie der Bauer mir befohlen hatte, ich fuhr so langsam, dass der Pfarrer verärgert meine Kutsche verließ und mit einem Taxi zum Hof des Bauern fuhr.

Dann gab es eine große und fröhliche Hochzeitsfeier. Wir Gespannführer bekamen jeder eine Flasche Wein und beim Tanzen ging es rund! Wir mussten mit unseren Tänzerinnen einen Apfel zwischen unseren Stirnen festhalten. Dann mussten wir beim Tanzen auch einen kurzen Strohhalm mit den Zähnen halten und solche Spielchen machen.

Zum Schluss wurde Hochwasser angesagt. Wir Männer mussten unser Hosen hochkrempeln und unsere Tanzdamen auf die Bühne tragen. Wer alles geschafft hatte, der durfte seine Tanzdame auch küssen. Ich schaffte alles zweimal und küsste meine Tanzdame auch mehrmals.

Sie war aber so eine, die es auch gern mit anderen tat, und darum war sie auf die Dauer auch nichts für mich.

Dann starb mein Bruder Erhard und ich verdiente immer noch viel zu wenig. Ich ging nach Salzdetfurth in die Grube unter Tage und dort verdiente ich endlich mehr. Der Salzstock in 900 m Tiefe war aber bald erschöpft. Ich war als Letzter gekommen und durfte dann auch als Erster wieder gehen. Danach bekam ich endlich eine Arbeit beim Volkswagenwerk in Hannover."

Dann war die Zeit von Benedikt um, er bestieg sein Fahrrad und fuhr zum Mittagessen heim. Beim Wegfahren sagte er noch: „Dann bis zum nächsten Sonntag!" Da fragte ich ihn: „Fährst du nur am Sonntag mit dem Fahrrad umher?" Er antwortete laut: „Während der Woche habe ich keine Zeit! Ich helfe meiner kranken Frau im Haushalt und im Garten haben wir auch Kartoffeln gepflanzt", und dann war er fort.

Am nächsten Sonntag ging ich schon etwas früher um die Fischteiche, und als ich den schwarzen See fast umrundet hatte und nicht mehr darauf hoffte, Benedikt zu treffen, kam er mir entgegengefahren. Als er mich sah, fragte er sehr überrascht: „Läufst du auch um den Schwarzen See herum?" Ich antwortete ihm: „Das tue ich immer, wenn ich im Bürgerpark spazieren gehe."

Dann setzten wir uns wieder auf eine Bank und Benedikt erzählte. „Bei uns im Dorf war auch ein Diakon, der uns in der Polenzeit den evangelischen Gottesdienst hielt. Nach dem Kriege wurde er auch noch Pfarrer und schrieb ein Buch und Gedichte." Benedikt stand auf und trug laut und gestenreich ein Gedicht von diesem Pfarrer vor.

Da blieben die Spaziergänger stehen und lauschten seiner gekonnten Vortragsweise und einige davon klatschten dann auch. Da war Bendikt sehr überrascht, und weil seine Zeit vor dem Mittagessen am Ende war, bestieg er sein Fahrrad und fuhr nach Hause. Das Gedicht hat Benedikt aber nicht wieder aufgesagt.

Viele Sonntage danach wartete ich bei meinen Spaziergängen auf Benedikt, ich traf ihn aber nicht. Ich wünschte aber, dass Benedikt den bevorstehenden Winter überstehen möge und im Frühjahr, wenn die Sonne wieder mehr scheint, auch wieder mit seinem Fahrrad unterwegs sein könnte.

Als ich den Schwarzen See schon fast umrundet hatte, sah ich einen Radfahrer kommen und zu meiner Freude war es Benedikt. Das Absteigen vom Fahrrad fiel ihm nicht leicht, und als er mich erreicht hatte, sagte ich: „Dich gibt es ja auch noch." Ich stellte ihm auch gleich eine Frage: „Ihr wart doch sieben Geschwister, welche davon leben denn noch?" Da antwortete er: „Bruder Erhard ist verstorben, er hatte aber einen Sohn, der als Ingenieur beim Volkswagenwerk beschäftigt war. Die Lackiererei bei VW in Hannover hat er geplant. Er war auch Werkstattleiter im VW-Werk Hannover. Er heiratete eine reiche Frau und lebt nun bei Stuttgart.

Ein anderer Bruder von mir hat eine Herzklappe vom Schwein bekommen, die aber nur ein Jahr lang ihren Dienst tat. Dann musste er eine neue Herzklappe bekommen, er war aber zu geschwächt und starb dabei.

Ein dritter Bruder ist an Gallenentzündung gestorben und dann wurde seine Leiche von der Medizinischen Hochschule untersucht. Ein Gallenstein hatte den Gallengang verstopft und er litt so starke Schmerzen, dass es sich auf dem Fußboden wälzte. Zuvor war er ein sehr starker Mann, der einen Zweizentnersack vor sich aufnehmen und sich selbst auf den Rücken legen konnte.

Ich habe auch keine Galle mehr. Als man sie mir herausnahm, wurde damals noch ein 15 cm langer Operationsschnitt am Bauch gemacht. Danach durfte ich keine schwere Arbeit mehr verrichten und bekam beim VW in Hannover eine leichte Arbeit. Heute benötigen die Chirurgen dafür nur einen Operationsschnitt von 5 cm."

Während wir zur Bank hinter dem Container der Rettungstaucher am Schwarzen See gingen, berichtete Benedikt: „Mein jüngster Bruder lebt aber noch, er wohnt im Nachbarort." Damit war das Aufzählen seiner Brüder beendet. Er musste auch zwei Schwestern haben, aber nur von einer hatte er mir berichtet, dass sie beim Einmarsch der Russen vergewaltigt wurde.

Bevor wir uns auf die Bank setzten, kündigte er an: „Ich werde dir jetzt ein Gedicht aufsagen." Da fragte ich: „Ist es das Gedicht von deinem Schwager, der erst Dekan war und später Pfarrer wurde?" „Nein, dieses Gedicht stammt von einer Frau", erklärte Benedikt, und bevor er sich auf die Bank niederließ, sagte er ein recht langes Gedicht auf.

Benedikt ist ein wahrer Künstler und dieses lange Gedicht hat er mit Worten und Gesten so perfekt vorgetragen, dass die vielen Spaziergänger wieder stehen blieben und ihm zuhörten. Diese Frau hatte mit ganzem Herzen und voller Inbrunst ihr schweres Schicksal in Versen verpackt, die vom Inhalt und auch von der Form her sehr beeindruckend waren.

Danach bestieg Benedikt sein Fahrrad und fuhr heim. Beim Wegfahren fragte ich ihn noch: „Kann ich dieses Gedicht von dir bekommen?" Während des Fortradelns erwiderte er: „Auch das ist geheim und es bekommt auch keiner." Recht beeindruckt und sinnend ging ich heim. Nun überlegte ich, wie ich an die beiden Gedichte herankäme, die Benedikt so gekonnt vorgetragen hatte.

Bei meinen Spaziergängen hoffte ich aber immer noch, dass ich Benedikt wieder treffe, der ein großer Erzähler war.

Weil ich ihn aber nicht wieder sah, ging ich auch um den Berenbosteler See, der ebenfalls aus der größten Tonkuhle der ehemaligen Ziegeleien stammt. Bevor ich zum „Landhaus am See" komme, passierte ich den Container-Sammelplatz für Alt-Kleidung, Papier und Abfallglas in verschiedenen Farben.

An diesen Sammelbehältern werden aber auch illegal Tüten mit Hausmüll entsorgt, die von Krähen und Mardern aufgerissen und samt Inhalt ringsherum verteilt werden. Das hinterlässt einen chaotischen Eindruck und zieht auch Mäuse und Ratten an.

Diese Umwelt-Verschmutzer müssen doch krank im Kopf sein, weil sie heimlich mit ihrem Hausmüll zum Container-Platz schleichen, obwohl der Müll von ihrem Wohnort abgeholt wird. Ich wünschte mir, mal so einen unbelehrbaren Chaoten beim Abstellen seines Hausmülls zu ertappen.

Auf dem Berenbosteler See brütet ein Schwanenpaar und es hat einen recht großen Teil vom See für sich in Beschlag genommen. Schwäne sind recht unverträglich und der Schwanenmann ist ständig dabei, andere Wasservögel aus der Nähe seines Nestes zu vertreiben, während seine Partnerin auf den Eiern sitzt.

Die Stadtverwaltung hatte dieses Gelände erworben und es als Erholungsgebiet ausbauen lassen. Es bietet uns nun Natur pur und lädt zum Verweilen ein. Danach wandere ich wieder in die östliche Richtung durch eine noch recht neue und schöne Siedlung nach Hause.

Bei meinen Spaziergängen gehe ich auch gern im Hauptteil unseres Bürgerparks spazieren, der ebenfalls vom Gelände ehemaliger Ziegeleien stammt und von der Stadtverwaltung zur Erholung für Bürger angelegt wurde. In dieses Nah-Erholungsgebiet sind ehemalige Tonkuhlen als Regen-Rückhaltebecken eingebettet, die aus ehemaligen Ziegeleigelände stammen.

Der Inhaber eines großen Möbelhauses in Garbsen hat einen Teil dieses Geländes für seine Familie als Wohnsitz erworben. Er hat sich als Sponsor an der parkähnlichen Anlage beteiligt und auch einen Lehrpfad einrichten lassen, der unsere heimischen Bäume in ihrer Artenvielfalt mit Hinweis-Schildern benennt und beschreibt.

Vor allem sonntags nach einem ausgiebigen Frühstück gehe ich gern bis zu zwei Stunden darin spazieren. Dort treffe ich öfters auch einen Sizilianer, der schon 40 Jahre in Deutschland lebt und mit einer Deutschen verheiratet war. Er hat hier eine neue Heimat gefunden und besucht seine alte nur noch selten, denn dort ist er in der Zwischenzeit ein Fremder geworden.

Der Sizilianer ist ein alter Kunde von mir. Nachdem seine Partnerin verstorben war, lebt er allein in seiner Eigentumswohnung. Wenn wir uns treffen, dann plaudern wir immer ein wenig miteinander. Oft habe ich das Empfinden, dass er auf mich gewartet hat. Es ist für mich aber immer noch schwer, seiner deutschen Sprache zu folgen, denn sie ist eher ein sizilianisches Nuscheln. Meistens errate ich den Sinn seiner Worte eher, als dass ich sie verstehe.

Aber Benedikt traf ich leider nicht wieder. Ich hoffe, dass es ihm gut geht und er wohlauf ist, auch wenn er nicht mehr mit seinem Fahrrad unterwegs sein kann.

Freunde in der Not

In glücklichen Tagen ist niemand allein,
dann stürmen Freunde zur Türe herein
Und feiern mit Dir voll Übermut.
Dann glaubst Du wirklich, sie meinen es gut.

Bedenke, es kommen auch schwere Zeiten,
erfüllt von Krankheit, Sorge und Not,
dann werden die Freunde Dich nicht mehr geleiten,
die Treue versprachen bis in den Tod.

Sie kommen nie mehr zu Dir zurück,
denn Dich verließen ja Wohlstand und Glück.
Doch wäre nur einer, der bei Dir bliebe,
dann gäbe es Glauben an Freundschaft und Liebe.

Das war es was Benjamin mir noch sagen wollte
und danach sahen wir uns nicht wieder

Die Ballade einer Flüchtlingsfrau aus Memel

Ich habe ein Bett und auch ein Kind,
auch einen Tisch und zwei Stühle.
Im Schornstein heult so jämmerlich der Wind,
doch niemand denkt. was ich fühle.

Ich bin hier zur Last geworden
und man sieht mich nicht gern.
Die Menschen sind hart hier wie Steine,
der Weg in die Heimat ist versperrt und fern.
Und niemand sieht, wenn ich weine.

Manches Mal da denke ich an die Zeit,
wo alles anders war.
Es war ein Garten und auch ein Haus.
Und das Haff glänzte fern und so blau.
Wir waren zu zweit und der Himmel war klar.

Unser Kind zog es froh in den Garten hinaus.
Wir waren noch Mann und Frau.
Dann kam der Krieg und alles war aus.
Die Trommel ging im Lande um,
der rote Stellungsbefehl flog ins Haus.

Er zerriss alle inneren Bande.
Mein Mann ist im Felde geblieben.
Er fiel am Don im Osten.
Der große Treck trug uns davon.
Wir wurden vom Haus gen Westen vertrieben.
Und ich bin eine heimatlose Flüchtlingsfrau geworden.

Die Pro-Kopf-Verschuldung

Die Pro-Kopf-Verschuldung ist eine Wort-Kombination, die ihren Ursprung darin hatte, dass unsere gewählten Staatsführer, unsere Kanzler, mehr ausgaben, als sie an Steuern einnahmen. Da hätte die Volksweisheit auch bei ihnen Geltung haben müssen: „Was ich nicht habe, das kann ich auch nicht ausgeben." Stattdessen verpfändeten unsere Kanzler kurzerhand uns Wähler, sie schufen die Wort-Kombination „Pro-Kopf-Verschuldung" und seitdem wurde sie von allen nachfolgenden Kanzlern genutzt.

Als Helmut Kohl 1982 Kanzler wurde, da gab es den Wortbegriff „Pro-Kopf-Verschuldung" bereits und sie betrug 158 DM pro Kopf eines Staatsbürgers. In seiner recht langen Regierungszeit hat Kanzler Kohl die Pro-Kopf-Verschuldung aber kräftig anwachsen lassen. Am Ende seiner Kanzlerzeit betrug sie bereits 1156 Milliarden pro Kopf.

Sein Nachfolger Gerhard Schröder hat es seinem Vorgänger nachgemacht, und als er im Jahre 2005 abgelöst wurde, betrug die Pro-Kopf-Verschuldung bereits 1440 Milliarden. Seitdem Frau Merkel Kanzlerin wurde, stieg die Verschuldung bis zum Jahre 2010 auf 2036 Milliarden und sie steigt weiter und immer weiter.

Nun erst beginnt man, sich Gedanken über die Folgen zu machen. Aber die Staatsschuldenuhr in Deutschland www.staatsschuldenuhr.de läuft weiter und erhöht in jeder Sekunde die Schulden um 1.556 € auf z. Zt. abgerundete 25.800 € pro Kopf eines jeden Staatsbürgers.

Sie steigen weiter und gelangen ohne Tilgungen in astronomische Höhen, und die uns Wählern gemachten Versprechen vor der Wahl ließen bisher keine Tilgung zu. Im Gegenteil, es wurden weiterhin Schulden gemacht und wir Staatsbürger haften dafür.

Da ist ein Fehler im System, der zu unseren Lasten geht. Allein die Zinsen für diese Verschuldung haben inzwischen eine Höhe erreicht, die einen erheblichen Anteil des gesamten Steueraufkommens auffrisst.

Die jährlichen Zinsen erreichen inzwischen eine zweistellige Milliardensumme. So ist neben dem Zinsdienst ein zusätzlicher Abbau der Schulden eine Utopie geworden. Wenn unsere enorm hohe Verschuldung überhaupt jemals abgebaut werden kann, dann können das nur mehrere Generationen schaffen.

Wenn es aber so ist, dass die Geldgeber Deutschlands nur etwa zwei Prozent der deutschen Bevölkerung ausmachen, dann sollte der hohe Schuldenberg von diesen zwei Prozent radikal eingeebnet = abgewertet werden.

Es sollte diesen zwei Prozent Geldgebern aber so viel Vermögen verbleiben, dass sie auch weiterhin wie Drohnen im Bienenvolk in Luxus leben können. Es ist doch unmenschlich und auch falsch, dass diesem sehr kleinen Bevölkerungsteil in jeder Sekunde mindestens 5.000 € zuwachsen, ohne dass sie auch nur ihren kleinen Finger ein wenig bewegen.

Wenn seit Helmut Kohls Kanzlerschaft die Pro-Kopf-Verschuldung rapide anwuchs, so lag es auch an der Wiedervereinigung Deutschlands, die von Kohl total falsch eingeschätzt worden ist. So wird es eine Utopie bleiben, neben dem Zinsdienst auch den ungeheuer großen Schuldenberg abzubauen, falls es keine radikale Schulden-Abwertung gibt.

Ich bin in den Zwanzigerjahren im Kulmerland Westpreußens geboren, das im Versailler Vertrag dem neu gegründeten Polen zugeschlagen worden war. Im Jahre 1939 begann der Zweite Weltkrieg und am 8. Mai 1945 war Deutschland besiegt und hatte auch die Ostgebiete des zuvor großen Reiches eingebüßt.

Deutschland war vom fast sechsjährigen Krieg ausgeblutet und musste zudem 16 Millionen Vertriebene aus dem Osten in das stark verkleinerte Staatsgebiet integrieren. Die Reichsmark war wertlos geworden. Der Tauschhandel und ganz besonders der Schwarzmarkt ersetzten sie.

Da beschloss der erste deutsche Nachkriegs-Kanzler Adenauer im Jahre 1948 mit der Zustimmung der westlichen Siegermächte eine

Währungsreform. Jeder Bürger West-Deutschlands erhielt 60 Deutsche Mark und daraus entstand das deutsche Wirtschaftswunder.

Heute haben immer mehr Staaten Europas große Probleme wegen ihrer unkontrolliert angewachsenen Schuldenberge, sodass sie nicht einmal mehr den Zinsdienst erwirtschaften können. Auch die Europäische Gemeinschaft wird es nicht schaffen, immer wieder mit Zuschüssen einzuspringen.

Noch geht es Deutschland wirtschaftlich recht gut. Es gibt aber immer noch zu viele, die nur 400-Euro-Jobs haben und davon nicht leben können. Auch in Deutschland ist es noch nicht so weit, dass jeder Arbeitnehmer von seiner Arbeit auch leben kann, und das liegt allein an unseren unfähigen Politkern.

Es ist doch eine alte Weisheit: „Einem Staat kann es nur dann gut ergehen, wenn es auch seinen Bürgern gut ergeht!“ Das allein müsste Priorität bei unseren Politikern haben.

Solange Niedriglöhne die Vollzeitbeschäftigung verdrängen, wird der Schuldenberg weiter anwachsen. Aber kein Politiker hat eine Idee, wie dieses Dilemma behoben werden kann. Es brauchte den Mut unseres ersten Kanzlers Adenauer. Er war zwar ein Schlitzohr, aber auch der beste Kanzler, den wir jemals hatten.

Alle Parteien setzen richtigerweise auf Bildung im Kindesalter und darum weiß jeder, dass am Ende in Deutschland und auch in anderen überschuldeten Staaten eine „Schulden-Reform“ = eine totale Abwertung der viel zu hohen Schulden stehen wird.

Diese Schulden-Reform würde auch mögliche Unruhen vermeiden, ohne dass die reichen Geldgeber spürbare Einbußen hinnehmen müssten.

Eine gebildete Bevölkerung wird es auf die Dauer nicht hinnehmen, dass zwei Prozent der Bevölkerung mit ihrem riesigen Reichtum 98 Prozent Schuldner gängeln können. Es ist die größte Gefahr, die einem gebildeten Volk unweigerlich droht, wenn es nicht darauf achtet, dass der Zuwachs von Reichtum begrenzt bleibt.

Der Basta-Kanzler Deutschlands

Die immer besser geschulten Wähler werden in Zukunft auch zunehmend darauf achten, welcher Partei sie ihre Stimme geben. Denn als ein ehemaliger Vorsitzender der Jungsozialisten Kanzler wurde, haben seine Wähler erfahren müssen, dass er keineswegs ein Garant für seine Wahlversprechen war.

Dieser Kanzler hat soziale Errungenschaften nicht gefestigt, sondern abgebaut und die CDU/CSU rechts überholt. Er hat den Freibetrag des kleinen Mannes für Sparerzinsen um die Hälfte reduziert und ihnen damit auch den Notgroschen halbiert.

Dann hat dieser Kanzler den Spitzensteuersatz in einem Rutsch von 53 % auf 43 % abgesenkt und sich damit an erster Stelle selbst bedient, denn als Kanzler zählte er ja zu den Reichen.

Von den reichen Industrie-Bossen wurde er hofiert, sie besuchten mit ihm auch den Opernball in Wien. Da fühlte sich dieser Kanzler als Reicher unter den Reichen, doch sie mochten seinen Stallgeruch nicht.

Dieser Juso-Kanzler und seine Experten haben dann auch die Agenda 2010 und Hartz IV eingeführt und damit die CDU/CSU wieder rechts überholt. Dieser Kanzler hatte nicht begriffen, dass er seine Wähler mit seinen Aktionen mehr schädigte, als dass er ihnen nützte. Es kam, wie es kommen musste, die Klagen gegen Hartz IV überschwemmten die Gerichte.

Das Tragische dabei ist, dass dieser Kanzler und seine Mitstreiter ihre „Basta-Politik“ zu schnell vergaßen und damit auch den Kontakt zu ihren Wählern verloren. Es wäre darum sehr gerecht, wenn jeder Politiker auch einige Jahre nach den Gesetzen leben müsste, die er beschlossen hat. Führende Politiker sollten auch nicht sofort von der Politik in die Wirtschaft wechseln dürfen. Für sie sollte gelten, was in der Wirtschaft für leitende Angestellte schon lange Geltung hat.

Auch in der folgenden großen Regierungskoalition begriffen die SPD-Experten nicht, dass das von ihnen geschaffene Vakuum bei den SPD-Wählern von anderen Parteien gefüllt wurde. Besonders die neu entstandene Partei „Die Linke“ profitierte von diesem unsozialen Juso-Kanzler.

Die SPD-Experten glauben aber immer noch, mit flotten Sprüchen ihre Wähler weiter täuschen zu können. Diese haben aber nichts vergessen und das Wahlergebnis für diese vollmundigen SPD-Experten, die sogar den Kanzler stellen wollen, wird im Fiasko enden.

Die SPD rutschte zu einer fast bedeutungslosen Parteigröße ab. Sie wird viele Jahre benötigen, um wieder die Partei ihrer Wähler zu werden. Das wird aber nur dann gelingen, wenn sich die SPD-Führung erneuert. Alte Köpfe mit neuen Ideen werden nichts bringen. Wenn das nicht geschieht, dann könnte es auch so weit kommen, dass es künftig die „Piraten-Partei“ sein wird, die sich überlegen kann, ob sie mit der Rest-SPD oder doch lieber mit einer anderen Partei koalieren soll.

Nach der letzten Bundestagswahl hat sich die CDU/CSU die FDP zur Regierungsbildung ausgesucht, denn auch sie wurde mit Wählerzulauf belohnt. Da fragten sich die Harz-IV-Empfänger wieder: „Werden die Ungerechtigkeiten nun ausbügelt werden?“ Sie hofften aber umsonst und der Spruch „Hoffen und Harren macht manchen zum Narren“ hatte sich wieder einmal bestätigt.

Der oft wiederholte Vorwurf, in der Partei „Die Linke“ seien zu viele SED-Mitglieder, wird sich mit zunehmendem Profil ändern. Denn nach dem verlorenen Zweiten Weltkrieg waren auch führende NSDAP-Mitglieder in der CDU aufgenommen worden und einige von ihnen kamen sogar in Führungspositionen im Staat. Die Parteimitglieder der Nazis waren nicht nur Verbrecher, die Mehrheit bestand aus korrekten und ordentlichen Staatsbürgern.

Nur eine Minderheit in der NSDAP-Staatsführung hatte sich die Vertreibung aller Juden zum Ziel gesetzt und dies mit recht geschickter antijüdischer Propaganda vor der Mehrheit des deutschen

Volkes gerechtfertigt. Die Durchführung ihrer Gräueltaten haben sie ihrem Volk aber verheimlicht.

Ich bin im polnisch gewordenen Westpreußen geboren und habe im Jahre 1939 auch den schnellen Sieg über Polen unter der Führung von Rydz-Smigly erlebt, der ein großer Hasser aller Deutschen war und sich unbedingt einen Krieg gegen Deutschland wünschte.

Er ist im polnischen Volk aber in Vergessenheit geraten, denn unter seiner Führung hatten es auch die Juden sehr schwer, die in gleicher Weise mit uns Deutschen verfolgt wurden. Diese Tatsache wird in Polen immer noch verschwiegen und ich hoffe, dass die polnische Regierung unter dem kaschubischen Ministerpräsidenten eine Wende bringt.

Familien mit Kindern sind in Deutschland steuerlich immer noch benachteiligt. Sie können nur in den Ferien verreisen und dann erhöhen die Ölkonzerne ihre Treibstoffpreise. Die Bundesbahn zieht nach und auch die Urlaubsquartiere nutzen die Gelegenheit für höhere Gewinne. Darum können sich nur Familien mit gutem Einkommen Urlaubsreisen mit ihren Kindern leisten. So ist es nicht verwunderlich, wenn viele junge Ehepaare ihren Kinderwunsch immer weiter hinausschieben und die Geburtenzahl rückläufig bleibt.

In der großen Koalition erhöhte der zuständige Minister das Kindergeld. Er beschloss auch Lehrmittelfreiheit für Schüler bis zum 10. Schuljahr, obwohl er doch wissen musste, dass den Harz-IV-Empfängern diese Kindergelderhöhung durch bestehende Bestimmungen wieder abgenommen wurde. So profitierten wieder nur die Besserverdienenden und die SPD-Experten in der Regierung begriffen anscheinend diese Zusammenhänge nicht. Anders ist dieser Schildbürgerstreich nicht zu erklären.

Das gleiche Spiel wurde auch mit der beschlossenen Abwrackprämie gespielt, Harz-IV-Empfängern sollte sie wieder angerechnet werden. Sie fragten sich: „Was sitzen da nur für Blindgänger der SPD = Sozialistische Partei Deutschland in dieser großen Regierungskoalition?“

Das ist es an erster Stelle, was uns Wähler so politikverdrossen macht und viele vom Wahlgang abhält. Ein wortstarker Politiker, dem wir Wähler zutrauten, dass seinen Worten auch Taten folgen würden, könnte diese Wahlverdrossenheit nutzen und uns wieder in eine Diktatur steuern. Die Wahlverdrossenheit könnte uns wieder in eine falsche Richtung führen, denn wir Wähler sind auch nur Menschen und unterliegen menschlichen Schwächen.

Hans Herbert von Arnim hat ein Buch mit dem Titel „Die Deutschlandakte" geschrieben, das im Bertelsmann-Verlag erschienen ist. Dieses Buch sollte jeder von uns lesen. Es sollte vor allem für unsere Politiker zur Pflichtlektüre werden. Auf seiner Buch-Rückseite kann nachgelesen werden: *„Öffentlich beschwören sie das Gemeinwohl, tatsächlich haben sie nur das eigene Wohl im Sinn usw."*

Vielleicht gibt es dann die Hoffnung, dass die demokratischen Parteien umdenken und es gesetzlich verbieten, dass sich Politiker nicht in Aufsichts-Räte der Wirtschaft wählen lassen dürfen, um sich auf diese Weise ein zusätzliches Einkommen aus der Wirtschaft zu gelangen. Politiker sollten ausschließlich ihren Wählern verpflichtet sein.

Nur damit könnte die Demokratie bei uns gerettet werden und ich hoffe sehr, dass dieser Wunsch auch in Erfüllung geht.

Die Gesundheitsreform

An der Gesundheitsreform bastelt die Politik schon recht lange herum, sie hat es aber immer noch nicht geschafft, eine Reform zu beschließen, die ihre Bezeichnung auch verdient. Der FDP-Gesundheitsminister fühlt sich seinen Wählern verpflichtet, also den Ärzten und Freiberuflichen, die ihr vorwiegend ihre Stimme gaben. Sie möchte das deutsche Gesundheitssystem abschaffen und durch amerikanische Verhältnisse ersetzen, wo jede ärztliche Leistung auch vom Patienten bezahlt werden muss.

Doch die CDU hat sich mit ihrer politischen Mehrheit gegen ihren FDP-Partner durchgesetzt und im Jahre 2009 wurde ein Gesundheitsfonds geschaffen. Nun müssen die Krankenkassen die von ihren Mitgliedern erhaltenen Beiträge in den geschaffenen Fond abführen und die Krankenkasse erhält daraus für jede von ihr abgerechnete Leistung einen festgelegten Satz erstattet.

Durch diesen Gesundheitsfonds wurde aber die Konkurrenz zwischen den Krankenkassen abgeschafft. Warum sollte sich eine Krankenkasse noch darum bemühen, bei niedrigen Mitgliedsbeiträgen gute Leistungen zu erbringen, wenn alles in einem Topf zusammengemixt wird?

Dann forschten die Krankenkassen fieberhaft nach chronisch kranken Mitgliedern, denn je mehr eine davon nachweisen kann, umso höher fallen auch die Erstattungsbeträge aus, die sie aus dem Gesundheitsfonds erhalten. Da kam es bei den Krankenkassen auf gute Einfälle an. Ich sollte z. B. nach meiner Herzoperation von meiner Krankenkasse eine elektronische Personenwaage erhalten und mein Körpergewicht täglich per Funk an sie weiterleiten. Damit hätte meine Krankenkasse jede Gewichtsveränderung sofort erkennen und meinen Kardiologen benachrichtigen können, wenn die Abweichung zu groß geworden wäre. Die Begründung meiner Krankenkasse dafür lautete: „Sie haben damit eine sehr hohe persönliche Sicherheit."

Ich sollte mich von meiner Krankenkasse also ganz besonders geschätzt fühlen. Aber nicht meine Wertschätzung war die Triebfeder, sondern allein die höhere Vergütung, die sie aus dem Gesundheitsfonds erhalten würde. Es widerstrebte mir aber, funkgesteuert von meiner Krankenkasse überwacht zu werden.

Dabei dachte ich auch an meinen Bruder, der von seiner Ehefrau eine Personenwaage geschenkt bekam und die sein Körpergewicht immer laut herausposaunte. Dieses Geschenk nutzte mein Bruder aber nur ein einziges Mal und danach nie wieder.

Ich fragte mich auch, wie kann die CDU so einen Irrsinn verzapfen, die doch für sich eine besondere Kompetenz in wirtschaftlichen Fragen in Anspruch nimmt.

Ein führendes CDU-Mitglied, das auch Geburtshelfer dieses Gesundheitsfonds war, räume dann auch ein, dass es kein einziges Mal daran gedacht habe, dass ein Run auf chronisch kranke Kassenmitglieder einsetzen könne. So lebensfremd kann nur ein Politiker sein.

Warum hatten unsere erfahrenen CDU-Politiker als Schöpfer des Gesundheitsfonds nicht an diese Konsequenz gedacht, die jedem Laien eingefallen wäre?

Mit dieser Gesundheitsreform wurde der Wettbewerb innerhalb der Krankenkassen einfach ausgeschaltet. Es ist darum auch verständlich, dass jede Krankenkasse mehr zurückerhalten möchte, als sie in den Fond eingezahlt hat.

In dieser Gesundheitsreform war auch festgehalten worden, dass zusätzlich benötigte Mittel der Krankenkassen von den Mitgliedern gefordert werden könnten, und das taten einige Kassen dann auch. Sie forderten Zusatzbeiträge, denn so war es per Gesetz verordnet.

Ich ging davon aus, dass diese Gesundheits-Reform kein langes Leben haben könne. Auch der Gesundheitsfonds muss ja verwaltet werden und das erfordert wieder zusätzliche Kosten. Vielleicht kommt nach dieser Gesundheits-Reform eine richtige und brauchbare.

Aber wider Erwarten scheint dieser Gesundheitsfonds keinen Widerspruch bei den Versicherten auszulösen. So vermute ich, dass große Krankenkassen die kleine und auch sparsam wirtschaftende Konkurrenz nach und nach schlucken werden, wie es meiner Hamburg-Münchener-Krankenkasse ergangen ist.

Es ist den Wählern aber immer noch nicht glaubhaft erklärt worden, warum ein Politiker eine ganz besonders intelligente Spezis sein soll, die jederzeit auch jeden Ministerposten besetzen kann. Da macht keine Partei eine Ausnahme. Tatsache ist aber, die CDU/CSU ist nicht „christlich“ und die SPD nicht „sozial“ und der Rest unserer Parteien sind nur Mehrheitsbeschaffer!

Im Buch von Hans Herbert Arnim „Die Politikerakte" kann man auch erfahren, warum sich Politiker einen Dreck um ihre Wähler kümmern, denn selbst die geringste Wahlbeteiligung sichert ihnen lukrative Ministerposten.

Die intensiv bewirtschaftete Landwirtschaft

Ich bin auf einem Bauernhof geboren und aufgewachsen und bedauere sehr, dass durch die mehrheitlich intensive Landwirtschaft die Artenvielfalt verloren geht. Die wenigen Öko-Bauern können den Verlust nicht ausgleichen, zumal sie von der Politik auch zu wenig Unterstützung erhalten.

In den Medien wurde uns weisgemacht, dass künftig auch Bioabfälle aus den Haushalten zur Biogasherstellung verwendet werden sollen, denn sie sollten in wöchentlichen Abständen von den Haushalten abgeholt werden.

Die Entwicklung verläuft aber völlig anders, als uns davor weisgemacht wurde. Nun wird nur Papier, Plastik und Restmüll wöchentlich abgeholt.

Bioabfälle aus den Haushalten werden nicht abgeholt. Sie müssen auf Deponien gebracht werden, wo sie zum Verrotten abgelagert werden. Dann wird der verrottete Bioabfall erhitzt, um die Wildsamen abzutöten, und als Gartenerde an Garten-Liebhaber vergeben. Sie bringen keinen Profit, sie erzeugen Kosten, die wir Steuerzahler tragen müssen.

Die intensive Landwirtschaft hat sich inzwischen auf einen sehr begrenzten Früchteanbau spezialisiert, um im Wettbewerb bestehen zu können. Das ist nun an erster Stelle der Maisanbau für die Biogasanlagen, denn in den meisten Fällen sind die Landwirte auch finanziell daran beteiligt. Dann folgt Trinikade, eine

Kreuzung aus Weizen und Roggen, die uns zur Nahrung dient. Je nach Qualität der Ackerböden folgen Weizen und Zuckerrüben. Eine Artenvielfalt, wie sie früher in der Landwirtschaft für den eigenen Bedarf auch notwendig war, gibt es nicht mehr.

Landwirte, die vor allem über viel Grünflächen verfügen, die sich nicht in Ackerland umwandeln ließen, haben sich auf Milcherzeugung spezialisiert. Sie haben einen entsprechend großen Viehbestand, für den sie auch Stallungen und Melkanlagen haben müssen.

Völlig unverständlich ist mir aber, dass Milchbauern total überzüchtete Superkühe haben müssen, die recht mager sind, aber übergroße Euter haben und in ihrer etwa 4½-jährigen Lebenszeit viel Milch geben müssen. Dass diese übergroßen Euter den armen Geschöpfen beim Gehen Beschwerden bereiten, stört keinen Milchbauern, denn nicht er, sondern seine „Milchfabrik" muss diese Schmerzen ertragen. In ihrer kurzen Lebenszeit müssen sie auch Nachwuchs als Ersatz für sich selbst bekommen, damit die Milcherzeugung weitergeht und nicht unterbrochen wird.

Für mich als Sohn eines Bauern ist das alles völlig unverständlich. Es war früher für einen Bauern eine Schande, mageres Vieh zu haben, denn es war der Beweis dafür, dass er seine Kühe schlecht ernährte. Eine natürlich gehaltene Kuh kann 20 Jahre alt werden und bringt ab ihrem dritten Lebensjahr auch jedes Jahr ein Kalb.

Früher waren Bauern auch Naturschützer, aber ein Bauer, der Überzüchtungen halten muss, um im Wettbewerb zu überleben, kann kein Naturschützer sein. Die Natur lässt sich nicht überlisten und ich bin mir sehr sicher, dass der Mensch nur dann eine Chance zum Überleben hat, wenn er mit der Natur und nicht mit Überzüchtungen und gegen die Natur lebt.

Zu meiner großen Freude werden nun vor allem in den Ostgebieten Deutschlands zunehmend Kühe völlig natürlich gehalten, die den Kühen die Kälber belassen. Sie dienen aber an erster Stelle, der Gewinnung von natürlich erzeugtem Fleisch. Wer einmal ein Steak von einem Nuckel-Kalb gegessen hat, der mag kein Fleisch aus Massen-Züchtungen mehr. Es ist ohnehin sehr ungesund, viel Fleisch zu essen.

Einige Landwirte profitieren auch durch die erneuerbare Energie, durch Windstromanlagen, für die sie die dafür benötigten Ackerflächen verpachten. Andere haben auch Anteile an Biogas-Unternehmen erworben. Da habe ich die Hoffnung, dass Massenzüchtungen recht bald der Vergangenheit angehören werden.

Die Chemie in unseren Lebensmitteln

Die chemischen Großkonzerne werben für ihren landwirtschaftlichen Kunstdünger mit dem Argument, die zunehmende Weltbevölkerung erfordere für ihre Ernährung die Erhöhung der landwirtschaftlichen Produktion.

Diese Begründung ist falsch, denn sie entspricht nicht den Tatsachen. Kein Staat verschenkt seine Überproduktion an arme Völker. Wenn Korn-Vorratslager prall gefüllt sind und die Überproduktion nicht mehr aufgenommen werden kann, dann wird sie eher ins Meer gekippt und vernichtet, wie es in Amerika bereits geschehen ist, aber nicht an bedürftige Völker verschenkt.

Verlierer dabei ist die Landwirtschaft selbst, denn sobald sich die Produktion der Erzeugnisse durch chemische Düngung erhöht, drücken die Supermarktketten die Preise wieder auf Niedrigniveau. Während früher auf leichten Heideböden in Niedersachsen und ohne chemische Düngung nur etwa sechs Zentner Roggen je Morgen geerntet wurden und ein Zentner Roggen mehr als 20 Reichsmark erbrachte, werden auf diesen Heideböden mit dem Einsatz der chemischen Dünger über 20 Zentner Trinikade je Morgen geerntet. Ein Doppelzentner = 100 kg bringt den Bauern nur schlappe 6 €.

Die Preise für Brot und Backwaren sind dagegen recht hoch. Obwohl die Kornpreise in den vergangenen acht Jahrzehnten von über 20 Reichsmark auf 3 € je Zentner = 50 kg gesunken sind, haben sich die daraus erzeugten Produkte um mehrere 100 % erhöht. Die Landwirtschaft ist in ihren Entscheidungen auch nicht mehr frei. Sie wird zum Einsatz chemischer Dünger- und Spritzmittel gezwungen, um Ernten zu erzielen, die ihnen das Überleben sichern.

Auch das Saatkorn wurde bereits so gezüchtet, dass es ohne den Einsatz von chemischen Mitteln nicht mehr keimt und vor der Aussaat auch mit chemischen Mitteln gebeizt werden muss. Schädigende Pilze haben in den vergangenen Jahrzehnten rapide zugenommen, aber die Artenvielfalt nimmt rapide ab.

Die Bauern sind auch von Agrarzuschüssen abhängig geworden und somit keine freien Bauern mehr. Sie stecken in einem Teufelskreis und sind die Abhängigen der Profiteure, der Chemie-Konzerne geworden, die für ihre chemischen Dünger und Spritzmittel keine Werbung mehr betreiben müssen.

Die Chemie-Konzerne haben die maßgebenden Politiker in ihren Aufsichtsräten und somit auch auf ihrer Seite, denn wes Brot ich esse, des Lied ich singe.

Die gewählten Aufsichtsräte aus der Politik haben zwar keine Ahnung von der chemischen Produktion, aber zum Abnicken der Beschlüsse muss man auch keine Ahnung haben.

Eine Wende kann es nur geben, wenn es gesetzlich verboten wird, dass Politiker Aufsichtsratsposten annehmen dürfen. Aber wo gibt es eine Partei, die auf solch lukrative Posten verzichten will?

In zeitlichen Abständen lesen wir Bürger in der Presse, dass wieder einmal ein Politiker recht massiv die Erforschung der über 1500 chemischen Zusätze in unseren Lebensmitteln fordert. Dann zollen wir Bürger diesem Politiker Beifall, denn wir werden mit chemischen Zusätzen gefüttert, von denen wir weder wissen, ob sie in unsere Lebensmittel hineingehören, noch, was sie darin bewirken.

In meiner Jugendzeit wurde unser Brot noch selbst gebacken und dafür waren keine chemischen Zusätze erforderlich. Ein voller Backofen mit acht gebackenen Broten reichte in unserer großen Familie etwa eine Woche, bis wieder neu gebacken werden musste. Dafür wurden nur Mehl, Wasser, Salz und ein etwa 500 g schwerer Klumpen Sauerteig benötigt, der vom letzten Brotbacken vom fertigen Brotteig abgezweigt und in einem Tonbehälter kühl aufgehoben wurde.

Das zum Brotbacken benötigte Mehl wurde in einen hölzernen Backtrog gesiebt, der von einem Holzstamm ausgehöhlt war. In einer Ecke des Backtroges wurde der vom letzten Brotbacken abgezweigte Sauerteig mit Wasser und etwas Mehl verdünnt angerührt und über Nacht stehen gelassen.

Am nächsten Morgen wurde der aufgequollene Sauerteig mit dem Backmehl vermischst und unter Zugabe von Wasser und Salz mit den Fäusten zum Brotteig ausgeknetet, bis sich der Brotteig sowohl von den Fäusten als auch vom Backtrog löste. Vom fertigen Brotteig wurde wieder eine Handvoll Teig als Sauerteig abgezweigt und für das nächste Brotbacken kühl gelagert.

Der fertige Brotteig wurde in acht gleiche Teile geteilt, einzeln zum Brot geformt und in Backbleche gelegt, die zuvor mit einer Speck-Schwarte oder auch Öl eingefettet worden waren. In der Zwischenzeit wurde der große, gemauerte Backofen unter dem gemauerten Herd mit recht großen Holzscheiten aufgeheizt. Wenn das Holz verbrannt war, wurde die verbliebene Holzkohle mit einer Hacke aus dem Backofen gezogen und davor abgelagert.

In der Zeit, während der Backofen aufgeheizt wurde, waren auch die Brote in den Backblechen aufgegangen und nacheinander wurden sie in den Backofen geschoben. Zwischen den letzten zwei Broten und der Backofentür wurde die noch nachglühende Holzkohle gelegt und die Backofentür verschlossen.

Nach etwa zwei Stunden war das Brot durchbacken, es wurde herausgezogen und von den Backblechen auf ein Brotbrett gekippt. Die frische Brotkruste wurde mit etwas Wasser überwischt und dann duftete das frische Brot im ganzen Haus. Zusatzstoffe für das Brotbacken waren nicht erforderlich.

Sie sind eine Erfindung der chemischen Industrie und auch ein recht gutes Geschäft für sie. Was aber die etwa 1500 chemischen Zusätze in unseren Lebensmitteln bezwecken, ist immer noch nicht erforscht.

Unsere Politiker, die sich zuvor lautstark zu Wort meldeten, bemühen sich stattdessen um in einen lukrativen Aufsichtsrats-Posten in der Chemie und das war auch ihre alleinige Absicht.

Danach hören wir Bürger von den über 1500 chemischen Zusätzen in unseren Lebensmitteln so lange nichts mehr, bis wieder ein Politiker auf sich aufmerksam macht.

Für die chemische Industrie ist es allemal preisgünstiger, neue Aufsichtsratsposten zu vergeben, als 1500 chemische Zusätze auf ihre Verträglichkeit zu untersuchen.

Unsere Wirtschaft und ganz besonders die chemische Industrie, weist auch gern darauf hin, dass bei einer erzwungenen Untersuchung der chemischen Zusätze Arbeitsplätze verloren gingen. Das ist eine besonders dreiste Lüge, denn für die Untersuchung der etwa 1500 chemischen Zusätze sind nicht weniger, sondern mehr Arbeitsplätze erforderlich.

Somit sind allein unsere Regierungspolitiker dafür verantwortlich, dass wir mit etwa 1500 chemischen Zusätzen in unseren Lebensmitteln gefüttert werden, die möglicherweise unserer Gesundheit schaden. Bei einer neutralen Untersuchung der chemischen Zusätze in unseren Lebensmitteln könnte es sich auch herausstellen, dass diese absolut unnötig und eine Erfindung der Chemischen Industrie sind, um auch ihre Abfälle mit Profit zu vermarkten.

Die chemischen Großkonzerne haben für ihre landwirtschaftlichen Kunstdünger mit dem Argument geworben, die zunehmende Weltbevölkerung erfordere für ihre Ernährung die Erhöhung der landwirtschaftlichen Produktion.

Die Genmanipulation

Auch die Genmanipulationen führen in eine Sackgasse. Der Mensch ist der irrigen Auffassung, dass er nach wenigen Jahrzehnten Forschung imstande sein könne, die Natur zu beherrschen, und das über Millionen von Jahren bewährte Zusammenleben zwischen Mensch und Natur nicht mehr nötig habe.

Die Natur lässt sich aber nicht beherrschen, und wenn der Mensch überleben will, dann muss er wieder lernen, mit der Natur im Einklang zu leben und von ihr zu lernen, wie es unsere Vorfahren immer getan haben.

Naturverbundene Völker tun es immer noch. Es ist für uns mehr als beschämend, wenn wir unsere Geflügelabfälle aus den Massenzüchtungen nach Afrika schicken, um jahrtausendealte Völker zu ernähren.

Wir sollten stattdessen Afrika davor bewahren, unsere Fehler zu wiederholen. Wir sollten ihnen helfen, bei ihren bewährten Anbaumethoden zu bleiben und sie zu verbessern.

Die schwersten Jahre hat die Menschheit noch vor sich, und wenn sie das nicht begreift und nicht beginnt, mit der Natur im Einklang zu leben, dann kann die Natur die Menschheit wieder zurück in die Steinzeit versetzen.

Der Mensch ist aber nur schwer belehrbar und er wiederholt den „Turmbau von Babel" immer wieder. Auch in der Bio-Geflügelhaltung werden überzüchtete „Riesen-Poularden" aufgezogen. Gesundes und nicht überzüchtetes Geflügel kann man leider nur noch selten erwerben. Früher legte ein Huhn 60–70 Eier im Jahr. Die heutigen überzüchteten Hühner sind Eierfabriken und müssen so lange Eier legen, bis ihre Körper total verbraucht sind.

Durch die Überzüchtung des Geflügels kann das Knochengerüst die zu schnelle und überdimensionale Fleischbildung, vor allem im Brustbereich, nur unter Schmerzen ertragen. Die von

Blut unterlaufenen Gelenke sind Beweis dafür, dass diese Tiere in ihrem kurzen Leben dauernd Schmerzen erleiden müssen.

Als wir nach der Wiedervereinigung Deutschlands unseren ersten Besuch in den Ostteil Deutschlands machten, da konnten wir noch natürlich gehaltene Hühner sehen, die auch noch brüteten und ihre Küken führten.

Dieses Bild erinnerte mich an meine Kindheit und ich versuchte, das Küken zu fangen und es in die Garteneinzäunung zu lassen. Das war aber viel schwieriger als gedacht.

Heute werden Hühner fabrikmäßig erzeugt. Sie werden tausendfach in Brutautomaten ausgebrütet, und sobald die Küken geschlüpft sind, werden die männlichen Küken aussortiert und auf einem Transportband zur automatischen Vergasung transportiert und als Abfall entsorgt.

Wie tief ist der Mensch gesunken, wie verroht ist er, der Lebewesen wie Abfall behandelt? Es ist für mich unglaublich, dass in meinem Deutschland so etwas zugelassen wird. Was muss geschehen, bevor unsere Politiker aktiv werden?

Als Jäger hatte ich auch die Möglichkeit, Graugänse zu erjagen, die natürlich leben und kaum Fettansatz haben, weil sie noch viel fliegen müssen. Eine erbeutete Graugans ergab für meine Familie immer zwei ordentliche Mahlzeiten, denn ich rupfte meine erbeuteten Graugänse nicht, weil es zu zeitaufwendig und auch mühsam war. Ich zog ihnen die Haut samt den Federn ab und das ging immer recht schnell. Die Wildgansbrust ergab einen hervorragenden Braten und das Knochengerüst eine hervorragende Gemüsesuppe mit Nudeln oder Reis.

Es war mir aber auch bewusst, dass Wildgänse gern zartes Grün äsen, und das finden sie auf den Äckern der Landwirtschaft, die auch chemische Spritzmittel verwendet.

Ich habe aber auch feststellen können, dass Wild und auch Graugänse zartes Grün mieden, wenn es mit Stickstoff gedüngt war.

Besonders das Rehwild und auch Hirsche mieden Äcker, die von ihrem Ansehen her ein wahrer Magnet für das Wild hätten sein müssen. Diese Äcker wurden von ihnen aber nicht angenommen.

Besonders an Wiesengräben und -bächen fand das Wild auch Äsung, das es gern annahm, denn dort hatten die sparsamen Bauern keinen Stickstoff aufgebracht. Während meiner Jägerzeit war es für mich sehr aufschlussreich, das alles zu beobachten.

Aufgrund meines Alters jage ich nun nicht mehr und darum ist es nicht einfach, Geflügelhalter zu finden, die noch gesundes und nicht überzüchtetes Geflügel halten. Im letzten Jahr konnte ich noch Perlhühner erwerben, die meine Forderung an gesundes Geflügelfleisch erfüllten.

Früher hatte ein Mutterschwein nur acht Zitzen und es gebar in der Regel auch nur acht Ferkel. Die heutigen überzüchteten Mutterschweine haben 12 Zitzen und sind Ferkelfabriken, die in viel zu engen Käfigen liegen müssen. Vorne fressen sie, hinten ferkeln sie und in der Mitte werden sie ausgesaugt.

Sie können sich nicht bewegen und säugen die geworfenen Ferkel auch nur wenige Wochen, damit sie wieder besamt werden und neue Ferkel produzieren können.

Die überzüchteten Schweine haben nicht nur mehr Zitzen, sie haben auch mehr Koteletten. Sie sind jedoch sehr anfällig für Krankheiten und können darum nur mit der Beimischung von Antibiotika im Futter am Leben gehalten werden.

Das ist zwar nicht erlaubt, es gibt aber Kuriere, die den Massentierhaltern die benötigten Antibiotika gegen Bares illegal liefern, wie ich es auch einige Male gesehen habe.

Wer von uns Verbrauchern hat noch eine Möglichkeit, Fleisch von natürlich gehaltenen Tieren zu erwerben, die in natürlicher Zeitspanne aufwachsen und auch in normaler Zeitspanne gemästet worden sind?

Wie tief ist der Mensch gesunken, dem zunehmend jedes Gramm Ethik verloren geht?

Kann sich ein solcher Bauer noch „Naturschützer" nennen, ohne dabei zu erröten?

Der Mensch muss auch nicht jeden Tag Fleisch essen. Wer die Möglichkeit hat, natürlich aufgewachsenes Fleisch von Tieren zu erhalten, der opfert dem Fleisch aus Massenzüchtungen keinen einzigen Blick mehr.

Vor Jahrzehnten habe ich es noch für undenkbar gehalten, dass in einer staatlichen Versuchsanstalt in Niedersachsen Superkühe gezüchtet wurden. Ich glaubte aber auch, dass diese Überzüchtungen in der Landwirtschaft keine Chance haben würden.

Die Milch-Bauern mit ihren Überzüchtungen müssen auch darauf achten, dass keine fremden Personen in den Kuhstall gelangen, denn die überzüchteten Superkühe sind sehr krankheitsanfällig. Für mich sind diese Milchbauern alles andere, aber keine Naturschützer, wie sie sich fälschlicherweise immer noch gern bezeichnen.

Ich hatte die Hoffnung schon aufgegeben, diese Entwicklung in der Rinderhaltung noch zu erleben. Sie ist u. a. der zunehmend bewussten und kritischen Einstellung besonders junger Familien mit Kindern zu verdanken.

Nun sieht man auch wieder Rinder, die es gewohnt sind, ohne Stall im Freien zu leben. Diese Kühe gebären auch ihre Kälber in der freien Natur und säugen den Nachwuchs.

Früher gab es in den meisten Familien nur einmal in der Woche Fleisch und das war dann am Sonntag. Das sollte auch wieder ins Bewusstsein gelangen, damit Massenzüchtungen zunehmend überflüssig werden.

Das Gegenteil ist leider auch der Fall und aus den Medien erfahre ich nun, wo immer noch größere Anlagen für Massenzüchtungen = Massen-Quälerei und auch riesige Schlachtanlagen entstehen sollen. Doch kein öffentlicher Protest kann ihr Entstehen verhindern und daran erkennen wir Bürger, wie sehr unsere Wirtschaft mit der Politik über die Aufsichtsratsposten verbandelt ist. Absolut kein Verständnis habe ich, wenn selbst Bauern auf ihren Höfen kein Geflügel für ihren eigenen Bedarf mehr halten, sondern alles im Supermarkt kaufen.

Da machen mir die noch zu wenigen jungen Bauern wieder Mut, die sich für den schweren, aber unabhängigen Weg eines

Bio-Bauern entschieden haben. Von den Landwirtschafts-Verbänden und leider auch von den Landwirtschaftsministern erfahren die Öko-Bauern kaum oder nur Alibi-Unterstützung, denn viele von ihnen sind Aufsichtsräte in den Groß-Konzernen. Aber auch Großbauern sind Anhänger der intensiven Landbewirtschaftung und haben einen zu großen Einfluss auf die Verbandsvorsitzenden der Länder.

So hatte eine Regierung in Niedersachsen eine der größten Puten-Massenzüchterin zur Ministerin der Landwirtschaft berufen. Anschließend ist diese Ministerin mit gravierenden Tierquälereien und ihren millionenschweren Beteiligungen an Massenzucht-Betrieben in die Schlagzeilen der Presse geraten. Da war ich sehr gespannt zu erfahren, wie lange sich diese Ministerin der Landwirtschaft trotz der negativen Presse im Amt halten könne. Doch erst beim Wechsel des Ministerpräsidenten wurde auch ein neuer Minister für die Landwirtschaft berufen.

Es macht mir aber auch Mut, dass zunehmend mehr junge Eltern darauf achten, dass ihre Kinder Erzeugnisse von Öko-Landwirten und auch Fleisch von natürlich gehaltenen Tieren erhalten. Ich hatte nicht daran geglaubt, dass ich es noch erleben würde, dass auch die Supermärkte den zunehmenden Bedarf an Bioprodukten in Deutschland nicht mehr decken können und Bioprodukte aus dem Ausland einführen müssen, um den Bedarf decken zu können.

Da zeigt es sich auch, wie kurzsichtig die großen Bauern waren, die sich vehement für eine intensive Bewirtschaftung ihrer Länder einsetzten. Noch ist die Lobby der Landwirtschaft recht stark und sie könnte es auch schaffen, eine finanzierte Bezuschussung vom Steuerzahler für eine Umstellung ihrer großen Betriebe auf Biobewirtschaftung zu erreichen.

Die Aufsichtsratsposten

Die Chemie-Konzerne haben die maßgebenden Politiker in ihren Aufsichtsratspositionen auf ihrer Seite, denn wes Brot ich esse, des Lied ich singe. Eine Wende kann es nur dann geben, wenn es gesetzlich verboten wird, dass Politiker Aufsichtsratsposten annehmen dürfen. Aber welcher Politiker verzichtet darauf?

So ist die eigentliche Aufgabe des Aufsichtsrates verloren gegangen, denn die Großindustrie und auch die Banken sind dazu übergegangen, sich bei der Politik das „Goodwill" für ihre Belange zu erkaufen. Die Bezeichnung Aufsichtsrat nennt ja seine eigentliche Aufgabe, aber damit hat er inzwischen absolut nichts mehr zu tun.

Die Großindustrie hat in der Vergangenheit den gesetzgebenden Gremien unserer Regierungen auch Fachkräfte abgestellt, die ganze Gesetzestexte formulierten, unsere Regierungen haben sie auch wortwörtlich als Gesetze übernommen und so beschlossen.

So ist es mein größter Wunsch, dass sich ein Politiker finden möge, der sich zum Ziel setzt, die Position des Aufsichtsrates wieder seiner eigentlichen Aufgabe zuzuführen. Diese wichtige Position sollte allein der Industrie, der Wirtschaft und ihren Fachverbänden überlassen bleiben, die auch die fachlichen Voraussetzungen dafür haben.

Auch wir Bürger und Wähler sollten die Schaffung eines Gesetzes fordern, das es Politikern verbietet, Aufsichtsratsposten zu übernehmen. Politiker sollten allein ihren Wählern verpflichtet sein und bleiben.

Für eine solche Aufgabe sollte auch der Nachweis erbracht werden müssen, dass die zu wählende Person auch die fachliche Befähigung dafür mitbringt.

Die in den Aufsichtsrat gewählte Person sollte auch finanziell zur Verantwortung gezogen werden können, wenn sie die übernommene Aufgabe nicht fachgerecht und ordentlich erfüllt.

Das würde zur Folge haben, dass die Führungskräfte der Industrie und der Wirtschaft auch darauf achten, wen sie in ihre zu vergebende Aufsichtsratsposition wählen.

Die Mega-Überland-Stromtrasse

Der in großen Windstromanlagen in der Nordsee erzeugte Strom soll mit einer Mega-Überland- Stromtrasse nach Bayern gebracht werden und der bayrische Ministerpräsident ist strikt dagegen. Das macht ihn für mich erträglich und ich spüre, dass sich meine zuvor recht geringe Zuneigung zu ihm gewandelt hat. Er ist mir sympathischer geworden.

Auch ich bin ein großer Gegner von Überland-Stromtrassen. Als ich mit meiner Familie auf einer recht bekannten Insel Deutschlands einen Sommerurlaub verbrachte, mieteten wir das Häuschen eines Ehepaares, das während der Sommerzeit sein Gartenhäuschen nutzte. Direkt hinter dem Gartenhäuschen stand ein Strommast und beide Eigentümer starben nacheinander an Krebs, der sehr wahrscheinlich durch den Strommast verursacht war.

Überland-Stromtrassen schädigen die Menschen und sind auch für den tausendfachen Tod von Vögeln verantwortlich. Beides sollte für unsere Regierung ein Alarmzeichen sein, denn sie hat sich mit einem Eid verpflichtet, Schaden vom deutschen Volk abzuwenden.

Deutschland hat doch ein recht gut ausgebautes Autobahn- und zusätzlich ein gut verzweigtes Schienennetz der Bundesbahn. Beides könnte auch für ein unterirdisches Stromnetz genutzt werden!

Die Unternehmen für die Verlegung unterirdischer Stromtrassen könnten damit sofort beauftragt werden. Ich bin mir sicher, dass unsere Wirtschaft auch Maschinen für die unterirdische Verlegung konstruieren wird und die Kosten dafür preisgünstiger sein werden als bei Überland-Stromtrassen. Denn die Auto-Bahnen und auch das Schienennetz der Bundesbahn ist vorhanden und zeitraubende Verfahren für die Mega-Überland-Stromtrassen entfallen.

Deutschlands Energie-Giganten haben unsere Stromversorgung untereinander aufgeteilt. Sie haben sich Politiker als Aufsichtsräte ausgesucht, denn was sonst könnten Politiker bei den Strom-Giganten tun? Da erhebt sich bei uns Bürgern wieder die Frage: Wo sind nun die Politiker, die ihre Zerschlagung ankündigten?

Die Antwort ist einfach: im „Aufsichtsrat", der ihnen Bares einbringt. Wenn sich ein Minister für die Verlängerung der Laufzeiten von Atomkraftwerken starkmacht, dann kann er doch nur ein Lobbyist der Stromkonzerne sein.

Das Volk hat den gefährlichen Atomstrom mehrheitlich nicht gewollt, der vor Jahrzehnten gegen seinen Willen eingeführt wurde. Bis heute gibt es in Deutschland aber noch kein Lager für abgebrannte Brennstäbe. Länder, in denen die Voraussetzungen dafür gegeben sind, wehren sich massiv dagegen.

Inzwischen gibt es ausreichend Strom aus Solar, Wind, Wasser und auch Erdwärme. Ganze Dörfer und auch Städte haben bereits gezeigt, dass sie Energie-Großkonzerne nicht mehr benötigen, denn sie erzeugen ihren Strom an Ort und Stelle selbst.

Aber die Lobbyisten der Strom-Giganten posaunen uns immer noch vor, dass die Energiewende dem Steuerzahler Milliarden an Kosten aufbürden wird, aber niemand von ihnen erklärt uns verständlich und nachvollziehbar, wodurch die milliardenschweren Kosten entstehen würden.

Inzwischen haben Windkraft- und Solar-Erzeuger bereits Absatzprobleme und einige von ihnen könnten aufgeben müssen, Es wird aber immer noch Strom aus Braunkohle produziert und das ist für uns Bürger recht unverständlich. Dörfer und Städte wehren sich gegen neue Überland-Stromtrassen, denn der von den bereits vorhandenen ausgehende Elektrosmog ist für Krebs-Erkrankungen verantwortlich.

Zur gleichen Zeit wurde die erfreuliche und zur Nachahmung empfohlene Nachricht verbreitet, dass die Stadt Braunschweig ausschließlich elektrisch angetriebene Regionalbusse einsetzt. Die Aufladung der Batterien erfolgt an den Haltestellen während des Ein- und Aussteigens. Der Professor, der mit seinen Studenten den Antrieb dieser Regionalbusse konstruiert hat, ist nun dabei, auch für den normalen Autoverkehr eine Konstruktion der Stromaufladung zu erforschen.

Bereits am 25. Februar 2015 hatte Kassels Landrat Uwe Schmidt für das wichtige Zukunftsthema „Viele gute Gründe für eine Erdverkabelung. Alles spricht für weiträumige Vollverkabelung“ Experten aus Industrie und Forschung, Vertreter der Bundesnetzagentur sowie der Betreiberfirma Tennet und auch Bürgerinitiativen in das Hermann-Schafft-Haus in Hameln-Pyrmont eingeladen.

Während dieser Podiumsdiskussion waren anwesend: Dr. Peter Durinke von der Anwaltskanzlei de Witt, Landrat Tjark Bartels des Landkreises Hameln-Pyrmont, der Moderator Tobias Klein, Dr. Ursula Heimann von der Bundesnetz-Agentur, Prof. David von der Uni Kassel, Dr. Volker Wendt von europacable und Dr. Christoph Thiel von Tennet.

Für die mehr als 250 interessierten Besucher dürfte sich die Teilnahme sehr gelohnt haben, denn diese Veranstaltung konnte dank kompetenter Referenten aus Wissenschaft und Industrie und aufschlussreicher Fachvorträge zahlreiche Erkenntnisse und neue Aspekte sowie auch technische Möglichkeiten der Erdverkabelung mit möglichen Einschnitten in die Umwelt liefern.

Es stimmt uns hoffnungsvoll, dass in Israel Strombatterien erforscht werden, die viel Strom speichern, wenig Gewicht haben und so den Radius der elektrischen Autos erweitern werden.

Ein recht bekannter Autohersteller erforscht auch mit Wasserstoff betriebene Brennstoff-Zellen als Autoantrieb. Ich hatte schon befürchtet, dass die Brennstoffzelle in Vergessenheit geraten sei, denn es wurde kaum noch darüber berichtet.

Nun habe ich wieder mehr Hoffnung, dass es gelingen wird, die Brennstoff-Zelle als Autoantrieb zu erforschen, denn sie könnte auch Strom für den Haushalt liefern, wie es uns angekündigt wurde. Der Zeitpunkt ist gekommen, dass die vorhandenen Überland-Stromtrassen in das Erdreich verlegt werden und Überland-Stromtrassen endgültig der Vergangenheit angehören. Es sollte Strecke für Strecke unterirdisch verlegt werden.

Es ist aber auch zu befürchten, dass jetzt schon Lobbyisten gegen diese Entwicklungen arbeiten, denn es wäre das Ende der Strom-Giganten. Am „Stopp-Schild" wird von interessierten Stellen ganz sicher schon gearbeitet.

Die schwarze „0" des Finanzministers

Deutschlands Staatsverschulung ist auf über 2.000 Milliarden Euro angewachsen und das ist eine Zahl mit 13 Ziffern. In jeder Sekunde erhöhen sich unsere Schulden um eine vierstellige Euro-Summe. Es ist aber unbekannt, wer die Geldgeber sind. Nun hat unser Finanzminister beschlossen, keine neuen Schulden mehr zu machen, und so ist der Begriff „die schwarze 0" entstanden.

Es war Kanzler Kohl, der die ersten Schulden Deutschlands machte und in etwas mehr als vier Jahrzehnten ist die zuvor genannte enorm hohe Summe entstanden.

Auch für unsere Staatsführung sollte gelten, was für den kleinen Mann eine Selbstverständlichkeit ist: „Was ich nicht habe, das kann ich auch nicht ausgeben!"

Es ist darum sehr lobenswert, was unser Finanzminister vorhat. Er will keine neuen Schulden mehr machen. Doch ob er auch die alten tilgen kann, ist sehr zweifelhaft.

Der Bund der Steuerzahler schreibt:

Die deutsche Staatsverschuldung wächst und wächst. Bund, Länder und Gemeinden sowie ihre Extrahaushalte waren bereits am 30. September 2013 mit rund 2.024 Milliarden Euro verschuldet. Zur Veranschaulichung dieser Zahl dient folgendes Gedankenspiel: Ab sofort werden keine Schulden mehr aufgenommen und die öffentliche Hand gesetzlich verpflichtet, neben allen anderen Ausgaben jeden Monat eine Milliarde Euro an Schulden zu tilgen. Mit dieser Verpflichtung würde es bis ins Jahr 2184 dauern, um den Schuldenberg der Bundesrepublik Deutschland vollständig abzutragen.

So kann man es im Internet nachlesen.

Deutschland sollte sich an unseren ersten Kanzler Westdeutschlands Konrad Adenauer und seinen Wirtschaftsminister Ludwig Erhard erinnern. Nach meiner Auffassung waren es das beste Gespann, das Deutschland jemals als Regierung hatte.

Die Reichsmark war nach dem verlorenen Krieg nicht einmal den Papierfetzen wert, aus dem sie gemacht war. Da trotzte Adenauer den damaligen alliierten Besatzungsmächten eine Währungsreform ab.

Der Stichtag dafür war der 20. Juni 1948 und ich erinnere mich noch recht gut daran. Jeder Bürger erhielt 60 Deutsche Mark und daraus ist das „Deutsche Wirtschaftswunder" entstanden, um das wir von der ganzen Welt beneidet wurden.

Unsere Kanzlerin und ihr Wirtschaftsminister sollten sich die damalige Regierung zum Vorbild nehmen und eine „Schulden-Reform" beschließen, denn zu tilgen ist der 13-stellige Schuldenberg nicht. Deutschland bleibt keine andere Wahl.

Kanzler Helmut Kohl begann das Schuldenmachen, und weil es den nachfolgenden Regierungen nicht einmal möglich war, die Zinsen dafür aufzubringen, wuchs die Monster-Schuldensumme zu einer 13-stelligen Zahl an, für die wir Bürger letztlich haften. Die Geldgeber bleiben weitgehend anonym.

Sonntags wird Schwiegermutter geholt

Nach dem Tod des Schwiegervaters lebte Schwiegermutter allein und jeden Sonntag holten wir sie schon zum Frühstück zu uns. Auf diesen Fahrten erzählte sie mir immer wieder, was ihr verstorbener Erich für ein Ausnahmetalent gewesen sei, der alles selbst hätte machen können. Ihr Erich sei auch immer gut zu ihr gewesen und Letzteres konnte ich auch bestätigen.

Ich kannte von meiner Schwiegermutter aber auch andere Seiten. Als ihr Erich Dialyse-Patient geworden war und davon zunehmend geschwächt wurde, da war sie es, die sich wiederholt in seinem Beisein darüber beklagte, warum ihr das alles passieren müsse. An ihren Erich dachte sie dabei nicht. Schwiegermutter bekam zwei Witwenrenten von Schwiegervater und zusätzlich eine eigene Altersrente aus ihrer Berufstätigkeit. Obwohl die Renten gesetzlich abgespeckt wurden, bekam sie immer noch eine recht gute Altersversorgung. Sie war aber auch sehr sparsam. Wenn sich auf ihrem Bankkonto wieder einmal 10.000 DM angesammelt hatten, beschenkte sie ihre jüngste Tochter damit.

Da hatte ich aber immer den Verdacht, dass sie sich mit ihren Geldgeschenken nur Sympathien bei ihrer Tochter erkaufen wollte. Ständig war sie am Klagen über ihre Altersbeschwerden, obwohl es ihr entsprechend ihrem Alter recht gut ging. Sie hatte weder eine schwere Erkrankung noch eine Operation hinter sich.

Manchmal erzählte sie, sie habe eine Bekannte getroffen und die hätte ihr von ihren vielen Krankheiten und Operationen erzählt. Am Ende ihres Berichtes sagte sie dann: „Wenn ich so etwas höre, dann bin ich doch sehr froh, dass es mir noch so gut ergeht."

Wenn Mona-Lisa und ich Spaziergänge mit ihrer Mutter machten, dann hakte sie sich bei ihrer Tochter unter und bestimmte das

Schritttempo. Dann war ihre Tochter vom flotten Schritt ihrer Mutter immer sehr überrascht. Ich konnte nicht mithalten, ich ließ beide laufen und spazierte in langsamerem Tempo hinterher.

Schwiegermutter hatte immer große Angst, dass Mona-Lisa sie im Alter allein lassen könnte, und sie sagte dann auch: „Ich hätte meine Mutter niemals allein gelassen, ich hätte sie zu mir genommen."

Das stimmte aber nicht, denn sie war das jüngste von dreizehn Kindern und hat ihre Mutter schon im Alter von 15 Jahren verlassen.

Bei meinem sonntäglichen Abholen erzählte sie aber auch oft, sie sei bei einem General in Stellung gewesen und dort sei sie wie eine eigene Tochter behandelt worden. Die Generalsfamilie habe sie auch auf Reisen mitgenommen.

Tatsache war aber, dass Schwiegermutter sich um ihre Mutter überhaupt nicht kümmerte, denn diese lebte in ihrer oberschlesischen und polnisch gewordenen Heimat. Erst als sie bereits verheiratet war, ist ihre Mutter einmal zu Besuch nach Deutschland gekommen. Danach hat sie sie nie wieder gesehen.

Ich ermahnte meine Schweigermutter immer, ihre Tochter mit ihrem Gejammer nicht unter Druck zu setzen. Wenn Schwiegermutter aber mit Mona-Lisa allein war, dann jammerte sie ihr doch immer viel vor. Mona-Lisa wusste jedoch, dass das Gejammere ihrer Mutter geschauspielert war. Wenn sich Schwiegermutter nicht beobachtet fühlte, dann war sie flink wie ein Wiesel auf den Beinen.

Oft sagte sie: „Wenn ihr mich abholen kommt und ich liege irgendwo, dann lasst mich liegen und sterben. Holt keinen Arzt, denn ich will nicht in ein Krankenhaus gebracht werden." Damit wollte sie aber nur Mona-Lisas Reaktion darauf erfahren.

Schwiegermutter hatte Angst, dass ihre Tochter sich so verhalten könne, wie sie es selbst mit ihrer Mutter getan hatte. Mona-Lisa kümmerte sich dagegen sehr um ihre Mutter und das würde sie auch ohne die Geldgeschenke machen.

Am Abend meines 82. Geburtstages rief Mona-Lisa bei ihrer Mutter an. Am Ende dieses Telefonats ließ sich ihre Mutter auch mit mir verbinden und gratulierte mir mit folgenden Worten zu meinem Geburtstag: „Ich wünsche dir vor allem Gesundheit, die ich ja nun nicht mehr habe. Du hast zwei wunderbare Söhne und auch eine Frau, die dich alle lieben. Ich habe nun keinen mehr und mir geht es auch gar nicht mehr gut."

Weil ich das Gejammer meiner Schwiegermutter nicht hören wollte, hatte sie diese unzutreffenden Hinweise in ihre Gratulation eingeflochten. Sie waren für meine Mona-Lisa beleidigend, denn ihre Tochter kümmerte sich sehr um sie.

Abends telefonierte meine Mona-Lisa immer mit ihrer Mutter, dann jammerte Schwiegermutter und sagte: „Ich war so allein und hatte niemanden, mit dem ich reden konnte." Mona-Lisa antwortete dann darauf: „Warum rufst du nicht bei mir oder auch bei Inge und Günter, oder bei alten Bekannten an, wenn ich mal nicht dazu gekommen bin?" Ihre Mutter erwiderte dann im recht beleidigten Ton: „Was denkst du eigentlich, wie es mir geht? Mit meinen krummen Fingern kann ich das alles nicht mehr!"

Ihre Mutter musste auch immer etwas haben, über das sie sich ärgern und schimpfen konnte, und dann konnte man auch sehen, wie gut ihr das Geschimpfe tat.

Wenn sie sonntags bei uns war, dann kam sie an meinen Schreibtisch und holte sich die Zeitungen. Erst las sie darin recht lange und dann löste sie alle Kreuzworträtsel. Dabei konnte sie mit ihren krummen Fingern stundenlang den Kugelschreiber halten und auch problemlos schreiben. Aber telefonieren konnte sie mit ihren krummen Fingern nicht.

Mona-Lisa hat ihrer Mutter dann auch ein Telefon gekauft, in dem sie alle Telefonnummern einspeicherte. Ihre Mutter musste dann nur noch eine Taste drücken. Doch dieses Telefon nutzte sie nicht, weil sie angeblich damit nicht zurechtkam! Wer sollte ihr denn noch glauben, dass sie nicht telefonieren konnte? Tatsache war, dass ihre übertriebene Sparsamkeit es nicht zuließ. Auch ihre freien Einheiten nutzte sie nicht. Es hätte ihr ja passieren können, dass sie ein Telefonat zu viel machte, darum ließ sie ihre freien Telefonate lieber verfallen. Schwiegermutter wollte angerufen werden und an erster Stelle sollte es ihre Tochter tun, und zwar täglich.

Wenn Schwiegermutter sonntags bei uns war, dann rief Mona-Lisa auch schon mal bei Verwandten an und übergab ihrer Mutter das Telefon, damit sie mit ihnen sprechen konnte. Erst sträubte sie sich und sagte: „Ich höre das alles nicht mehr!"

Aber wenn sie das Telefon übernommen hatte, dann konnte sie mit ihren Verwandten recht lange sprechen. Gab es dabei auch eine Möglichkeit, über etwas zu schimpfen, dann war Schwiegermutter voll in ihrem Element.

Als Mona-Lisa ihre Mutter aus Zeitmangel mal nicht angerufen hatte, bestrafte sie ihre Tochter und nahm danach ihr Telefonat nicht an. Meine Mona-Lisa sagte dann zu mir: „Meine Mutter meldet sich schon wieder nicht am Telefon, ich habe ein komisches Gefühl, komme doch bitte mit." Dann fuhren wir zu Schwiegermutter, und als wir dort waren, lag sie im Wohnzimmer auf der Couch. Sie hatte sich eine große Plastiktüte über den Kopf gestülpt und war davon im Kopfbereich völlig verschwitzt. Auf Mona-Lisas Fragen antwortete sie nicht, aber sie atmete völlig normal.

Es war offensichtlich: Schwiegermutter hatte einen Selbstmordversuch vorgetäuscht, denn mit einer zu großen Plastiktüte, die den Kopf ringsherum völlig frei lässt, kann man sich nicht umbringen. Da rief Mona-Lisa den Notarzt an, der mit einem Assistenzarzt kam. Als die Ärzte hörten, dass Schwiegermutter sich eine Plastiktüte über den Kopf gestülpt hatte, ließen sie auch die Polizei kommen. Doch auch diese bewertete diese Aktion als Täuschung und fuhr wieder fort. Während der ganzen Zeit sprach Schwiegermutter kein einziges Wort.

Nach der Untersuchung setzten die Ärzte Schwiegermutter in einen Rollstuhl und brachten sie zum Notfallauto. Als sie an mir vorbeigeschoben wurde, sahen wir uns in die Augen und da war ich mir sicher, Schwiegermutter hatte alles inszeniert. Sie wollte ihre Tochter bestrafen, weil sie an einem Tag mal nicht dazu gekommen war, bei ihr anzurufen.

Am Sonntag vor ihrem 89. Geburtstag saßen wir am gedeckten Kaffeetisch beisammen und meine Schwiegermutter sagte: „Meinen Geburtstag feiere ich dieses Jahr nicht. Ich nehme auch keinen Telefonanruf an, ich will keinen Besuch haben und lasse niemanden in die Wohnung hinein. Ich kann das alles nicht mehr.“

Aber keiner von uns konnte dies ernst nehmen und wir schwiegen alle. Denn schon einige Tage davor hatte Mona-Lisa ihrer Mutter gesagt, dass wir ihren Geburtstag bei uns ausrichteten und Henrik seine Oma schon zum Mittagessen abholen werde.

Das tat Henrik an ihrem Geburtstag dann auch. Als Mona-Lisa die Kaffeetafel eindeckte, sah ihre Mutter, dass für zwei Personen mehr eingedeckt war, und sie fragte: „Wer kommt denn heute noch? Günter und Erika aus Peine sind ja im Altenheim, Günter geht es gesundheitlich nicht gut und die Burgdorfer brauchen nicht zu kommen.“ Das verstand ich nicht, denn Inge und Günter aus Burgdorf waren mir allemal lieber als ihre Peiner Verwandtschaft.

Als die Burgdorfer dann kamen und viel Eingewecktes und Marmeladen für Schwiegermutter mitbrachten, da war sie doch sehr erfreut und bedankte sich überschwänglich dafür. Wir saßen dann recht gemütlich am schön gedeckten Kaffeetisch und es wurde eine schöne Geburtstagsfeier. Schwiegermutter war den ganzen Nachmittag über sehr freundlich zur angeheirateten Burgdorfer Verwandtschaft. Als diese sich auf ihren Heimweg begaben, brachten sie auch Schwiegermutter nach Hause.

Danach waren wieder einige Monate vergangen und Mona-Lisa war wieder einmal nicht dazu gekommen, ihre Mutter täglich anzurufen. Als sie es einen Tag später tat, nahm ihre

Mutter das Telefonat wieder nicht an. Wir fuhren wieder zu ihr, und als wir dort ankamen, brannte in keinem Zimmer der Wohnung Licht, obwohl es schon dunkel war. Als wir die Wohnungstür geöffnet hatten, stand im Flur hinter der Badtür ein Eimer mit etwas darin und in der Wohnung stank es recht unangenehm.

Mit Bangen suchte Mona-Lisa ihre Mutter und im kleinen Zimmer, hinter der Tür, fand sie diese auf der Couch liegend. Auch dort stand ein Eimer mit etwas darin und daneben auch der Schrubber. Beides, den Eimer und den Schrubber, hatte Schwiegermutter aus dem Schrank im Eck des Flurs geholt. Den Schrubber hatte sie ganz sicher als Stütze benutzt.

Als Mona-Lisa ihre Mutter anfasste und fragte: „Was ist denn passiert?“, da begann sie in einer mir bis dahin unbekannten hohen Tonlage zu jammern und sagte in abgehackten Worten: „Es tut so weh.“ Dabei zeigte sie auf ihre rechte Gesäßseite. Mona-Lisa fragte: „Bist du gefallen?“, und Schwiegermutter antwortete wieder stockend: „Das weiß ich nicht genau. Morgen früh musst du den Arzt rufen, ich werde ins Krankenhaus müssen.“

Da waren wir doch sehr erstaunt. Schwiegermutter wollte ins Krankenhaus? Diesmal musste ihr Gejammer echt sein. Mona-Lisa rief dann wieder den Notarzt. Sie säuberte die beiden Eimer und den Fußboden. Ich öffnete die Balkontür und das Schlafzimmerfenster, damit wieder erträgliche Luft in die Wohnung einzog. Mona-Lisa versprühte zusätzlich noch ein Duftmittel.

Nach der Untersuchung sagte der Notarzt zu Mona-Lisa: „Ihre Mutter muss gefallen sein und hat dabei einen Beckenbruch erlitten.“ Bevor Schwiegermutter auf eine Bahre gelegt wurde, wollte sie aber nochmals auf einen Eimer gesetzt werden. Mit barschen Worten lehnte der Arzt ihren Wunsch ab. „Darauf können Sie doch nicht sitzen und fallen wieder herunter.“

Schwiegermutter wurde vom Arzt und dem Sanitäter zur Toilette getragen. Aber während dieser Zeit jammerte sie in hoher Tonlage weiter, denn das ihr verabreichte Schmerzmittel hatte seine volle Wirkung noch nicht erreicht.

Schwiegermutter kam in das Nordstadt-Krankenhaus und wir fuhren hinter dem Sanitätsauto her. Mich brachte Mona-Lisa dann wieder nach Hause, sie selbst fuhr zum Krankenhaus zurück und kam erst weit nach Mitternacht nach Hause.

Es war, wie der Arzt es gesagt hatte. „Ein Eimer ist keine Toilette, auf dem man seine Notdurft verrichten kann!“ Mit dieser Eimer-Aktion wollte Schwiegermutter ihrer Tochter wieder eine Lektion erteilen, nur weil sie nicht dazu gekommen war, ihre Mutter jeden Tag anzurufen.

Am Ende hatte sich Schwiegermutter wieder selbst bestraft, denn es wäre wesentlich einfacher gewesen, zur Toilette zu gehen, als alle Gegenstände aus dem Schrank daneben zu holen.

Der Beckenbruch musste operativ mit einer Metallplatte stabilisiert werden und das ist sicher auch schmerzhaft. Schwiegermutter war drei Wochen im Krankenhaus und danach musste sie zur Reha in ein Pflegeheim. Da war Mona-Lisa recht beunruhigt und machte sich Sorgen, dass die drei Renten ihrer Mutter für die Unterbringung im Pflegeheim nicht reichen würden. Mona-Lisa konnte sich aber wieder beruhigen, denn das Krankenhaus hatte dafür gesorgt, dass ihrer Mutter die Pflegestufe 1 zugesprochen wurde. Zusammen mit ihren Renten war sie damit für ihre Unterbringung voll abgesichert.

Im Pflegeheim zeigte sich Schwiegermutter recht anspruchsvoll und hatte auch den Verdacht, dass ihr die zustehende Pflege nicht voll zuteilwurde. Sie ließ den Arzt und auch das Pflegepersonal strammstehen und das Pflegeheim wollte sie nicht länger als notwendig behalten. Als Mona-Lisa ihre Mutter abholte, wurde sie von den anderen Bewohnern des Heims mit großen, fragenden Augen angesehen. Alle waren froh, dass Schwiegermutter wieder fort war, und es war offensichtlich, alle bedauerten Mona-Lisa.

Für ihr hohes Alter war Schwiegermutter körperlich und geistig noch recht rege. Sie hatte auch gute Eigenschaften, die aber von ihrer Jammersucht und ihrem Egoismus zu sehr überlagert wurden. Wenn sie ihr ständiges Gejammer abgestellt hätte, dann wäre sie durchaus eine zu ertragende Schwiegermutter und Oma für unsere Söhne gewesen.

Am frühen Samstagvormittag vor dem 90. Geburtstag ihrer Mutter sagte Mona-Lisa: „Heute fällt das Mittagessen aus, ich fahre gleich in die Stadt." Das war mir recht so, denn bei den vielen Festtagen vor und nach der Weihnachtszeit hatte ich ohnehin Probleme, mein Gewicht zu halten.

Am Nachmittag machte ich mich auf den Weg, um Schafskäse und Leberwurst zu holen, und nach einer knappen Stunde war ich wieder zurück. Dann machte ich mir einen Kaffee und aß einen gefüllten Krapfen und auch ein Schulzenohr, die in Berlin auch „Nonnenfötzchen" genannt werden.

Kurz vor 20.00 Uhr kam Mona-Lisa aus der Stadt zurück.

Wie jeden Abend telefonierte sie lange mit ihrer Mutter, und als sie es beenden wollte, schien es ihr nicht zu gelingen. Mona-Lisa sagte: „Ich rufe dich morgen früh an und sage dir, wann wir dich abholen. Ja, ja, es ist gut, ich rufe auch erst nach 9.00 Uhr bei dir an." Erst einige Minuten danach gelang es ihr, das Telefonat mit ihrer Mutter zu beenden.

Mona-Lisa kam danach zu mir und meinte: „Meine Mutter kann am Telefon eine Viertelstunde lang ohne Unterbrechung sprechen. Aber wenn ich zu ihr sage: ‚Rufe du doch auch mal bei deinen Verwandten und Bekannten an und sprich mit ihnen, damit du etwas Abwechslung hast', dann antwortet sie immer recht entrüstet: ‚Das kann ich doch nicht mehr! Du ahnst ja nicht, wie schlecht es mir geht!'" Ich antwortete darauf: „Mit ihrem ständigen Gejammer und ihren Übertreibungen wird deine Mutter noch ihren 100. Geburtstag erleben."

Es war kurz vor Ostern des Jahres 2011, als Mona-Lisa wieder mal nicht dazu gekommen war, bei ihrer Mutter anzurufen. Da sagte sie zu unserem jüngsten Sohn Henrik: „Komm doch zu meiner Mutter mit, sie nimmt meinen Anruf nicht an und ich befürchte, sie hat wieder etwas angestellt."

Als beide in der Wohnung angekommen waren, sahen sie eine angebrochene Flasche Korn auf dem Wohnzimmertisch stehen. Ihre Mutter fanden sie schlafend im Bett und davor lag eine fast leere Kornflasche. Als Mona-Lisa sich bei ihr bemerkbar machte, fing sie sofort zu jammern an und sagte: „Ich habe hier Schmerzen", und zeigte dabei auf ihren Hals.

Mona-Lisa rief dann wieder einen Notarzt zu Hilfe. Nach der Untersuchung überwies er Schwiegermutter wieder ins Nordstadt-Krankenhaus. Dort wurde festgestellt, dass sie mit 1,5 Promille alkoholisiert war. Dann offenbarte die Röntgenaufnahme, dass ein Halswirbel angebrochen war. Sie wurde ärztlich versorgt, bekam eine Halsstabilisierung und wurde für einige Tage zur Beobachtung in das Psychische Krankenhaus nach Langenhagen verlegt.

Zur nachfolgenden Kurzeitpflege hatte Mona-Lisa ihre Mutter im Heidehaus untergebracht, das kürzlich als Alterspflegeheim eröffnet worden war. Ihr Einzelzimmer war frisch renoviert, aber sie jammerte wieder und sagte, sie sei dort ja immer allein. Schwiegermutter war aber nicht bettlägerig, sie konnte Kontakt mit anderen Bewohnern des Pflegeheimes haben. Das wollte sie aber nicht und kam dann wieder in ihre Wohnung.

Schwiegermutter rief aber nie selbst an, wenn Mona-Lisa einmal nicht dazu gekommen war. Sie lehnte auch ihr neues Telefon ab, in dem alle von ihr benötigten Telefonnummern gespeichert waren und bei dem nur ein Knopfdruck erforderlich war. Auch ihre darin gespeicherten Bekannten rief sie nicht an. Wenn Mona-Lisa sie nach dem Grund dafür fragte, dann sagte sie: „Die sind doch alle schon lange tot." Es war aber nur ihre übertriebene, krankhafte Sparsamkeit, die sie daran hinderte. Darum rief Mona-Lisa ihre Mutter täglich an.

Schwiegermutter quartiert sich bei uns ein

Es war der zweite Sonntag im Mai des Jahres 2011, als Mona-Lisa ihre Mutter wieder einmal abholen wollte. Da bat ihre Mutter: „Lass mich doch einmal in deinem Hause schlafen." Weil meine Mona-Lisa ihrer Mutter diesen kleinen Wunsch nicht abschlagen mochte, quartierte sich diese bei uns ein.

Schwiegermutter wollte für diese „eine Nacht" Christians Zimmer belegen. Mona-Lisa gab ihr aber Henriks kleineres Zimmer und seit diesem zweiten Sonntag im Mai 2011 wohnte meine Schwiegermutter fest bei uns. Es war der Beginn ihrer Einquartierung für immer.

Am Vormittag meines 87. Geburtstages rief meine Schwiegermutter von der oberen Treppe in ihrer fordernden Weise meinen Namen, „Geeert" mit lang gezogenem „E". Ich ging an die Treppe und sagte: „Komm doch herunter und schrei nicht so herum!" Da antwortete Schwiegermutter in ihrem bestimmenden Ton: „Komm doch mal her, ich will dir doch nur zum Geburtstag gratulieren." Als ich einige Treppenstufen hochging, da stand meine Schwiegermutter im Nachthemd vor mir und gratulierte mir zum Geburtstag. Sie reichte mir auch ein Päckchen Schokoladenherzen herunter und sagte: „Gib deiner Frau etwas davon ab."

Seitdem waren bereits mehr als zwei Jahre vergangen und meine Mona-Lisa ließ ihre Mutter immer noch hier „schlafen". Mich hatte sie gar nicht gefragt, ob ich damit einverstanden wäre, denn sie kennt meinen Standpunkt und weiß darum auch, dass ich generell dagegen bin, dass eines von der Zimmern unserer Söhne belegt wird. Meine Söhne sollten ihr Zuhause für immer offen haben und kein Kinderzimmer sollte deshalb, auch nicht von meiner Schwiegermutter, belegt werden.

Ich musste daraus folgern, dass Mona-Lisa mein Standpunkt gleichgültig war. Es zeigte sich dann auch, dass ich zu „blauäugig" gewesen war, meiner Mona-Lisa immer alles zu schenken ohne die kleinste Bedingung. Ich selbst war besitzlos geworden und konnte mich deshalb auch nicht durchsetzen.

Immer öfter fiel mir auf, dass Mona-Lisa mich mit den Worten abfertigte „Das ist nichts für dich" oder „Das geht dich nichts an", wenn es sich um eine geschäftliche Unterredung handelte und ich nachfragte. Da wurde mir schlagartig meine Situation bewusst, an der ich allein die Schuld hatte, denn mir gehörte ja nichts mehr.

Mit zunehmendem Alter wurde meine Mona-Lisa ihrer Mutter immer ähnlicher und auch unsensibler, denn auch meine Schwiegermutter war ihrem Erich gegenüber recht unsensibel. Das fand ich gar nicht lustig und es ärgerte mich, dass ich so blauäugig alles an Mona-Lisa ohne die kleinste Bedingung verschenkt hatte.

Ich fragte mich auch: „Bin ich nach 35 Ehejahren nun dabei, der Erich meiner Mona-Lisa zu werden?" Ich musste mir Klarheit darüber verschaffen und beschloss, mit Schwiegermutter über ihre Anwesenheit bei uns zu reden.

Als sich eine Gelegenheit dafür ergab, stellte ich meiner Schwiegermutter die folgende Frage: „Wie lange willst du noch hierbleiben?" Meine Schwiegermutter sah mich an und zuckte mit ihrer Schulter. Dann fragte ich weiter: „Ist dir denn nicht bewusst, dass du deinem Enkelkind und unserem Sohn sein Zuhause wegnimmst?" Da sah sie mich wieder so an, als ob mich das eigentlich nichts anginge, und zuckte wieder mit der Schulter.

Da sagte ich mir, ich müsse deutlicher werden. „Ich ertrage dich auf die Dauer hier nicht und ich will auch nicht, dass du hierbleibst. Du gefährdest unsere Ehe!" Meine Schwiegermutter erwiderte recht gleichgültig: „Das habe ich mir schon gedacht!"

Danach nahm ich meinen Rollator und machte meine Nachmittagsrunde, denn dieses Gespräch hatte rein gar nichts gebracht. Als ich vom Spaziergang zurück war, meinen Rollator in den Schuppen gestellt und auch den anderen Schuppen abgeschlossen hatte, kam meine Mona-Lisa zu mir und fragte: „Was hast du zu meiner Mutter gesagt?" Ich berichtete ihr alles. Da antwortete sie in missbilligendem Ton etwa sinngemäß: „Das war einer alten Frau gegenüber ganz schön frech!"

Wir diskutierten unter dem Schuppendach eine Zeit lang und ich sagte zu meiner Mona-Lisa: „Deine Mutter ist nur vier Jahre älter als ich und sie hatte noch keine schweren Krankheiten. Nach dem Tode deines Vaters hat sie sich nur geschont und gepflegt. Ich kann deine Mutter hier nicht ertragen. Sie besteht zwar nur aus etwa 40 kg Haut und Knochen, aber wo sie ist, da dominiert sie ihre Umgebung. Wenn deine Mutter hierbleibt, dann werde ich gehen müssen, denn ich ertrage deine Mutter hier einfach nicht."

Den letzten Satz hatte meine Mona-Lisa wohl bewusst überhört. Sie sagte: „Schließlich habe ich von meiner Mutter 170.000 DM erhalten!"

Da war ich doch überrascht, denn als mir Mona-Lisa vor wenigen Jahren eine Aufstellung von den finanziellen Zuwendungen ihrer Mutter vorlegte, da waren es rd. 103.000 DM. Ich musste davon ausgehen, dass Mona-Lisa wieder DM meinte, denn sie rechnete immer noch in der alten Währung. Ich antwortete: „Da muss deine Mutter dir in den letzten Jahren 63.000 DM gegeben haben, denn in deiner Aufstellung davor waren es noch rd. 103.000 DM."

Diese Diskussionen über die Zuwendungen ihrer Mutter sind für mich ätzend und ich will sie auch nicht, denn Mona-Lisa bewertet die Geschenke von ihrer Mutter immer sehr hoch, während sie meine Leistungen überhaupt nicht erwähnt. So brachte auch dieses Gespräch nichts und wir gingen ergebnislos ins Haus.

Auch Mona-Lisa gegenüber war ihre Mutter manchmal recht dominant. Als Mona-Lisa einmal drei Stunden fort war, fragte ihre Mutter in vorwurfsvollem Ton: „Wo bist du denn so lange geblieben?" Da stellte meine Mona-Lisa ihrer Mutter die Gegenfrage: „Bin ich etwa noch 15 Jahre alt?" Sie wehrte sich also und am nächsten Tag entschuldigte sich ihre Mutter bei ihr.

Meine Mona-Lisa lässt sich von ihrer Mutter aber immer wieder einwickeln, zumal sie auch eine hervorragende Schauspielerin ist. Sie ist nun schon fast zwei Jahrzehnte Rentnerin und erst in den letzten Jahren ist sie öfter im Krankenhaus gewesen. Alle diese Krankenhaus-Aufenthalte hatte sie aber selbst verschuldet.

Als Mona-Lisa ein anderes Mal fort war und es schon nach 13.00 Uhr war, da kam ihre Mutter zu mir und fragte: „Wann gibt es denn Mittagessen? Das dauert immer so lange hier und ich habe Hunger.“ Da antwortete ich: „Es muss dir doch schon aufgefallen sein, dass es bei uns immer erst gegen 14.00 Uhr Mittag gibt. Außerdem bist du doch spät aufgestanden und hast auch erst spät gefrühstückt, da kannst du doch noch nicht sehr hungrig sein.“

Abends setzte ich mich immer an den Fernseher, meine Schwiegermutter sitzt in Mona-Lisas Sessel gleich hinter mir und geht kurz nach 20.00 Uhr zu Bett. Sie sagt mir auch nicht mehr „Gute Nacht“. Aber das ist mir recht so, denn ihre übertriebene Freundlichkeit ist mir ohnehin zuwider.

Schon einige Tage zuvor hatte ich meiner Mona-Lisa empfohlen, die Wohnung ihrer Mutter zu vermieten. Da sagt sie: „Wie stellst du dir das vor? Ich habe doch keinen Gelddrucker?“ Ich antwortete darauf nicht, denn diese Diskussionen mit meiner Mona-Lisa möchte ich nicht. Mein jüngster Sohn Henrik hatte mir aber erzählt, dass in der Wohnung seiner Oma überall größere Geldbeträge herumlagen.

Dann sagte ich zu meiner Mona-Lisa aber doch: „Zur Renovierung der Wohnung kannst du doch das Geld von deiner Mutter verwenden.“ Darauf antwortete sie: „Mutter hat mir ja 10.000 € gegeben, aber das benötige ich für die Familie.“

Darauf erwiderte ich wieder nichts, denn es ärgerte mich, dass meine Mona-Lisa mich glauben machen wollte, sie habe das von ihrer Mutter erhaltene Geld für die Familie benötigt. Wozu hatte Mona-Lisa denn die schuldenfreien acht Wohnungen? Sie sollten doch das Alter von uns beiden absichern. Warum sagte sie mir dann diesen Stuss?

Seitdem ich auch eine Knie-Operation hatte, bin ich körperlich noch behinderter geworden und Mona-Lisa steht nun immer vor mir auf.

Als ich an einem Sonntagmorgen auch aufgestanden war, machte Mona-Lisa sich gerade zum Gang um den Berenbosteler See fertig. Da sagte ich zu ihr: „Wenn du jetzt in den Keller gehst, dann bringe doch bitte auch Eier mit. Ich werde in der Zeit deines Rundganges das Frühstück zubereiten. Du wirst doch sicher eine Stunde unterwegs sein."

Als meine Mona-Lisa nach etwa einer Stunde von ihrem Morgen-Rundgang zurückkam, hatte ich das Frühstück fertig und der Kaffee lief gerade durch. Inzwischen war Mona-Lisa auch oben bei ihrer Mutter gewesen. Die wollte aber noch nicht aufstehen und so frühstückten wir beide endlich mal gemütlich und allein.

Meine Schwiegermutter dominierte allein durch ihre Anwesenheit. Morgens nach dem Frühstück liest sie die Tages-Zeitung, und löste alle Kreuzwort-Rätsel, die sie habhaft werden kann. Danach setzte sie sich in den Sessel ihrer Tochter und schlief. Aber auch dabei spürte ich ihre Dominanz.

Es war mir aber überhaupt nicht recht und auch undenkbar, mit meiner Schwiegermutter in einer gemeinsamen Wohnung zu leben. Als ich mit meinem Freund in Kanada telefonierte und ihn dazu befragte, meinte er: „No, no, no, mit meiner Schwiegermutter zusammenzuwohnen, das käme für mich nicht infrage."

Da dachte ich mir, am besten wäre es, wenn ich mit meiner Schwiegermutter darüber spräche. Als sich mir die Gelegenheit dafür bot, entwickelte sich zwischen ihr und mir folgendes Gespräch: „Du wohnst nun ja in Henriks Zimmer und damit nimmst du meinem Sohn sein Zuhause, denn meine Söhne sollen jederzeit ihr Zuhause frei zur Verfügung behalten." Da sah sie mich an, zog ihre Schulter hoch und ich entnahm dieser wortlosen Geste: „Was geht dich das an und was schert es mich?"

Da sagte ich zu mir, ich müsse deutlicher werden, damit sie begriff, um was es mir ging. „Du nimmst nicht nur meinem Sohn sein Zuhause, du gefährdest mit deiner Anwesenheit auch unsere Ehe. Ich mag dich hier nicht haben!" Darauf erwiderte meine Schwiegermutter: „Das habe ich mir schon gedacht."

Danach machte ich meinen täglichen Spaziergang und hoffte, dass Schwiegermutter begriff, dass sie hier ein Fremdkörper ist, und wieder auszieht. Als ich vom Spaziergang zurückkam, traf ich meine Mona-Lisa am Schuppen. Da fragte sie mich: „Was hast du zu meiner Mutter gesagt?" Ich erzählte ihr alles. Mona-Lisa erwiderte darauf: „Das war einer alten Frau gegenüber ganz schön frech."

Ich antwortete: „Deine Mutter ist nur vier Jahre älter als ich. Sie hat nach dem Tode deines Vaters nicht wieder gearbeitet und sich fast zwei Jahrzehnte lang nur gepflegt. Ich ertrage deine Mutter hier nicht. Wo sie im Hause auch ist, da dominiert sie."

Meine Schwiegermutter blieb aber vom 2. Quartal des Jahres 2011 bis zu ihrem Tode im Zimmer unseres Sohnes Henrik wohnen. Wenn dieser mal eine Auszeit benötigte, dann war sein Zimmer belegt und er musste in Christians Zimmer ausweichen.

Anfang des Jahres 2014 erlitt Schwiegermutter einen Herzinfarkt und kam in ein Krankenhaus. Sie starb drei Tage vor dem Ende ihres 94. Lebensjahres.

Nun kann auch Henrik wieder sein Zimmer nutzen, wenn er sich mal erholen will. Ich dagegen achte oft noch unbewusst darauf, dass ich meiner Schwiegermutter nicht begegne, wenn ich mal ins Bad oder auch in Henriks Zimmer gehen will.

Wenn ich im Bad bin, erwarte ich immer noch, dass sich die Badtür leise und langsam öffnet und Schwiegermutter um die Ecke schaut. Es dauert bei mir doch länger als gedacht, bis sich die Abwesenheit meiner Schwiegermutter auch in mir festgesetzt hat.

Unsere spontane Reise in meine alte Heimat

Mit meinem erstgeborenen Sohn Eckhard war ich bereits im Jahre 1991 in meiner alten Heimat, im jetzt polnischen Westpreußen. Auch während der Fußballeuropameisterschaft in Polen hatte Eckhard sich einige Tage in seiner Arztpraxis freigenommen und ist nochmals allein in meiner alten Heimat in Polen gewesen.

Dann sprach ich auch mit meinen Söhnen Mark, Christian und Henrik und wir entschlossen uns recht spontan, nochmals nach Polen zu fahren, solange ich noch körperlichen fit bin.

Unsere Fahrt sollte kurzfristig erfolgen und als Zeitpunkt eignete sich ein Wochenende im August des Jahres 2012. Weil wir bequem reisen wollten, mietete Henrik einen Skoda Kombi, der aber erst um 12.00 Uhr übernommen werden konnte.

Christian war schon am Nachmittag vor unserem Reisetermin aus Nürnberg gekommen und nach dem Frühstück holten wir auch Mark vom Bahnhof ab. Dann fuhren wir zur Auto-Vermietung, und nachdem die Formalitäten erledigt waren und unser Gepäck verstaut war, begaben wir uns bei gutem Reisewetter frohgemut auf unsere Reise nach Thorn. Kurz vor der polnischen Grenze hielten wir auf einem Rastplatz und tranken und aßen etwas.

Nach dieser Stärkung löste Mark Christian am Steuer ab und wir erreichten bald die Grenze zu Polen. Wir konnten ohne Kontrolle einreisen. Da fiel uns die neu gebaute Autobahn auf, die ganz sicher mit Geldern der Europäischen Gemeinschaft gebaut worden war.

Im ehemaligen Pommern gab es lange Strecken ohne Dörfer oder Städte, aber viele neue Brücken über die Autobahn ohne Straßen-Anbindungen. Es gab auf der neuen Autobahn im pommerschen Polen noch sehr wenig Autoverkehr und wir hatten sie für lange Strecken allein für uns. Steffen Möller, der Kabarettist, lebt in Warschau und in seinem Buch „Expedition zu den Polen“ schreibt er: „Die Polen nutzen die Autobahnen nicht, weil sie die Maut nicht zahlen wollen.“

Erst als wir in die Provinz Posen kamen, die von den Siegermächten des Ersten Weltkrieges im Jahre 1920 dem damals nach über hundert Jahren wieder neu gegründeten Polen einverleibt worden war, fuhren wir auch durch Dörfer. Es gab dort an der Autobahn Lärmschutzwände und auch Dämme. Die Dämme waren teilweise aber zu niedrig und so waren sie durch Lärmschutzwände erhöht worden. Ich hatte aber den Eindruck, dass die Böschungen der Dämme recht steil sind. Das könnte bei länger anhaltendem Regen zu Abrutschungen führen.

Als wir die polnische Autobahn verließen, wurden wir auf Landstraßen in Richtung Thorn geleitet. Auch diese Landstraßen sind in gutem bzw. neuwertigem Zustand und das überraschte mich doch. Ich fragte mich, ob auch sie von der Europäischen Gemeinschaft bezahlt wurden.

Es fehlten aber Fuß- und Radwege und in dieser Hinsicht verhielt sich Polen, wie wir es in Deutschland schon lange kennen: Der Autoverkehr hat Vorrang und nicht der Mensch.

Während unserer gesamten Fahrt in Polen habe ich nur einen Fußgänger und einen Radfahrer auf den Landstraßen gesehen, allerdings auch einen Tramper auf der Autobahn.

Die Beschreibung der Eindrücke in Polen beziehe ich nur auf mich, denn ich bin im polnisch gewordenen Westpreußen geboren und aufgewachsen.

Christian hatte im Internet ein Hotel in Thorn ausgewählt und in die Navigation eingegeben, denn das von mir vorgeschlagene Orbis-Hotel war nicht im Angebot. Später sahen wir, dass es renoviert wurde. Als wir vor dem gewählten Bad & Breakfast Hotel hielten, den Namen weiß ich nicht mehr, wurden wir doch recht skeptisch, denn wir hatten uns vorher nicht angemeldet. Auf dem Wege dorthin waren wir am Hotel Bulwar vorbeigekommen, das an Thorns historischer Befestigungsanlage liegt. Es hat vier Sterne und machte einen recht guten Eindruck.

Dann wendeten wir und fuhren zu diesem Hotel Bulwar. Der Hotel-Parkplatz liegt direkt an der Stadtmauer von Thorn. Im Hotel fragten meine Söhne in englischer Sprache, ob zwei Doppelzimmer für uns frei wären. Die Dame an der Rezeption bestätigte dies und das ersparte mir, meine polnischen Sprachkenntnisse anzuwenden. Dann fragten wir noch, ob die Betten zusammen oder einzeln stehen würden. Die Antwort war: „Die Betten stehen einzeln." Nachdem uns der Gesamtpreis von 1.436 Zloty genannt worden war, einigten wir uns auf einen Pauschalpreis von 350,00 € für die beiden Doppelzimmer für zwei Nächte, den wir dann auch sofort begleichen wollten.

Inzwischen war es 21.00 Uhr geworden und die Dame an der Rezeption bestand auf polnischer Währung. Wir wussten aber nicht, wo wir zu dieser späten Stunde noch Euro gegen polnische Zloty eintauschen konnten. Ein Mitarbeiter der Hotel-Rezeption hatte unsere Diskussion gehört und er war dann doch damit einverstanden, die Summe in Euro für unseren zweitägigen Aufenthalt anzunehmen. Da fiel mir ein Stein vom Herzen und ich zahlte den geforderten Betrag, was sich ganz sicher auch für den Herrn in der Rezeption gelohnt haben wird, denn wir waren ja in Polen.

Nachdem die Formalitäten für das Einchecken erledigt waren, erhielten wir die Chipkarten für die Zimmer und holten unser Gepäck. Christian und Henrik nahmen das erste Zimmer, Mark und ich gingen zum zweiten. Beide lagen im 4. Geschoss. Die Chipkarten dienten auch zur Aktivierung der Elektrik in den Räumen.

Es war das erste Mal, dass ich mit meinen Söhnen Mark, Christian und Henrik meine alte Heimat besuchte. Nun war es endlich Wirklichkeit geworden, ich bin mit all meinen Söhnen in meine alte Heimat gefahren. Weil es auch meine Söhne freute, machte es mich glücklich. Bis 22.00 Uhr gab es im Hotel noch zu essen. Wir fuhren ins Erdgeschoss und gingen in den Speisesaal. Da es draußen aber noch hell und auch angenehm warm war, setzten wir uns auf die Terrasse.

Nachdem wir gut zu Abend gegessen hatten, wollten wir noch einen kurzen Spaziergang in das Stadtgebiet von Thorn machen und uns von der Autofahrt ein wenig die Beine vertreten. Es war zwar schon recht spät, aber die Neugierde auf Thorn trieb uns und vor allem mich an, zumal das Hotel an die alte Stadtbefestigung grenzte. Wir spazierten über den bewachten Hotel-Parkplatz und durch eine Tür im großen Tor hindurch und befanden uns auf dem Fußweg, der zwischen der Stadtbefestigung und der Weichsel liegt und von den Polen „Flisaczka“ genannt wird, was frei übersetzt „Flößersteg“ heißt.

Als Schüler in der deutschsprachigen Volksschule in Golub habe ich das Flößen von Holzstämmen auf der Drewenz oft gesehen. Die Drewenz ist ein östlicher Nebenfluss der Weichsel und auf ihr wurden die Holzstämme, die im großen Drewenz-Waldgebiet geschlagen wurden, für den Wassertransport vorbereitet. In einer Ausbuchtung der Drewenz, in der ruhiges Wasser war, wurden die Baumstämme von Flößern zusammengebunden und mehrere davon hintereinander festgezurrt. Das ergab einen Floßverband, der dann in fließendes Drewenz-Wasser gezogen und weiter zur Weichsel getragen wurde. Die Floßverbände vom großen Drewenz-Wald wurden bis zur Ostsee gebracht. Auf jedem Floßverband waren Flößer. Das erste und das letzte Floß wurde von erfahrenen Flößern vom Drewenz-Wald bis zur Ostsee gesteuert.

Flößer waren harte Burschen, die ihr Handwerk verstanden, denn sie wohnten während der langen Wasserfahrt auf ihrem Floß. Besonders die Drewenz, die sich durch die Landschaft schlängelte, hatte recht schnell fließende Abschnitte und sie verlangten bei Tag und ganz besonders bei Nacht hellwache Flößer und ihren vollen Einsatz.

Nur auf ruhig fließenden Abschnitten konnte abwechselnd auch geruht werden. Wenn jemand zäh und hart gegen sich selbst war und sich zudem auch behaupten konnte, dann wurde er in meiner alten Heimat auch Flissak genannt und diese Benennung war eher eine Anerkennung als eine abwertende Bezeichnung.

Auf dem Flößersteg gingen wir bis zum nächsten Stadttor und durch Befestigungsmauer, denn das Treppensteigen am ersten Tor wollte ich mir nicht mehr antun.

Ohne es zu ahnen, waren wir durch das Stadttor der Thorner Befestigungs-Anlage in die Heiligengeist-Gasse (Ducha Sw.) gekommen, die parallel zur Bäckergasse verläuft.

Im Hintergrund des Stadttores war auch der Turm der Heiligengeist-Kirche sichtbar. Das haben wir aber erst nach dem Studium des Stadtplanes von Thorn erfahren, den wir beim Anmelden im Hotel erhalten hatten. Als ich den Herrn in polnischer Sprache fragte, wo denn die ulica piekary = Bäckergasse in diesem Stadtplan liege, nahm er den Stadtplan, machte für die Lage des Hotels ein Kreuz darauf und sagte: „Genau darüber liegt auch die ulica piekary."

Im unteren und linken Bereich der Karte, und zwar rechts von der Straße, die als Brücke über die Weichsel führt, liegt auch dieses Hotel, das mit einem Kreuz gekennzeichnet ist. Südlich davon und in der Stadtbefestigung, steht der Schiefe Turm. In der Legende des Stadtplanes ist er als Nr. 8 bezeichnet.

Die eigentliche Besichtigung der Altstadt von Thorn sollte aber erst am nächsten Tag erfolgen und wir gingen in unsere Hotelzimmer, in denen auch Kühlschränke mit Wasser und anderen Getränken vorhanden waren. Die einzeln stehenden Betten versprachen einen geruhsamen Schlaf, und weil ich es gewohnt bin, bei geöffnetem Fenster mit heruntergelassenen Jalousien zu schlafen, das Hotelfenster sich aber nicht öffnen ließ, stellten wir die Zimmertemperatur auf den kleinsten Stand.

Am nächsten Morgen gingen wir in den Frühstücksraum, und weil die Sonne schon warm schien, wählten wir wieder die Terrasse mit Blick auf die Weichsel. Das Buffet war großzügig ausgestattet und ließ keine Wünsche offen. So frühstückten wir gut und hatten auch gute Laune.

Gesättigt und gestärkt begaben wir uns auf die Fahrt zum Zuhause meiner Kindheit. Da speicherte Christian Kowalewo/Pomorske = Schönsee in die Navigation des Autos ein und Mark kutschierte uns wieder dorthin. Die Dame unter der Motorhaube des Leihautos hat uns aber im großen Bogen westlich aus Thorn heraus und in die Richtung Olsztyn = Allenstein geführt, was etwa eine Stunde Umweg bedeutete.

Wenn wir den kürzesten Weg dorthin gefahren wären, dann hätten wir vom Hotel aus links abbiegen müssen. Dann wären wir auch am ehemals preußischen Truppen-Übungsplatz von Thorn vorbeigekommen, der nun auch Polen in gleicher Weise dient. Das stellten wir aber erst auf unserem Rückweg fest, als wir die entsprechenden Verbotsschilder an der linken Straßenseite sahen.

Die Auto-Navigation hatte uns aber nach rechts in großem Bogen auf einen Umweg geleitet, und erst als wir im Dorf Reinsberg waren, das am Wege von Siegfriedsdorf zur Kreisstadt Briesen liegt, wurde mir bewusst, wo wir gelandet waren. Das recht große Dorf Reinsberg hatte zwei Kirchen und zu meiner Jugendzeit war es bei uns Deutschen im polnischen Westpreußen auch durch seine Kirchenfeste in der evangelischen Kirche recht bekannt.

Auch in unserem evangelischen Kirchenkreis Schönsee gab es in der ersten Zeit nach der Wiedergründung Polens jährlich Gartenfeste, die reihum bei deutschen Bauern mit großen Gärten stattfanden. Als ich etwa vier Jahre alt war, fand so ein Kirchenfest auch in unserem großen Garten statt und da habe ich erstmals am Bier genascht, das für mich viel zu bitter war. Das ist wahrscheinlich der Grund dafür, dass Bier nicht mein Lieblingsgetränk geworden ist.

Von Rynsk = Reinsberg kamen wir nach Nussdorf, das jetzt Orzechowo heißt. Da achtete ich auf das Krähenwäldchen, das links an der Straße liegen musste. Seinen Namen hatte es bekommen, weil auf allen Nadelbäumen Krähen nisteten, aber ich sah kein Krähenwäldchen mehr.

Doch eine Radtour nach dem Beginn des Zweiten Weltkrieges in unserer Jugendzeit fiel mir ein. Erdmann und ich wollten in Reinsberg Freunde besuchen und unsere jüngere Schwester Traute hatte unser Vorhaben mitbekommen und wollte mitfahren, was wir absolut nicht wollten. Aber auf Mutters Weisung mussten wir auch Traute mitnehmen und das sollte sie uns büßen. Unterwegs vor dem Krähenwäldchen traten wir Brüder so kräftig in die Pedale unserer Fahrräder, dass Traute nicht mithalten konnte. Als wir weit genug vorangefahren waren, versteckten wir uns im Krähenwäldchen und warteten auf sie. Sie radelte, Rotz und

Wasser heulend, an uns vorbei. Da tat sie uns doch wieder leid und wir gaben uns zu erkennen. Danach vergatterten wir Traute, über unseren Scherz Stillschweigen zu bewahren, und Traute hielt sich auch daran. Sie war erwachsener geworden und wusste, wie sie mit uns auskam, denn sie hatte in ihrem Alter nur uns Brüder, Erdmann und mich.

Nach dem durchgestrichenen Ortsschild Orzechowo erschien das Dorfschild Sierakowo. Da achtete ich auf Talandas Hofstelle, die gleich am Anfang des Dorfes an der rechten Straßenseite etwas abseits erscheinen musste. Danach musste auf der linken Seite Stirbickis Gasthaus mit dem Tanzsaal kommen und rechts danach auch Dahmers Hofstelle. Danach musste auf der rechten Seite das Marien-Denkmal und ihm gegenüber unsere Dorfschule sein.

Aber nichts davon war mir aufgefallen. Erst als wir vor der Eisenbahn-Unterführung vor dem Hauptbahnhof Schönsee waren, wurde mir bewusst, wo wir uns befanden. Wir waren bereits durch mein Heimatdorf hindurchgefahren und fuhren auf der Chaussee zwischen den Mehrfamilienhäusern für die Bahnhofsarbeiter. Zum Hauptbahnhof musste man nach der Eisenbahn-Unterführung rechts abbiegen, denn geradeaus führte die Chaussee rechts am verlandeten See zur Stadt Schönsee.

Mark wendete das Auto und fuhr langsam zurück. Gleich nach den Mehrfamilienhäusern führte ein heller Schotterweg nach rechts zu den Hofstellen unserer Nachbarn Genrza links und Albert Meyer rechts. Wir fuhren auf der Chaussee langsam weiter zurück und kamen dann an Genrzas Hofstelle vorbei, die nach Beginn des Zweiten Weltkrieges ab 1940 bis zum Ende des Krieges von unserer Tante Amalie, Mutters Schwester, und Onkel Edward bewirtschaftet wurde, die bis dahin in Kongresspolen lebten.

Nach dem Sieg über Polen übernahmen in Westpreußen und im Warthe-Gau-Posen Reichsdeutsche Beamte mit einem NSDAP-Parteibuch die wichtigsten kommunalen Positionen, und sie vertrieben in Nacht- und Nebelaktionen polnische Bauern von ihren Hofstellen und besiedelten sie nach dem Motto „Heim ins

Reich“ mit deutschen Umsiedlern aus Kongresspolen, Siebenbürgen und Schwaben, Estland und Lettland.

Das empfanden wir dort lebenden Deutschen als ungerecht, denn wir hatten mit unseren polnischen Nachbarn in unserem Dorf in gutem Einvernehmen gelebt. Wir durften unsere Meinung aber nicht öffentlich bekunden. Wer das dennoch tat, musste damit rechnen, als Polenfreund verhaftet zu werden, wie es dem Freund meiner Eltern, Edward Schulz, ergangen ist. Er war Ortsbauernführer in seinem Dorf Marienhof und ist nach dem Zweiten Weltkrieg nach Edmonton in Kanada ausgewandert.

Nach einer kurzen Wegstrecke fuhren wir an der linken Chaussee-Seite an Redmanns Hofstelle vorbei.

Gleich dahinter knickte auch der inzwischen asphaltierte Landweg scharf nach rechts ab. Dann lenkte Mark das Auto auf diesen Feldweg und hielt rechts davon an. Zu meiner Kindheit verlief dieser Feldweg noch recht tief unten und es plätscherte ein kleiner Bach unter ihm hervor, der südlich hinter der Chaussee dem Teich auf Redmanns Acker entsprang.

Wenn ich in meiner Kindheit unten auf diesem Landweg zwischen Jankes und Redmanns Äckern war, verdeckte damals noch ein hoher Landrücken unsere Hofstelle und nur die Spitzen der großen Pappeln hinter der Scheune blieben sichtbar. Auf Redmanns Acker gegenüber ihrer Hofstelle stand früher ein Haus, in dem der polnische Gespannführer Maczak mit seiner Familie wohnte. Nun standen dort neue Häuser.

Als ich danach wieder zu Hause war, konnte ich mit Google sehen, dass an der tiefsten Stelle von Jankes Acker eine lang gezogene Wasserfläche ist, die vom kleinen Bach gespeist wird, der im Teich hinter Redmanns Hofstelle entspringt.

Dieser kleine Bach knickt am Ende von Jankes Acker rechts ab und bildete die nördliche Grenze zwischen Krügers und unserer Hofstelle. Wir fuhren auf dem ehemaligen Feldweg weiter, der jetzt ein asphaltierter Weg ist und nur noch wenig abfällt und ansteigt. An seiner höchsten Stelle verlief zu meiner Kindheit ein schmaler, begrünter Ackerstreifen als Grenze zwischen Jankes und unserer Hofstelle.

Früher standen an unserer Landwegseite auch Kopfweiden. Eine davon war innen hohl und wir Kinder konnten uns darin verstecken. Als ich eingeschult wurde und mit Holzpantoffeln zur Schule gehen sollte, versteckte ich meine Schuhe in diesem hohlen Baum und wechselte die Pantoffeln dagegen aus. Aber Mutter hatte es beobachtet und hatte Mitleid mit ihrem eitlen Sohn. Dann durfte ich während dieser Jahreszeit in Schuhen zur Schule gehen.

In bestimmten Jahresabständen wurden diese Weiden gekröpft. Wenn sie dann wieder neue Triebe gebildet und diese nach einigen Jahren wieder einen Durchmesser von etwa 6–8 cm erreicht hatten, wurden sie erneut gekröpft. Auch sie ergänzten unseren Brennholzbedarf, wobei der Großteil vom Bewuchs aus den Grenzgräben der Nord- und Ostseiten unserer Hofstelle stammte.

Vor unserer Hofstelle führte ein Schotterweg nach links. Wir bogen in diesen Weg ein und stellten das Auto am Maisacker hinter unserer ehemaligen Hofstelle ab. Es gab keine Gebäude und auch keinen Garten mehr. Selbst das Landstück südlich am großen Garten war völlig zugewachsen, denn für eine maschinelle Bewirtschaftung war er zu schmal.

Dann gingen wir in die zugewachsene Hofstelle, die eine sich selbst überlassene Natur-Oase geworden war. Der Brunnenplatz mit der Hofeinfahrt, der östlich gelegene Schuppen für unsere Kutsche und die Wäschemangel und der angrenzende Schuppenteil für unsere Brennvorräte mit dem Gänsestall, dem Häuschen mit dem Herz in seiner Tür und dem Misthaufen waren bereits im Acker enthalten. Das trifft auch auf den Schweinestall an der Nordseite der Scheune zu.

Am nördlichen Hofbewuchs, hinter der ehemaligen Zufahrt, standen Apfelbäume voller Früchte, die auch reif zu sein schienen. Die Erinnerungen an meine Kinder- und Jugendzeit hatten mich zu stark aufgewühlt, an den Verzehr eines Apfels dachte ich dann nicht.

Ich wagte mich auf das ehemalige Hofgelände und hatte dort etwas mehr Sicht auf das Gestrüpp unserer ehemaligen Hofstelle.

Mittendrin auf dem freien Platz, den ich dem ehemaligen Rosswerk zuordnete, stand ein großer Wallnussbaum, der voller Früchte hing. Westlich davon, und am freien Platz gab es einen großen Birnbaum, der aber keine Früchte hatte. Dort stand auch früher schon einer, der nur selten auch nur wenige Früchte trug. So konnte es sich um seinen Nachfolger handeln.

Auch dort, wo am südlichen Scheunengiebel unser Wagen-Schuppen stand, standen Apfelbäume, an denen auch viele Früchte hingen. Im östlichen Gartenteil gab es zu meiner Kindheit auch Pflaumen- und Kirschbäume, aber ich konnte im starken Bewuchs keine davon entdecken. Auch Fliederbüsche sind noch vorhanden.

Dort, wo unter der kleinen Stube unser Kartoffelkeller war, der natürliche Lehmwände hatte und in dem unsere Kartoffeln sich bis zum Frühjahr frisch hielten, konnte man erkennen, dass auch mit dem Aushub für einen Neubau begonnen worden war.

In der Südseite unserer alten Hofstelle entdeckten Henrik und Mark noch einen Ziegelmauerrest von unserem südwestlichen Hauseck. Sonst war die ganze Hofstelle mit Bäumen und Sträuchern zugewachsen. So war es nicht einfach, sich den damaligen Zustand der ehemaligen Hofstelle vorzustellen, die mir auch kleiner als zu meiner Kindheit erschien.

Auf dem Acker an der Hofstellenseite stand Mais und auf der gegenüberliegenden Seite Weizen. Die Äcker unserer Hofstelle wurden vom Sohn des Polen bewirtschaftet, dessen Eltern mit seinen Geschwistern während meiner Schulzeit im leer stehenden Spritzenhaus neben der Dorfschule hausten. Zur Polenzeit gab es in unserem Dorf keine Feuerwehr. Auch der uneheliche Sohn seiner Mutter war manchmal dort. Wenn auch sein Stiefvater im Spritzenhaus war, dann musste er ein Martyrium erleiden. Er musste wie ein Hund unter dem Tisch sitzen. Seine Mutter konnte ihm immer nur heimlich etwas zum Essen zustecken.

Vom Schulfenster aus konnte ich einmal beobachten, wie sein Stiefvater einen Ast von der großen Linde am Spritzenhaus abbrach und die Blätter von der Ziege abfressen ließ. Danach ging er in das Spritzenhaus und schlug seinen unehelichen Sohn damit.

Der kam dann weinend aus dem Spritzenhaus gelaufen und versteckte sich dahinter im Ackerbewuchs.

Er war recht klein und zart und kam nur selten zur Schule. Dann sprach er nur, wenn er angesprochen und gefragt wurde, und antwortete immer so leise, dass man ihn kaum verstehen konnte.

Eine deutsche Familie aus Marienhof hat ihn dann zu sich genommen und mit dem Hüten des Viehs beschäftigt. Dort ist es ihm erstmals in seinem Leben auch gut ergangen.

Der Feldweg an unserer Hofstelle führte auch zu den Nachbarn Stachu Oleg, Pieurkowski und Krüger. An unserer Hofstelle gab es früher einen recht lehmigen Weg, der sich den Äckern anpasste, an denen er lag. Nach einem Sommergewitter stand Wasser in seinen tiefsten Stellen und wir Kinder haben dann mit unseren Füßen Blotte in den warmen Pfützen gemacht. Dabei gab es einen Wettbewerb unter uns. Jeder wollte die beste Blotte haben, die obenauf eine glatte und glänzende Humusschicht haben musste.

Nun war dieses Teilstück ein fast waagerecht verlaufender Schotterweg. Seit meiner Kindheit hatte sich vieles in meinem Heimatdorf verändert, unsere Hofstelle war ein Biotop geworden, die Natur hatte sie einverleibt.

Wir fuhren auf dem Schotterweg nördlich weiter, der einen Bogen nach rechts und am ehemaligen Grenzgraben auch nach links machte und zu unserer ehemaligen Wiese führte. Den Grenzgraben mit seinem Bewuchs an Piurkowskis Acker gab es nicht mehr. Er half uns früher auch, unseren Jahresbedarf an Brennholz zu decken. Nun war der Graben zu Piurkowskis Acker geworden und nur noch der Schotterweg war vorhanden, der auf unserem ehemaligen Acker lag und die Hofgrenze bildete.

Im nordöstlichen Grenz-Eck unserer kleinen Wiese stand früher ein Dränage-Brunnen, in den auch der Bach unserer Nordgrenze hinter der Wiese mündete. Auch der von Osten kommende Grenzbach von Krügers und Piurkowskis Hofstellen floss in den Brunnen, aber ihn gab es auch nicht mehr. Nur noch ein kleiner Rest vom ehemaligen recht starken Grabenbewuchs war vorhanden.

Ab diesem damaligen Dränage-Brunnen flossen früher beide Bäche vereint in Dränage-Rohren unterhalb unserer Äcker bis zum Brunnen am östlichen Grenzgraben weiter. Der Brunnen dort war aber nur wenige Rohre tief und wir Kinder haben mit einem Durchschlag Fische darin gefangen, die uns Schwester Lydia dann gebraten hat.

Die vereinten Bäche in Dränage-Rohren unterhalb des Feldweges flossen nach Schönsee weiter und erst zwischen Meyers und Genrzas Hofstellen flossen sie wieder offen im Grenzgraben zum schon sehr verlandeten Schönsee, der nur noch in seiner Mitte eine Wasserfläche hatte.

Von der Stelle im Graben, wo der Bach wieder offen floss, holte unser Vater am Ostermorgen noch vor Sonnenaufgang immer Wasser für unser morgendliches Waschen. Es durfte möglichst wenig vom Osterwasser verspritzt werden, denn erstens sollte es heilende Wirkung haben und zweitens verwandelte sich jeder Osterwassertropfen, der neben die Schüssel und auf den Boden fiel, in einen Floh. Flöhe gehörten zu jeder bäuerlichen Hofstelle. Wenn sich ein solcher eine Blutmahlzeit gesaugt hatte, ergab die Einstichstelle eine kleine Erhöhung auf der Haut, die auch juckte.

Damals flüsterten junge Männer ihren angehimmelten Mädchen auch ins Ohr: „Schatz, darf ich bei dir nach einem Floh suchen?"

Seit meiner Kindheit waren über sieben Jahrzehnte vergangen und in dieser Zeit ist ganz sicher die Gegend meiner alten Heimat auch trockener geworden. Alle Bäche sind nur noch kleine Rinnsale.

Früher führte der Feldweg am Wiesental nördlich über Krügers Acker-Erhöhung gerade hoch und mündete auf dem Feldweg, der rechts zur Hofstelle von Ciesielski führte. Nach links verlief der Feldweg über Winiarskis Hofstelle und dann auch zu unserer Dorfschule.

Wir Kinder hatten immer zwei Möglichkeiten für unseren Schulweg. Ich wählte meistens den Schulweg über die Chaussee, denn dort traf ich auch meine Schulfreunde.

Rechts von Winiarskis Hofstelle lag der evangelische Friedhof, auf dem unsere Schwestern ruhen, die ihre kritischen Tage nach der Geburt nicht überlebt haben. Bisher haben die Polen unseres Dorfes den Friedhof der Natur überlassen und unsere Toten nicht gestört. Ich gehe auch davon aus, dass es so bleiben wird, denn wir kamen immer gut miteinander aus.

Auf Krügers Wiese hinter dem ehemaligen Grenzbach, wo es zu meiner Kindheit noch mit Grundwasser gefüllte Torfkuhlen gab, stehen nun in Reih und Glied Bäume. Das hat mich sehr überrascht, denn es bewies, dass auf Krügers Hof ein Pole mit preußischen Eigenschaften wirtschaftet, der sie gepflanzt haben musste.

Unsere Wiese gibt es anscheinend nicht mehr, denn unser Hofnachfolger bearbeitet nur noch Äcker. Als wir dort waren, sahen wir nur Strauchbewuchs, wo früher unsere kleine Wiese war. Südlich daran grenzte nur ein Kornacker, der anscheinend auch bis zum nördlichen Grenzbach reichte.

Könnte es sein, dass es diese früher recht steile Berg-Nordseite nicht mehr gibt? Vom Berg aus konnte man über Dobrzynskis kleine Hofstelle bis zur Hofstelle von Gustav Thoms sehen.

Wir fuhren den Schotterweg bis zur Abbiegung zurück und sahen am Grenzgraben zwischen Olegs und unserer Hofstelle wieder starken Baumbewuchs. Ich ging davon aus, dass dort der frühere Graben noch existiert, mit dem wir unseren jährlichen Brennholzbedarf deckten. Wir bogen nach links in den Weg zu den Hofstellen von Oleg und Piurkowskis ein. Olegs Berg mit der Kätzchen-Weide gab es nicht mehr.

Wir fuhren nach links am Teich vorbei zur Piurkowski-Hofstelle und hielten auf dem Hof. Der Schweinestall, der bei meinem letzten Besuch durch Blitzschlag abgebrannt war, ist wieder aufgebaut und auch alle übrigen Gebäude sahen unverändert und gepflegt aus. Da kam die Bäuerin und Tochter meiner Schulfreundin Stefania aus dem Haus. Sie erkannte und begrüßte mich. Meine Söhne stiegen aus dem Auto und ich stellte sie ihr vor.

Dann bat sie uns, auf einer Sitzgruppe links am Haus Platz zu nehmen, und wollte uns dort Getränke anbieten. Es war aber Mittagszeit und ich sagte, wir hätten es recht eilig, wollten aber nicht in meiner alten Heimat gewesen sein, ohne unsere Nachbarn zu begrüßen. Mit freundlichen Worten lehnte ich die angebotene Bewirtung ab, denn wir wollten noch nach Schönsee und auch Thorn fahren, wo wir zu Mittag essen wollten.

In den wenigen Minuten erzählte die Bäuerin mir, dass Sosia, die Tochter von Stachu Olerg, die neuen Häuser gebaut habe. Beim Abschied sagte sie mir noch, dass auch mein älterer Bruder zu Besuch kommen wolle.

Danach sind wir nicht mehr ins Dorfzentrum meiner Jugendjahre gefahren. Wir fuhren zurück auf den asphaltierten Landweg und bogen an unserer Hofstelle links nach Schönsee ab. Auf der linken Seite erschien dann die Hofstelle unseres ehemaligen Nachbarn Roux, die Hugenotten waren. Mit ihren Kindern Albert und Margarete gingen wir immer zum Kindergottesdienst in die Kirche nach Schönsee.

Roux'es hatten ihre Hofstelle an die polnische Familie Jas verkauft. Der neue Besitzer war Gärtner und stammte aus Kongresspolen. Er sprach gut Deutsch. Neben Gemüse pflanzte er auch Tabak an. Rechts gegenüber lag unser regulärer Feldweg zum Hauptbahnhof, der über Meyers Hofstelle führte und auch noch vorhanden war.

Nach Gärtner Jas folgte Raschkes Teich vor der Hofstelle, der auf einer Seite Baumbewuchs aufwies, wie ich es aus meiner Kindheit nicht in Erinnerung hatte. Zum Pfingstfest haben wir Kinder von dort immer Kalmus zum Schmücken unseres Hausflures geholt. Diese duftende Schilfpflanze wächst nur auf lehmigen oder tonigen Böden.

Dann kam die Eisenbahnstrecke, bei der zu meiner Kindheit die Schranken meistens geschlossen waren. Auch wir mussten auf die Durchfahrt des Zuges warten. Dieses Mal kam aber nur ein recht kurzer Zug vorbeigefahren, der keine Erinnerungen in mir weckte. Niemand von den Fahrgästen stand am Fenster und winkte uns zu.

Hinter der Bahnschranke sahen wir in der Nähe des verlandeten Schönsees, etwa dort, wo die Eisenbahnstrecke nach Golub abzweigt, eine größere Hofstelle bzw. einen Handwerksbetrieb, an den ich mich nicht erinnern konnte. Dieser asphaltierte Feldweg verläuft parallel zur südlich gelegenen Chaussee, die vom Hauptbahnhof Schönsee und weiter durch Siegfriedsdorf nach Briesen führt. Neben dieser Chaussee vom Hauptbahnhof zur Stadt verlief zu meiner Kindheit südlich auch ein Feldweg, der von der Landbevölkerung für ihre Gespanne gewählt wurde. Wir sind bei diesem Besuch aber nicht dort gewesen und ich weiß darum nicht, ob es jetzt auch noch so ist.

Wir fuhren auf dem Landweg in Richtung Schönsee, an Schiemanns Hofstelle vorbei, und kamen an die ehemalige Hofstelle Hundertmark, die oben auf der hohen und östlichen Talseite des Baches lag. Dort mündete früher auch ein Landweg aus dem nördlichen Teil von Siegfriedsdorf. Mir fiel aber auf, dass auch dieser Landweg an Hundertmarks Hofstelle längst nicht mehr so tief unten verlief, wie es zu meiner Jugendzeit noch der Fall war.

Dort gab es aus langer Vorzeit ein tiefes Tal und darin floss ein Bach in den Schönsee. Nun war der Bach in ein Tonrohr geleitet, der Landweg liegt höher und verläuft fast gerade.

Ich erinnerte mich auch an meine Fußgänge zum Konfirmanden-Unterricht in der Sakristei unserer Kirche. Ich war im 14. Lebensjahr und hatte auch im letzten Schuljahr in Golub schon am Konfirmanden-Unterricht teilgenommen, wurde aber erst im 15. Lebensjahr konfirmiert.

An der tiefen Bachstelle bei Hundertmarks Hofstelle wartete immer Edelgard auf mich. Sie war das einzige Kind einer Familie, die ihre Hofstelle im nördlichen Teil unseres Dorfes hatte. Wir gingen gemeinsam zum Konfirmanden-Unterricht, während die recht hübsche Edelgard mit mir herum gammelte. Sie war ein Jahr jünger als ich und ich war damals wohl noch etwas zu grün hinter meinen Ohren. Als wir weiterfuhren, achtete ich auf die Hofstelle von Walter Bormann, die links am Weg liegen musste. Wir sahen aber rechts ein neu erbautes Polenhaus mit einem Flachdach, obwohl zu meiner Kindheit auf der rechten Wegseite des Sees keine Häuser standen. Erst danach erkannte ich links auch Bormanns Hofstelle. Bormanns hatten die Söhne Helmut und Gerd. Mit Letzterem war ich befreundet, denn er war auch Schüler in Golub. Beide Söhne sind im Zweiten Weltkrieg gefallen. Erst jetzt habe ich erfahren, dass die Familie Walter Bormann während der wochenlangen Flucht im recht kalten Winter des Jahres 1945 spontan ihren Fluchtwagen wendete und zurück nach Hause fuhr. Seitdem hat niemand mehr von der Familie Walter Bormann etwas gehört.

Am Ende bog der asphaltierte Weg nach rechts ab, und weil ich vorn und neben Mark im Auto saß, gab ich ihm auch Fahranweisungen, denn er hatte noch wenig Fahrpraxis. Aber meine hinter uns sitzenden Söhne passten auf und verhinderten, dass meine Fahranweisung keinen Autounfall verursachte. Da begriff ich und schwieg in Zukunft, wenn ich neben Mark saß und er das Auto lenkte.

Gleich hinter der Eisenbahnstrecke nach Golub standen früher an der rechten Straßenseite mehrgeschossige Häuser der Gärtnerei Heinz Bormann, in denen die Gesellen wohnten. Nun gab es nur noch zwei davon in der alten Bauweise. Das Haus davor war modernisiert und ein schönes und gepflegtes Miethaus geworden.

Als wir weiterfuhren, sahen wir vor uns Kilpers Anwesen, das gelb angestrichen war und auch einen guten Eindruck machte. Während der Fahrt fotografierte ich es. Im Dachgeschoss, hinter dem rechten Fenster, lag die Dachkammer, in der ich ab Oktober 1939 über ein Jahr lang als kaufmännischer Lehrling hauste. Der Senior Emil Kilper betrieb im Haus ein Kolonialwaren-Geschäft mit Gasthaus und Hotel. Auf dem rückwärtigen Hof gab es einen Ausspann und eine Kohlenhandlung, vor dem linken Teil des Gebäudes auch eine Fuhrwerkswaage.

Nun war aus Kilpers Anwesen eine psychologische Praxis geworden, wie es die Beschriftung daran verriet.

Die Gärtnerei von Heinz Bormann lag links an der Bahnhofstraße von Schönsee und war eine der größten Westpreußens. Für die Züchtung und Vermehrung von Tulpenzwiebeln hatte Bormann zusätzlich die Ländereien seines Bruders Walter in Martinshof vor Schönsee gepachtet und Tulpenbeete darauf angelegt. Wenn die Tulpen auf diesen Feldern in voller Blüte standen, dann waren die Tulpenschauen für den evangelischen Kirchenkreis Schönsee immer etwas ganz Besonderes und ein sich jährlich wiederholendes Ereignis. Am dafür festgelegten Sonntagnachmittag kamen viele Kutschen gefahren. Die Pferde hatten blank geputzte Kutschgeschirre und die festlich gekleideten Familien verteilten sich zwischen den Tulpenbeeten. Man wollte die schönen Tulpen sehen, aber auch gesehen werden. Diese Tulpenschauen waren für mich im Kindesalter immer ein einmalig schönes Erlebnis. So weit das Auge reichte, reihten sich blühende Tulpenbeete in den unterschiedlichsten Farben.

Am Tage danach wurden die Blüten der Tulpen abgebrochen, damit alle Kraft den Tulpenzwiebeln zugutekam. Die Gärtnerei Heinz Bormann hatte einen Gleisanschluss an die Eisenbahn und die Tulpenzwiebeln wurden waggonweise nach Holland geliefert. Damit die Abwicklung der Ex- und Importe auch schnell erfolgte, kamen polnische Zollbeamte in die Gärtnerei und ver- und entsiegelten die Waggons.

Aber nicht nur auf Tulpen hatte sich die Gärtnerei Bormann spezialisiert, sondern auch auf die Züchtung von Azaleen und damit stand sie mit Belgien in guter geschäftlicher Verbindung. Auch dafür wurden die Formalitäten auf die gleiche Weise wie bei den Tulpen von polnischen Zollbeamten schon in der Gärtnerei geregelt.

Durch den Zweiten Weltkrieg und nach der Verbannung der Deutschen aus ihrer westpreußischen Heimat war auch für den Gärtner Heinz Bormann das Ende gekommen. Er flüchtete mit seiner Familie und dem polnischen Kindermädchen nach Westdeutschland. Im November des Jahres 1946 wurde er von den Polen aufgespürt und von der englischen Besatzungsmacht verhaftet. Auf Wunsch Polens wurde Heinz Bormann nach Neuengamme ins Gefängnis gebracht.

Da bemühten sich seine Geschäftsfreunde aus Holland und Belgien, ihren Geschäftspartner freizubekommen und auch freizukaufen, denn sie waren sich sicher, dass Heinz Bormann keine Verbrechen an Polen begangen hatte. Ihre finanziellen Mittel wurden zwar genommen, aber Heinz Bormann dennoch an Polen ausgeliefert.

In Zielkes Saal in der Bahnhofstraße in Schönsee fand im Jahre 1947 eine Gerichtsverhandlung statt, die über Lautsprecher auch nach außen übertragen wurde.

Eine Polin berichtete später dem Sohn von Heinz Bormann bei einem Besuch seiner alten Heimat, dass es nur einen einzigen Anklagepunkt gegen Bormann gegeben habe. Er sollte auch von seinen polnischen Gärtnern gefordert haben, sich in der Gärtnerei nur in deutscher Sprache zu verständigen. Heinz Bormann wurde von den Polen zum Tode verurteilt und im Jahre 1949 in Thorn erhängt. Er war im Jahre 1903 geboren worden, konnte die polnische Sprache nicht sprechen, denn damals gehörte Westpreußen zu Deutschland.

Als wir in der Bahnhofstraße angekommen waren, fuhren wir rechts in Richtung des Stadtzentrums von Schönsee. Gleich hinter Kilpers Anwesen stand ein mehrgeschossiges Haus mit zwei Läden im Erdgeschoss. Als ich im Jahre 1940 bei Kilpers in der Lehre war, musste ich aus den Läden im Erdgeschoss, der Schlachterei Heck und der Bäckerei Kern, bestellte Wurst- und Backwaren abholen.

Bei meinem letzten Besuch der Stadt Schönsee gab es keine Läden mehr im schön renovierten Mehrfamilienhaus. Auch von diesem machte ich während der Fahrt ein Foto. Auf halbem Wege zum Marktplatz lag links Schielkes Gasthaus mit dem Tanzsaal, in dem über Heinz Bormann geurteilt wurde. Auf der rechten Straßenseite gab es zu meiner Kindheit eine recht tief gelegene Hufschmiede, denn dahinter begann der damals schon verlandete Schönsee.

Vom höher gelegenen Bürgersteig konnte man dem Schmied beim Beschlagen der Pferde zusehen. Gleich hinter der ehemaligen

Schmiede bogen wir in den Feldweg nach rechts ein, der vor dem Schlossberg mit seinen Stufen und dem alten, historischen Turm liegt. Rechts dieses Weges liegt der Schönsee. Am Ende des Schlossbergs biegt der Weg nach links ab. Vor dem rechts liegenden Bismarckpark hielten wir an und ich orientierte mich. Zu meiner Jugendzeit stand links an diesem Weg erst ein Haus, danach kamen große Bäume, und wenn unsere Familie mit der Kutsche zum sonntäglichen Gottesdienst fuhr, wurde das Gespann im Schatten der großen Bäume abgestellt und einer von uns Jungens musste es bewachen.

Auf der linken Seite, gegenüber dem Stadtpark, lag die Konditorei Max Garbrecht, in der wir Jugendlichen aus Siegfriedsdorf nach der Sieg über Polen im Zweiten Weltkrieg immer Käsekuchen aßen, den uns Frau Garbrecht aufschnitt und im Kontor hinter dem Laden servierte. Ihr Sohn Gerhard war damals schon Soldat und ist kurz darauf gefallen.

Unsere evangelische Kirche, die bis zum Ende des Zweiten Weltkrieges auf dem Schlossberg stand, war nicht mehr da. Sie war von den Polen abgerissen worden und auf dem Kirchenplatz standen nun recht neue Wohnhäuser. Bei meinem Polenbesuch drei Jahrzehnte davor war der Kirchplatz noch leer gewesen und das Pfarrhaus gegenüber war eine Polizeistation. Nun war das Pfarrhaus möglicherweise ein Haus für einen hohen Stadtbeamten geworden, denn es hatte einen großen Garten, der von alten Stadtmauern umgeben war. Als Kind habe ich dort oft mit den Pfarrkindern Christiane, Martin und Dietmar gespielt. Den schmiedeeisernen Kirchenzaun mit seinen drei Eingängen, die auf die Kirche zuliefen, gibt es auch nicht mehr.

Nun war in der Straßenkurve gegenüber dem Bismarckpark anscheinend ein neues Gebäude für die Polizei errichtet worden, das sich dem Straßenbogen anpasste. Zum Beweis dafür war am Eingang das polnische Staatszeichen, ein rotes Schild mit einem weißen Adler, angebracht worden. Weil wir in die Straße nach links nicht einbiegen konnten, sie war eine Einbahnstraße geworden, mussten wir die Stadt südlich umfahren, um zum Marktplatz zu kommen. Während früher noch zweimal wöchentlich

Markttag abgehalten wurde, auf dem Bauern aus der Umgebung und auch meine Schwester Gustel landwirtschaftliche Erzeugnisse anboten, ist der Marktplatz nun zu einem Zierplatz umgestaltet worden.

So fuhren wir über den Marktplatz und bogen gleich wieder rechts hinter der gärtnerischen Anlage ein, wo früher am Ende des Marktplatzes der polnische Schlachter Fafinski seinen Laden hatte, der unsere Bacon-Schweine immer kaufte und abholte. Auch dort fanden wir keinen freien Parkplatz. Wir verließen Kowalewo = Schönsee und fuhren in Richtung Thorn zurück.

Diesmal nahmen wir den direkten Weg von Schönsee nach Thorn, der aufgrund der Angabe auf dem Straßenschild nur 37 km lang war. In der Stadt parkten wir unser Auto beim Hotel. Um Thorn zu erkunden, brauchten wir nur aus dem Hotelbereich herausgehen, links die Treppen zum ersten Tor der Stadtbefestigung hoch- und durchgehen und schon waren wir in der Bäckergasse.

Grundlage für meinen Schulbesuch damals in der Handelslehranstalt in Thorn war, dass wir deutschen Kinder einmal wöchentlich nachmittags Deutschunterricht erhielten. Dazu trafen wir uns bei einer deutschen Familie mit Kindern, die in zentraler Dorflage wohnte, und Fräulein Rauls unterrichtete uns im Lesen und Schreiben.

Dem polnischen Dorflehrer gefiel das aber nicht. Er wertete diese Zusammenkünfte als unerlaubte politische Versammlungen und ließ sie verbieten. Danach musste Fräulein Rauls zu jeder Familie mit Kindern einzeln radeln und das verschob die wöchentlichen Abstände doch wesentlich.

Dieser gesonderte Deutschunterricht zu Hause war aber die Grundlage dafür, dass ich mein letztes Volksschuljahr in der deutschsprachigen Volksschule in Golub absolvieren durfte. Für deren Besuch wie auch den der Handelslehranstalt in Thorn bin ich meinen Eltern sehr dankbar.

Als wir in der Bäckergasse vor meinem ehemaligen Schulgebäude standen, fühlte ich alter Mann mich in meine Schulzeit vor 70 Jahren zurückversetzt. Wir waren damals 32 Lehrgangsteilnehmer, 26 weibliche und 6 männliche, und obwohl ich nur 1 ½ Jahre daran teilnehmen konnte, war diese Schulzeit die Leiter für meine recht steilen beruflichen Erfolge. Rechts am Schuleingang ist ein Schild in polnischer, englischer und deutscher Sprache angebracht und der Text lautet:

„Ehemalige Ökonomie des akademischen Gymnasiums, Renaissance-Gebäude errichtet in den Jahren 1598–1601. Es diente als Internat für auswärtige und ärmere Schüler des protestantischen evangelischen Gymnasiums, das 1568 in Torun gegründet worden war. Nach dem sogenannten Toruner Tumult von 1724 und der Wegnahme der bisherigen Schulgebäude aus den Händen der Protestanten wurde hierher der Sitz des Gymnasiums untergebracht, das bis 1855 im Ökonomie-Gebäude existierte. 1806 wurde das Bauwerk in ein französisches Militärlazarett umgewandelt. Im Inneren ist die Renaissance-Decke erhalten geblieben.“

Es fehlt aber der Hinweis, dass es im wieder gegründeten Polen des Jahres 1920 auch ein deutschsprachiges Gymnasium war, das Bruder Heinrich besuchte. Nachdem Polen im Zweiten Weltkrieg schnell besiegt worden war, wurde die „Handelslehranstalt zu Thorn“ darin untergebracht, die ich dann besuchte.

Grundlage für eine deutschsprachige Volksschule in Golub war ein Abkommen zwischen Deutschland und Polen, denn im Ruhrgebiet Deutschlands lebten viele Polen und dafür gab es dort auch polnischsprachige Schulen. Die meisten von diesen Polen sind inzwischen aber gute Deutsche geworden.

Es war Mittagszeit geworden und der Hunger bei uns regte sich. Wir gingen zum Altmarkt. Dort haben die Speiselokale vor ihren Gasthäusern auch eingefriedete Zelte aufgestellt, die mit Schirmen überdacht sind. Dort konnten wir im Freien speisen. Wir wählten einen Speisenstand, in dem alle Gerichte in Pfannen serviert wurden, und aßen zu Mittag. Mark und ich hatten uns Quarktaschen bestellt, und als sie uns gebracht wurden, waren wir von der vielen Schlagsahne darauf entsetzt. Die Schlagsahne war viel zu wässrig und die Quarktaschen konnten mit meinen Piroggen aus Mehl auch nicht mithalten. Henrik hatte sich Spaghetti bestellt. Was Christian aß, das weiß ich nicht mehr, denn er war unser Fotograf. Nachdem wir am Vormittag schon viel gelaufen waren und unser Hunger nun gestillt war, gingen wir zum Hotel zurück und ruhten ein wenig.

Danach wollten wir ins Stadtzentrum von Thorn gehen. Als wir auf dem Flößersteg vor der Stadtmauer standen, sahen wir ein Boot auf der Weichsel, das von einer Rundfahrt zurückkehrte. Da entschlossen wir uns auch zu einem solchen Ausflug.

Außer zwei Booten für Weichsel-Rundfahrten gab es keine Schiffe auf der Weichsel. Zu meiner Kindheit war das anders, denn es herrschte dort reger Schiffsverkehr. Die Weichselufer waren noch natürlich begrünt. Es schien mir, als ob die Weichsel jetzt auch weniger Wassertiefe habe, denn am gegenüberliegenden Ufer sahen wir eine Sandbank, auf der viele Vögel waren. Zu meiner Kindheit gab es hinter der Weichsel auch noch eine sog. tote Weichsel.

Nach der Weichsel-Rundfahrt gingen wir in die Altstadt von Thorn. Da fiel mir meine Kindheit wieder ein, denn Schwester Hulda war bei einer alten Dame in Stellung, die Eigentümerin eines der Häuser am Altmarkt war. Sie hatte ein polnisches Mädchen adoptiert, die Irka hieß.

In meinem Alter von sechs Jahren durfte ich für eine Woche zu Hulda nach Thorn kommen und da konnte ich aus Huldas Zimmerfenster auch auf den Altmarkt sehen. Das war für mich immer sehr interessant, denn Kopernikus war in Thorn geboren und sein Denkmal steht am Markt. Wenn Hulda am Markttag zum Altmarkt einkaufen ging, durfte ich dabei sein.

Meine Patentante habe ich nicht bewusst kennengelernt. Sie war eine Schwester von Tante Auguste, die eine Hofstelle in Marienhof hatte und mit Edward verheiratet war. Wir Kinder nannten beide Tante und Onkel, obwohl sie mit uns nicht verwandt waren.

Im Sommer des Jahres 1931, bevor ich mit sieben Jahren eingeschult wurde, lud Tante Auguste mich zu einem Ausflug nach Thorn ein. Meine Schwester Gustel sollte mich nach Marienhof bringen. Dann gab es ein Problem, Gustel hatte damals zwar schon ein Fahrrad, aber die Zeit war sehr knapp geworden. Zudem war der Feldweg sehr holperig und wir hätten auf Teilen davon zu Fuß gehen müssen.

Gustel wusste aber, dass ich bereits Fahrrad fahren konnte, denn ich habe sie immer abgepasst, wenn sie vom Markt aus Schönsee zurückkam. Dann lief ich ihr bis hinter den Grenzgraben entgegen, übernahm ihr Fahrrad und übte das Radfahren, bis ich, auf einem Pedal stehend, das Fahrrad balancieren konnte. Danach wagte ich es, auf beiden Pedalen stehend zu fahren und fuhr damit bis auf den Hof.

Da hatte Gustel einen guten Einfall, sie übergab mir ihr Fahrrad und nannte mir einen Punkt am Weg nach Marienhof, den wir beide sehen konnten. Sie sagte: „Fahre bis dorthin, stelle das Fahrrad an einen Baum und lauf weiter!“ So taten wir es dann auch abwechselnd und wir kamen recht pünktlich in Marienhof an.

Mit der Kutsche fuhr die Schwester meiner Patentante mit ihren Kindern und mir zum Bahnhof Richnau und von dort mit der Bahn nach Thorn. Dann gingen wir an die Weichsel und setzten uns auf den Rasen des Ufers, das damals noch nicht zubetoniert war. Tante Auguste öffnete einen großen Korb und wir Kinder vernaschten die schmackhaften Brote daraus und tranken Saftwasser dazu. Dabei sahen wir damals viele Schiffe auf der Weichsel. Auch lange Flöße waren dabei, die vom fließenden Weichsel-Wasser zur Ostsee getragen wurden.

Thorn hat viele denkmalgeschützte Bauten, vor allem aber die historischen Stadtmauern, die Breite Straße mit dem Tor in der Stadtmauer vor der Bäckergasse und die Heiligengeist-Kirche. Nachdem wir genug herumgewandert waren, gingen wir nochmals zu einem mit großen Schirmen überdachten Speisestand vor einem Lokal am Altmarkt und aßen zu Abend. Henrik und Christian bekamen recht ansprechende Gerichte. Mark aß eine Suppe im Brot-Topf und ich Lachs auf Nudeln.

Danach gingen wir noch etwa eine halbe Stunde durch die Altstadt von Thorn. Die noch recht frischen Blutspritzer auf den Bürgersteigen und auf dem Kopfstein-Pflaster sagten uns, dass es sicherer wäre, rechtzeitig vor dem Dunkelwerden den Weg in Richtung Befestigungsmauer einzuschlagen, und wir gingen zurück zum Hotel.

Unsere spontane Reise in meine alte Heimat war recht zufriedenstellend verlaufen. Wir hatten alle Spaß miteinander. Zum Schlafengehen war uns noch nicht zumute, so gingen wir auf die Terrasse des Speisesaals, um ein wenig miteinander zu plaudern und noch etwas zu trinken. Im Speisesaal saß eine Reisegesellschaft aus Düsseldorf am langen Tisch, die mit dem Bus gekommen war und im Hotel Quartier genommen hatte. Nachdem sie zu Abend gespeist hatten, unterhielten sie sich, indem sie nacheinander ihre Erlebnisse in ihrer alten Heimat schilderten. Eine von den Damen hatte mitbekommen, dass wir Deutsche waren. Sie kam dann auch zu uns und wir plauderten ein wenig. Es waren auch noch andere Deutsche im Hotel.

Zum Frühstück am nächsten Morgen waren wir für 9.00 Uhr verabredet. Nachdem wir gut gespeist hatten, holten wir unser Gepäck und machten uns auf die Heimreise. Wir waren insgesamt 1.149 km im Leihauto gefahren und recht bequem gereist.

Es hat meinen Söhnen in meiner alten Heimat recht gut gefallen. Ich würde auch gern noch einmal mit meinen Töchtern und meiner Mona-Lisa dorthin fahren und in meinem alten Heimatdorf etwas länger verweilen. Viele Polen von dort haben im Zweiten Weltkrieg für Deutschland im Heer gedient und einige davon sind gefallen. Zu gern würde ich auch etwas über die einzelnen Schicksale der preußischen Polen im Culmerland Westpreußens erfahren.

Die Spreewaldfahrt

Einige Monate zuvor erhielt ich eine E-Mail von Gerhard Kern, der von der Existenz meiner Erinnerungen von der Enkeltochter des Gärtnerei-Besitzers Bormann erfahren hatte. Gerhard ist der Enkel des Bäckermeisters Max Garbrecht, der am Bismarckplatz von Schönsee eine Bäckerei hatte. Sein Sohn Gerhard gehörte zu unseren Freunden.

Wenn wir jugendlichen Freunde in Schönsee waren, gingen wir gern mit Gerhard in die Bäckerei seiner Eltern. Die Wiege seines Vaters stand auf der Hofstelle Wruck in Siegfriedsdorf.

Zwischen Gerhard Kern und mir entwickelte sich ein reger Schriftverkehr per E-Mail, denn Gerhard wurde im Jahre 1944 noch in Schönsee geboren und hatte vieles aus unserer Heimat im Internet aufgespürt. So tauschten wir unsere Erfahrungen untereinander aus.

Dann beschlossen unsere Söhne und ich einen Kurzausflug in den Spreewald und dafür passten die Tage am 08. und 09. August 2013 gut. Als unsere Söhne bemerkten, dass ihre Mutter auch gern dabei sein wollte, und es auch eine Möglichkeit gab, ihre Mutter während dieser Tage im Pflegeheim unterzubringen, buchte ich im Hotel & Restaurant Radduscher Hafen die erforderlichen Zimmer für uns.

Mein ältester Sohn Eckhard sollte von Nordhorn zu uns kommen und dann wollten wir zusammen in einem Leih-Auto in den Spreewald fahren. Eckhard wollte aber mit seinem Auto direkt zum Hotel fahren. Damit hatte sich für mich ein heimlicher Wunsch erledigt, einmal für eine Fahrstrecke zu Eckhard in sein Mercedes-Coupé zu steigen. Wir begaben uns auf die Fahrt in den Spreewald, und als wir dort ankamen, war Eckhard schon da.

Es wurden zwei recht entspannte und auch schöne Tage miteinander. Am Sonnabend danach war mit der großen Unterstützung von Detlev, dem Nachkommen von meiner Halbschwester Luise und Schwager Julius, ein erstes Sippen-Treffen im Hotel a. d. Havel geplant. Eckhard nahm daran aber nicht teil, weil er sich gesundheitlich nicht gut fühlte und nach Hause fuhr.

Es war dann auch das letzte Mal, dass ich mit meinem erstgeborenem Sohn Eckhard zusammen war. Eckhard hat seinen nahenden Tod geahnt. Am Ende des Jahres erkrankte er schwer und starb am 17. Dezember 2013 im Alter von erst 64 Jahren. Das schmerzt doch sehr.

Das Treffen mit Swetlana

Im Internet unter *www.ancestry.de* entdeckte ich meinen Namensvetter, der das Buch „Die Zone der totalen Ruhe" geschrieben hat. Es ist im Waldemar Weber Verlag in Augsburg erschienen und aus dem Vor- und Nachnamen könnte gemutmaßt werden, dass der Inhaber auch ein Überlebender der Russlanddeutschen ist.

Mein Namensvetter hat sein Buch „Die Zone der totalen Ruhe" in Russland geschrieben und es wurde in die deutsche Sprache übersetzt, wie aus der Erläuterung hervorgeht, die dem Buch beigefügt war.

Das Buch „Die Zone der totalen Ruhe" habe ich mir vom Waldemar Weber Verlag beschafft und konnte auf seinem Einband lesen, dass mein Namensvetter im Jahre 1923 im Dorf Kruposchin im Gebiet des Wolgaflusses geboren wurde und somit ein Jahr älter als ich war. Im Herbst des Jahres 1941 hatte der russische Diktator

Stalin alle seine deutsch-stämmigen Untertanen in das weite, unbewohnte Russland verbannt, um sie dort durch zu viel Arbeit und zu wenig Ernährung zu vernichten. Mein Namensvetter wurde mit seinen Eltern und Geschwistern im Januar 1942 nach Kasachstan verbannt und sie waren dort bis zum August 1946 Zwangsarbeiter im GULAG. Danach musste er mehrere Jahre als Sondersiedler unter der Aufsicht der russischen Staatssicherheit arbeiten.

Als in der russischen Staatsführung die Perestroika Eingang fand, durfte mein Namensvetter ein Geschichts- und Philosophiestudium absolvieren und wurde Lehrer in einer Mittelschule im Ural. Danach wurde er Hochschulleiter in Kirgisien, wie man auf dem rückseitigen Einband seines Buches lesen kann.

Im Jahre 1996 übersiedelte er mit seiner Familie nach Deutschland, er starb aber schon zwei Jahre danach im 75. Lebensjahr. In dieser Zeit wanderten viele von den überlebenden Deutschstämmigen in Russland nach Deutschland aus. Am 25. 09. 2014 gab es im NDR eine sehr interessante Sendung mit dem Titel „Mit dem Postboot auf dem Jenissei". Dabei wurden auch Aufnahmen von ehemaligen Zwangsarbeitern gezeigt. Ihre Unterkünfte wurden der Natur und damit dem Verfall überlassen.

Das Buch „Die Zone der totalen Ruhe" beschreibt recht ausführlich die von Stalin angeordnete Vernichtung der Russlanddeutschen durch schwere und lange Arbeit bei wenig und schlechtem Essen. Dieses Buch ließ sich für mich recht schwer lesen, denn ich hatte dabei ständig Hungergefühle.

Über den Buchverlag Waldemar Weber in Augsburg bekam ich auch schriftlichen Kontakt zu seiner Tochter Swetlana Merk, die in Suhl im Thüringer Wald lebt. Swetlana Merk ist Kinder-Ärztin und war bei ihrer Übersiedlung nach Deutschland im 47. Lebensjahr. Es war ihr aber nicht gelungen, eine Zulassung als Kinder-Ärztin in Ost-Deutschland zu bekommen.

Swetlana Merk wurde Sozialarbeiterin für Ausländer, Spätaussiedler und Asylbewerber. Seit dem Jahre 2010 ist sie Rentnerin.

Für den Nachmittag des 17. September 2014 vereinbarte ich per E-Mail ein Treffen mit ihr. Sie hatte mir mitgeteilt, dass auch ihr Bruder Alexander uns gern kennenlernen wollte.

Am 16. 09. 2014 fuhren Mona-Lisa und ich mit der Eisenbahn zum Sohn Christian nach Nürnberg, der uns auf dem Bahnsteig erwartete. Dann stärkten wir uns traditionsgemäß mit Würstchen und Sauerkraut und begaben uns auf die Fahrt. In Nürnberg waren alle Hotels und Pensionen wegen irgendeiner Ausstellung ausgebucht. Darum hatte Christian für uns in Bamberg Zimmer gebucht, das auf dem Wege nach Suhl liegt.

Nach dem Frühstück begaben wir uns gut gestärkt in Richtung Thüringer Wald. In Suhl angekommen, parkte Christian sein Auto im Parkhaus und wir suchten uns ein Lokal im Zentrum, wo wir zu Mittag aßen.

Danach gingen wir zur Wohnung von Swetlana, die in einer Seitenstraße des Zentrums wohnte. Als wir bei ihrer Wohnung angekommen waren, erwarteten Swetlana und ihr Bruder uns schon vor dem Haus. Wir begrüßten uns und tauschten kleine Geschenke aus.

Dann führte Swetlana uns zu einem Café in der Stadtmitte. Weil wir in zeitlichen Abständen bereits einige Jahre miteinander korrespondiert hatten und auch per Du waren, konnte ich es mir nicht verkneifen, sie zu fragen: „Hast du deine Wohnung nicht aufgeräumt und willst uns darum nicht hineinlassen?"

Swetlana überhörte meine Frage recht geschickt und es bestätigte sich wieder: Russlanddeutsche, die ihre von Stalin geplante Vernichtung überstanden haben, entwickelten eine Strategie, gebührenden Abstand zu allem zu halten, was sie noch nicht gut kennen. Sie bleiben auch nach ihrer Rückkehr in ihr ursprüngliches Vaterland gern unter sich. Erst die zweite, nachwachsende Generation wird dieses Verhalten abbauen können und zu einem vertrauten Miteinander kommen, wie wir es eigentlich gewohnt sind.

Dann saßen wir im Sonnenschein vor einem Kaffeehaus in der Stadtmitte von Suhl. Wir bestellten uns Kaffee und Kuchen und plauderten ein gutes Stündchen miteinander. Als Alexander einen vereinbarten Termin wahrnehmen musste, bat ich die Bedienung um die Gesamtrechnung. Wie wir schon vermuteten, es wird noch einige Generationen dauern, bis Russlanddeutsche und Einheimische sich wieder vereinen.

Bei meinen Spaziergängen im Bürgerpark mit den Teichen in Garbsen, die aus ehemaligen Ton-Gruben aus der Ziegel-Produktion entstanden sind, treffe ich oft auf Russlanddeutsche. Auch sie bleiben gern unter sich, weil sie sich miteinander in russischer Sprache unterhalten können. Sie war ihre tägliche Umgangssprache, denn Deutsch zu sprechen, war ihnen in Russland streng verboten. Wir verabschiedeten uns von Swetlana und Alexander, wir gingen zum Parkhaus und fuhren nach Bamberg zurück.

Der Abend und auch das Wetter waren noch schön und meine Mona-Lisa und Christian wollten noch ein wenig durch die schöne Altstadt von Bamberg gehen. Für eine kurze Wegstrecke schloss ich mich ihnen an und dann setzte ich mich in die recht gepflegte Stadtanlage von Bamberg. Als die Sonne sich verabschiedete, ging ich zu einem italienischen Lokal und wartete dort auf meine Mona-Lisa und unseren Sohn Christian. Als sie kamen, bestellten wir uns Pizza und Snacks und beides mundete uns bestens. Danach gingen wir zum Barockhotel und auch bald schlafen.

Am nächsten Morgen kam mir beim Duschen Shampoo unter einen Fuß. Als ich mir auch den zweiten Fuß waschen wollte, rutschte ich in der Duschwanne aus. Alles war glitschig und ich kam nicht wieder auf meine Füße. Christian musste mir helfen, das glitschige Shampoo wegzuspülen, um wieder auf die Beine zu kommen.

Da hatte ich mal wieder nicht nur einen, sondern mehrere Schutzengel, denn bei diesem Sturz hätte ich mir leicht einen Beckenbruch zuziehen können. Es war aber alles heil geblieben und so komme ich zu dem Schluss: Ich bin doch ein Sonntagskind, auch wenn der Tag meiner Geburt ein Dienstag war.

Mein Rückblick

Zu meiner Kinder- und Jugendzeit gab es auf dem Bauernhof meiner Eltern und auch im Dorf noch keinen elektrischen Strom. Alle Arbeiten wurden manuell sowie mit dem Einsatz von Pferdekraft verrichtet. In den Häusern waren Petroleumlampen das Licht gebende Element. Es gab auch sehr schön gefertigte Stubenlampen mit Petroleum-Glasbehältern. Die Glasbehälter hatten oben eine Verjüngung, in die ein Schraubgewinde eingekittet war. Darin war ein recht funktionell konstruierter Dochthalter eingeschraubt, der auch ein Rädchen mit einem Zackenrand hatte. Damit konnte der Docht hoch und herunter geschraubt und damit die Licht gebende Flamme reguliert werden. Am Dochthalter war auch eine Lampenschirm-Halterung angebracht.

Die Lampenschirme bestanden aus Milchglas und waren kunstvoll bemalt. Alles war in einer aus Zink gegossenen und oft auch reichlich verzierten Halterung untergebracht, die unterhalb des Petroleum-Halters verjüngt war und einen breiten Standfuß hatte. Diese Petroleumlampen sehe ich immer noch vor meinem geistigen Auge. Schon während meiner Kindheit erregten sie mein Interesse. Jede von ihnen war ein Einzelstück.

Gern denke ich an meine Kindheit zurück, denn die von einer Petroleumlampe beleuchtete Wohnstube machte unsere gute Stube sehr anheimelnd. Im Gedenken an meine Kindheit zierte in meinen späteren Jahren eine alte Petroleumlampe auch unser Wohnzimmer.

Auch der Kachelofen unserer Wohnstube gehörte zu meiner Kindheit. Er lieferte immer mollige Wärme und war auch sehr sparsam. Wenn er zu Winterbeginn angeheizt wurde und Glut hatte, dann wurde nur ein halber Eimer Torf-Gruß darauf gekippt, die Ofentür geschlossen und zugeschraubt. Dadurch wurde die Sauerstoffzufuhr auf ein Minimum reduziert, die vorhandene Glut verbrannte den halben Eimer Torf-Gruß nur sehr langsam und der Kachelofen wärmte bis zum nächsten Morgen unsere recht große Wohnstube. Am Morgen musste wieder nur die zugeschraubte Kachelofentür geöffnet, die Asche unter dem Brennfach entnommen und ein halber Eimer Torf-Grus auf die Glut gekippt werden, und die Kachelofentür geschlossen und auch verschraubt werden.

Diesen einmalig sparsamen Kachelofen hatte ein noch recht junger Ofensetzer neu aufgesetzt, der Töpfer genannt wurde. Er ist im Zweiten Weltkrieg leider gefallen. Der neu aufgesetzte Kachelofen war es, der unsere gute Wohnstube im Winter mollig warm hielt. Im oberen Teil dieses Kachelofens gab es ein Fach, in dem wir Kinder Äpfel schmoren ließen.

Dann entdeckten wir Kinder, dass ein Zeitungsblatt haften blieb, wenn wir es an die Kacheln hielten und mit der Kleiderbürste darüberstrichen. Durch das Bürsten wurde es statisch aufgeladen, und wenn wir das Zeitungsblatt von den Kacheln abzogen, dann sprühten kalte Funken und das kam uns damals immer wie Zauberei vor.

Auf unserer Hofstelle war es meistens recht arbeitsintensiv, aber auch reich an Abwechslungen und ich denke gern daran zurück. Kein Radio, kein Fernseher und vor allem kein Internet trieben uns zur Eile und gerade deswegen war die damalige Zeit besinnlich und auch schön. Einen Großteil meiner Erlebnisse habe ich in meinen Büchern „Ein Sonntagskind wird Jäger" und „Erinnerungen eines Westpreußen" bereits niedergeschrieben.

Im Jahre 1945 erkrankte ich in amerikanischer Gefangenschaft in England an Lungen-Tbc, die damals auch Schwindsucht genannt wurde. Dann hat mir der ebenfalls in Gefangenschaft genommene Arzt Dr. Koch einen linksseitigen Pneumotorax angelegt. Er war ein Nachfahre des berühmten Dr. Robert Koch, der den Tuberkel-Bazillus erkannt hatte. Nur aufgrund seiner ärztlichen Kenntnisse hat Dr. Kuch mir den Pneumotorax angelegt, denn ein Röntgen-Apparat stand ihm in der Gefangenschaft nicht zur Verfügung.

Die Amerikaner übergaben mich den Engländern und ich wurde in ein Krankenhaus nach Nord Wales gebracht. Dort war in einem großen und leeren Saal die rechte und hintere Saalecke mit Bettlaken für mich abgetrennt. Die Ecke hatte auch ein Fenster und auch einen Toilettenraum.

Das Essen wurde mir gebracht und das Geschirr bei der nächsten Mahlzeit mitgenommen. Zweimal wöchentlich kamen Ärzte und eine Krankenschwester, die den Puls und die Temperatur bei mir maß. Aber niemals sprach einer mit mir und ich begann mich aufzugeben.

Dort erhielt ich eine erste Nachricht von meiner ältesten Schwester und sie schrieb:

Mutter ist mit Maria, (die jüngste Schwester) *auf die Flucht mit den Soldaten mitgenommen worden. Wo sie sind, das wissen wir nicht. Vater ist mit Lydia, Traute und Harry* (meine jüngsten Geschwister) *am 21. 01. 1945 auf die Flucht gefahren. Schwester Hulda und ich haben uns später Vater und den Geschwistern angeschlossen. Am 05. 03. 1945 waren wir in Usedom. Da hat die russische Artillerie den Flüchttreck wieder beschossen und dabei ist Vater und Lydia getötet worden. Wir haben danach hier im Dorf Immensen eine Bleibe gefunden. Was mit den anderen Geschwister ist, das wissen wir nicht.*

Dann konnte ich meinen Tränen freien Lauf lassen und niemand störte mich.

Im Jahre 1946 wurde ich mit einem Lazarett-Schiff und Lazarett-Eisenbahnwaggons aus der Gefangenschaft nach Braunlage im Harz in ein Sanatorium entlassen. Dort gehörte ich zum Freundeskreis und einer von uns hatte ein Gasthaus ausfindig gemacht, in dem es Pferde-Steaks ohne Lebensmittelmarken gab. In Abständen von etwa 10 Tagen schafften wir Freunde es auch finanziell, dort Pferde-Steaks zu speisen.

An einem Morgen war unser noch recht junge und ehemaliger U-Bootsoldat unerwartet und plötzlich verstorben. Er hatte er uns verschwiegen, dass er sterben würde und er wollte, dass wir ihn so in Erinnerung behalten, wie er immer war, freundlich und sehr zuvorkommend. Er sprach auch niemals über seine Eltern, oder Geschwister und keiner von uns fragte ihn auch danach.

Nur die Ärzte und die Krankenschwestern hatten Kenntnis davon, dass seine Lunge von den Tuberkeln total zerfressen war und ein Blutsturz sein schnelles Ende sein würde. Er war ein Vorbild für mich und ich bewunderte ihn sehr.

Aus dem Sanatorium wurde ich zu meinen Geschwistern entlassen, die in Niedersachsen ein Unterkommen gefunden hatten. Ich wollte es aber nicht hinnehmen, dass ich junger Mann alle zwei Jahre eine Heilkur machen und dazwischen auf die nächste Heilkur warten muss. Ich wollte beruflich tätig werden und gleichwertig und auch aktiv am Leben teilhaben.

Mit meiner ältesten Schwester sind wir über die grüne Grenze nach Ostdeutschland gegangen und auch gefahren, wo wir bei unserer Halbschwerter Luise und dem Schwager Julius uns täglich satt zu essen konnten. Sie bewirtschafteten eine Hofstelle für einen geflüchteten Landwirt. Ich musste aber alle 14 Tage zum Nachfüllen der Luft in meinen Pneumotorax zum Charité-Krankenhaus in Ostberlin fahren. Das konnte ich im sehr kalten Winter 1945/46 aber nur tun, weil Mutters Schafspelz die Flucht überstanden hatte. Er war es dann, der es mir ermöglichte, auf der offenen Pritsche eines Lastkraftautos bis Oranienburg zu fahren. Von dort konnte ich mit der S-Bahn zum Charité-Krankenhaus in Berlin fahren.

Im Frühjahr des Jahres 1947 bekam ich als Schwer-Kriegsbeschädigter eine Lehrstelle zum Großhandels-Kaufmann. Es gab aber nichts zum Handeln und meine Tätigkeit bestand aus dem Herausklopfen von Ziegeln aus einer breiten und hohen Mauer, aus dem Löschen von Kalk-Gestein und dem täglichen Holen von 20 amerikanischen Zigaretten zum Schwarzmarktpreis für den schwerhörigen Polier und ehemaligen Artellerie-Soldaten. Meine Lungen-Tbc brach dann wieder auf und ich musste zur Kur nach Schwarzenbach im Harz.

Vor Weihnachten 1947 war meine drei Monate dauernde Kur beendet und alle mein Freunde, die mit mir gekommen waren, hatten schriftliche Nachricht vom Ende ihrer Kur erhalten, nur ich nicht. Darum bat ich um eine Rücksprache mit dem Chefarzt der Heilstätte. Ich fragte ihn, warum ich keine Nachricht erhalten habe? Darauf antwortete er, „sie erhalten eine Plastik-Operation".

Da war ich geschockt und sagte ungläubig; „aber ich doch nicht?"

Die Antwort des Chefarztes war recht barsch und er sagte; „das entscheiden nicht sie, sondern wir!"

Da platze es aus mir heraus, „dann entscheide ich, dass ich nach Hause fahre!"

In dieser Heilstätte lief der kleine Mielke mit einem Sandsack auf dem Kopf herum. Er hatte diese sehr schwere Operation überstanden. Dabei wird im Rückenteil der mit Tuberkeln befallenen Brustseite, aus den Rippen eine Ellipse herausoperiert. Dann wird der Brustkorb mit Gummi-Bandagen wieder zusammen gedrückt, damit die Rippen wieder zusammenheilen. Aber nur wenige überstanden diese schwere Operation.

Der Sandsack auf dem Kopf des kleinen Mielkes sollte bewirken, dass er sein Rückgrat gerade hält. Er bewirkte aber, dass er wie ein Fragezeichen herumlief, weil er den Schmerz dabei nicht ertragen konnte.

Diese Plastikoperationen wurden dann auch nicht mehr ausgeführt. Außer dem kleinen Mielke habe ich in den späteren Jahren nur noch einmal einen ehemaligen Lungen-Tbc Erkrankten getroffen, der diese schwere Opreration auch überstanden hatte. Es war Heinz im Heidedorf, in dem ich jagdlich tätig werden konnte.

Erst im Jahre 1949 fand ich eine Lehrstelle zum Industrie-Kaufmann. Zwei Jahre danach erhielt ich auch das Kaufmanns-Gehilfenzeugnis, aber erst im Jahre 1952 wurde mein Pneumotorax während einer dreimonatigen Heikur in Bad-Rehburg eingehen gelassen, wie es medizinisch und fachlich genannt wurde.

Im Mai des Jahres 2016 werde ich, wenn es noch sein soll, meinen 92. Geburtstag begehen. Ich hatte ein erlebnisreiches Leben, in dem mir mein Schöpfer in allen Notzeiten und Bedrängnissen Schutzengel zur Seite stellte, die mich beschützten und behüteten. Dafür bin ich ihm von ganzem Herzen dankbar.

Damit beende ich dieses Buch, das ich wieder meinen Kindern widme, die ich alle sehr liebe.

Der Autor

Gerhard Wolter, Jahrgang 1924, machte eine kaufmännische Lehre. 1960 wurde er kaufmännischer Leiter für Deutschland in einem schwedischen Unternehmen. Als junge und gut ausgebildete Führungskräfte in die Wirtschaft drängten, machte er sich 1968 selbstständig.

Ab seinem 80. Lebensjahr begann Gerhard Wolter, Kurzgeschichten und andere Werke zu schreiben. Nach dem Jägerbuch „Ein Sonntagskind wird Jäger" (2008) und „Erinnerungen eines Westpreußen" (2010) ist „Meine biblischen 7 Jahre" bereits seine dritte Veröffentlichung.

Der Autor hatte sechs erwachsene Kinder.

Der Verlag

Wer aufhört besser zu werden, hat aufgehört gut zu sein!

Basierend auf diesem Motto ist es dem novum Verlag ein Anliegen neue Manuskripte aufzuspüren, zu veröffentlichen und deren Autoren langfristig zu fördern. Mittlerweile gilt der 1997 gegründete und mehrfach prämierte Verlag als Spezialist für Neuautoren in Deutschland, Österreich und der Schweiz.

Für jedes neue Manuskript wird innerhalb weniger Wochen eine kostenfreie, unverbindliche Lektorats-Prüfung erstellt.

Weitere Informationen zum Verlag und seinen Büchern finden Sie im Internet unter:

www.novumverlag.com